21世纪高等院校金融学教材新系

国际金融学

International Finance

（第三版）

刘攀 ⊙ 主编
(西南财经大学)

东北财经大学出版社
Dongbei University of Finance & Economics Press
·大连·

图书在版编目（CIP）数据

国际金融学 / 刘攀主编. —3版. —大连：东北财经大学出版社，2019.1

（21世纪高等院校金融学教材新系）

ISBN 978-7-5654-3322-1

Ⅰ. 国…　Ⅱ. 刘…　Ⅲ. 国际金融学-高等学校-教材　Ⅳ. F831

中国版本图书馆CIP数据核字（2018）第203095号

东北财经大学出版社出版

(大连市黑石礁尖山街217号　邮政编码　116025)

网　　址：http：//www.dufep.cn

读者信箱：dufep@dufe.edu.cn

大连永盛印业有限公司印刷　　东北财经大学出版社发行

幅面尺寸：170mm×240mm　字数：431千字　印张：21　插页：1

2019年1月第3版　　2019年1月第7次印刷

责任编辑：田玉海　吴　奂　　责任校对：吴　奂

封面设计：姜　宇　　版式设计：钟福建

定价：36.00元

教学支持　售后服务　　联系电话：（0411）84710309

如有印装质量问题，请联系营销部：（0411）84710711

第三版前言

金融，是指资本的融通。国际金融，顾名思义，就是指资本在国家间的融通。

资本在国家间的融通受到诸多因素的限制，比如：地缘政治局势、国际政治关系、国际经济形势、国家政策等。这些因素统称为国际金融的制度环境。《国际金融学》（第二版）出版以后，国际金融的制度环境、影响国际金融的因素发生了非常大的变化，尤其是主要货币国家的政策、经济社会环境发生了很大的变化，比如英国脱欧，中美、美俄贸易争端加剧，世界贸易保护主义抬头，特朗普推行美国优先政策。地缘政治对金融的影响更加明显。

中国经济更加走近世界舞台的中央，经济、金融越来越融入世界格局：2016年11月，人民币加入了SDR货币篮子；“一带一路”倡议的提出和具体实施，带动了大量的海外投资；“沪股通”“深股通”也陆续开通。同时，2015年以来人民币汇率波动增大，外汇储备水平也改变了一直以来有增无减的状况。这意味着，中国的金融受到世界经济的影响的同时，我国国内经济状况，包括货币政策、财政政策、贸易与对外投资等对世界经济的影响也不断增大。这些都对国际金融的理论和实践提出了“更新”的要求。

2018年4月，新一任中国人民银行行长易纲在博鳌论坛上表示，我国将遵循以下三条原则推进金融业对外开放：一是准入前国民待遇和负面清单原则；二是金融业对外开放将与汇率形成机制改革和资本项目可兑换进程相互配合，共同推进；三是在开放的同时，要重视防范金融风险，要使金融监管能力与金融开放度相匹配。金融开放“宜早不宜迟，宜快不宜慢”。诸如“取消银行和金融资产管理公司的外资持股比例限制，内外资一视同仁”“允许外国银行在我国境内同时设立分行和子行”“将证券公司、基金管理公司、期货公司、人身险公司的外资持股比例的上限放宽至51%，三年后不再设限”等重大政策会在未来几个月内落实。此外，经中英双方共同努力，“沪伦通”将于2018年内开通。

苟日新，日日新。这是一个创新的时代，国际金融理论与实务也需要根据时代的发展而不断创新。于是，我们决定重新修订本教材。

新版教材仍然保持了上一版的组织结构，包括国际金融基础、外汇市场与汇率决定理论与政策、国际经济理论与政策、国际金融市场与机构等四部分内容，并突出了我国金融经济的改革开放与发展。

本教材是为了满足培养本科应用型人才的需要而编写的，可以作为经济与管理类高年级本科生有关课程的教材和参考书，也可作为工商管理干部培训教材。为方便教学，本书配有电子课件（包含章末综合训练的答案要点），请授课教师登录东北财经大学出版社网站（www.dufep.cn）下载。

参与本次修订工作的人员有：刘攀、易贤权、张铎、朱君瑶、彭丽、李涛、李冉、李嘉政、刘长江、文博、满欣、张玮，最后由刘攀进行总纂定稿。

囿于编者的水平，加之世界和中国金融实践的不断发展、金融理论的不断创新，书中错误在所难免，望专家和读者指正。

刘 攀

2018年冬

第二版前言

《国际金融学》出版之后，世界发生了很多国际金融事件，既有后次贷危机美国经济复苏、欧债危机、俄罗斯卢布危机，又有中国对外投资增加、人民币汇率波动加大等。这些国际金融事件都与各国的国际收支政策、货币的对内价值与对外汇率表现密切相关，充分反映了当今世界国与国之间复杂的经济、政治关系，也体现了国际金融与经济社会的密切联系。

随着我国的更加开放与融入全球经济，了解国际经济事件、用金融理论来解释这些事件、对未来的国际金融形势进行预判并以此来指导实践，变得越来越重要。所以，我们决定修订本书。

再版，并非对原版简单地修补，而是对基础理论进一步丰富，对实践知识进一步补充和完善。本版教材理论更加丰满，实践更有说服力。在改版的过程中，编者力求做好几个有机结合：

1.既有知识框架和新知识的有机结合。在不改变原版基本框架的基础上，补充新的知识。力求使知识体系更加丰满，更切合实际。

2.全面性与系统性的有机结合。本教材力图对该学科有一个全面的介绍，但并非事无巨细，在全面性的基础上，更加突出知识的系统性，以便在学习的过程中更加系统地掌握有关知识。本教材从国际金融基础知识入手，全面讲述了国际金融的理论知识和实际知识运用，最后还对当前国际金融的最新发展进行了介绍。

3.理论与实践的有机结合。本版教材补充了更多新的知识，在理论的运用方面补充了近年来发生的国际金融重大事件，运用相关理论知识分析与解释了这些新事件。

4.理论的连贯性与谋篇布局的有机结合。本版教材组织体系更加清晰、完整，便于读者系统把握。每章开始分别设置了章内目录、导读等内容，以便掌握本章内容主旨，起提纲挈领之作用。章末还设置了本章小结、关键概念和综合训练，以便于读者进行系统总结和复习，温故知新。

为了保持相对的连续性，改版后的新书仍然沿用原书的组织结构。第一篇主要讲解国际金融的基础知识，包括国际货币体系和国际收支两方面内容，这一部分是国际金融知识继续扩展和深入学习的基础。第二篇主要讲解外汇市场与汇率决定理论与政策，这一篇集中反映了国际金融理论知识和实践知识的综合与运用。除了介绍外汇市场的主要交易和风险管理外，还系统介绍了汇率决定理论，并在此基础上分析了一国选择相关汇率制度和政策的理论依据和方法。第三篇主要讲解国际经济理论与政策，主要在第一篇国际收支理论分析的基础上进一步阐述一国国际收支的决定和相应的宏观经济政策的选择。这一部分与上一篇相比更加宏观，但是又紧密相连，因为如果不理解一国或国际经济的宏观经济层面，就很难理解微观的价格走向。第四篇主要讲解国际金融市场与机构，介绍了最近几十年来国际金融市场、国际银行业以及国际金融机构的发展。这一部分以概括性介绍为主，理论内容较少，强调知识的新颖性、实效性和完整性，是国际金融知识的进一步扩展和补充。

本教材是为了满足培养本科应用型人才的需要而编写的，可以作为经济与管理类高年级本科生有关课程的教材和参考书，也可作为工商管理干部培训教材。为方便教学，本书配有电子课件（包含章末综合训练的答案要点），请授课教师登录“www.dufep.cn”下载。

参与本次修订工作的人员有：刘攀、王亚丽、李扬、潘凌峰、杨贝贝、龙真，最后由刘攀进行总纂定稿。

囿于编者的水平，加之世界和中国金融实践的不断发展、金融理论的不断创新，书中错误在所难免，望专家和读者指正。

作　者

2015年元月

第一版前言

1997年7月2日，泰国中央银行宣布泰铢实行浮动汇率制度，取代当时的钉住汇率制度。当天泰铢应声下跌20%——震惊世界的东南亚金融危机爆发了。这次危机波及韩国、马来西亚、印度尼西亚等国，甚至对美国经济也产生了不利的影响。波及范围之广、危害程度之深，令世人瞩目。

2005年7月21日，中国宣布实行有管理的浮动汇率制度。当天，人民币对美元汇率升值了2个百分点。随后，中国资本项目开放的步伐不断加快。

2007年年初，美国次级抵押贷款市场危机（简称次贷危机）开始显现，并于下半年开始蔓延。始发于美国的次贷危机导致了全球金融市场的大幅波动。美国、欧洲、亚洲股市连续下挫。市场流动性不足，美联储、欧央行等纷纷向银行体系注资，但救市举措又进一步加剧了外汇市场的剧烈波动，增大了金融市场的风险。

所有这些无不告诉我们，金融全球化、一体化的形势愈演愈烈，国际资本的流动对世界的影响是巨大的。在这种情况下，我们有必要全面了解和掌握国际金融知识。正是在这种背景下，我们组织编写了《国际金融学》。

国际金融学的理论性和实践性都很强，因此在编写本教材的过程中，我们力求体现出以下几个主要特点：

1.注重知识体系的系统性，力图使学生对该学科有一个全面的了解。本教材从国际金融基础知识入手，全面讲述了国际金融的理论知识和实际知识运用，最后还对当前国际金融的最新发展进行了介绍。

2.注重理论与实践的充分结合。每一篇、章的编写体系完全统一，各部分先介绍相关的基础理论，之后再介绍相关理论的实际运用，以及国际和国内的现状或展望。

3.组织体系完整、结构清晰，便于学生的系统把握。每章开始分别设置了章内目录、导读等内容，以利于学生掌握本章内容主旨，起提纲挈领之作用。章节结束还设置了本章小结、关键概念和综合训练，以便于学生进行系统总结和复习，做到温故而知新。

4.注重知识的更新和知识面的拓展。国际金融领域的新知识、新概念层出不穷，本书在各章设专栏若干，内容为本章相关知识点，并具有前沿性、知识性、可读性，以引发学生思考为宗旨，提高学有余力的学生深入学习的兴趣。

本书的结构组织如下：第一篇主要讲解国际金融的基础知识，包括国际货币体系和国际收支两方面内容，这一部分是国际金融知识继续扩展和深入学习的基础。第二篇主要讲解外汇市场与汇率决定理论与政策，这一篇集中反映了国际金融理论知识和实践知识的综合与运用。除了介绍外汇市场的主要交易和风险管理外，还系统介绍了汇率决定理论，并在此基础上分析了一国选择相关汇率制度和政策的理论依据和方法。第三篇主要讲解国际经济理论与政策，主要在第一篇国际收支理论分析的基础上进一步阐述一国国际收支的决定和相应的宏观经济政策的选择。这一部分与上一篇相比更加宏观，但是又紧密相连，因为如果不理解一国或国际经济的宏观经济层面，就很难理解微观的价格走向。第四篇主要讲解国际金融市场与机构，介绍了最近几十年来国际金融市场、国际银行业以及国际金融机构的发展。这一部分以概括性介绍为主，理论内容较少，强调知识的新颖性、实效性和完整性，是国际金融知识的进一步扩展和补充。

本教材是为了满足培养本科应用型人才而编写的，可以作为经济与管理类高年级本科生有关课程的教材和参考书，也可作为工商管理干部培训教材。为方便教学，本书配有电子课件，请授课教师登录“www.dufep.cn”下载。

具体参与本教材编写工作的人员有：刘攀、宋晓桐、蒋燕羽、杨雯、王贵美、胡琳钰、黄小蓉、李娥、金敏正、陆桦蕾、彭川，最后由刘攀进行总纂定稿。

囿于编者的水平，加之世界和中国金融实践的不断发展、金融理论的不断创新，书中错误在所难免，望专家和读者指正。

作　者

2009年4月

目 录

第一篇 国际金融基础

第二篇　外汇市场与汇率

第三篇　国际经济理论与政策

第四篇　国际金融市场与机构

第一篇　国际金融基础

第1章

国际货币体系

★ 导读

国际货币体系历经长时间的演变，先后经历了金本位制度、布雷顿森林体系和牙买加体系。这些货币体系通过一些国际性的货币协议规定了国家与国家间金融关系的规则和惯例，以此来适应国际贸易和国际投资的需要。每个货币体系在建立伊始都促进了世界经济的发展，但随着经济环境的发展，它们也都显露出自身无法解决的弊端，因此国际货币体系是在不断的建立与打破、再建立新的货币体系的循环中向前发展的。

本章共分6节，第1节为国际货币体系概述；第2节介绍国际金本位制度；第3节介绍布雷顿森林体系；第4节介绍现行国际货币体系；第5节介绍区域货币一体化；第6节介绍金融危机，包括货币危机和债务危机。

★ 关键概念

国际货币体系　金汇兑本位制　特里芬两难　货币危机　国际债务危机

§1.1 国际货币体系概述

1.1.1 国际货币体系的概念

国际货币体系（international monetary system，IMS）又称国际货币制度，是指各国政府都应共同遵守的有关政策规定和制度安排，目的是使各国适应国际贸易和国际支付的需要，使本国货币在国际范围内发挥货币职能。这些制度之所以在当时能够顺利地运作，国际性货币协议发挥了十分重要的作用。一般观点认为，国际货币体系的内容包括三个方面：①可供选择的汇率制度。到目前为止，曾经出现了多种不同的汇率选择制度，如固定汇率制度、浮动汇率制度等。②国际储备资产的确定。国际储备资产是一国货币当局为弥补国际收支逆差、维持本国货币汇率的稳定以及应对各种紧急支付而持有的，容易被世界各国所普遍接受的流动资产，如黄金、美元、欧元、日元、国际货币基金组织成员所持有的特别提款权（Special Drawing Rights，SDR）等。③国际收支调节方式。国际收支是一定时期内，一国居民与非居民之间经济交易的系统记录。国际收支失衡将会引起汇率的波动，进而影响整个货币体系的稳定，为此，国际货币体系必然要包括解决国际收支不平衡的原则及调节方式。

1.1.2 国际货币体系的作用

国际货币体系的建立是为了保障国际贸易的稳定和向前发展，促进各国资源充分有效的利用。国际货币体系的作用主要体现在以下几个方面：

1.调节国际清偿能力

国际收支反映了一国在一定时期内的对外收支状况，当收入小于支出时就会发生国际收支逆差，此时，需要对外采取相应的支付和清偿手段，这就产生了对国际清偿能力的需求，国际清偿能力的大小从根本上取决于一国从国际收支顺差中积累的国际储备。当一国的国际储备不足以支付逆差额时，就需要国际货币体系采取一定措施（如普通提款权和特别提款权）予以调节，使对外支付困难的逆差国不必采取会引起国际货币关系不稳定和阻碍国际经济交往的单边行动。国际货币制度的功能之一就是构建这样一种机制或架构。

2.干预成员方外汇制度

外汇制度通常也称外汇管理制度，对于一个经济开放的国家而言，发生国际收支不平衡在所难免，一国经常采取贬值本国货币的措施来改善本国收支状况，但这种外汇管理制度存在很多弊端。对其本国而言，不但管理成本高昂，管理效果难以预料，而且需要以牺牲对外经济交往为代价。对国际社会而言，各国的这种外汇管理制度不但会阻碍国际经济交往的自由进行，而且可能会引发对方国的货币竞争性贬值及世界性通货膨胀。所以需要国际货币体系通过制定准则或采取相应措施来干预成员方的外汇制度，以维持国际货币体系的稳定。

3.促进各国经济政策协调进行，促进世界经济一体化

国际货币体系为参与国际贸易的成员方建立了共同遵循的准则，客观上促进了国际贸易和国际投资在世界范围内的顺利进行，促进了各国经济协调发展和世界的进步。

国际货币体系的建立使各国有了共同遵循的准则。通过相应的金融机构，各国可以发表本国关于货币政策的建议和主张，这也为各国参与国际货币管理事务和决策提供了良好的平台。

1.1.3　国际货币体系的演变

经过数百年的演进，国际货币体系经历了几次重大的改革才发展到今天的格局。国际货币体系的演变见表1-1。

表1-1　　国际货币体系的演变

<table>
<tr><th colspan="2">货币体系</th><th>时间</th><th>代表国家</th><th>本位币</th><th>主要特征</th></tr>
<tr><td rowspan="2">国际金本位制</td><td>金币本位制</td><td>1880—1914年</td><td>英国</td><td>黄金</td><td>汇率稳定，各国货币与黄金挂钩</td></tr>
<tr><td>金块本位制与金汇兑本位制</td><td>1918—1939年</td><td>美国、英国等国家</td><td>黄金</td><td>英镑区、美元区等货币集团</td></tr>
<tr><td colspan="2">布雷顿森林体系</td><td>1944—1972年</td><td>以美国为中心</td><td>黄金和美元</td><td>美元与黄金挂钩，各国货币与美元挂钩</td></tr>
<tr><td colspan="2">牙买加体系</td><td>1973年至今</td><td>世界大多数国家</td><td>美元、欧元、日元等</td><td>多种储备体系和浮动汇率</td></tr>
</table>

纵观国际货币体系的发展，主要有两方面的深层次原因促使其演变更替：

1.国际生产关系的性质及发展状况

国际生产关系的性质及发展状况是国际货币体系演变的基础。例如，布雷顿森林体系的建立是适应第二次世界大战后各国经济重建的需要，第二次世界大战后只有美国经济没有受到严重的影响，反而由于战争拉动美国内需而促进了经济的发展，使黄金储备大量增长，美国也顺理成章地从英国手中接过了世界经济的领导权。随后，美国主导建立了布雷顿森林体系。

2.世界经济发展的不平衡

国际货币体系演变的直接原因是世界经济发展的不平衡。在国际货币体系发展的每个时期，基本都有个别强势国家居于主导地位，如国际金本位时期的英国，布雷顿森林体系时期的美国。牙买加体系时期则是以美元为主导，多种储备货币并存的状况。

在以下几节中将分别介绍几种国际货币体系。

§1.2 国际金本位制度

最早的国际货币制度是国际金本位制度。1819年，英国国会颁布《恢复兑换条令》，恢复通货与黄金按固定比例兑换的业务，这标志着英国正式采用金本位制。1870年之后的十年间，德国（1871）、美国（1879）、法国（1878）等国家相继采用了金本位制；直到1880年，主要西方国家都采用金本位制，国际金本位制度才真正建立（见表1-2）。正如科恩所言，直到19世纪70年代，国际金本位制才逐渐完善，现代国际货币体系的历史才开始。

表1-2 各国实行金本位制的年份

国家	年份	国家	年份	国家	年份	国家	年份
英国	1816	丹麦	1873	意大利	1874	美国	1879
德国	1871	法国	1878	希腊	1874	奥地利	1892
瑞典	1873	比利时	1874	荷兰	1875	日本	1897
挪威	1873	瑞士	1874	乌拉圭	1876	俄国	1898

根据货币与黄金的联系程度，金本位制度主要分为三种类型：金币本位制、金块本位制、金汇兑本位制。

1.2.1 金币本位制

金币本位制（gold specie standard system）是典型的国际金本位制度，金币本位制是以黄金作为本位货币的货币制度，金币本位制的存在需要四个条件：①将本位货币与一定量的黄金相联系。②任何人都可以自由铸造、熔化金币。③流通中的其他货币可以与黄金自由兑换，同时人们可以自由储存黄金。④黄金可以自由地输出和输入本国。

在金币本位制下，各国的金币虽然有不同的名称和含金量，但其价值是按其相对的含金量来规定的。也就是说，在金币本位制下，汇率由各国本位币的含金量之比（即铸币平价（mint par））来决定。例如，若1￡=厘纯金，1$=24厘纯金，根据铸币平价，1￡=5$。

既然根据铸币平价来规定汇率，那么两国货币的汇率变动幅度便不能高于黄金输出点或低于黄金输入点，否则外汇经营商就会通过输送黄金而赚取利得。**黄金输出点等于铸币平价加上输送成本（包括保险费、包装费、运费等）。黄金输入点等于铸币平价减去输送成本。**由于在金本位制度下，各国货币单位的波动会固定在狭小的范围内，故金本位制度又称为固定汇率制度。

金币本位制的优点在于：①当黄金充足时，“物价与黄金流出机制”自动调节各国国际收支。即在金本位制度下，当一国持续发生贸易逆差时，其汇率会涨至黄金输出点，从而黄金外流，此时货币供应量减少，随之物价降低，该国商品国际竞争力提高，出口增加，进口减少，贸易逆差得以改善。反之，当一国对外贸易发生顺差时，其汇率会跌至黄金输入点，导致黄金内流，货币供给增加，物价上涨，进而出口减少，进口增加，贸易收支恢复平衡。②可以促进生产发展。由于币值稳定，商品流通和信用扩大，生产和固定投资的规模波动幅度小，因此金币本位制使资本主义国家的生产得到了很大的发展。③促进了国际资本流动和国际贸易的发展。在金币本位制下，汇率以铸币平价为基础，以黄金输出点和黄金输入点为限上下波动，所以汇率波动幅度小，比较稳定，从而提高了对外贸易的可靠性和稳定性，促进了国际资本的流动和国际贸易的发展。

金币本位制的缺陷在于它以黄金为基础，一国经济受黄金流入和流出影响较大。第一次世界大战前夕，世界上大部分黄金被英国、美国、法国、德国、俄国五国占有，这就不可避免地引起各国之间的经济冲突。正因为如此，在第一次世界大战爆发前，各国为了筹集军费，政府支出大量增加，致使黄金流通严重不足，故大量发行银行券，造成银行券兑换黄金难度加大，破坏了黄金自由兑换的原则。加之欧洲各国政府相继颁布了限制黄金自由流出的法案，至第一次世界大战爆发，除美国继续保持金币本位制外，各国均相继放弃了金币本位制。

1.2.2　金块本位制

第一次世界大战结束后，世界货币体系的重建问题受到了各国政府的普遍关注。1922年在意大利热那亚召开了世界货币金融会议，它吸取了战前国际金本位制的教训，以节约黄金为基本原则，会议结束后除美国继续采用金币本位之外，各国均相继采用金块本位制（如英国、法国）和金汇兑本位制（如德国、意大利等30个国家）。这也就构成了两次世界大战期间的国际货币体系。

金块本位制（gold bullion standard system）是以黄金作为准备金，以有法定含金量的货币符号作为流通手段的一种货币制度。它的主要内容是：不再允许自由铸造金币和黄金自由流通。银行券在达到一定数量时可以按含金量与黄金兑换。中央银行保持一定量的黄金储备，以维持黄金与货币之间的关系。在金块本位制下，由于金币的自由铸造和黄金的自由输出入已经被禁止，所以黄金很难再发挥稳定汇率的功能，从而使金块本位制失去了稳定的基础。金块本位制实际上是一种残缺不全的金本位制度。

1.2.3　金汇兑本位制

金汇兑本位制（gold exchange standard system）是指将本国货币通过另一种同黄金挂钩的货币与黄金间接连接的金本位制。在间接挂钩的情况下，本国货币只能通过购买挂钩货币（即外汇）来获取黄金，并须在直接挂钩的国家存入一定数量的外汇和黄金作为维持汇率的平准基金；黄金只有在最后关头才充当支付手段，以维持汇率的稳定。

从根本上讲，金汇兑本位制下的黄金供应量依然满足不了稳定汇率的需要。而且，实行金汇兑本位制的国家，其货币要与某大国货币保持固定比价，其对外贸易政策和金融政策必然要受到与之相联系国家的货币政策的影响。因此，金汇兑本位制度是比金块本位制更不稳定的金本位制度，其本质是一种附庸货币制度。金汇兑本位制的示意图如图 1–1 所示。

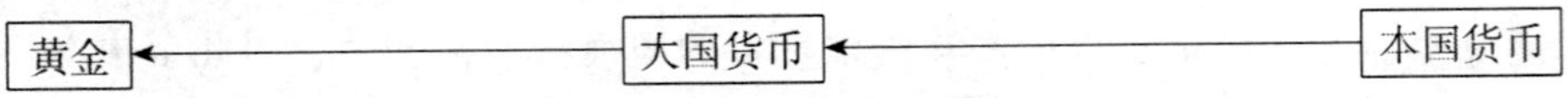

图 1–1　金汇兑本位制示意图

在 1929 年至 1933 年的世界性资本主义经济危机中，欧洲银行大量倒闭，国际社会对英镑失去了信心，英国不得不再次暂停英镑与黄金的自由兑换。美国在此期间也发生了证券危机和信用危机，大批银行倒闭和黄金外流使得美国不得不放弃金币本位制，实行金汇兑本位制的国家也随即因失去了维持本国汇率的基础而相继放弃金汇兑本位制，致使国际金本位制彻底瓦解。此后近十年的时间里，国际金融领域的基本特征是无政府、无秩序状态，当时混乱的金融秩序为以后建立布雷顿森林体系提供了经验和教训。

§1.3　布雷顿森林体系

1.3.1　布雷顿森林体系建立的历史背景

第二次世界大战使资本主义国家经济实力对比发生了巨大变化，造成参战国国际收支恶化，汇率极端不稳定。例如，英国经济遭到重创，出口额不足战前的 1/3，国外资产损失达 40 亿美元以上，对外债务高达 120 亿美元，黄金储备降至 100 万美元。而美国成了战争的最大受益国，第二次世界大战结束后，美国对外贸易占世界贸易的 1/3 以上；由于急剧增加的国外投资和战后贷款，美国成为战后最大的债权国；黄金储备从 1938 年的 145.1 亿美元增加到 1945 年的 200.8 亿美元，约占当时世界黄金储备的 59%。这为建立美元的霸权地位奠定了基础。

两次世界大战期间国际金融体系的混乱使各个国家更加怀念传统的国际金本位制。还在战争尚未结束时，美国和英国就已经开始计划在战后建立稳定的国际货币体系。美国在 1941 年上半年就开始草拟、并于 1943 年 4 月公布了“怀特计划”，设想建立两个国际金融机构，即国际货币基金组织和国际复兴开发银行；与此同时，英国提出了“凯恩斯计划”，设想建立国际清算机构，即国际清算联盟。[①]

在对战后世界领导权的争夺战中，美国由于实力较强占据上风，英国在美国做出适当让步后被迫接受了“怀特计划”。1944 年 7 月 1 日，联合国 44 个成员方在美国新罕布什尔州的布雷顿森林市召开了联合国货币金融会议。会议通过了以“怀特计划”为基础的《国际货币基金协定》和《国际复兴开发银行协定》，总称《布雷顿森林协定》。到 1945 年 12 月 27 日，有 29 个国家的代表前往美国在协定上签字，布雷顿森林体系正式生效。至此，确定了战后以美国为中心的国际货币体系，即布雷顿森林体系。

---

① 详见专栏 1–1。

1.3.2　布雷顿森林体系的内容

1.成立了国际货币基金组织

国际货币基金组织（International Monetary Fund，IMF）的成立是布雷顿森林体系的核心内容之一，该组织的职能主要有：①监督各成员方遵守《布雷顿森林协定》的各项条款，以维护国际金融和外汇交易秩序；②与成员方就有关国际货币事项进行磋商；③对国际收支逆差国提供贷款等融资援助，以稳定汇率并促进国际贸易和经济的发展。国际货币基金组织规定了国际金融领域的基本秩序，同世界银行、关税及贸易总协定构成了战后经济恢复的三大支柱。

2.确立了美元的国际地位

布雷顿森林体系规定以美元作为最主要的国际储备资产，确定美元与黄金的固定比价，实行自由兑换。各国货币同美元挂钩，各国货币对美元实行可调整的固定汇率制。

《国际货币基金协定》规定，“各成员方货币的平价应以黄金作为共同单位，或以1944年7月1日所含黄金重量与成色的美元来表示”。由于当时1盎司黄金等于35美元，因而布雷顿森林体系将美元与黄金的比价固定为每盎司黄金等于35美元。美元的价格以黄金来表示，取得了等同于黄金的地位。其他国家的货币与美元挂钩，从而间接与黄金挂钩。各国的中央银行可随时用美元按此官价向美国兑换黄金。“双挂钩”体制如图1-2所示。

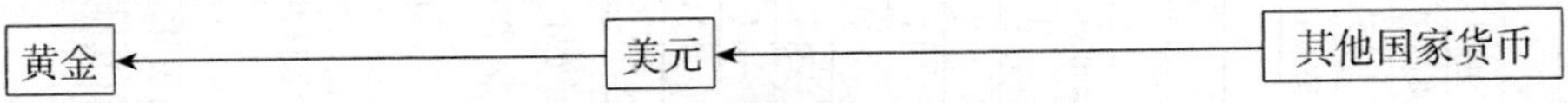

图1-2　“双挂钩”体制示意图

《国际货币基金协定》还规定，除发生“根本性国际收支不平衡”外，成员方不得提议改变其货币平价；如需调整货币平价，必须经该成员方提议，与基金组织协商并获同意后才能调整；各成员方货币对美元的汇率的调整不能超过法定汇率正负1%的范围；各国政府有义务干预外汇市场以保持汇率的稳定。布雷顿森林体系期间世界储备资产构成见表1-3。

3.废除外汇管制

IMF的宗旨之一就是努力消除阻碍多边贸易和多边清算的外汇管制，它要求成员方履行货币兑换义务。但有三种情况例外：①IMF不允许成员方在经常项目中限制外汇的买卖，但允许在资本项目中限制外汇买卖。②成员方在战后恢复的过渡时期可以延迟货币可兑换性义务。IMF当初希望废除经常项目外汇管制的过渡时间最长不超过5年，但实际上直到1959年初主要工业国才基本取消了经常项目外汇管制。直到今天，在IMF的成员方中仍有一些发展中经济体实行外汇管制。③成员方有权对“稀缺货币”[1]采取临时性的兑换。

① 当一国国际收支持续盈余，并且该国货币在IMF的库存下降到其份额的75%以下时，由于逆差国会向货币基金组织借取该国货币，因此IMF可将此种货币定为“稀缺货币”。

表 1-3　　世界货币储备的构成　　单位：百万美元

年份	1964		1965		1966		1967		1968		1969		1970		1971	
	金额	占比	金额	占比	金额	占比	金额	占比	金额	占比	金额	占比	金额	占比	金额	占比
外汇储备总额	24465.19	100%	24099.2		25441.39		28848.07		31743.89		32843.36		45076.1		80846.08	
已分配的外汇储备	17806.53	72.78%	18309.82	75.98%	19626.65	77.14%	22368.52	77.54%	24593.08	77.47%	24287.08	73.95%	37840.64	83.95%	61608.87	76.21%
其中：美元	13026.29	73.15%	13354.18	72.93%	14478.45	73.77%	17006.62	76.03%	18058.5	73.43%	17949.99	73.91%	32109.21	84.85%	52138.30	84.63%
欧元																
人民币																
日元															29.00	0.05%
英镑	4577.77	25.71%	4716.54	25.76%	4842.13	24.67%	4906.94	21.94%	6014.07	24.45%	5778.83	23.79%	4298.1	11.36%	5958.50	9.67%
澳元																
加元																
瑞士法郎							9.1	0.04%	86.3	0.35%	122.6	0.50%	229.6	0.61%	717.70	1.16%
德国马克	9.78	0.05%	30.39	0.17%	41.07	0.21%	86.71	0.39%	135.56	0.55%	176.76	0.73%	733.59	1.94%	1 995.61	3.24%
法郎	190.2	1.07%	203.12	1.11%	259.7	1.32%	324.82	1.45%	248.2	1.01%	203.2	0.84%	277.4	0.73%	363.56	0.59%
荷兰盾							4.1	0.02%	3.2	0.01%	2.2	0.01%	29.7	0.08%	70.50	0.11%
其他货币	2.49	0.01%	5.59	0.03%	5.3	0.03%	30.23	0.14%	47.25	0.19%	53.5	0.22%	163.04	0.43%	335.70	0.54%
未分配的外汇储备	6658.66	27.22%	5789.38	24.02%	5814.74	22.86%	6479.55	22.46%	7150.809	22.53%	8556.28	26.05%	7235.457	16.05%	19 237.21	23.79%

备注 1：在官方外汇储备货币构成数据（COFER）和国际金融统计（International Financial Statistics）中官方外汇储备的统计定义一致。

已分配的外汇储备是指参与COFER调查的IMF成员国的外汇储备总额；未分配的外汇储备是IFS统计到的外汇储备与已分配的外汇储备之差；具体来说，未分配的外汇储备是指向IFS报告了的外汇储备数据，却未调查入COFER的外汇储备总额。

备注 2：关于COFER

官方外汇储备货币构成数据库（COFER）是由IMF的统计部门管理。每期末都会统计COFER数据，并在每季度的最后一个工作日公布统计数据（滞后一季）。

COFER数据公开的外汇储备货币币种包括：美元、欧元、人民币、日元、英镑、澳元、加元、瑞士法郎。其他币种都被归入“其他货币”里面，这与《国际收支和国际投资头寸手册》（第六版，BPM6）中的其他储备货币分类一致。在1999年欧元还没发行之前，埃居（ECU）、德国马克、法郎以及荷兰盾都是独立列出。

在COFER中的官方外汇储备货币是由货币当局对非居民的债权构成，包括货币和存款、证券、金融衍生品以及其他的资产。

资料来源　IMF.International Financial Statistics （1950—1972）.

总之，在布雷顿森林体系下，“双挂钩”制度是构成这一货币体系的支柱，国际货币基金组织则是维持这一体系正常运转的中心机构。

1.3.3　布雷顿森林体系的作用

布雷顿森林体系的建立，一方面确立了美元的中心地位，实现了美国夺取世界金融霸权的夙愿，为美国在世界范围内的经济扩张创造了有利的条件。另一方面，它也对战后世界经济的恢复起到了积极的作用。

1.解决了国际清偿能力短缺的问题

把美元等同于黄金，弥补了当时国际清偿能力不足的问题，保证了国际货币体系的正常运转，使各国间商品、劳务和资本的流通得以正常进行。

2.稳定了国际货币金融关系

美元与黄金挂钩、各国货币与美元实行可调整的固定汇率制，稳定了各成员方的汇率，为国际贸易和国际投资创造了一个稳定的环境。

3.缓解了国际收支危机

第二次世界大战结束后，由于战争的影响，一些成员方先后出现巨额国际收支逆差。国际货币基金组织采取多种类型的短期和中期贷款，使逆差国逐步改善国际收支状况，摆脱了危机。

4.促进了国际货币合作，有助于国际经济的稳定和增长

布雷顿森林体系把各国置于一个统一的协定之下，这就在无形中增加了各国之间的联系，也为随之而来的国际经济合作打下了良好的基础。

总的来说，布雷顿森林体系的建立是符合当时世界经济形势的。第二次世界大战结束后，需要一个多边支付和贸易体系来促进战后世界经济的恢复和发展。当时只有美元才能在世界范围内充当多边支付手段和清算手段。因此，布雷顿森林体系促进了战后经济的发展，促进了多边贸易体系的建立。对20世纪60年代的国际贸易自由化和国际金融一体化起到了积极的推动作用。

1.3.4　布雷顿森林体系的缺陷及崩溃

1.布雷顿森林体系的缺陷

布雷顿森林体系的根本缺陷是美元的双重身份和“双挂钩制度”，美元既是美国的货币又是世界货币。作为美国的货币，其发行必须受制于美国的货币政策和黄金储备；作为世界货币，其供应又必须满足世界经济和国际贸易增长的需要。但是，如果美国国际收支保持顺差，那么国际储备资产就不能满足国际贸易发展的需要，就会发生美元供不应求的短缺现象；如果美国的国际收支长期保持逆差，那么国际储备资产就会发生过剩现象，造成美元泛滥，进而导致美元危机，并危及布雷顿森林体系。

美元这种进退两难的境地又称“特里芬两难”，它指出了布雷顿森林体系的内在不稳定性和崩溃的必然性。事实上，从20世纪60年代起，美元的发行量开始逐

步超过了美国拥有的黄金储备量。由于规定了双挂钩制度，而且黄金的产量和美国的黄金储备的增长跟不上世界经济和国际贸易的增长的需要，于是美元处于进退两难的境地，为满足世界经济的增长和国际贸易的发展，世界各国对美元的需求不断增加，这就会自然而然地需要美国发生国际收支逆差，巨额的逆差又使各国开始怀疑美元同黄金的可兑换性，产生美元可兑换性的信心危机。美元危机的程度同流出的美元的数额有关，流出的美元的数额同美国黄金储备的差额被称为"悬突额"。悬突额是预测美元危机的一个很好的指标，随着美元悬突额的不断增加，美元的可兑换性信誉必然受到日益严重的削弱。

而且，布雷顿森林体系过分强调汇率的稳定，国际收支的调节效率不高。在布雷顿森林体系下的固定汇率制度是可以调整的，但因其调整的多边性增加了调整的难度，并且汇率的波动只允许在平价上下1%波动，从而使汇率调整显得过于刚性，降低了国际收支的调节效率。

此外，对作为储备货币的美元的供应缺乏有效的调节机制也是布雷顿森林体系的一个致命缺陷。在钉住美元的固定汇率制下，世界其他各国为降低调节成本不断积累美元，而美国为应付其不断增长的贸易逆差，又拼命向外输出美元。对美元的唯一限制在于美国的黄金储备。当美元供应相对过多时，各国争相抛售美元换取黄金储备，从而直接威胁到布雷顿森林体系的生存。

2. 布雷顿森林体系的崩溃

自20世纪50年代中期，美元开始逐渐过剩起来。1948年，马歇尔计划以及后来的大规模的对外援助与贷款计划，导致美元的大量输出。20世纪50年代和60年代相继爆发的美国侵略朝鲜和侵略越南的战争，使美国的国际收支逆差连年扩大。到了1960年，美国对外短期债务已经超过了它的黄金储备，美元的信用基础产生了动摇。伦敦金融市场出现了抛售美元抢购黄金的风潮。到了1968年3月，由于各种谣言的推波助澜，在两星期内形成了空前规模的抢购黄金的风潮。1968年3月14日，伦敦黄金市场的成交量达到了350～400吨，打破了历史纪录。面对这样的局势，黄金总库是不可能应付得了的。黄金总库（美、英、法、瑞士、联德、意、荷、比8国成立于1961年10月）成员方经过协商后决定，美国及黄金总库不能再按35美元兑1盎司黄金的官价在自由市场上供应黄金，即不再维持黄金官价，听凭黄金价格自由上涨。但是，各国政府和中央银行仍可按黄金官价以美元向美国兑换黄金，自由市场上的金价与黄金官价不发生联系了，这就是所谓的"黄金双价制"。与此同时，美国与黄金总库其他成员方达成了一个非正式的《克制提取黄金协议》，各国同意原则上不再以美元向美国大量兑换黄金，以减轻美国兑换黄金的压力。但当时抢购黄金抛售美元的风潮已经到了难以控制的局面。1971年8月15日，美国总统尼克松终于宣布停止美元与黄金的可兑换。这无疑意味着作为布雷顿森林体系支柱之一的美元与黄金挂钩完全倒塌。

此声明发表后，西欧各国深恐大量美元流入国内，因此立即关闭了外汇市场防止黄金以外的强势货币（如马克、日元等）成为投机对象。在外汇市场关闭期间，各国暂时采用浮动汇率制度。为了稳定濒临崩溃的布雷顿森林体系，1971年12月18日，十国集团的财政部长和中央银行行长在美国华盛顿的"史密森学会"达成了多边通货价值调整的《史密森协议》。该协议规定：①调整多边汇率，美元对黄金贬值7.89%，即由每盎司35美元调整为每盎司38美元。其他各国均对贬值后的美元实行不同程度的升值（见表1-4）。②扩大汇率波动幅度，将各国汇率波动幅度由原来的平价上下各1%，扩大至新平价上下各2.25%。

表1-4　**主要国家在《史密森协议》前后的汇率变化**

国家	平价		对美元升值幅度（%）
	旧平价	新平价	
美国	1.00	1.00	-7.89①
日本	360.00	308.00	16.88
联邦德国	3.66	3.22	13.58
英国	2.40	2.61	8.05
法国	5.55	5.12	8.57
荷兰	3.62	3.25	11.57
比利时	50.00	44.82	11.57
意大利	625.00	581.50	7.48
瑞典	5.17	4.81	7.49
瑞士	4.08	3.84	6.36

很明显，《史密森协议》允许美元公开贬值和美元停止兑换黄金，其目的就是稳定以美元为中心的布雷顿森林体系，但是它只是国际货币制度改革前的一项暂时措施，因而并不能挽救布雷顿森林体系崩溃的命运。1972年，英国政府宣布实行浮动汇率制度，致使《史密森协议》所建立起来的新货币体系又发生了动摇。1973年2月，美元危机再度爆发，2月12日，美国政府宣布美元再度贬值，由1盎司黄金兑换38美元调整为1盎司黄金兑换42.22美元。此后日本和西方各国相继实行浮动汇率制度，《史密森协议》随之失效。至此，布雷顿森林体系彻底崩溃。

专栏1-1

"凯恩斯计划"与"怀特计划"

第二次世界大战使资本主义各国的经济实力对比发生了巨大的变化，英国在第二次世界大战期间遭到沉重打击，经济遭到了严重的破坏。1945年，英国的出口额还不到战前的1/3，黄金储备降至100万美元，尽管如此，英国仍想保持其世界霸主的地位。与此同时，第二次世界大战后的美国工业制成品占世界工业制成品的一半，对外贸易占世界贸易额的1/3，黄金储备约占世界黄金储备的59%，国际投资急剧增长，成为战后资本主义国家中最大的债权国，这为把美国打造成为世界第一大国和建立美元的霸主地位创造了条件。英美两国都从自己的经济利益出发设计了新的国际货币体系，并于1943年4月7日分别发表了各自的方案，即英国的“凯恩斯计划”和美国的“怀特计划”。

“凯恩斯计划”是英国财政部顾问凯恩斯制订的，这个方案采取透支原则，主要内容有：①建立一个世界性的中央银行——国际清算同盟，由该机构发行以一定量的黄金表示的国际货币“班柯”（Bancor）作为清算单位。“班柯”等同于黄金，各国货币按照一定的比例与班柯进行兑换，兑换比例可以调整，但调整幅度达到5%以上时必须经同盟批准，班柯不能兑换成黄金。②各国在国际清算同盟中所承担的份额以战前三年进出口贸易平均额的75%来计算，成员方不需缴纳黄金或现款，而只需国际清算同盟中开立往来账户。各国官方对外债权债务通过该账户以转账方式进行清算，顺差国将盈余存入账户，逆差国则可以在规定的份额内向同盟申请透支或提款。这实际上是将双边支付扩大为国际多边清算。③同盟总部设在伦敦和纽约，理事会会议在英美两国轮流举行。凯恩斯计划强调逆差国和顺差国共同负担调节国际收支失衡的责任，意在创新国际清偿手段，降低黄金的作用，这对当时黄金储备不足且经常发生国际收支逆差的英国十分有利。

“怀特计划”由美国财政部长助理哈里·D.怀特提出，这个方案采取存款原则，主要内容有：①建立一个国际货币稳定基金，基金由各成员方以黄金、本国货币和政府债券缴纳，总额不少于50亿美元，认缴的份额取决于各国的黄金外汇储备额、国民收入和国际收支差额额度变化等因素，各成员方在基金组织里的发言权和投票权取决于其在基金中的份额。②基金货币与美元和黄金挂钩，各成员方货币与基金挂钩。基金组织发行一种叫“尤尼它”（Unita）的国际货币作为计价单位，每一尤尼它相当于10美元或137.142格令的黄金。各国要规定本国货币与尤尼它之间的法定平价。平价确定后，未经基金组织同意，不得任意变动。③调节国际收支，稳定汇率，并对成员方提供短期信贷以解决国际收支不平衡的问题，从而维持汇率平价。但是贷款数额不得超过它向基金组织认缴的份额。④取消外汇管制和复汇率等歧视性措施。怀特计划表明美国企图凭借其巨大的黄金储备和经济实力，操控国际货币稳定基金，从而达到控制世界金融霸权的目的。

“怀特计划”和“凯恩斯计划”虽然都主张稳定汇率、扩大国际贸易和促进世界经济发展，但实际上反映了英美两国经济地位的变化和争夺世界经济领导权的斗争。“凯恩斯计划”反映了英国经济实力衰退，国际收支发生巨额逆差的现实和试图维护其金融霸主地位的愿望。“怀特计划”反映了美国经济实力强大，黄金储备丰富和力图控制世界经济的野心。由于美国实力大大强于英国，最终“怀特计划”占了上风，但美国也对英国做了些让步，最终双方在1944年4月达成协议，这就为布雷顿森林体系的建立奠定了基础并扫清了障碍。

资料来源　摘自“MBA智库百科”.

§1.4　现行国际货币体系

1.4.1　现行国际货币体系概述

现行国际货币体系是在1973年布雷顿森林体系解体后逐渐确立的。布雷顿森林体系瓦解后，国际金融局势一直处于混乱状态，建立一种新的国际货币体系刻不容缓。国际货币基金组织于1972年7月成立了"国际货币制度改革和有关问题委员会"，该委员会由20个国家组成，又称为"二十国委员会"。由于1973年石油危机的爆发，该委员会的工作重点转向应对当时的国际收支失衡，为逆差国提供经济援助。但在国际货币体系改革方面进展缓慢，仅仅提出了一个"改革大纲"，建议仍以钉住汇率为基础，只有在特殊情况下才能实行浮动汇率制度，但要受到基金组织的严格监督，1974年6月，"二十国委员会"解散。国际货币基金组织在1974年7月成立了"国际货币制度临时委员会"，负责研究有关国际货币制度改革问题，并向国际货币基金组织理事会提供意见。1976年1月8日，在牙买加召开的会议上达成了综合性协议，即《牙买加协议》。为了将《牙买加协议》纳入国际货币基金组织协定并加以实施，国际货币基金组织理事会于1976年4月通过了《国际货币基金协定第二次修正案》，第二次修正包括了《牙买加协议》的主要内容，在1976年4月底经理事会表决通过，后经60%以上的成员方和总投票权85%的多数票通过，从1978年4月1日起正式生效。各国习惯把《牙买加协议》通过后的国际货币体系称为"牙买加体系"，这也宣告了固定汇率制度的寿终正寝。经过国际货币基金组织不断的协调修改①，牙买加体系一直沿用至今。

1.牙买加体系的主要内容

（1）浮动汇率合法化

《牙买加协议》正式承认浮动汇率制度的合法性。成员方可以根据自己的经济状况自由选择浮动汇率制或其他形式的固定汇率制。但成员方的汇率政策应受国际货币基金组织的监督，并与国际货币基金组织进行协商。

（2）黄金非货币化

《牙买加协议》规定，废除黄金官价，允许黄金价格随市场供求自由浮动，取消各成员方之间及成员方与货币基金组织用黄金清算债权债务的义务，各成员方原须用黄金缴纳的份额改用外汇缴纳。

（3）储备货币多样化

以前美元一枝独秀的局面被以美元为首的多元储备货币（包括德国马克、日元等）体系所取代。

---

① 所做的修改主要包括1985年的《广场协议》和1987年的《卢浮宫协议》，详见专栏1-2。

（4）扩大对发展中经济体的资金援助

国际货币基金组织出售了成员方缴纳的1/6的黄金作为“信托基金”，对最不发达的国家以更优惠的条件提供多种形式的贷款。

（5）以特别提款权作为国际货币体系的主要储备资产

特别提款权是国际货币基金组织建立的一种国际记账单位，作为某些实体间的支付手段和国际金融资产。《牙买加协议》规定，特别提款权可以作为各国货币的定值标准，供参加这个账户的国家清偿对国际货币基金组织的债务，也可以用特别提款权进行借贷。

2. 牙买加体系的作用

任何一个新的货币体系都是针对当时世界的金融问题建立的，牙买加体系在一定程度上解决了布雷顿森林体系留下的金融秩序混乱的问题，也对维持国际经济的正常运转和推动世界经济发展起到了积极的推动作用。

（1）实行浮动汇率制，缓解了布雷顿森林体系下僵化的局面

成员方可以自由选择汇率方面的安排，采取固定汇率制或浮动汇率制。浮动汇率制可以自动调节国际收支，促使国际收支平衡，而且浮动汇率制度可以使一国的宏观经济政策更具独立性和有效性。

（2）实行国际储备多元化

美元已经不是唯一的国际储备货币和国际支付清算手段。即使美元贬值也不会像布雷顿森林体系时期那样会给各国经济带来严重的不良影响，这在一定程度上改变了美元一统天下的局面。牙买加体系实行以美元、德国马克、日元、英镑和法国法郎等同时并存的多元货币储备体系，而在欧元出现后，实际上是美元、欧元和日元三足鼎立的国际储备格局 。

（3）用多种机制相互配合来调节国际收支不平衡

牙买加体系对国际收支的调节，主要通过汇率机制、利率机制、国际金融机构调节和动用国际储备资产来进行，这在一定程度上缓解了布雷顿森林体系调节失灵的问题，对世界经济的良好运转起到了积极的作用。

3. 国际货币体系面临的问题

20世纪90年代以来相继爆发了多次金融危机，如1994年的墨西哥金融危机、1997年的东南亚金融危机、1998年的俄罗斯金融危机、1999年的巴西金融危机、2001年的阿根廷金融危机等。究其根源，除了这些国家金融体制不健全以及国际投机资本恶意炒作外，国际货币基金组织主导下的国际货币体系不能适应金融全球化的深入发展也是一个重要的原因。牙买加体系的主要弊端有：

（1）汇率体系不稳定

在牙买加体系下，发达经济体大多采取联合浮动或单独浮动政策，而发展中经济体多数采取钉住政策。在浮动汇率制度下，汇率并不是根据世界经济发展的需要以及国际金融发展的形势来确定的，而是根据各国自身的需要和利益来确定的，也就是说，各国的中央银行经常干预外汇市场，致使汇率制度呈现出一种无序状态，

竞争性贬值或竞争性升值的现象时有发生，汇率体系缺乏稳定的基础。而随着金融市场的全面开放，资金在全球市场的流动规模不断扩大，致使外汇交易基本脱离了与直接投资有关的经济活动，这使一国在外汇市场上的风险加大，而汇率制度的无序无疑使这种外汇市场上的风险进一步加大。在无序的汇率制度下，当一国的货币遭到大幅度贬值或升值时，汇率频繁剧烈波动，外汇投机活动猖獗。发生金融市场的动荡和危机是必然的。这也是1997年东南亚等地爆发金融危机的主要原因。

（2）国际收支调节机制缺乏效率

自牙买加体系建立以来，全球范围内的国际收支不平衡并未得到根本的解决。以美国为例，美国的贸易逆差从1980年的134亿美元不断扩大至1985年的1337亿美元，但美元的汇价非但没有下跌，反而呈现上升趋势。由于汇率机制运转失灵，多种调节机制中除了IMF和世界银行的调节外，其他几种调节方式都由逆差国自行调节，并且对这种自行调节没有任何的制度约束和制度支持。而国际货币基金组织又无力监督和协调顺差国与逆差国的收支调节，这使得国际收支失衡现象日趋严重，也为20世纪末的世界性债务危机埋下了隐患。

（3）储备货币的多元化使国际货币缺乏统一的标准

多元化的国际货币储备体系并未使“特里芬两难”得到根本解决，而是将原有的矛盾分散化并且使货币失去了统一的标准。在多元化的国际货币储备体系中，一个国家的货币同时充当国际货币的矛盾依然存在，并且，各国在制定货币政策时，往往根据各自的偏好和本国的经济利益来进行，这使得国际货币格局错综复杂，因此带来了许多不利的影响。

（4）国际货币国家的货币发行缺乏约束

一个国家货币政策的制定以及货币的发行往往是根据本国的经济发展情况进行的，受到国内经济发展状况以及政策的制约。由于美元彻底与黄金脱钩，美元发行缺乏外在硬性约束。美元作为国际储备货币，美国在制定货币政策与发行货币时也主要考虑本国的经济状况。一般来说，如果一国货币不是国际储备货币，或者是受到约束的国际储备货币，那么该国国内债务扩张就只能动用本国资源。但由于美元发行不受约束，美国的国债不仅有美国金融机构和个人投资购买，还有众多的国际投资者购买。对美国来说，可以通过发新债偿旧债方式或赤字货币化来增加债务。在缺乏有效制衡的情况下，美国这样拥有国际储备货币地位的国家，很容易通过宽松的货币政策，滥发货币，以应对国家债务的偿付问题。而且由于美元作为世界贸易结算和国际储备货币的主体，随着国际贸易的发展，对美元的需求增加，也会刺激美元的发行。所以必须对国际货币国家的货币发行进行有效的约束，当前缺乏有效约束的情况，对于整个全球经济体系的危害十分巨大。

1.4.2　国际货币体系改革前景

对现行国际货币体系在资本自由化影响日益突出的情况下暴露出的缺陷的改革和应对措施的探讨已经成为各国关注的焦点。在国际货币基金组织召开的年会上，建立合理、稳定的国际货币新秩序，已经被提上了日程。第二次世界大战后，主要资本主义国家实力变化以及20世纪70年代后发展中经济体尤其是中国的崛起使得国际货币体系中各国的利益冲突日益严重，对货币体系的改革方向也存在着严重的分歧。但是，经过了长达20年的争论，各国在国际货币改革的一些问题上已经基本达成了共识。

1. 改革国际货币基金组织的职能和作用以适应金融全球化的要求

金融的全球化要求各国资本自由化，这就要求各国全面开放资本市场，并且实行货币自由汇兑。因此，在现行的国际货币体系下，为适应金融全球化的要求，IMF的职能应演变为关注成员方维持自由汇兑的能力并对出现货币危机的成员方进行援助。IMF在实行资金援助时，不仅要考虑恢复对外清偿能力，还要考虑促进受援国的经济发展。并且，IMF现在还缺乏一种国际最后贷款者的功能，而金融全球化的发展也要求有一个国际最后贷款者来防范国际金融危机，未来的国际货币体系应使IMF具有相应的功能。

2. 建立新的国际金融机构

由于国际货币基金组织难以担当最后贷款人的重任，为了避免过度道德风险引发的金融不稳定，经济学家倾向于建立一个诸如"世界金融组织"的最后贷款人机构。制定新的规则和宗旨，提高发展中经济体在国际金融中的地位和作用，使发展中经济体与发达经济体平等参与国际金融事务，并为其他国际金融机构提供基础性材料，向有关成员方发出金融风险的预警信息。

3. 建立和加强国际金融监管机制

1997年爆发的东南亚金融危机愈演愈烈在很大程度上就是因为缺乏有效的监督措施而导致的。许多国家由于银行管理不善，引发了金融体系的过度风险；或由于银行财务信息不透明，延误了发现和解决风险的时机；或由于监督机构不独立，使制定的监督制度不能实施，因此建立有效的监管措施对适应金融全球化是十分必要的。当然，在这方面一些国家已有所行动。1999年初7个发达国家和15个新兴市场国家组成盟国金融小组，商讨制定"财政透明度行为准则"、"公布数据的特殊标准"和"公司管理行为准则"等。这有利于实行金融监管。但是，国际金融的监管还应在提高信息透明度、严格实施市场纪律等方面做出努力。

加强监管要求强化国际金融监管体系，加强对场外衍生性金融商品、资产证券化、信用评级机构以及对冲基金等的监督管理；要求银行保留更多利润以强化资本，提高银行的资本充足率。证券化主办机构及创始机构应承担证券标的资产的部分风险。应强调风险内部管理与外部监管机构的监控，降低系统风险的可能性。应增强信用评级机构的透明度，防范信用评级公司与受评公司之间的利益冲突。应提高场外衍生性金融产品交易的透明度，例如对交易保证金/清算等方面做适当披露。对金融机构高管薪酬激励应有所监管，防止高管的过度涉险行为。

4. 加强国际金融的合作和协调

金融全球化要求加强国际金融领域里的合作和协调。金融政策的协调对预防和抵制危机具有十分重要的作用。新的国际金融秩序在很大程度上是用于协调各方关系的。一些大国，尤其是在金融领域具有举足轻重地位的美国，理应发挥大国的表率作用，在支持发达经济体经济增长的同时，应更多地考虑如何保护和支持发展中国家和地区；加强地区间的国际金融合作和协调；另外，从加强合作的领域看，要加强国际金融经营环境、国际金融内部控制、国际金融市场约束以及国际金融监管等方面的合作和协调。

5.加强对国际货币发行国家的约束

IMF的数据显示，2017年第四季度，在国际储备货币中，美元占全球外汇储备比重为62.7%，欧元为20.2%，二者之和达到82.9%。国际储备货币太过于单一，储备货币币值的稳定受这几个世界主要经济体的影响十分严重。2007年在美国爆发的次贷危机最终演化成一场国际金融危机，充分暴露出以美元作为核心货币的单一储备的国际货币体系存在内在缺陷和系统性风险。

但是，从短期看，国际货币体系较难发生重大调整，美元仍将在国际货币体系中处于领导地位，这是由美国在相关国际组织中的地位、美元在国际贸易和金融中的地位决定的。从中长期看，美元作为核心货币的地位将被逐渐削弱，欧元与亚洲货币（人民币、日元等）的地位会逐渐上升，美元独大的国际货币体系会被“一超多元”的货币体系所取代。新兴市场的崛起使得新兴国际货币将在未来的国际货币体系中占有一席之地。

专栏1-2

《广场协议》和《卢浮宫协议》

牙买加体系建立以后，各国纷纷采用浮动汇率制度，各国都认为贸易失衡将会因浮动汇率的自动调节机制而使贸易收支自动达到均衡状态。但事实并非如此。以美国为例，从1980年起，美国国内经济出现两种变化，首先是对外贸易赤字逐年扩大，从1980年的134亿美元不断扩大至1985年的1 337亿美元。其次是政府预算赤字的出现。在双赤字的阴影下，美国政府以提高国内基准利率吸引国际资本来发展经济，外来资本的大量流入使得美元不断升值，美国出口竞争力下降，于是面临外贸赤字的危机。在这种危机的压力下，美国寄希望以美元贬值来增强美国产品对外竞争力，以降低贸易赤字。但美元汇价非但不曾下跌，反而在1981—1984年间呈现出快速上升的态势，特别是对日元和德国马克产生了汇价高估。

美元持续走高的原因是20世纪80年代初期，美国国内政策失调和外汇市场的投机泡沫。美元汇价持续走高，将使美、日、德三国的对外贸易失衡持续扩大至无法消除。美国许多大型制造大企业的管理层和国会议员开始坐不住了，他们纷纷游说美国政府，强烈要求当时的里根政府干预外汇市场，让美元贬值，以挽救日益萧条的美国制造业，许多经济学家也加入了游说政府改变强势美元立场的队伍。1985年9月，美国财长詹姆斯·贝克、日本财长竹下登、前联邦德国财长杰哈特·斯托登伯、法国财长皮埃尔·贝格伯、英国财长尼格尔·劳森这五个发达工业国家（简称“五国集团”）的财政部长及五国中央银行行长在纽约广场饭店（Plaza Hotel）举行会议，达成五国政府联合干预外汇市场、使美元对主要货币有秩序地下调、以解决美国巨额的贸易赤字的协议。这就是有名的《广场协议》(Plaza Accord)。

在《广场协议》中，达成了由各国合作协调促使美元贬值的协议，1985—1986年间，美元由原来的升值局面转向贬值。例如，从协议签订前的1美元可兑换238日元，到1986年年底，贬值到1美元兑换160日元左右。

1987年七国集团（简称G7）财金首长再度在法国罗浮宫聚会，签订了《卢浮宫协议》（Louvre Accord），检讨《广场协议》以来美元不正常贬值对国际经济环境的影响，以及以汇率调整来降低美国贸易赤字的优劣。协议主要内容包括：日本和西德等实施刺激内需计划，美国进一步削减财政赤字；七大工业国应共同合作来稳定汇率，建立共同磋商机制，协调各国的宏观经济政策等等。与会国一致认为，当时的汇率水准已经能反映各国经济基本面的变化，一旦美元贬值，将伤害到各国的经济利益。例如，《广场协议》对日本经济产生了难以估量的影响。因为，《广场协议》签订之后，日元大幅度地升值，对日本以出口为主导的产业产生相当大的影响。为了要达到经济增长的目的，日本政府便以调降利率等宽松的货币政策来维持国内经济。从1986年起，日本的基准利率大幅下降，这使得国内剩余资金大量投入股市及房地产等非生产工具上，从而形成了20世纪90年代日本著名的泡沫经济。这个经济泡沫在1991年破灭之后，日本经济便陷入战后最长的不景气状态。

《卢浮宫协议》强调G7国家加强"紧密合作"对维护美元汇率稳定和世界经济协同发展的重要性，强调全球更加平衡的经济增长在促进国际外汇收支平衡中具有重要作用，这实际是指美国贸易伙伴加快经济增长有助于解决美国国际收支不平衡问题。由此可见，自1985年的《广场协议》和1987年的《卢浮宫协议》之后，各国在政策上的协调已经成为改善浮动汇率制的主要手段。但由于各国都从本国的利益出发，因此国际的汇率协调面临很大的困难，因此需要一个更加行之有效的国际货币协议以促使国际货币体系顺利进行。

资料来源 摘自"百度百科".

§1.5 区域货币一体化

现行国际货币体系的功能缺陷不仅破坏了本已弱小的发展中经济体的经济和金融，也冲击了发达经济体的经济和金融。面对现行国际货币体系所暴露的问题，任何国家都无法回避，只能积极探索问题的解决方案。"欧元"的诞生和顺利运行，无疑会为现行国际货币体系的改革提供一条新的思路。

1.5.1 欧洲货币体系与欧元的诞生

1.欧洲货币体系概述

欧洲货币体系是欧洲经济共同体建立以后的主要目标之一。布雷顿森林体系崩溃以后，为了加强经济和政治方面的合作，共同抵制国际金融秩序混乱造成的不良影响，1951年，联邦德国、法国、意大利、比利时、荷兰及卢森堡（即西欧六国）在巴黎签订了《巴黎条约》，成立了欧洲煤钢共同体。1958年，西欧六国又签署了

《欧洲经济共同体条约》和《欧洲原子能联营条约》（合称《罗马条约》），根据《罗马条约》，创立了欧洲经济共同体。欧洲经济共同体的主要措施包括消除彼此间的关税和贸易障碍，实施共同的农业政策并逐步统一成员方的财政经济政策，逐步实现成员方货币统一。

此后，英国、爱尔兰、丹麦于1973年，希腊于1981年，葡萄牙、西班牙于1986年相继加入，使欧洲经济共同体的成员扩大至12个国家。1995年，欧共体又接纳了奥地利、芬兰及瑞典3个成员并改名为欧盟（European Union，EU）。2004年5月1日，欧盟再次扩大，又接受了10个新成员（马耳他、塞浦路斯、匈牙利、捷克、斯洛伐克、波兰、斯洛文尼亚、立陶宛、爱沙尼亚及拉脱维亚），使成员数目增加至25个。

20世纪60年代，布雷顿森林体系陷入危机，并于1960年10月爆发了第一次美元危机，引起了欧洲共同体成员方汇率波动，于是，建立一体化的欧洲货币的呼声日渐高涨。1971年2月9日，欧共体部长理事会达成协议，决定联手建立经济和货币同盟。1978年4月，在丹麦哥本哈根举行的欧共体首脑会议，对建立欧洲货币体系的可能性首次交换了意见，同年7月欧共体首脑又在德国不来梅集会，同意创立欧洲货币体系，通过建立欧洲通货单位①（European Currency Unit，ECU）、确定稳定汇率的机制和建立欧洲货币基金等措施来加强成员方之间汇率的稳定性，并以此促进欧洲单一货币的建立。1988年6月，欧共体首脑在德国汉诺威召开峰会，会议强调：为实施单一欧洲法，各成员方应尽快促成经济货币同盟的建立，并由欧共体执委会主席德洛尔组成专门委员会，研究建立欧洲货币同盟的具体方案。1989年4月，委员会提出了《德洛尔计划》，建议欧洲共同体分三个阶段达成欧洲货币同盟（见表1-5）。

表1-5　**《德洛尔计划》："欧洲货币同盟"三阶段目标**

经济层面	货币层面
第一阶段（1990年7月起） ●完成内部市场的单一化 ●强化竞争政策 ●完成共同体结构基金的改革 ●促进成员方间合作监督机制的形成 ●促进高赤字成员方的财政改革	●完成资本市场自由化 ●加强货币政策和汇率政策的合作 ●允许欧洲汇率机制（Exchange Rate Mechanism，ERM）进行多边重整 ●消除民间使用欧洲通货单位的限制
第二阶段（1994年1月起） ●评估第一阶段工作效果 ●考察成员方经济体的性质	●建立欧洲中央银行体系 ●缩小成员方汇率浮动范围
第三阶段（20世纪90年代中后期） ●建立共同预算协调机制 ●强化区域结构政策	●欧洲中央银行执行共同的货币政策 ●执行单一货币制度

《德洛尔计划》中关于建立欧洲货币同盟的计划虽然得到了大部分欧共体国家的支持，但是关于第二阶段和第三阶段的内容却存在着不少争议，在经过3年马拉松式的协调后，在1991年12月9日至10日，欧共体12个成员方首脑在荷兰小镇马

① ECU是会员国中央银行之间用于清算的工具和单位，并用于表示各会员国的中心汇率。至于ECU的价值，则由各会员国货币的加权平均来表示。

斯特里赫特召开会议，并于1992年2月7日签署了《马斯特里赫特条约》，并参照《德洛尔计划》制定了欧洲货币同盟的具体时间表（见表1-6）。

表1-6 《马斯特里赫特条约》关于建立欧洲货币同盟的具体时间表

时间	计划内容
第一阶段：1990年7月1日—1993年12月31日	●成员方逐渐建立经济合作关系 ●加强各国货币政策和汇率政策的协调 ●成员方应该尽快加入欧洲汇率机制
第二阶段：1994年1月1日—1996年12月31日	●设立作为欧洲中央银行雏形的独立的欧洲货币机构 ●监督并促使成员方主要经济指标达标
第三阶段：1997年1月1日—1999年12月31日	●实现单一货币 ●建立欧洲中央银行

《马斯特里赫特条约》的签订是欧洲货币一体化道路上的一块里程碑，它为欧洲货币体系的建立铺平了道路，为最终达到欧洲中央银行统一发行货币的目标扫清了障碍。

2.欧元的诞生

欧洲货币历经多年的整合，终于在1999年1月1日推出了欧洲单一货币——欧元。1995年12月15日，欧盟在西班牙马德里举行的首脑会议上将未来欧洲货币的名称正式确定为“欧元”，以取代欧洲货币单位，并确定了欧元启动的三个阶段：

第一阶段（1998年1月1日—1998年年底），1998年5月，确定第一批符合资格进入欧元区的11个国家；1998年7月1日，成立欧洲中央银行；1998年年末，开始生产（而不是发行）欧元纸币和硬币。

第二阶段（1999年1月1日—2001年年底），1999年1月1日将原来的欧洲货币单位以1∶1的比例转换为欧元，欧元具备法偿资格；正式公布欧元对11个成员方货币的固定汇率（见表1-7）；以欧元作为会计记账单位，各个成员方的本币仍可以继续流通；各国中央银行、商业银行、证券市场、保险市场和欧洲中央银行都可用欧元进行计价交易。

表1-7 欧元转换为欧元区11国货币的汇率

成员方通货	1欧元等于多少单位成员方通货
比利时法郎	40.3999
德国马克	1.95583
西班牙比塞塔	166.386
法国法郎	6.55957
爱尔兰镑	0.787564
意大利里拉	1936.27
卢森堡法郎	40.3399
荷兰盾	2.20371
奥地利先令	13.7603
葡萄牙埃斯库多	200.482
芬兰马克	5.94573

第三阶段（2002年1月1日以后），正式发行700亿欧元现钞和硬币；2002年7月1日（实际上提早至2002年3月）起，11个欧元区国家的本币丧失法偿资格，欧元成为他们的唯一法定货币。

此后，希腊已于2001年1月1日成功地加入了欧元区，2007年1月1日，斯洛文尼亚加入欧元区，塞浦路斯于2008年1月1日与马耳他一起加入了欧元区，斯洛伐克于2009年1月1日加入欧元区、爱沙尼亚于2011年1月1日加入欧元区，拉脱维亚于2014年1月1日加入欧元区，立陶宛于2015年1月1日加入欧元区，从而使欧元区成员增至目前的19个。

3.欧元启动的影响

随着欧元这一单一货币的完全流通，统一的欧洲大市场和统一的欧洲货币已经开始形成。欧元是仅次于美元的第二大国际货币，正在由弱变强，它将成为国际货币体系中的一个重要支柱，在国际事务、全球投资和国际贸易中发挥重大作用，对世界的发展产生着深远的影响。

（1）对欧盟国家经济的影响

欧元启动降低了成员方之间的交易成本，促进了成员方的经济合作。欧元的使用直接简化了手续，节省了交易时间，使得厂商花费在外汇方面的庞大开销（如手续费、货币兑换成本和交易成本等）得到大幅度削减。不仅如此，欧元的流通还使得欧元区内的厂商和银行的关系得到整合，加快了跨国投资和融资的步伐。

欧元启动有利于降低外汇风险。结成区域货币联盟后，有助于稳定区域内货币汇率，减少货币投机的机会，有效抵御了外部汇率波动对区域内经济的冲击，大大降低了外汇风险。

欧元启动促进了欧洲资本市场的发展。欧元的问世使欧元区国家的债券以欧元计价，方便了债券交易，增加了市场流动性，降低交易成本，从而降低了投资成本，促进了资本市场繁荣。

（2）对世界经济的影响

欧元启动推动了世界贸易的发展。欧盟的经济、人口与进出口总量超过美国。欧盟核心组成的欧元区形成了全球最大的金融、工业和贸易力量，在世界经济舞台上发挥着重要作用。欧元区经济的发展对其他国家来说就是外贸市场容量的扩大。欧元的诞生将有助于欧洲成为世界第一贸易区域，欧元区市场将成为世界上最先进的和消费能力最大的市场之一，带动着国际贸易向前发展。

欧元启动影响了国际货币体系。1997年的东南亚金融危机和20世纪80年代世界性的债务危机暴露了现行货币体系的诸多弊端。而弊端之一就是作为世界三大货币的美元、马克、日元的结构失衡，美国的经济实力与美元在国际货币体系的中心地位不符。而欧元的出现创造了一个相对稳定的欧元区，并在欧盟强大实力的支持下，成为一种重要的国际货币，这将改变现行以美元为主导地位的国际货币体系，成为维持国际汇率体系稳定的新因素。同时，欧元区成员方在国际货币基金组织的表决权超过了美国，约为23%，而美国只占17.5%左右。欧元启动后其所起的作用也将增强，这有利于国际货币体系向以美元、欧元和日元为主的多极化方向发展。

但是2010年，以希腊债务危机为导火索引发的欧元区债务危机，也充分暴露出欧元体系的薄弱。欧元区内，由于只有统一的货币政策，而没有统一的财政政策，因此欧元区内各国的财政没有达到统一协调。在2008年次贷危机爆发后，各国为了刺激国内经济，大规模举债，并采取了大幅度的财政赤字政策。随着债务偿付期的临近以及国内经济的持续低迷，国家主权债务出现偿付困难，导致欧元区债务危机的爆发。

欧元的弊端有三点：①欧元区缺乏一个统一的财政管理机构。欧元区有统一的货币政策，但是没有统一的财政政策。②欧元区还缺乏一个有效的成员方退出机制，这导致欧债危机爆发后，各国债务危机的解决举步维艰，如果有一个相对有效的退出机制，危机国直接退出欧元区，恢复本来的货币体系，然后大比例贬值本国货币，是能够解决危机的。③欧元区的整体风险共担能力太低。

专栏1-3

欧元可能挑战美元的霸主地位吗？

1972年，布雷顿森林体系的崩溃导致美元与黄金脱钩，并一度产生了对美元的信任危机，但这并未影响美元国际货币的地位，美元在国际市场上仍旧作为交易媒介、价值标准、延期支付和价值储藏的工具，依旧具有支配性地位。

欧元的诞生不仅对于欧洲而且对于整个货币史来说都有重要的里程碑式的意义。欧元对美元的影响最大，直接挑战着美元在国际货币体系中的主导地位和垄断地位。由于美元是国际上一种关键货币，因此即使美国国际收支的经常项目赤字不断扩大，也没有货币危机之虑。即使美元疲软了，人们也不愿意把美元转换成日元、德国马克或黄金。但现在不同了，既然现在欧元已经确立了自己的关键货币地位，它就能够在金融投资和清算结算中替代美元。从2003年年初开始，一些亚洲和中东欧国家在外汇储备的结构中就开始了这种替代。只要美元持续疲软，这种转换成欧元的趋势就会继续。这对美国本身也是一种约束。

但就目前的形势来看，欧元仍无法与美元抗衡。例如，2014年，在国际债券发行量中，以美元计价的为38.8%，以欧元计价的达到33.4%。在官方储备方面，2017年，以美元计价的资产约占世界总储备的65.5%；同期，欧元占国际储备的比重是17.7%。

当然，美元霸主地位的改变将是一个长期的历史过程，美元市场无论在深度、广度还是在弹性上仍保持优势，而且它会动用经济的，甚至非经济的手段来增强和维持这种优势。不过从长期发展的角度来看，欧元将成为重要的国际货币，并对美元形成竞争和制约，而美元在受到非常大的冲击时，国际货币体系也将在美元和欧元的博弈中实现演进。欧元同美元竞争，将是一个逐步展开的过程。原因主要有如下几个方面：一是国际社会对欧元的认同需要一个过程。比如欧元到底是不是强势货币，欧元的使用是不是便利，很多国家和地区还在持观望的态度。二是欧元现金正式流通之后，德国马克、法国法郎等欧元区成员方货币的交易、支付、储备职能完全由欧元承担，这需要有一个消化吸收的过程，而在这个过程中可能会遇到一些新的问题需要成员方去协商解决。三是一些国家出于对外汇储备货币多样化的考虑可能会将部分美元储备转为欧元储备，但为了不引起国际外汇市场和证券市场的动荡，这一转化只能是一个渐进的过程。四是历史习惯不是马上就可以改变的。自第二次世界大战后，美元一直是国际货币体系中的霸权货币，它拥有欧元所没有的优势，比如由于历史原因，石油和一些初级产品的国际标价一般是以美元进行的。很多发展中经济体仍然对美元有着其他货币难以匹敌的"好感"。五是由于2010年初爆发的欧元区债务危机，暴露了欧元区内各经济体发展的不均衡性，这次债务危机的爆发，如果处理不当，可能导致欧元区的土崩瓦解，对于欧元币值的稳定来说，是一个极其不稳定的因素。而且欧元债务危机的爆发也促使各国追逐美元避险，这也显示出欧元对于美元储备地位的挑战或者取代还为时过早。

资料来源　摘自国际货币基金组织网站：http：//www.imf.org.

1.5.2　"亚元"的构想

欧元的建立不仅对区域经济整合、货币合作，而且对世界其他地区建立一体化的货币起了示范作用。伴随亚洲内部贸易的不断扩大以及1997年东南亚金融危机的影响，亚洲各国经济体试图推动建立单一的货币来降低交易成本。

目前关于建立亚元，普遍形成了三种构想：

1. 日元说

建立"亚元区"，要以一到两个国家的货币作为亚元的主导货币。欧洲货币一体化之所以能发展到今天，强大稳定的德国和德国马克功不可没，德国在欧洲货币一体化进程中发挥了举足轻重的作用。日本作为世界经济大国，经济实力强大，并且亚洲很多国家都对日本拥有不同额度的债务，都以日元作为外汇储备。就日本的经济实力来说，目前日元是最有希望成为亚元的核心货币的，但其政治上的地位与经济上的地位极不相称，特别是在第二次世界大战期间给亚洲各邻国遗留下了很多创伤，导致政治上的反感。而且日本长期实行接近于零利率的货币政策，影响了持有日元的投资性需求，日元作为亚洲中心货币存在太多障碍。

2. 人民币说

从长远看，人民币很有潜力，有可能成为亚洲中心货币。人民币能否成为亚元，或成为亚元的核心货币，取决于几个先决条件：第一，人民币在国际上成为可自由兑换的货币。第二，有充足的国际储备。第三，国力的增强和开放程度。第四，宏观金融的稳定，包括货币供给和物价的稳定。第五，金融市场的健全发展。虽然中国有着充足的外汇储备，而且从东南亚金融危机开始中国已经开始利用人民币发挥区域主导作用，但是，中国对外的金融开放是一个循序渐进的过程。李克强总理在2013年指出："我们已经发展了人民币的离岸业务，还会有更多的选择。当然，改革的进程要与中国经济的实力、金融体系成熟的程度和我们的监管能力相匹配。"在2017年进行工作部署时，李克强总理提出要"坚持汇率市场化改革方向，保持人民币在全球货币体系中的稳定地位"。

3.一篮子货币说

由于在亚洲，人们仍然愿意储备美元，并且亚洲强大的经济体都集中于东亚，所以在以一两种货币作为核心货币难以实施的情况下，以美元、日元、人民币、韩元等货币组成的一篮子货币作为亚元基准的想法受到了人们的普遍重视。但是，由于受到政治体制、意识形态等因素的限制。货币整合的难度比西欧大得多。

§1.6 金融危机

近二三十年来，国际金融体系面临的巨大冲击在于投机压力所导致的货币危机和拉美国家因无力偿还外债而爆发的国际债务危机，这些危机不仅导致国际经济的动荡不安，同时也阻碍了世界经济的发展。

1.6.1 货币危机

货币危机是指“对某种货币汇兑价值的投机性冲击导致货币贬值（或币值急剧下降），或迫使当局投放大量国际储备或急剧提高利率来保护本币”。1997年亚洲国家（如泰国、印度及韩国等国）爆发的严重的货币危机，更使人们对货币危机表现出高度的关注。

1.货币危机产生的可能原因

对于货币危机产生的原因，国际金融学者主要提出了两种看法：①固定汇率制度与宏观政策冲突，这个解释最早由克鲁格曼提出；②传染效应（contagion effect）。

（1）固定汇率制度与宏观政策冲突

克鲁格曼确信，政府不适当的财政与货币政策会使投资者预见到汇率的跳跃，从而改变投资组合。投资者为保卫自己的资产价值（利益）会抢兑外汇，政府外汇储备减少，导致危机爆发。在他看来，触发货币危机的关键是政策失误。在这个过程中，投资者的冲击行为是完全理性的。

以墨西哥为例，墨西哥比索原系钉住美元的爬行汇率制度。假设墨西哥持续出现赤字，墨西哥政府就会要求墨西哥中央银行给予融通，在这种情况下，墨西哥中央银行就会创造更多货币去支付债务，过多的货币供给会导致墨西哥比索贬值。墨西哥民众会改变其手中的资产组合，并以外国通货来取代本币。为支持墨西哥比索钉住美元，墨西哥中央银行必须进行逆向操作，动用其外汇储备收购墨西哥比索。由于国外投机机构的攻击，墨西哥中央银行的外汇储备于1994年年底即将耗尽，于是在1994年12月22日不得不宣布采用浮动汇率制度，结果是立即带来了墨西哥比索大幅度贬值的货币危机。

（2）传染效应

20世纪90年代以来，主要的货币危机皆具有传染性和扩散性，即一种货币发生危机后会迅速蔓延至另一种货币。例如，1994年至1995年，墨西哥比索发生危机，其相邻的阿根廷和智利等国的货币亦发生本币贬值的货币危机。而发生在1997年至1998年的东南亚金融危机，其传染性和扩散性更强。在泰铢大幅贬值之后，立即扩散至东南亚大多数国家和地区，并造成这些国家和地区的汇价和股市遭受重挫。

经济学界把货币危机传染效应的原因大致分为三种类型：①通过相互贸易传染；②通过金融渠道传染；③具有相似特征的国家间的货币危机传染。

所谓通过贸易传染，是指一国的货币危机恶化了另一个与其贸易关系密切的国家的国际收支以及经济基础运行状况，从而导致另一个国家发生危机。贸易传染可分为贸易伙伴型传染与竞争对手型传染。

而通过金融渠道传染是指一个国家或某个市场流动性不足，这就迫使金融中介清算其在其他国家或其他市场上的资产，从而通过国际资本流动渠道导致另一个与其有密切金融关系的国家或市场流动性不足，引发该国家或市场发生大规模的资本抽逃行为，从而导致货币危机。例如，发生于俄罗斯的1998年货币危机主要影响与俄罗斯金融资本往来密切的东欧转型国家。又例如，2014年俄罗斯金融危机爆发主要是由于俄罗斯卢布价格波动与原油高度相关。俄罗斯入侵并强占乌克兰克里米亚地区，引发美欧等国对俄罗斯的大规模经济制裁，国际油价随之大跌，在2014年6月到12月间国际油价几乎下降了一半。卢布开始大幅贬值，2014年全年卢布对美元汇率下跌45%。俄罗斯政府6次加息，仍无法阻止卢布继续贬值。2014年12月15日，卢布暴跌13%，美元对卢布汇率突破1：66。16日凌晨，俄罗斯央行紧急宣布将基准利率由10.5%直接提升至17%。但加息效果十分微弱，截至16日收盘，美元对卢布汇率为1：72.20，两个交易日卢布累计贬值约25%。此次货币危机使得俄罗斯经济放缓。据俄罗斯国家统计局发布的数据，2014年俄罗斯GDP增长率仅为0.3%，2015年则为负增长，GDP增速为-3.7%。国际信用评级机构穆迪投资者服务公司将俄罗斯主权信用评级由Baa1下调至Baa2。大量资本从俄罗斯外流，货币贬值、财政收入锐减，造成了2014年俄罗斯货币危机。

即使一些国家之间不存在直接的贸易、金融联系，货币危机也可能传染，这是由于一个国家发生危机，另一些类似国家的市场也会发生变化，从而影响投机者的信心与预期，进而导致投机者对这些国家货币的冲击，进而发生危机。例如，发生在英国英镑、意大利里拉上的1992—1993年欧洲汇率机制（ERM）国家的货币危机影响了大多数欧洲工业国家。

随着世界经济的发展和区域一体化的加强，国际货币危机产生的原因更加复杂。每一次货币危机爆发后都会出现一些新的理论，这些理论对解释一些特定的货币危机具有一定的说服力，但当新的危机爆发时，这些理论又显得束手无策。目前还没有一种理论能完全解释各种货币危机的原因。

2.货币危机的防控体系

由于货币危机会对世界经济造成不可估量的损失，因此制定出一套货币危机防控体系将有助于减少货币危机给世界经济造成的损失。一套完整的货币危机防控体系应该包括货币危机保障机制、货币危机预警机制和货币危机调控机制。其中，货币危机保障机制是整个货币危机防控体系的基础。没有了货币危机保障机制，就无法奢谈货币危机的预警机制和调控机制。

建立良好的货币危机保障机制是指从宏观政策上保障国民经济的长远发展能力，从而为汇率的稳定奠定长期、可靠的基础。保障本国金融体系的稳定与安全能最大限度地降低引发货币危机的风险；稳步推进金融对外开放是从实现外部均衡的角度出发，提供防范国际金融市场冲击的步骤和手段。

货币危机保障机制为防范货币危机奠定了制度基础，然而，并不能排除危机在某一时点突然爆发的可能，如果危机国处于一种“措手不及”的状态，无法采取及时有效的应对措施，该国的国民经济就难免遭受灾难性冲击。因此，建立一个有效的预警机制是防御和应对危机的关键。一套理想的早期危机预警信号应该不仅具有预测真正危机的能力，同时也应该能够避免发布错误的信息。它的建立应广泛结合多项相关指标，如实质汇率、外汇储备、国内信用成长及公共部门债务等。IMF于1998年，利用实际有效汇率、实际国内汇率成长率及M2对外汇储备比率这三个指标，编制了通货危机指数（currency-crisis index）。通过该指数对亚洲国家和拉美国家进行测试，结果发现在东南亚金融危机之前，许多亚洲国家的危机指数均有大幅上升，而处于墨西哥货币危机其间的阿根廷也出现了相同的现象。

货币危机调控机制是在危机预警信号频繁发出或危机已经爆发的条件下，对货币危机演进中的投机和扩散进行有效调节和控制，以扭转不利局势，减少危机对社会经济危害的整体性措施。对于货币危机的调控必须迅速、果断。一方面，针对货币危机的形成和演进机理采取相应的措施，使其爆发的程度和损害得以降低；另一方面，通过必要的资金救援和社会救援（例如实行紧急贷款条款和紧急资本管制）维护公众的信心，避免公众信心危机加剧货币危机的爆发和扩散。

1.6.2 发展中经济体债务危机

根据国际货币基金组织的定义：“外债是指在特定时期内，一国居民对非居民承担、已拨付而尚未清偿的、具有契约性偿还义务的全部债务。”而通常所说的**国际债务危机是指一国政府无力偿还外债，进而危及国际金融体系的安定。**自1982年8月初，墨西哥突然宣布停止支付外债利息，由此引发债务危机后，拉美各国相继陷入了债务危机的泥潭。危机不仅使拉美整个20世纪80年代成为“失去的十年”，而且严重影响了国际金融秩序的稳定和世界经济的发展。

1.国际债务危机产生的原因

20世纪70年代，发展中经济体在经济发展过程中资本严重缺乏，这些国家一方面利用出口丰富的天然资源来换取外汇，另一方面向外大量举债来弥补自身资金的不足。在这十年的时间里，世界贸易总额增长了约5倍，但是国际贷款总额却增长了近11倍，其中发展中经济体占了绝大部分（见表1-8）。

表1-8　　非石油输出国中的发展中经济体的外债（2004—2008）　　单位：亿美元

年份	2004	2005	2006	2007	2008
外债总额	26 062	26 225	28 106	34 508	37 185
按到期日划分					
短期	4 533	5 188	6 115	8 573	8 444
长期	20 569	20 545	21 793	25 779	28 484
IMF贷款额	960	492	199	155	257
欠官方债权人	14 342	13 076	12 402	13 354	13 797
积欠私方债权人	6 227	7 469	9 390	12 425	14 688
按地区划分					
非洲	2 371	2 147	1 713	1 893	1 957
亚洲	1 937	1 878	2 171	2 885	3 263
欧洲和中亚	6 393	7 120	8 931	12 424	13 990
中东和北非	1 478	1 393	1 302	1 414	1 315
拉丁美洲	8 019	7 357	7 312	8 391	8 944

以拉美国家为例，发展中经济体之所以资金不足，主要基于以下两种原因：

（1）拉美国家由于收入分配不公和政府对经济的过多管制与干预等因素，造成国内储蓄率低，企业自我积累能力受到限制，进而国内投资不足，只有利用向外借贷资金来弥补。

（2）拉美国家片面强调进口替代，放松对进口的管制，忽视了出口部门的发展，导致出口部门缺乏活力，使外汇短缺。

由于发展中经济体资源丰富，且经济增长率较高，其潜在偿债能力很强。况且由于受到第一次石油危机的冲击，大量美元进入世界金融市场，导致国际资本市场利率低迷，国际资本充足，利率较低，向外举债并不困难，也很少有人去考虑贷款的安全性。但是20世纪80年代以后，由于国际环境的变化，国际债务问题不断恶化。

（1）20世纪80年代，西方发达经济体经济开始衰退，这使得它们强化了贸易保护主义，发展中经济体的出口受到严重的损害，出口收入减少，贸易逆差增加，国际收支恶化，经常项目赤字增加。

（2）20世纪90年代初发生了第二次石油危机，第二次石油危机使油价暴跌，融资成本高涨。这一变化对拉美石油输出国的经济打击非常大。以墨西哥为例，由于国际市场石油过剩、油价下跌，墨西哥出口产品受挫，国际收支出现了117亿美元的巨额逆差，从而不得不在这一年举借149亿美元外债。第二次石油危机后，西方国家的商业贷款的利率大大提高，使拉美国家新债成本增加，而出口萎缩进一步减少了它们的外汇收入。同时，西方国家通过贷款利率、贸易比价等渠道向拉美国家转嫁其经济危机，加深了拉美国家国际收支的恶化，加重了这些国家的资金紧张，使拉美国家的举债规模不断扩大。

一些发展中经济体高估了本国的潜在资源和开发能力，大肆举债，盲目投资，生产效率低下，资源浪费严重，使得投资项目盈利微小，有的项目甚至出现了无利可图的局面，从而导致了利息负担日益加重。

2. 国际债务危机的影响

自从墨西哥发生债务危机以后，巴西、阿根廷、智利等国纷纷延长了还债期限，从而爆发了世界性的债务危机，它的影响涉及国际社会的各个方面，给各国政府及世界金融组织提出了新的难题。

（1）国内影响

巨额债务危机使债务国在国际资本市场上的信用危机越来越严重，筹资困难。以阿根廷为例，2001年，国际货币基金组织曾两次与阿根廷签订协议，同意提供贷款，但要求阿根廷政府必须解决财政赤字问题。由于到2001年第三季度，阿根廷财政赤字依然高达25亿美元，国际货币基金组织随即取消原定的拨付贷款计划，这种恶性循环造成债务国在国际资本市场上融资几乎没有可能。

债务危机还使债务国本币大幅贬值，以巴西为例，1998年1月13日，为防止外汇过度流失，巴西政府扩大了对雷亚尔（巴西货币）的管理波动幅度，由1美元兑换1 ~ 1.21雷亚尔扩大到了1美元兑换1.20 ~ 1.32雷亚尔，造成当日雷亚尔贬值幅度达10%。15日，巴西被迫放弃钉住美元的汇率制度，任凭它自由浮动。到1月19日，雷亚尔贬值幅度达23%。本币贬值不仅会造成国内通货膨胀压力增大，失业人数增加，而且还增加了偿还外债的成本。

政府逐渐失去群众的信任，从而引发大规模的经济和社会动荡，由于人们对本币失去信任，造成本国居民大量提取现金，疯狂抢购美元，资金大量外逃的局面，最严重时，甚至引起了大规模的社会骚乱。

（2）国际影响

债务危机容易引发银行业的连锁倒闭，甚至造成国际金融危机。由于私人债权集中于国际大银行手中，所以当债务国发生偿债困难时，这些银行必然会发生经营困难，这就会影响存款人对这些银行的信心，如果发生大规模的挤兑现象，国际金融危机的爆发则在所难免。

债务危机还容易造成国际社会的动荡不安，妨碍世界经济的增长。债务危机可能导致债务国政治和经济的混乱，民众的贫穷和失业会引起社会的动荡不安，进而发展成世界性的问题。而且，债务国的债务问题会影响其本国的外贸行业，从而抑制世界经济的发展。

3.国际债务危机的解决方案

自从20世纪80年代债务危机爆发以来，它的严重性就受到了国际货币基金组织、世界银行和世界各国政府的高度关注。国际货币基金组织和世界银行还采取多种融资办法积极协助债务国解决外债，而各发达经济体在其中也发挥了积极的作用。

（1）贝克计划

1985年，美国前财政部长贝克在国际货币基金组织和世界银行在首尔举行的联合年会上，提出了解决发展中经济体债务危机的方案，即著名的贝克计划，其框架是：

①拉美国家通过债务转换债券和股权等方案减缓债务增长速度，同时实施结构性经济调整以降低通货膨胀率，恢复国际收支平衡促进经济发展。

②商业银行应加强对债务国的贷款，贝克计划要求在1986—1988年间，商业银行提供200亿美元，多边金融机构提供90亿美元，贷给15个重债国，以支持其经济发展。

贝克计划的主旨在于呼吁国际金融机构和商业银行继续对债务国进行融资，但由于未得到债权国的担保，贝克计划未能得到商业银行的认可，因此未获得实质性的进展。

（2）布雷迪计划

1989年3月，时任美国财政部长的布雷迪在布鲁金斯研究所及布雷顿森林基金联合召开的"发展中经济体债务问题"研讨会上，提出所谓的布雷迪计划，这一计划同贝克计划最大的区别在于它承认债务国不可能偿还所有外债，强调应该削减债务国的本息负担。

布雷迪计划的内容主要有：授权国际货币基金组织和世界银行对债务国增加贷款融资，同时成立基金以保证债务国的本息偿还；债权国必须为进入债务削减工作的商业银行提供方便。

由于布雷迪计划对债务国的外债进行了实质性减免，并引入了官方资助，可以说，它把解决世界债务危机带入了正确的轨道。这也使得拉美等爆发债务危机的国家经济得到了一定的恢复，有效促进了国际金融体系的稳定。

作为"重灾区"的拉美债务国，在进入20世纪90年代后债务危机形势已经趋于缓和，这对发展中经济体的经济发展无疑是有利的，但是也应该注意到，国际债务危机仍遗留了许多隐患。例如，国际债务总额仍在上扬，国际利率上扬，贸易保护主义加强，各国汇率变动无常等。这些问题的进一步发展都可能使得债务形势再度恶化。总之，对于发展中经济体来说，不仅要充分利用债务形势变缓的机会加速本国的经济结构改革和加快经济的发展，而且还要防备债务危机再度爆发的可能。

专栏1-4

债务-环保互换

近年来，如何解决发展中经济体庞大的国际债务危机，一直是相当令人头疼的问题。最近环境保护组织构思了一项创意十足的解决方案，即通过所谓的“债务–环保互换”（debt-nature swap，DNS），试图有效地结合国际银行业、环境保护组织及债务国，共同解决债务问题，并致力于维护森林、野生动物保护区等珍贵的环境资源。

在国际金融市场上，由于没有人相信贫穷的债务国有能力偿还庞大的外债，因此对于发展中经济体的债务，债权人多半愿意削价转让。由于部分债权的售价只有原面额的10%，因此环境保护组织只需要花费1000万美元便可取得1亿美元的债权。

环境保护组织可以通过动用基金购入对第三世界国家的债权，然后将该债权购销，据以交换债务国保护其森林、沼泽或野生动植物繁殖区等珍贵生态资源的承诺。环境保护组织之所以采取这样的方式来达到保护环境的目的，原因是环境保护组织可以用较低的成本来达到预期的目标。

美国民间团体国际保护组织（Conservation International，CI）曾于1987年与债权银行协调，以10万美元的代价免除玻利维亚政府65万美元的外债，玻利维亚政府则承诺永久维持Beni保护区，这是全球首宗“债务–环保互换”案例。迄今为止，“债务–环保互换”已经扩及19个国家，超过30个案例；在中南美洲，非洲的尼日利亚，欧洲的波兰及亚洲的菲律宾均有相应案例。

事实上，在“债务–环保互换”的过程中，相关的每一方均获利：债务国可以削减积累的债务，并增加拥有的生态公园。国际银行业虽然只是收回部分的债务，但至少降低了呆账的数额；而环境保护组织则可以降低代价，为子孙后代保留下珍贵的生态资源。不过，也有一些国家因顾忌其主权遭受侵犯而拒绝此类互换活动。

资料来源　摘自“Debt-for-nature swap”，WIKIPEDIA.

1.6.3　发达经济体债务危机

2000年以后，发达经济体债务问题逐步显现。表1–9中列出了全球前十五大债务国（或地区），竟然都是发达国家（或地区）。其中卢森堡的外债占其国民收入的比重居然超过了6 757.72%，美国也接近100%。

表1–9　全球前十五大债务国或地区（2016）　单位：万亿美元

排名	国家/地区	所有外债金额	GDP	外债/GDP（%）
1	美国	18.03	18.62	96.78%
2	英国	7.50	2.65	283.22%
3	法国	4.99	2.47	202.46%
4	德国	4.87	3.48	139.95%

续表

排名	国家/地区	所有外债金额	GDP	外债/GDP（%）
5	荷兰	4.07	0.78	524.04%
6	卢森堡	3.96	0.06	6 757.72%
7	日本	3.41	4.94	69.06%
8	冰岛	2.23	1.86	119.74%
9	意大利	2.19	0.30	717.06%
10	西班牙	1.97	1.24	159.05%
11	加拿大	1.76	1.53	114.88%
12	瑞士	1.70	0.67	254.07%
13	中国	1.42	11.20	12.69%
14	澳大利亚	1.39	1.20	115.79%
15	中国香港	1.36	0.32	422.85%

资料来源　The World Bank. World Development Indicators. Quarterly External Debt Statistics SDDS.

1.欧洲债务危机

欧洲债务危机，简称欧债危机，主要是指欧元区国家的主权债务危机。主权债务是指一国以自己的主权为担保向外借来的债务，债务危机是指在国际借贷领域中大量负债，超过了借款者自身的清偿能力，造成无力还债或者必须延期还债的现象。由于2008年金融危机之后，为了刺激国内的经济，在货币政策缺位的情况下，欧元区各国过度依赖财政政策刺激本国经济，大量举债。全球经济状况在2008年危机之后没有明显的复苏，欧元区内国家的经济增长乏力，之前过度的举债，没有很好地促进国内的经济增长，使得债务负担较重的一些欧元区国家在债务偿还期临近时出现资不抵债、预期无法偿还债务的情况，从而造成债务违约，严重影响整个欧元区经济情况的稳定。这次欧债危机的爆发始于希腊债务危机，2009年12月8日，全球三大评级公司下调希腊主权评级。2010年起欧洲其他国家也开始陷入危机，希腊已非危机主角，整个欧盟都受到债务危机困扰，欧元大幅下跌，欧洲股市暴挫。作为欧元区的老大，德国的经济实力是最强的，以德国DAX指数为例，从2011年最高的7 400多点下跌到2011年12月份的5 700点左右，下跌了将近32%。其他欧元区国家的股市状况更是可想而知（见表1-10）。

表1-10　　欧元区债务最严重的五个国家的国债占国内GDP的比值（%）

年份	葡萄牙	爱尔兰	意大利	希腊	西班牙
2000年	50.5	37.8	107.9	103.4	59.3
2001年	52.9	35.6	106.6	103.7	55.5
2002年	55.6	32.2	103.5	101.7	52.5
2003年	56.9	31	98.5	97.4	48.7
2004年	58.3	29.7	94.2	98.6	46.2
2005年	63.6	27.4	92.1	100	43
2006年	63.9	24.8	88.1	106.1	39.6
2007年	62.7	25	84.2	105	36.1
2008年	65.3	44.3	89.6	110.3	39.8
2009年	76.1	65.5	96.2	126.8	53.2
2010年	93	96.2	119	142.8	60.1

2.美国债务危机

（1）2011年5月16日，美国国债触及国会所允许的14.29万亿美元上限。这也是美国历史上的最高纪录。据了解，现在美国国债已经达到全年国内生产总值的近90%，如果达到GDP的150%，就会造成恶性通货膨胀的风险。如果美国政府无法再次上调其债务上限，政府就不能再发行其国债了，不能发行国债意味着美国无法发行新的债务以按时对旧的债务进行还本付息。美国政府的信用将历史性地受创，全球信用体系也将急剧动荡，不仅美国经济会严重萎缩，失业率激增，全球机构、个人和实体性债权人的权益严重受损，世界经济也会遭到严重冲击。

（2）美国债务危机对市场的影响

①黄金：受市场恐慌情绪影响，2011年8月9日上午，纽约黄金期货电子盘一度突破1 750美元，创历史新高。

②原油：纽约商业交易所2011年9月份交割的原油期货价格下跌5.57美元，报收于每桶81.31美元，跌幅为6.4%，创下主力合约自5月初以来最高的单日跌幅。在上周的交易中，纽约原油期货价格下跌了9.2%。

③金融市场：亚太股市2011年8月8日低开低走，主要股市均大幅下跌，多个市场跌幅超过3%，韩国股市午后一度因跌幅过大暂停交易。继亚洲股市受重挫之后，周一欧美股大幅下跌，道琼斯指数下跌5.55%，道琼斯工业指数收于10 809.85点；纳斯达克指数跌6.90%；标准普尔500指数下跌6.66%。英国金融时报100指数下跌3.4%，德国股市下跌5%。

专栏1-5

英国脱欧公投及全球金融市场反应

2013年1月23日，英国首相卡梅伦首次提及脱欧公投。2015年5月29日，英国政府向下议院提交并公布了有关“脱欧公投”的议案，承诺将在2017年年底之前举行投票。2016年6月23日，英国举行脱欧公投；次日公布公投结果，脱欧派取得胜利，意味着英国将脱离欧盟。2017年2月1日（当地时间），英国议会下议院投票通过政府提交的《脱欧法案》，授权首相特雷莎·梅启动脱欧程序。2017年3月13日，英国议会两院分别批准了由特蕾莎·梅政府提出的《脱欧法案》；3月16日，英国女王伊丽莎白二世批准《脱欧法案》，授权英国首相特雷莎·梅正式启动脱欧程序。2017年3月29日，英国首相特雷莎·梅向欧盟递交脱欧文书，正式启动了英国脱欧进程。按规定，英国将于2019年3月29日脱离欧盟。2017年12月8日，英国首相特雷莎·梅在比利时布鲁塞尔与欧盟委员会主席容克举行“脱欧”会谈，双方就爱尔兰边界、欧盟在英公民权利、“分手费”等核心议题达成协议，这标志着双方即将开启第二阶段谈判。

据英国广播公司（BBC）报道，当地时间2016年6月24日，英国脱欧公投计票工作全部结束，结果显示，脱欧阵营以51.9%的得票率获胜。根据BBC对全部382个计票点的统计显示，脱欧派共获得17 410 742票，超过取得公投胜利所需的50%票数为16 813 000票，留欧派得票数为16 141 241票。2016年6月24日脱欧公投结果公布当天英镑对美元暴跌8.85%，欧元对美元下跌2.68%。英镑对美元盘中一度下跌11%，创1985年以来最大跌幅。

在英国正式脱欧公投前后，金融市场伴随着民意调查结果和反对脱欧女议员被杀事件出现剧烈波动。在公投前夕的6月23日，民意调查显示留欧支持率微弱领先，英镑对美元汇率达到1.4840，创下半年以来新高。而6月24日随着英国脱欧公投各选区结果逐步公告，英镑对美元汇率盘中一度下挫11%，创下31年以来的最大跌幅。美国、英国、日本、德国和法国等主要发达国家股票市场指数大幅下跌，金融市场避险情绪集聚态势超过预期。

脱欧公投结果宣布后，全球金融市场剧烈动荡，英镑对美元汇率暴跌8.85%，日本东京股票指数一度跌幅超过8%，黄金价格大幅上涨至每盎司1 358美元的水平。欧洲股市受重挫，英国富时100指数下跌3.15%，德国DAX指数、法国CAC40指数分别大幅下跌6.82%、8.04%。全球金融市场之所以出现自美国雷曼兄弟破产事件以来最大幅度的动荡，其根本原因在于英国脱欧公投结果超出了金融市场预期，打破了此前全球金融市场风险配置的弱平衡。原本以为是场“闹剧”的公投，最后以意外的结果而结束，导致金融市场避险情绪急剧上升，相关投资仓位采取紧急风险控制措施又加速了市场避险情绪集聚放大，进而出现了超调反应。

资料来源　佚名. 金融市场对英国脱欧反应过度［EB/OL］.［2018-06-30］. finance.sina.com.cn/roll/2016-06-28/doc-ifxtmwri4782902.shtml.

专栏 1-6

中国外债情况

根据国家外汇管理局发布的数据，2017年中国外债规模持续增长。截至2017年末，中国全口径（含本外币）外债余额为17 106亿美元，较2016年末增长2 948亿美元。

2017年中国外债增长主要是宏观经济平稳运行和政策红利释放两方面因素叠加的结果。

一方面，中国经济继续保持稳中向好态势，各项经济发展指标平稳增长。全年国内生产总值（GDP）为82.7万亿元（人民币，下同），同比增长6.9%；货物进出口总额为27.8万亿元，同比增长14.2%；人民币汇率双向浮动弹性明显增强，汇率预期总体平稳，这些是中国外债增长的基础性因素。

另一方面，中国多项改革措施陆续出台，提升了境内主体跨境融资的便利化程度。2017年，中国人民银行、国家外汇管理局进一步完善了全口径跨境融资宏观审慎管理政策，积极支持金融机构和企业自主开展本外币跨境融资，使境内机构能够充分利用“两个市场、两种资源”，不断拓宽融资渠道、降低融资成本。同时，银行间债券市场开放程度日益提高，特别是内地与香港特别行政区“债券通”，进一步向境外投资者开放了境内金融市场，境外机构增持境内债券的意愿积极，持有境内债券规模不断增加。

中国外债风险总体可控。2017年末，中国负债率（外债余额/GDP）为14%，债务率（外债余额/货物与服务贸易出口收入）为71%，偿债率（中长期外债还本付息与短期外债付息额之和/货物与服务贸易出口收入）为7%，短期外债和外汇储备的比例为35%，以上各指标均在国际公认的安全线以内。

资料来源 佚名. 国家外汇管理局有关负责人就2017年12月末外债数据答记者问[EB/OL]. [2018-06-30]. http://finance.sina.com.cn/wm/2017-09-29/doc-ifymksyw4869580.shtml.

★ 本章小结

1. 国际货币体系是一个非常复杂的体系，其构成要素几乎囊括了整个国际金融领域，如国际资本流动、国际汇率安排、国际金融组织等。国际货币体系的核心是国际汇率体系。国际货币体系的作用主要体现在三个方面：调节国际清偿能力；干预成员方外汇制度；促进各国经济政策协调进行，促进世界经济一体化。

2. 金币本位制是典型的国际金本位制度，金币本位制是以黄金作为本位货币的货币制度，金币本位制的存在需要四个条件：将本位货币与一定量的黄金相联系；任何人都可以自由铸造、熔化金币；流通中的其他货币可以与黄金自由兑换，同时人们可以自由储存黄金；黄金可以自由输出和输入本国。

3. 布雷顿森林体系的核心内容主要包括如下三个方面：成立了国际货币基金组织；规定以美元作为最主要的国际储备资产；废除外汇管制。布雷顿森林体系的主要作用有：解决了国际清偿能力短缺的问题；稳定了国际货币金融关系；缓解了国际收支危机；促进了国际货币合作，有助于国际经济的稳定和增长。

4.牙买加体系的主要内容有：浮动汇率合法化；黄金非货币化；储备货币多样化；扩大对发展中经济体的资金援助；以特别提款权作为国际货币体系的主要储备资产。牙买加体系的作用有：实行浮动汇率制，缓解了布雷顿森林体系下僵化的局面；实行了国际储备多元化；用多种机制相互配合来协调国际收支不平衡性。

国际货币体系面临的问题为：汇率体系不稳定；国际收支调节机制缺乏效率；储备货币的多元化使国际货币缺乏统一的标准；国际货币国家货币发行缺乏约束。

国际货币体系改革前景：改革国际货币基金组织的职能和作用以适应金融全球化的要求；建立新的国际金融机构；建立和加强国际金融监管机制；加强国际金融的合作和协调；加强对国际货币发行国家的约束。

5.对于货币危机产生的原因，国际金融学者主要提出了两种看法：固定汇率制度与宏观政策冲突；传染效应。

国际债务危机的影响方面，对国内的影响包括：巨额债务危机使债务国在国际资本市场上信用危机越来越严重，筹资困难；本币贬值大幅贬值；政府逐渐失去群众的信任，从而引发大规模的经济和社会的动荡。对国际的影响包括：容易引发银行业的连环倒闭，甚至造成国际金融危机；容易造成国际社会的动荡不安，妨碍世界经济的增长。

★ 综合训练

1.1　单项选择题

1.国际货币体系最根本的内容是（　　）。

A.国际储备资产的确定　　B.国际本位货币的确立

C.国际汇率制度及各国的汇率安排　　D.国际收支的调节方式

2.下列不是布雷顿森林体系内容的是（　　）。

A.美元等同黄金

B.实行固定汇率制

C.关于国际收支不均衡的调节方式

D.特别提款权（SDR）的作用将进一步加强

3.世界上第一个实行金本位制的国家是（　　）。

A.英国　　B.美国　　C.荷兰　　D.法国

4.欧盟的11个成员国开始采用一种共同货币——欧元的时间是（　　）。

A.1998年1月1日　　B.1999年1月1日

C.2000年1月1日　　D.2001年1月1日

5.下列没有实行完全美元化的国家是（　　）。

A.巴拿马　　B.波多黎各　　C.中国　　D.利比亚

1.2 多项选择题

1. 国际货币体系包括的内容有（　　）。

A. 汇率制度的确定　　B. 各国货币的兑换性

C. 国际储备资产的确定　　D. 国际收支的调节方式

2. 欧洲货币体系的主要内容有（　　）。

A. 创建欧洲货币单位　　B. 建立双重的中心汇率制

C. 建立欧洲货币基金　　D. 建立单一的固定汇率制调节方式

E. 国际金融事务的协商和组织

3. 在货币同盟的演变过程中，曾出现过3个跛行的货币区，即（　　）。

A. 英镑区　　B. 黄金集团　　C. 法郎区　　D. 美元区

4. 布雷顿森林体系下，国际货币体系内容的变化有（　　）。

A. 各国货币与美元建立固定比价关系

B. 黄金移动一般受到一定限制

C. 国际储备资产为黄金、可兑换货币和特别提款权

D. 不少国家实行外汇管制，但受IMF的监督

E. 许多国家经常项目与资本项目下的收支管制都较松

5. 在东南亚金融危机中，造成汇率急剧上升的直接原因有（　　）。

A. 出口收汇减少，进口付汇要到期支付

B. 国际短期资金撤走

C. 本国资本外逃

D. 外国逼债

E. 居民抢汇保值

1.3 问答题

1. 国际货币体系的概念与主要内容是什么？

2. 简述金本位制度的特点和作用。

3. 简述布雷顿森林体系的主要内容。

4. 在布雷顿森林体系下，如果一个国家的汇率平价被高估，该国家的中央银行将被迫采取哪种干预？这将会对其国际储备和货币供应产生什么样的影响？

5. 牙买加体系的根本特点是什么？请分析该体系的优缺点。

6. 请搜集资料，谈一谈东南亚金融危机对中国的影响以及中国政府的应对措施。

7. 欧元区是否也面临类似“特里芬两难”的问题？如果有，如何解决？

8. 谈一谈你对建立亚洲货币体系的看法。

★ 本章参考文献

[1] 黄达. 金融学 [M]. 3版. 北京：中国人民大学出版社，2012.

[2] 姜波克. 国际金融新编 [M]. 5版. 上海：复旦大学出版社，2012.

[3] 克鲁格曼，奥伯斯法尔德．国际经济学［M］．8版．黄卫平，译．北京：中国人民大学出版社，2011.

[4] 梯若尔．金融危机、流动性与国际货币体制［M］．陈志俊，闻俊，译．北京：中国人民大学出版社，2003.

[5] 谢俊．次贷危机后的金融监管改革述评［J］．上海金融，2010（5）：54-59.

[6] 刘骞文．全球经常账户失衡调整困局：基于货币政策的探讨［J］．国际金融研究，2013（3）：22-29.

[7] 张球．金融衍生品市场路在何方［J］．华南师范大学学报：社会科学版，2012（3）：104-108.

[8] 张成思，胡志强．从世界主要货币国际化历程看人民币国际化［J］．亚太经济，2012（3）：25-29.

[9] 里卡兹．谁将主导世界货币［M］．常世光，译．北京：中信出版社，2012.

[10] 世界黄金协会官网：http：//www.gold.org.

[11] 新浪财经：finance.sina.com.cn.

[12] 国际货币基金组织网站：http：//www.imf.org.

[13] 国际清算银行网站：http：//www.bis.org.

[14]《2017年人民币国际化报告》.

[15] 万得资讯网站：http：//www.wind.com.cn.

[16] 国家外汇管理局网站：http：//www.safe.gov.cn.

[17] The World Bank：World Development Indicators，Quarterly External Debt Statistics SDDS.

[18] 百度百科：https：//baike.baidu.com.

[19] 维基百科：https：//en.wikipedia.org/wiki.

第2章

国际收支

★ 导读

本章对国际收支原理作了较为全面的介绍，包括国际收支账户原理、国际收支分析、国际储备及国际投资头寸表几个部分。本章概念性比较强，在学习时需重点掌握的内容有：国际收支账户的原理，主要账户的名称、内容、编制方法；国际收支的调节机制是如何运作的；国际储备的主要构成及管理等。在学习本章时，应多结合数据和具体事件进行分析、思考。

★ 关键概念

国际收支　国际收支账户　国际收支平衡表　经常账户　资本和金融账户　国际储备　特别提款权　国际投资头寸

§2.1 国际收支概述

2.1.1 国际收支概念的演变

国际收支的概念是随着国际贸易的发生而出现的，随着国际贸易的不断发展，国际收支的概念也在不同的时期体现出一定的差异。自17世纪国际收支的概念出现以来，在300多年的时间内，国际贸易都是以货物的交易为主体。第一次世界大战以后，国际贸易的内容由原来的货物贸易渐渐拓宽到资金流动及劳务输出入。在第一次世界大战以后，原有的以黄金为支付方式的金本位制崩溃，开始出现以纸币为支付方式的外汇支付，这时国际收支被认为是一国的外汇收支，只要涉及一国的外汇收支的经济交易就属于国际收支的范畴，这就是我们所说的狭义的国际收支，它是指一国（或一地区）在一定时期内（通常为一年）的外汇收支。

随着国际贸易的不断发展，国际收支的概念不断向更广义的方向发展。第二次世界大战以后，国际的经济活动内容更加丰富。而诸如补偿贸易、易货贸易、实物形式的无偿援助以及清算支付协定下的记账贸易等不引起现金支付的交易，都超过了狭义国际收支概念的范畴。由于这些收支在国际经济中具有重要的意义，狭义的国际收支概念已经无法真实地反映一国对外经济关系的全貌，进而国际货币基金组织提出了广义的国际收支概念。从而，国际收支的概念不再以支付为基础，而是以交易为基础。

2.1.2 国际货币基金组织对国际收支的定义

国际货币基金组织（IMF）对广义国际收支的定义是：在一定时期内，一国居民与非居民之间经济交易的系统记录。这一定义强调的是交易基础，它不仅包括涉及外汇收支的经济交易，还包括未发生现金收付的其他各种经济交易，比狭义的国际收支概念更加完整。显而易见的是，IMF在对国际收支定义的同时在其特点上有了很好的规定性，便于我们理解。

2.1.3 对国际收支概念的理解

对国际收支概念的理解应着重注意以下三个方面：

首先，国际收支是指一国的居民与非居民之间发生的经济交易。所谓“居民”，是指在一个国家的经济领土内具有一定的经济利益的单位。一国的经济领土包括该国政府所管辖的地理领土、领空和领海，以及该国在世界其他国家的飞地，如大使馆、领事馆等，不包括在该国地理领土内的别国飞地。而在一国有一定的经济利益中心是指该单位在某国经济领土内一年或一年以上的时间里，已大规模从事生产、消费等经济活动或交易。依照这一标准，一国的大使馆等驻外机构是所在国的非居民，国际组织是任何国家的非居民。

其次，国际收支反映的是经济交易，既包括了贸易往来的交易，也包括了单方面的资本转移。经济交易的内容包括实物（货物、服务）和金融资产的交易、经济资源的单方面转移以及由移居或其他特殊形式而产生的居民与非居民间的经济活动。

最后，国际收支反映的是一个流量的概念。它反映的是一定时期内一国对外经济交易的变动值，因此国际收支平衡表中各账户记录的是增减额而不是总额。在这里，要将国际收支与后面要讲的国际投资头寸区分开来，国际投资头寸是一定时点上一国或地区对外资产和对外负债的汇总，它是一个存量的概念，在2.5节将详细阐述。

§2.2 国际收支账户原理

2.2.1 国际收支账户的概念

国际收支账户是指将国际收支根据一定原则用会计的方法编制出来的报表，又称国际收支平衡表。国际收支平衡表系统记录了一个国家或地区在一定时期内发生的国际经济交易账户及金额。

2.2.2 国际收支账户原理

1.编制的原则

（1）国际收支平衡表采用复式记账制

国际收支平衡表按照复式簿记的记账方法编制：借方（debit/minus items）表示资产（资源）持有量的增加和负债的减少，贷方（credit/plus items）表示资产（资源）持有量的减少和负债的增加。“有借必有贷，借贷必相等”，即每笔交易都是由两笔价值相等、方向相反的账目表示。因此，从原理上说，国际收支平衡表的借方总额和贷方总额是相等的，其净差额为零。

例如，一项交易发生在甲乙两国之间，甲国向乙国出口商品，这时产生了两个方向的转移，商品从甲国到乙国，而资本从乙国到甲国，在国际收支平衡表上就反映为一个在借方另一个在贷方。

（2）国际收支平衡表中的借与贷

如前所述，国际收支平衡表的记账规则是：凡是引起本国外汇收入的账户，亦称正号账户，记入贷方；凡是引起本国外汇支出的账户，亦称负号账户，记入借方。

（3）国际收支平衡表编制原则的变化

自1977年国际货币基金组织出版《国际收支手册》（第4版）以来，国际转让的方式发生了重要的变化。这些变化主要是金融市场自由化、新型金融工具增加和外债重组的新方式不断涌现的结果。此外，它们也可归因于国际服务业贸易量空前增长。基于此，国际货币基金组织在1993年出版了《国际收支手册》（第5版），其新特点或变动着眼于进一步使国际收支数据与国际货币基金组织的货币银行统计和政府财政统计体系及修订后的1993年国民经济核算体系（SNA）协调一致。其目的在于充分发挥国际收支作为经济分析工具的潜力。

《国际收支和国际投资头寸手册》（第六版）修订自2001年启动，经多次征求意见，最终于2008年12月定稿并在IMF网站上公布。《国际收支和国际投资头寸手册》（第六版）考虑了全球化带来的经济形势变化以及金融和技术创新；提高了数据的国际可比性；加强了国际账户统计和其他宏观经济统计之间的内在联系；强调了国际投资头寸统计的重要性；对经济所有权等作了详细说明，并讨论了有关货币同盟等问题；吸收了1993年以来编制其他指引和手册中有关内容。

2.账户的设置

按照《国际收支手册》（第5版），国际收支账户可以分为经常账户、资本和金融账户、平衡账户三个大类，见表2-1。

按照《国际收支和国际投资头寸手册》（第六版），国际收支账户可以分为经常账户、资本和金融账户、净误差与遗漏账户，经常账户可细分为货物和服务账户、初次收入账户、二次收入账户。金融账户可细分为直接投资、证券投资、金融衍生工具、其他投资和储备资产。净误差与遗漏账户为会计平衡账户。具体项目的含义如下：

1.经常账户：包括货物和服务、初次收入和二次收入。

1.A货物和服务：包括货物和服务两部分。

1.A.a货物：指经济所有权在我国居民与非居民之间发生转移的货物交易。贷方记录货物出口，借方记录货物进口。货物账户数据主要来源于海关进出口统计，但与海关统计存在以下主要区别：一是国际收支中的货物只记录所有权发生了转移的货物（如一般贸易、进料加工贸易等贸易方式的货物），所有权未发生转移的货物（如来料加工或出料加工贸易）不纳入货物统计，而纳入服务贸易统计；二是计价方面，国际收支统计要求进出口货值均按离岸价格记录，海关出口货值为离岸价格，但进口货值为到岸价格，因此国际收支统计从海关进口货值中调出国际运保费支出，并纳入服务贸易统计；三是补充部分进出口退运等数据；四是补充了海关未统计的转手买卖下的货物净出口数据。

1.A.b服务：包括加工服务，维护和维修服务，运输，旅行，建设，保险和养老金服务，金融服务，知识产权使用费，电信、计算机和信息服务，其他商业服务，个人、文化和娱乐服务以及别处未提及的政府服务。贷方记录提供的服务，借方记录接受的服务。

1.A.b.1加工服务：又称“对他人拥有的实物投入的制造服务”，指货物的所有权没有在所有者和加工方之间发生转移，加工方仅提供加工、装配、包装等服务，并从货物所有者处收取加工服务费用。贷方记录我国居民为非居民拥有的实物提供的加工服务。借方记录我国居民接受非居民的加工服务。

1.A.b.2维护和维修服务：指居民或非居民向对方所拥有的货物和设备（如船舶、飞机及其他运输工具）提供的维修和保养工作。贷方记录我国居民向非居民提供的维护和维修服务。借方记录我国居民接受的非居民维护和维修服务。

1.A.b.3运输：指将人和物体从一地点运送至另一地点的过程以及相关辅助和附属服务，以及邮政和邮递服务。贷方记录居民向非居民提供的国际运输、邮政快递等服务。借方记录居民接受的非居民国际运输、邮政快递等服务。

1.A.b.4旅行：指旅行者在其作为非居民的经济体旅行期间消费的物品和购买的服务。贷方记录我国居民向在我国境内停留不足一年的非居民以及停留期限不限的非居民留学人员和就医人员提供的货物和服务。借方记录我国居民境外旅行、留学或就医期间购买的非居民货物和服务。

1.A.b.5建设：指建筑形式的固定资产的建立、翻修、维修或扩建，工程性质的土地改良、道路、桥梁和水坝等工程建筑，相关的安装、组装、油漆、管道施工、拆迁和工程管理等，以及场地准备、测量和爆破等专项服务。贷方记录我国居民在经济领土之外提供的建设服务。借方记录我国居民在我国经济领土内接受的非居民建设服务。

1.A.b.6保险和养老金服务：指各种保险服务，以及同保险交易有关的代理商的佣金。贷方记录我国居民向非居民提供的人寿保险和年金、非人寿保险、再保险、标准化担保服务以及相关辅助服务。借方记录我国居民接受非居民的人寿保险和年金、非人寿保险、再保险、标准化担保服务以及相关辅助服务。

1.A.b.7金融服务：指金融中介和辅助服务，但不包括保险和养老金服务项目所涉及的服务。贷方记录我国居民向非居民提供的金融中介和辅助服务。借方记录我国居民接受非居民的金融中介和辅助服务。

1.A.b.8知识产权使用费：指居民和非居民之间经许可使用无形的、非生产/非金融资产和专有权以及经特许安排使用已问世的原作或原型的行为。贷方记录我国居民向非居民提供的知识产权相关服务。借方记录我国居民使用的非居民知识产权服务。

1.A.b.9电信、计算机和信息服务：指居民和非居民之间的通信服务以及与计算机数据和新闻有关的服务交易，但不包括以电话、计算机和互联网为媒介交付的商业服务。贷方记录本国居民向非居民提供的电信服务、计算机服务和信息服务。借方记录本国居民接受非居民提供的电信服务、计算机服务和信息服务。

1.A.b.10其他商业服务：指居民和非居民之间其他类型的服务，包括研发服务，专业和管理咨询服务，技术、贸易相关等服务。贷方记录我国居民向非居民提供的其他商业服务。借方记录我国居民接受的非居民其他商业服务。

1.A.b.11个人、文化和娱乐服务：指居民和非居民之间与个人、文化和娱乐有关的服务交易，包括视听和相关服务（电影、收音机、电视节目和音乐录制品），其他个人、文化娱乐服务（健康、教育等）。贷方记录我国居民向非居民提供的相关服务。借方记录我国居民接受的非居民相关服务。

1.A.b.12别处未提及的政府服务：指在其他货物和服务类别中未包括的政府和国际组织提供和购买的各项货物和服务。贷方记录我国居民向非居民提供的别处未涵盖的货物和服务。借方记录我国居民向非居民购买的别处未涵盖的货物和服务。

1.B初次收入：指由于提供劳务、金融资产和出租自然资源而获得的回报，包括雇员报酬、投资收益和其他初次收入三部分。

1.B.1雇员报酬：指根据企业与雇员的雇佣关系，因雇员在生产过程中的劳务投入而获得的酬金回报。贷方记录我国居民个人从非居民雇主处获得的薪资、津贴、福利及社保缴款等。借方记录我国居民雇主向非居民雇员支付的薪资、津贴、福利及社保缴款等。

1.B.2投资收益：指因金融资产投资而获得的利润、股息（红利）、再投资收益和利息，但金融资产投资的资本利得或损失不是投资收益，而是金融账户统计范畴。贷方记录我国居民因拥有对非居民的金融资产权益或债权而获得的利润、股息、再投资收益或利息。借方记录我国因对非居民投资者有金融负债而向非居民支付的利润、股息、再投资收益或利息。

1.B.3其他初次收入：指将自然资源让渡给另一主体使用而获得的租金收入，以及跨境产品和生产的征税和补贴。贷方记录我国居民从非居民获得的相关收入。借方记录我国居民向非居民进行的相关支付。

1.C二次收入：指居民与非居民之间的经常转移，包括现金和实物。贷方记录我国居民从非居民处获得的经常转移，借方记录我国向非居民提供的经常转移。

2.资本与金融账户：包括资本账户和金融账户。

2.1资本账户：指居民与非居民之间的资本转移，以及居民与非居民之间非生产非金融资产的取得和处置。贷方记录我国居民获得非居民提供的资本转移，以及处置非生产非金融资产获得的收入，借方记录我国居民向非居民提供的资本转移，以及取得非生产非金融资产支出的金额。

2.2金融账户：指发生在居民与非居民之间、涉及金融资产与负债的各类交易。根据会计记账原则，当期对外金融资产净增加记录为负值，净减少记录为正值；当期对外负债净增加记录为正值，净减少记录为负值。金融账户细分为非储备性质的金融账户和国际储备资产。

2.2.1非储备性质的金融账户：包括直接投资、证券投资、金融衍生工具和其他投资。

2.2.1.1直接投资：以投资者寻求在本国以外运行企业获取有效发言权为目的的投资，包括直接投资资产和直接投资负债两部分。相关投资工具可划分为股权和关联企业债务。股权包括股权和投资基金份额，以及再投资收益。关联企业债务包括关联企业间可流通和不可流通的债权和债务。

2.2.1.1.1 直接投资资产：指我国作为直接投资者对在外直接投资企业的净资产，作为直接投资企业对直接投资者的净资产，以及对境外联属企业的净资产。

2.2.1.1.1 直接投资负债：指我国作为直接投资企业对外国直接投资者的净负债，作为直接投资企业对直接投资者的净负债，以及对境外联属企业的净负债。

2.2.1.2 证券投资：包括证券投资资产和证券投资负债，相关投资工具可划分为股权和债券。股权包括股权和投资基金份额，记录在证券投资项下的股权和投资基金份额均应可流通（可交易）。股权通常以股份、股票、参股、存托凭证或类似单据作为凭证。投资基金份额指投资者持有的共同基金等集合投资产品的份额。债券指可流通的债务工具，是证明其持有人（债权人）有权在未来某个（些）时点向其发行人（债务人）收回本金或收取利息的凭证，包括可转让存单、商业票据、公司债券、有资产担保的证券、货币市场工具以及通常在金融市场上交易的类似工具。

2.2.1.2.1 证券投资资产：记录我国居民投资非居民发行或管理的股权、投资基金份额的当期净交易额。

2.2.1.2.2 证券投资负债：记录非居民投资于我国居民发行或管理的股权、投资基金份额的当期净交易额。

2.2.1.3 金融衍生工具：又称金融衍生工具和雇员认股权，用于记录我国居民与非居民金融工具工具和雇员认股权交易情况。

2.2.1.3.1 金融衍生工具资产：又称金融衍生工具和雇员认股权资产，用于记录我国居民作为金融衍生工具和雇员认股权资产方，与非居民的交易。

2.2.1.3.2 金融衍生工具负债：又称金融衍生工具和雇员认股权负债，用于记录我国居民作为金融衍生工具和雇员认股权负债方，与非居民的交易。

2.2.1.4 其他投资：除直接投资、证券投资、金融衍生工具和储备资产外，居民与非居民之间的其他金融交易。其包括其他股权、货币和存款、贷款、保险和养老金、贸易信贷和其他。

2.2.1.4.1.1/2.2.1.4.2.1 其他股权：指不以证券投资形式（上市和非上市股份）存在的、未包括在直接投资项下的股权，通常包括：在准公司或非公司制企业中的、表决权小于10%的股权（如分支机构、信托、有限责任和其他合伙企业、以及房地产和其他自然资源中的所有权名义单位）、在国际组织中的股份等。资产项记录我国居民投资于非居民的其他股权。负债项记录非居民投资于我国居民的其他股权。

2.2.1.4.1.2/2.2.1.4.2.2 货币和存款：货币包括由中央银行或政府发行或授权的，有固定面值的纸币或硬币。存款是指对中央银行、中央银行以外的存款性公司以及某些情况下其他机构单位的、由存单表示的所有债权。资产项记录我国居民持有外币及开在非居民处的存款资产变动。负债项记录非居民持有的人民币及开在我国居民处的存款变动。

2.2.1.4.1.3/2.2.1.4.2.3贷款：指通过债权人直接借给债务人资金而形成的金融资产，其合约不可转让。贷款包括普通贷款、贸易融资、透支、金融租赁、证券回购和黄金掉期等。资产项记录我国居民对非居民的贷款债权变动。负债项记录我国居民对非居民的贷款债务变动。

2.2.1.4.1.4/2.2.1.4.2.4保险和养老金：又称保险、养老金和标准化担保计划，主要包括非人寿保险技术准备金、人寿保险和年金权益、养老金权益以及启动标准化担保的准备金。资产项记录我国居民作为保单持有人或受益人所享有的资产或权益。负债项记录我国作为保险公司、养老金或标准化担保发行者所承担的负债。

2.2.1.4.1.5/2.2.1.4.2.5 贸易信贷：又称贸易信贷和预付款，是因款项支付与货物所有权转移或服务提供非同步进行而与直接对手方形成的金融债权债务。如相关债权债务不是发生在货物或服务的直接交易双方，即不是基于商业信用，而是通过第三方或银行信用形式发生，则不纳入本项统计，而纳入贷款或其他项目统计。资产项记录我国居民与非居民之间因贸易等发生的应收款或预付款。负债项记录我国居民与非居民之间因贸易等发生的应付款或预收款。

2.2.1.4.1.6/2.2.1.4.2.6 其他（资产/负债）：除直接投资、证券投资、金融衍生工具、储备资产、其他股权、货币和存款、贷款、保险准备金、贸易信贷、特别提款权负债外的对非居民的其他金融债权或债务。资产项记录债权，负债项记录债务。

2.2.1.4.2.7特别提款权负债：指作为基金组织成员国分配的特别提款权，是成员国的负债。

2.2.2储备资产：指我国中央银行拥有的对外资产，包括外汇、货币黄金、特别提款权、在基金组织的储备头寸。

2.2.2.1货币黄金：指我国中央银行作为国际储备持有的黄金。

2.2.2.2特别提款权：是国际货币基金组织根据会员国认缴的份额分配的，可用于偿还国际货币基金组织债务、弥补会员国政府之间国际收支赤字的一种账面资产。

2.2.2.3在国际货币基金组织的储备头寸：指在国际货币基金组织普通账户中会员国可自由提取使用的资产。

2.2.2.4外汇储备：指我国中央银行持有的可用作国际清偿的流动性资产和债权。

2.2.2.5其他储备资产：指不包括在以上储备资产中的、我国中央银行持有的可用作国际清偿的流动性资产和债权。

3.净误差与遗漏：国际收支平衡表采用复式记账法，由于统计资料来源和时点不同等原因，会形成经常账户与资本和金融账户不平衡，形成统计残差项，称为净误差与遗漏。

中国国际收支平衡表（季度表）见表2-1。

表 2-1　　中国国际收支平衡表（季度表）　　单位：亿 SDR

项目	2016Q1	2016Q2	2016Q3	2016Q4	2017Q1	2017Q2	2017Q3	2017Q4	2018Q1
1. 经常账户	330	470	540	108	116	380	246	441	-236
贷方	3 838	4 338	4 712	4 775	4 382	4 856	4 957	5 319	4 472
借方	-3 508	-3 868	-4 172	-4 667	-4 266	-4 476	-4 711	-4 878	-4 708
1.A 货物和服务	374	518	536	409	140	429	368	574	-151
贷方	3 420	3 864	4 151	4 383	3 881	4 337	4 428	4 807	4 044
借方	-3 046	-3 346	-3 615	-3 973	-3 741	-3 908	-4 060	-4 233	-4 195
1.A.a 货物	751	885	991	889	608	955	862	1 001	357
贷方	3 061	3 502	3 782	3 974	3 508	3 989	4 071	4 396	3 654
借方	-2 310	-2 617	-2 790	-3 085	-2 900	-3 034	-3 209	-3 395	-3 296
1.A.b 服务	-377	-367	-455	-479	-468	-525	-494	-427	-508
贷方	359	362	370	409	373	348	357	410	391
借方	-736	-729	-825	-888	-840	-873	-852	-838	-899
1.A.b.1 加工服务	31	33	34	35	31	32	33	33	28
贷方	32	33	34	35	32	32	33	33	28
借方	0	0	0	0	0	0	0	0	0
1.A.b.2 维护和维修服务	8	6	5	6	7	6	7	7	9
贷方	10	9	9	10	10	10	11	11	12
借方	-3	-3	-4	-4	-3	-4	-5	-5	-3
1.A.b.3 运输	-67	-82	-95	-93	-93	-99	-106	-106	-101
贷方	58	56	61	68	61	65	71	71	67
借方	-124	-138	-156	-161	-154	-163	-177	-177	-168
1.A.b.4 旅行	-349	-312	-393	-427	-409	-445	-410	-361	-436
贷方	71	82	81	86	71	46	47	72	67
借方	-420	-394	-474	-513	-480	-491	-456	-433	-503
1.A.b.5 建设	6	5	6	13	5	2	6	12	8
贷方	22	20	21	28	21	17	22	27	25
借方	-16	-15	-15	-15	-16	-15	-16	-15	-17

续表

项目	2016Q1	2016Q2	2016Q3	2016Q4	2017Q1	2017Q2	2017Q3	2017Q4	2018Q1
1.A.b.6 保险和养老金服务	-20	-12	-18	-14	-12	-12	-14	-15	-10
贷方	6	8	7	8	6	7	8	8	6
借方	-26	-20	-25	-22	-18	-19	-22	-23	-16
1.A.b.7 金融服务	1	2	2	3	2	3	2	5	2
贷方	5	5	5	7	5	6	6	8	5
借方	-4	-3	-3	-4	-2	-3	-4	-3	-3
1.A.b.8 知识产权使用费	-35	-46	-43	-40	-42	-47	-41	-43	-53
贷方	2	1	1	4	7	9	9	9	9
借方	-37	-47	-44	-44	-48	-56	-50	-52	-62
1.A.b.9 电信、计算机和信息服务	25	24	26	17	15	18	9	14	11
贷方	45	46	46	47	48	51	44	51	49
借方	-20	-22	-20	-30	-33	-33	-35	-37	-38
1.A.b.10 其他商业服务	28	22	28	28	32	24	28	32	40
贷方	105	99	101	112	107	100	103	114	117
借方	-77	-77	-73	-84	-75	-76	-75	-82	-77
1.A.b.11 个人、文化和娱乐服务	-2	-3	-2	-3	-2	-4	-3	-5	-3
贷方	1	1	1	2	2	1	1	1	1
借方	-4	-4	-4	-4	-4	-5	-5	-6	-5
1.A.b.12 别处未提及的政府服务	-4	-3	-5	-2	-3	-5	-3	-2	-3
贷方	2	2	2	2	3	3	3	4	4
借方	-6	-5	-7	-5	-6	-8	-6	-5	-7
1.B 初次收入	-29	-39	21	-274	-3	-22	-103	-118	-67
贷方	361	415	505	341	450	463	482	460	378
借方	-390	-454	-485	-615	-453	-485	-585	-578	-445
1.B.1 雇员报酬	40	37	36	36	32	30	24	22	20
贷方	51	47	48	47	45	41	36	35	38

续表

项目	2016Q1	2016Q2	2016Q3	2016Q4	2017Q1	2017Q2	2017Q3	2017Q4	2018Q1
借方	-11	-11	-12	-11	-12	-11	-12	-13	-18
1.B.2 投资收益	-70	-76	-16	-310	-36	-53	-128	-141	-93
贷方	309	367	456	293	404	421	445	424	333
借方	-379	-443	-472	-603	-440	-474	-572	-565	-426
1.B.3 其他初次收入	0	1	1	1	1	1	0	1	7
贷方	1	1	1	1	1	1	1	2	7
借方	0	0	-1	0	0	0	-1	0	0
1.C 二次收入	-14	-10	-17	-28	-21	-28	-19	-15	-18
贷方	57	59	56	51	52	55	47	52	50
借方	-71	-68	-72	-79	-73	-83	-66	-67	-68
1.C.1 个人转移	/	/	/	/	-6	-12	0	1	0
贷方	/	/	/	/	14	13	11	12	13
借方	/	/	/	/	-20	-25	-11	-12	-14
1.C.2 其他二次收入	/	/	/	/	-14	-16	-19	-15	-18
贷方	/	/	/	/	38	42	36	40	37
借方	/	/	/	/	-53	-57	-55	-55	-55
2. 资本与金融账户	-40	-169	19	395	290	-3	102	28	501
2.1 资本账户	-1	0	-1	0	-1	0	0	0	-1
贷方	1	0	0	1	1	0	1	0	0
借方	-2	-1	-2	-1	-2	0	0	0	-1
2.2 金融账户	-39	-168	21	395	291	-3	102	28	502
资产	94	-738	-663	-354	-385	-803	-779	-753	-679
负债	-133	570	684	749	676	799	881	780	1 181
2.2.1 非储备性质的金融账户	-926	-413	-956	-701	272	225	316	258	683
资产	-793	-983	-1 640	-1 450	-404	-575	-565	-522	-498
负债	-133	570	684	749	676	799	881	780	1 181
2.2.1.1 直接投资	-134	-184	-220	246	93	10	63	308	380
2.2.1.1.1 资产	-431	-452	-404	-267	-152	-148	-172	-261	-124

续表

项目	2016Q1	2016Q2	2016Q3	2016Q4	2017Q1	2017Q2	2017Q3	2017Q4	2018Q1
2.2.1.1.1.1 股权	−217	−360	−299	−178	−163	−143	−177	−234	−121
2.2.1.1.1.2 关联企业债务	−213	−92	−105	−89	12	−6	5	−26	−3
2.2.1.1.1.a 金融部门	/	/	/	/	−43	−25	−26	−41	−33
2.2.1.1.1.1.a 股权	/	/	/	/	−43	−25	−28	−38	−31
2.2.1.1.1.2.a 关联企业债务	/	/	/	/	0	0	1	−2	−2
2.2.1.1.1.b 非金融部门	/	/	/	/	−109	−123	−146	−220	−91
2.2.1.1.1.1.b 股权	/	/	/	/	−120	−118	−150	−196	−90
2.2.1.1.1.2.b 关联企业债务	/	/	/	/	11	−5	4	−24	−1
2.2.1.1.2 负债	297	268	184	513	244	158	235	569	504
2.2.1.1.2.1 股权	317	236	170	468	250	131	163	478	344
2.2.1.1.2.2 关联企业债务	−20	32	15	44	−5	27	72	91	161
2.2.1.1.2.a 金融部门	/	/	/	/	10	28	29	36	40
2.2.1.1.2.1.a 股权	/	/	/	/	18	14	27	18	32
2.2.1.1.2.2.a 关联企业债务	/	/	/	/	−7	15	2	18	7
2.2.1.1.2.b 非金融部门	/	/	/	/	234	130	206	533	464
2.2.1.1.2.1.b 股权	/	/	/	/	232	118	136	460	311
2.2.1.1.2.2.b 关联企业债务	/	/	/	/	2	13	70	74	153
2.2.1.2 证券投资	−289	62	−46	−106	−59	−84	269	−75	71
2.2.1.2.1 资产	−152	−109	−239	−241	−109	−183	−172	−320	−232
2.2.1.2.1.1 股权	−88	−46	−105	−35	−43	−60	−61	−106	−128
2.2.1.2.1.2 债券	−65	−62	−134	−206	−66	−123	−111	−214	−103
2.2.1.2.2 负债	−136	171	193	135	50	100	441	245	302
2.2.1.2.2.1 股权	30	14	97	28	41	44	96	63	83
2.2.1.2.2.2 债券	−166	157	96	107	9	56	345	182	220
2.2.1.3 金融衍生工具	11	−28	−8	−13	0	2	6	−5	0

续表

项目	2016Q1	2016Q2	2016Q3	2016Q4	2017Q1	2017Q2	2017Q3	2017Q4	2018Q1
2.2.1.3.1 资产	−10	−20	−5	−11	0	4	10	−4	1
2.2.1.3.2 负债	21	−8	−3	−2	0	−2	−4	−2	−2
2.2.1.4 其他投资	−514	−263	−682	−828	238	296	−22	31	232
2.2.1.4.1 资产	−199	−402	−991	−932	−143	−247	−231	63	−144
2.2.1.4.1.1 其他股权	0	0	0	0	0	0	0	1	0
2.2.1.4.1.2 货币和存款	2	−113	−194	−158	12	−72	−195	−11	−62
2.2.1.4.1.3 贷款	−130	−167	−253	−244	−362	−126	145	46	−373
2.2.1.4.1.4 保险和养老金	−13	37	−18	−9	−2	−1	−3	5	−7
2.2.1.4.1.5 贸易信贷	221	−76	−410	−466	240	−21	−258	−92	208
2.2.1.4.1.6 其他	−280	−84	−116	−54	−31	−27	80	114	91
2.2.1.4.2 负债	−314	139	309	104	381	543	209	−32	376
2.2.1.4.2.1 其他股权	0	0	0	0	0	0	0	0	0
2.2.1.4.2.2 货币和存款	31	106	35	−110	352	375	41	2	207
2.2.1.4.2.3 贷款	−267	9	73	61	166	233	54	−90	203
2.2.1.4.2.4 保险和养老金	1	−1	−3	−2	2	−1	3	0	2
2.2.1.4.2.5 贸易信贷	−245	23	193	147	−148	−100	170	63	−53
2.2.1.4.2.6 其他	166	1	11	8	9	36	−59	−8	17
2.2.1.4.2.7 特别提款权	0	0	0	0	0	0	0	0	0
2.2.2 储备资产	887	245	976	1 096	19	−228	−214	−231	−181
2.2.2.1 货币黄金	0	0	0	0	0	0	0	0	0
2.2.2.2 特别提款权	0	0	2	1	0	0	0	−5	0
2.2.2.3 在国际货币基金组织的储备头寸	−43	1	4	0	0	3	4	9	3
2.2.2.4 外汇储备	930	244	971	1 095	19	−231	−218	−234	−183
2.2.2.5 其他储备资产	0	0	0	0	0	0	0	0	0
3.净误差与遗漏	−290	−301	−559	−502	−406	−377	−348	−468	−266

2.2.3　国际收支账户编制举例

【例2-1】某国企业出口价值100万美元的货物，该企业在海外银行的存款相应增加：

	贷（+）	借（-）
其他投资		100万美元
货物出口	100万美元	

【例2-2】某国居民到国外旅游花销10万美元，该费用从该居民的海外存款中扣除：

	贷（+）	借（-）
服务进口		10万美元
其他投资	10万美元	

【例2-3】某国企业在海外投资，取得利润200万美元，其中100万美元用于当地再投资，75万美元购买当地商品运回国内，25万美元结售给政府换取本币：

	贷（+）	借（-）
货物进口		75万美元
直接投资		100万美元
外汇储备		25万美元
投资收益	200万美元	

【例2-4】某国政府动用60万美元储备向国外提供无偿援助，另提供相当于140万美元的粮食药品援助：

	贷（+）	借（-）
二次收入		200万美元
外汇储备	60万美元	
货物出口	140万美元	

§2.3　国际收支分析

2.3.1　国际收支分析的意义

国际收支平衡表详细地反映了一国贸易往来的收支情况，是分析一国在开放经济下综合国力与经济地位的重要工具。通过分析国际收支平衡表可以了解一国国内外的金融状况，对如何制定相应的经济政策，如何调整汇率的变动，有着重要的导向作用。通过分析本国的国际收支平衡表，可以了解资本的来源及流向，分析形成顺差或逆差的原因，从而调整国际收支使其趋于平衡；分析外国的国际收支平衡表可以了解其国际收支状况，可以分析其经济结构，了解其经济实力，从而制定相应的经济对策。

2.3.2 分析方法

就分析内容来说，一国国际收支的分析可分为总额分析和差额分析；就分析的过程来说，可以分为静态分析和动态分析。

1.总额分析

总额分析包括规模分析和构成分析。规模分析是指分析各个账户总体规模及其变化，包括贸易总额、经常账户总额、资本与金融账户总额、国际收支总额。首先，经常账户总额的分析是总额分析的重点，一个国家的收支出现顺差或逆差很大程度上取决于经常账户内货物贸易的收支情况。分析货物贸易收支的情况，可以看到一国贸易活动进出口总差额、发展的状况及占世界贸易的比重及地位，可以观察其进出口货物的类型，判断该国的生产发展状况、生产力的发展程度以及综合国力的强弱，还可以观察一国的汇率变动对其进出口的影响。其次，分析资本与金融账户，可以得出一国与世界其他国家的资金往来状况，资金的流动方向以及在国际上的债权债务关系如何。具体分析长期账户和短期账户又可以看出一国对于借贷资金的运用情况，以及一国的国际借贷能力。构成分析是指分析国际收支各子账户占总账户的比重，例如，贸易占经常账户总额的比重，乃至占国际收支总额的比重，以及经常账户占国际收支总额的比重等。以贸易账户为例，通过结合动态分析和比较分析，可以看出一国参与国际贸易的深度和变化趋势。

2.差额分析

在国际收支分析中，更重要的是差额分析。我们进行差额分析的目的是为了更加深入地分析一国的国际收支状况，以便更好地分析问题、发现原因，进而采取相应的对策。国际收支平衡表是按照会计的复式记账法有借必有贷、借贷必相等的原则进行记录的，借贷双方最后总是相等的。但是就观察每一个具体的账户（如经常账户、资本与金融账户）来说，借贷双方往往是不相等的，也就是说，就具体的账户分析来说，每个账户的借方和贷方是有差额的，这个差额我们称之为局部差额。若该账户的差额为正，我们就称该账户是顺差的，差额为负则称之为逆差。差额分析法就是针对各个账户的差额进行分析的一种方法，其中重要的差额有贸易账户差额、经常账户差额、资本与金融账户差额和总差额。

（1）贸易账户差额

贸易账户差额（trade account balance）也就是货物进出口的差额，货物贸易是国际经济活动的基础，是狭义的国际收支。对一些发展中经济体而言货物贸易占整个国际经济活动的比例非常大，同时它还体现了一国的创汇能力、产业结构和在国际市场上的竞争能力。所以，尽管服务贸易在世界贸易中的比重在逐年增加，贸易账户差额仍然是各国差额分析的重点。

（2）经常账户差额

经常账户差额（current account balance）是指货物与服务贸易、初次收入和二次收入三项的差额。经常账户是衡量一国国际收支状况最重要的指标，反映了一国实际资源在国际的流通和转移的净额。如果一国的经常账户处于盈余状态，就要通过资本净流出或官方储备的增加来平衡；反之，若经常性账户差额出现赤字，则说明该国输入了过多的货物、劳务和国外赠与。同时货币当局也依靠经常账户差额来决定如何调整国际收支。

（3）资本与金融账户差额

从资本与金融账户差额（capital and financial account balance）可以看出一个国家资本市场的开放程度和金融市场的成熟程度，可以对一国的货币政策和汇率政策的调整提供有益的参考。另外，根据国际收支平衡表的复式记账法原理，一笔贸易流量总是对应着一笔金融流量，也就是说，经常账户和资本与金融账户之间存在一种融资关系，如果不考虑净误差与遗漏因素，经常账户的差额必然和资本与金融账户的差额大小相同、方向相反。也就是说，当经常账户存在赤字的时候，资本与金融账户必定会有相应的盈余，这就是一国利用金融资产的净流入来为经常账户赤字融资。当一国经常账户赤字持续偏高的时候要注意慎用资本与金融账户的融资，以免债务本息越来越大反而加剧经常账户赤字。

但是，随着国际金融的发展，这种融资变化也有了新的发展。首先，这种资本与金融账户对经常账户的融资开始受到一些因素的制约。例如，如果融资的对象主要是国外资本，那么这种融资将受到稳定性和偿还性的制约。其次，资本与金融账户也不再是被动地为经常账户融资了。随着国际金融市场的发展，资本与金融账户开始具有自身的独立性，遵守自有的规则运作，从根本上摆脱了对贸易的依附性。再次，在资本与金融账户的融资关系中，债务和收入因素也会影响经常账户。

也就是说，资本与金融账户不再像以前那样依附经常账户存在、以货物贸易为基础并为其融资，随着国际金融业的发展，其逐渐表现出相对的独立性并且与经常账户产生相互的影响。

（4）总差额

总差额（overall balance）也称官方结算差额，是指经常账户、资本与金融账户（不包括储备资产）和净误差与遗漏三个项目差额的总和。对该差额的分析可衡量一国中央银行所持有储备的潜在压力。因为：

总差额=经常账户差额+资本与金融账户差额（不包括储备资产）+净误差与遗漏

=－储备资产差额

所以，总差额必然导致官方储备的反方向运动，特别是在实行固定汇率制的国家。当国际的各种交易行为使得本国货币与外国货币之间的比值发生变动时，政府为维持固定汇率制度必然会动用国际储备主动干预外汇市场使其本、外币供求平衡。对采用浮动汇率制的国家来说，这个差额在现代分析上的意义有所弱化，但是这个差额能综合反映自主性国际收支状况，是全面衡量和分析国际收支的指标，非常重要。IMF倡导使用综合差额这一概念，在无特别说明的情况下，人们所说的国际收支盈余或赤字，通常指的就是综合差额盈余或赤字。

（5）净误差与遗漏账户

如前所述，净误差与遗漏账户（errors and omissions account）是用于使国际收支平衡表两边出现的统计误差账面消除所使用的误差项。通过一定时期的分析，可以初步了解该国国际收支的统计质量。

专栏2-1

第二次世界大战以来美国的国际收支概况

在此，我们将给大家展示一个简明的美国国际收支发展概况。由表2-2我们可以看出：美国20世纪60年代的贸易顺差由70年代开始的贸易逆差所取代，并且在80年代进一步扩大。这个现象很大程度上反映了70年代石油制品价格的飞速上涨，80年代美元国际价值的升高，90年代美国超越日本和欧洲的发展速度并维持贸易逆差至今。

表2-2　美国国际贸易汇总表（1960—2016）　单位：10亿美元

年份 (1)	货物、服务、收益出口额 (2)	货物、服务、收益进口额 (3)	货物账户差额 (4)	货物、服务、收益账户差额 (5)	经常账户差额 (6)	美国官方储备增加额（-）(7)	外国在美国的官方储备增加额（+）(8)
1960	31	-24	5	7	3	2	1
1961	31	-23	6	8	4	1	1
1962	33	-26	5	8	3	2	1
1963	36	-27	5	9	4	0	2
1964	40	-29	7	11	7	0	2
1965	43	-33	5	10	5	1	0
1966	46	-38	4	8	3	1	-1
1967	49	-41	4	8	3	0	3
1968	55	-49	1	6	1	-1	-1
1969	60	-54	1	6	0	-1	-1
1970	68	-60	2	8	2	3	7
1971	72	-66	-1	6	-1	3	27

续表

年份 (1)	货物、服务、收益出口额 (2)	货物、服务、收益进口额 (3)	货物账户差额 (4)	货物、服务、收益账户差额 (5)	经常账户差额 (6)	美国官方储备增加额（-） (7)	外国在美国的官方储备增加额（+） (8)
1972	82	-79	-6	3	-6	1	10
1973	113	-99	1	14	7	0	6
1974	148	-133	-6	11	2	-1	11
1975	158	-137	9	25	18	-1	7
1976	172	-162	-9	10	4	-3	18
1977	185	-194	-31	-9	-14	0	37
1978	221	-230	-34	-9	-15	1	34
1979	288	-282	-28	6	0	0	-14
1980	344	-334	-26	11	2	-7	15
1981	381	-364	-28	17	5	-4	5
1982	367	-356	-36	11	-6	-5	4
1983	356	-377	-67	-21	-39	-1	6
1984	400	-474	-112	-74	-94	-3	3
1985	388	-484	-122	-96	-118	-4	-1
1986	407	-530	-145	-123	-147	0	36
1987	457	-594	-160	-137	-161	9	45
1988	568	-664	-127	-96	-121	-4	40
1989	648	-722	-118	-73	-99	-25	9
1990	707	-759	-111	-52	-79	-2	34
1991	728	-735	-77	-7	4	6	17
1992	749	-762	-97	-14	-49	4	40
1993	777	-822	-132	-45	-83	-1	72
1994	869	-949	-166	-80	-118	5	40
1995	1 106	-1 078	-174	-72	-106	-10	110

续表

年份 (1)	货物、服务、收益出口额 (2)	货物、服务、收益进口额 (3)	货物账户差额 (4)	货物、服务、收益账户差额 (5)	经常账户差额 (6)	美国官方储备增加额 (-) (7)	外国在美国的官方储备增加额 (+) (8)
1996	1 078	-1 156	-191	-78	-118	7	127
1997	1 196	-1 283	-198	-88	-128	-1	19
1998	1 192	-1 351	-247	-159	-204	-7	-20
1999	1 248	-1 492	-346	-244	-293	8	44
2000	1 417	-1 774	-452	-357	-410	0	38
2001	1 282	-1 626	-427	-344	-393	-5	5
2002	1 255	-1 652	-485	-397	-460	—	—
2003	1 338	-1 789	-551	-451	-522	—	—
2004	1 508	-2 407	-670	-899	-640	—	—
2005	1 788	-3 303	-787	-1 515	-755	—	—
2006	2 096	-2 818	-838	-722	-811	—	—
2007	2 410	-3 045	-851	-635	-739	—	—
2008	2 591	-3 169	-834	-578	-706	—	—
2009	2 159	-2 412	-507	-253	-378	—	—
2010	2 501	-2 835	-646	-335	-471	—	—
2011	2 103	-2 663	-738	-560	-445		
2012	2 210	-2 745	-741	-534	-426		
2013	2 280	-2 757	-703	-476	-350		
2014	2 376	-2 866	-751	-490	-374		
2015	2 264	-2 764	-762	-500	-435		
2016	2 208	-2 713	-752	-505	-452		

资料来源　摘自 U.S. Bureau of Economic Analysis.

U.S. International Transactions that were initially published on December-19-2017，并有删减.

表2-2中第7栏和第8栏是美国官方结算差额（official settlement balance）也就是我们一般说的国际收支余额，是指除了官方储备账户外的所有国际收支账户余

额，值得注意的是，正的官方结算差额代表着美国国际贸易的赤字；而负的官方结算差额代表着国际贸易的顺差。美国在1970年第一次出现了较大的赤字（约100亿美元），在1971年这个赤字迅速扩大到300亿美元。自1973年开始，除了1979年、1982年、1985年、1989年、1998年和2001年以外，美国国际收支每一年都出现了赤字。在1977—1978年，1986—1988年，1990，1992—1996年，1999—2010年这些年份，美国的经常账户赤字都超过了3 000亿美元，其中2006年达到了8 110亿美元。

§2.4　国际储备

2.4.1　国际储备的含义

在全球化背景和开放经济条件下，一国（地区）调控内外失衡的成本越来越高，调整政策的局限性日益凸显，各国货币当局更加重视运用融资政策作为政策调节的主要手段，而国际储备的多少是有效融资的基础条件。

1.国际储备的概念

一般而言，一个国家的国际收支出现不平衡是一种经常性的状态，只要这种不平衡不超过一定范围就不会对经济造成严重的影响。但是为了避免一国收支失衡所带来的严重后果，各国都准备一定数量的资产作为国际储备，用于调节国际收支，干预外汇市场，以把一国的国际收支失衡控制在安全的范围内。当国际收支失衡表现为顺差的时候，国际储备就增加；当一国国际收支失衡表现为逆差的时候，就用外汇资金作为弥补。如果用于弥补的外汇资金来自国内则称为自有储备，也就是我们本节要研究的国际储备，如果该外汇资金可以是来自官方储备资产，也可以来自于外国资金的借入，则称为借入储备。自有储备（官方储备资产）与借入储备之和称为国际清偿力。

国际储备是指一国官方持有的，用于平衡国际收支、稳定汇率和作为对外清偿保证的国际普遍接受的各种流动资产的总和，又称官方储备或自有储备。

由此可见，国际清偿力与国际储备是两个既相互联系却又相互区别的概念。从联系来看，两者都是一国对外支付能力的标志，具有相同的功能。从区别来看，首先，在概念上，国际储备是国际清偿力的一部分，它涵盖的范围要小于国际清偿力。其次，国际储备的使用是无条件的，而国际清偿力的借入储备则是有条件的。最后，二者作为一国支付水平标志的作用有所不同。判断一国支付能力的指标通常是国际储备，而判断一国国际经济地位、金融资信及长期对外支付能力，则往往采用国际清偿力作为标准。

2.国际储备的特征

根据上述国际储备的定义，国际储备有以下几个特征：

（1）官方持有。作为国际储备的资产必须是一国政府或货币当局直接有效控制的，非官方金融机构、企业和私人持有的资产不应算作国际储备资产。

（2）普遍接受性。国际储备资产必须是世界各国普遍认同和愿意接受的，充当外汇储备的外汇主要包括美元、日元、英镑、欧元、瑞士法郎等。

（3）流动性。作为国际储备的外汇资产必须具有良好的变现能力，即流动性，以便在需要的时候随时动用。

2.4.2 国际储备的构成

国际储备经历了金本位制、布雷顿森林体系及牙买加体系发展至今，其组成部分非常丰富，目前，国际货币基金组织将国际储备的构成定义为一国政府和中央银行所持有的黄金储备、外汇储备、该国在国际货币基金组织的头寸以及特别提款权。

1.黄金储备

黄金储备（gold reserves）是一国政府所持有的货币性黄金。黄金储备是国际储备的最初形式，在国际金本位制和布雷顿森林体系下，一直是最重要的储备资产，直到1978年《国际货币基金协定》第2次修正案确定了黄金的非货币化后，黄金作为国际储备的作用和地位才大大降低，自此黄金在国际储备中的数量和比例就逐年下降了。现在，作为国际储备的黄金，实际上极少用于直接充当国际清算手段，即使要用其充当国际支付的工具或者是用于调节国际收支逆差，也是先作为商品出售变现后再履行其职能。

虽然如此，由于黄金具有优良的保值特性，同时便于长期储存，它仍然是国际储备的一个重要来源。现在，世界上大多数国家还是把黄金作为一种重要的国际储备资产。国际货币基金组织采用3种方法来估计黄金的价值：一是以数量来计算，一般是以盎司为计量单位；二是以每盎司等于35个特别提款权单位来计算；三是按市价计算。

2.外汇储备

外汇储备（foreign exchange reverses）是一国货币当局持有的可兑换货币和用它们表示的支付手段。IMF对外汇储备的定义是货币当局以银行存款、财政部库存、长短期政府证券等形式所拥有的在国际收支逆差时可以使用的债权。需说明的是，并不是政府所持有的全部外汇资产都是外汇储备，如官方长期贷款和投资以及记账外汇等一般不是外汇储备。

外汇储备的优点是显而易见的，比起黄金的储备来说，外汇没有保管成本，并且以外汇存款和国库券的形式存在还能获得一定的银行利息和债券收益。此外，外汇储备的使用也相当方便，不需要像黄金那样变现后使用，外汇储备可以随时动用，及时干预外汇市场。但是，外汇储备也具有一定的缺点：一方面，容易受到储备外汇汇率波动的影响而蒙受损失；另一方面，易受储备货币发行国的干预和制约。目前，外汇储备仍是世界各国国际储备的最主要形式。在IMF各成员方中，外汇储备在各国国际储备总额中所占比重都是在90%以上，并且从总体上看，外汇储备的绝对数额一直呈上升趋势。图2-1为我国外汇储备变动趋势。

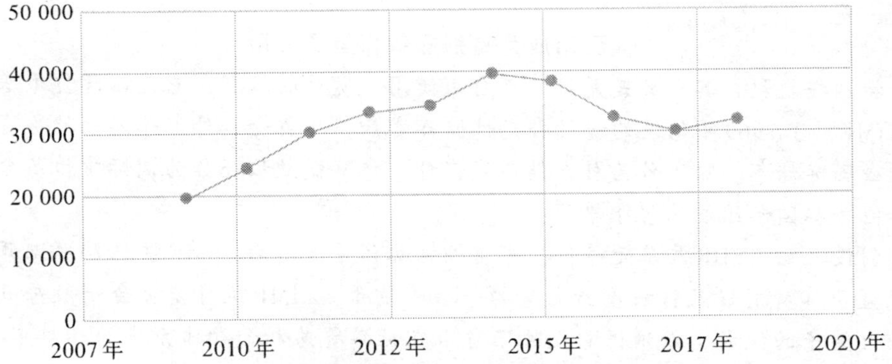

图2-1　我国外汇储备变动趋势（单位：亿美元）

资料来源　国家外汇管理局网站，http：//www.safe.gov.cn.

3.在IMF的储备头寸

在国际货币基金组织的储备头寸（reserves position in fund），也叫普通提款权（general drawing rights），指成员方在IMF的普通资金账户中可以自由提取和使用的资产。IMF是以成员方入股方式组成的国际组织，每个成员方必须缴纳的股金就是份额。份额的认缴办法是：25%以可兑换货币缴纳，75%以本国货币缴纳。当成员方遭受国际收支困难的时候，有权以本国货币为抵押的形式向IMF申请提用可兑换货币。提用的数额分为5档，每档占其认缴份额的25%，提用条件逐渐严格。一国从IMF最多可融通的资金是其认缴份额的125%，其中第一档是以外汇资产形式缴纳的储备档提款权，其余4档叫信用档提款权。一国在基金组织的头寸包括：①储备档提款权，即成员方向IMF认缴份额的25%的可兑换货币；②IMF为满足其他成员方借款需要而使用掉的该成员方货币，这形成该成员方对IMF的债权；③IMF向该成员方借款的净额，这也形成该成员方对IMF的债权。普通提款权在IMF成员方国际储备资产总额中所占比重较小，大约为3%。

4.特别提款权

特别提款权（special drawing rights，SDR）是IMF为解决成员方储备资产不足问题而创设并分配给成员方的一种在IMF的账面资产，是成员方在IMF特别提款权账户上的贷方余额。其由国际货币基金组织于1969年9月建立，1970年开始正式分配。它作为成员方原有普通提款权以外的一种使用资金的特别权利，以补充储备资产的不足。特别提款权是以美元为中心的国际货币体系危机的产物，最初以黄金表示，与美元同值，后改用“一篮子”货币定值。成员方使用特别提款权无需偿还，所持有的特别提款权超过其累计分配额时，可获得利息，不足部分则需支付利息。特别提款权可用于政府间的结算，或向其他成员方换取外汇，弥补国际收支逆差，偿还向基金组织借的贷款和利息，但不能兑换黄金或直接用于贸易或非贸易支付。目前，各国以特别提款权作为计价、结算、储备单位进行国际经济往来已十分普遍。

专栏2-2

人民币成为特别提款权篮子货币

特别提款权，其含义是兑换“可自由使用”货币的权利。它是国际货币基金组织（IMF）于1969年创设的一种补充性储备资产，与黄金、外汇等其他储备资产一起构成国际储备。除了作为补充储备资产外，特别提款权还作为国际货币基金组织和其他一些国际组织的记账单位。

创设之初，SDR与美元等价。布雷顿森林体系崩溃后，IMF于1974年启用SDR货币篮子（特别提款权被重新定义为一篮子货币）。IMF执行委员会一般每五年审查一次篮子的组成，以确保它反映了货币在世界贸易和金融体系中的相对重要性。在最近的一次评估中（2015年11月结束），IMF执行董事会决定，从2016年10月1日起，人民币符合标准，并被纳入SDR货币篮子。从2016年10月1日起，特别提款权货币篮子由美元、欧元、人民币、日元和英镑组成。

IMF计算SDR货币篮子权重的公式由贸易和金融变量组成，以反映货币在世界贸易和金融体系中的相对重要性。新SDR货币篮子中，人民币权重为10.92%，美元、欧元、日元和英镑的权重分别为41.73%、30.93%、8.33%和8.09%。IMF根据篮子货币的权重相应确定SDR中包含的各篮子货币的绝对数量，作为每天计算SDR汇率的基础。在旧篮子下1个SDR包含0.66美元，0.423欧元，12.1日元和0.111英磅。IMF于2016年9月30日公布了新篮子中的货币数量，1个SDR中包含1.0174人民币，0.58252美元，0.38671欧元，11.900日元，0.085946英镑。新的SDR汇率计算方法从2016年9月30日开始执行。根据2016年9月30日的汇率，1单位SDR约相当于1.395810美元。

IMF按成员方份额对所有成员方分配SDR，以补充成员方的储备资产。IMF曾于1970—1972年、1978—1981年进行过两次SDR普通分配。2007年全球金融危机爆发后，为更好地应对危机，IMF于2009年分配了1 826亿SDR。截至2015年年底，IMF对SDR累计分配额约为2 041亿SDR（约合2 801亿美元）。我国SDR累计分配额为69.897亿SDR。

人民币加入SDR货币篮子意味着自20世纪80年代以来，第一次有新兴市场货币进入SDR货币篮子，这有助于改善以往单纯以发达国家货币作为储备货币的格局，增强SDR本身的代表性和吸引力。

资料来源　摘自IMF官网，有删减.

同其他3种储备资产相比，特别提款权有4个特点：①特别提款权是一种没有任何物质基础的记账单位，创设时虽然也规定了含金量，但它并不具有内在价值；与普通提款权相比，特别提款权是以所缴份额为基础的账面资产，属于记账外汇，而且无法偿还，而普通提款权是以所缴份额为基础的实际外汇资产，属于自有外汇。②特别提款权是IMF按份额比例无偿分配给成员方的，而黄金、外汇、普通提款权是通过贸易、投资、借贷等活动取得的。③特别提款权的使用受到一定的限制，只能在各成员方货币当局和IMF、国际清算银行之间使用，主要用途有三个：

一是用以向IMF指定的其他成员方（国际收支和储备地位相对较强的国家或地区）换取外汇，偿付国际收支赤字；二是成员方之间通过协议用SDR换回对方持有的本国货币；三是用以归还IMF的贷款，支付应付IMF的利息。非官方金融机构和个人、企业、不得持有和使用特别提款权，特别提款权也不能直接用于贸易或非贸易的支付。④由于特别提款权是几种主要货币的加权平均值，故其价值一般比较稳定。

特别提款权自创立以来，共分配过四次，第一次分配总额为93亿，在1970—1972年拨付，第二次分配总额为121亿，在1979—1981年拨付，2009年8月28日进行了1 612亿的第三次分配。另外，对《国际货币基金组织协定》的第四次修订于2009年8月10日生效，根据这次修订，进行了特别提款权的特别一次性分配，总额为215亿。2016年10月1日起，中国的人民币作为第五种货币加入篮子。

表2-3反映了2018年3月20日—2018年3月23日SDR与其篮子货币的汇率。

表2-3　SDR对篮子货币的汇率

币种	2018.3.23	2018.3.22	2018.3.21	2018.3.20
欧元	1.179020	1.180880	1.180810	1.181890
日元	152.695000	153.728000	—	153.954000
英镑	1.030890	1.024790	1.232600	1.035760
美元	1.455620	1.454380	1.450750	1.450890
人民币	9.210560	9.191260	9.184340	9.185600

资料来源　IMF官方网站，http：//www.imf.org.

2.4.3　国际储备的作用

1.平衡国际收支，弥补国际收支逆差，对外支付

这是国际储备最重要的作用，当国际收支发生赤字的时候，国际储备用于平衡逆差，使国内经济受到最大限度的保护。国际储备作为国内市场与世界市场之间波动的减震器，可以避免大幅度的波动，但是其没有办法进行长期的调节且调节数额有限。

2.维持本币对外币的汇率稳定

一国的汇率受到外汇市场上外汇供求关系的影响，国际储备可以用来维持本国货币对外币汇率的稳定，可以通过抛售外汇或买入外汇的方式来缓解汇率升降的压力。

3.作为国家对外举债的保证

国际储备可以作为国家对外借债的信用保证，一国持有的国际储备数量是国际银行进行贷款时评估国家风险的重要指标之一，当一国的国际储备比较充足时，对外借债就比较容易；当一国国际储备较少的时候，其借债成本也随之提高。

2.4.4 国际储备的管理

1.国际储备适度规模

一国的国际储备应该维持在一个怎样的水平，又应该以怎样的速度增长，这对于该国的经济乃至世界经济都有重大的意义，可见确定一国的国际储备额是相当重要的。一国的国际储备过少会降低该国的信用评级，不能满足对外贸易及经济往来的需求，降低一国的支付水平。长期维持一个低水平的国际储备水平，会导致一国的贸易环境恶化，甚至会发生国际支付危机，引起该国内外经济的失衡。

国际储备也并非越多越好，因为外汇储备的增加带来的平衡国际收支和稳定汇率能力的增加是以持有外汇的成本作为代价的。这些成本主要表现在：第一，国际储备代表一国对外国资源拥有一定的购买力，而持有这部分资本作为国际储备就意味着放弃了使用这部分资本的机会，也就是说存在一个持有资本的机会成本。第二，国际储备影响着本国的货币投放量，外汇储备有较大可能导致通货膨胀。第三，持有外汇会有汇率波动的风险，有可能因为汇率的波动而蒙受损失。所以，国际储备应当有一个适度的规模。

确定国际储备规模应该考虑以下几点因素：

（1）经济开放度和国民经济对外依赖度

经济开放程度越大，对外资的依赖程度也相应越大，需要用到国际储备进行调节的量也越大。因为国际储备的首要作用是调节国际收支，所以，贸易状况往往极大地影响着国际储备。

（2）外汇管制程度

外汇管制的目的在于改善国际收支逆差、维持汇率稳定和集中外汇资金。一国的外汇管制是严格还是宽松影响一国的国际储备多少，一般来说，一国外汇管制越严格，国家直接控制外汇能力越强，需要的国际储备的量就越少，反之就多。

（3）外汇政策与汇率制度

一国的汇率政策影响着该国的国际储蓄。在实行固定汇率的国家，如果要维持汇率的对外不变，就需要较多的国际储备用于在外汇市场上平衡供求。在实行浮动汇率的国家，若是采取稳定汇率的政策，国际储备的需求较多；若是采取放任的汇率政策则需要的国际储备量就相对较少。

（4）本国货币的国际地位

如果一国的货币处于储备货币的地位，则该国不需要太多的国际储备，只需要增加本国对外国的负债来弥补国际收支逆差。

（5）借用外国资金的能力

从理论上说，一国在国际金融市场上筹措外国资金的能力越强，其所需要的国际储备就越少，但是，一国在国际金融市场融资的能力又跟一国的国际储备多少有关，所以二者其实是相互依存的。

2.国际储备结构管理

（1）国际储备管理应遵循的原则

国际储备用于平衡国际收支，干预外汇市场维持一国国际收支平衡，保护国内经济少受国际状况影响。针对国际储备的特点和用途，国际储备的结构管理应遵循以下几个原则：

①流动性。国际储备要保证在任何时候都可以动用，就必须具有良好的变现能力。

②安全性。国际储备既然作为一种储备，必须保证其价值的稳定性，也就是说，该种资产在遭遇通货膨胀、汇率变动等外部因素的影响时，必须在价值上不易发生大的变动，否则，储备资产蒙受损失的同时还会影响该资产作为国际储备作用的发挥。

③收益性。国际储备水平管理强调以最少的国际储备量获得最大的国际清偿保证，而结构管理强调在保证储备资产流动性和安全性的前提下实现储备资产的保值增值。

一般来说，储备资产结构管理的三原则之间往往是相互矛盾、相互制约的。一国的国际储备要增强储备资产的安全性和流动性，就要影响其收益性，如活期存款的流动性高但是收益性低。而要增加收益，安全性和流动性就会受到威胁。

值得一提的是，国际储备的四个部分，即一国政府和中央银行所持有的黄金、外汇、该国在基金组织的头寸以及特别提款权，其流动性、安全性和收益性各不相同，因而它们之间的不同组合会导致国际储备总体体现出不同的流动性、安全性和收益性。

（2）国际储备结构管理的内容

①黄金储备、外汇储备、普通提款权和特别提款权的结构管理

黄金储备、外汇储备、普通提款权和特别提款权结构管理的目标是确保流动性、安全性和收益性的恰当组合。然而正如前文所述，在实际的经济生活中，流动性、安全性和收益性常常互相排斥。流动性很强的国外银行活期存款的收益性很低，甚至为零，因为发达国家银行对活期存款不付利息，或只付很少的利息；外国政府长期债券收益较高，但流动性却较差。这就需要在流动性与收益性之间进行权衡，兼顾二者。由于国际储备的主要作用是弥补国际收支逆差，因而在流动性与收益性二者中，各国货币当局更重视流动性。按照流动性的高低，经济学家和货币当局把储备资产划分为三级：一级储备资产，流动性好，但收益性较低，它包括活期存款、短期存款和短期政府债券；二级储备资产，收益性高于一级储备资产，但流动性低于一级储备资产，它包括2~5年期的中期政府债券等；三级储备资产，收益性高于二级储备资产，但流动性低于二级储备资产，它包括长期公债券等。

普通提款权由于成员方能随时从IMF提取和使用，所以类似一级储备。特别提款权由于它作为成员方在原有普通提款权以外一种使用资金的特别能力，须向IMF

提出申请，并由IMF指定参与特别提款权账户的国家，提供申请国所需货币。显然，这个过程需要一定时日才能完成，因此，特别提款权可视为二级储备。而黄金储备由于各国货币当局一般只在黄金市价对其有利时，才会转为储备货币，故可视为三级储备。

一级储备资产主要是作为货币当局随时、直接用于弥补国际收支逆差和干预外汇市场的储备资产，即作为交易性储备（transactional reserves）。二级储备资产作为补充性的流动资产。三级储备资产主要用于提高储备资产的收益性。一国应当合理安排这三级储备资产的结构，以做到在保护一定流动性的前提条件下，获取尽可能多的收益。

②外汇储备的货币结构管理

国际储备结构管理另一个重要的内容就是加强对国际储备中最重要的外汇储备的货币结构管理。外汇储备的货币结构管理是指合理地确定各种储备货币在一国外汇储备额中各自所占的比重。随着布雷顿森林体系的崩溃和浮动汇率制度取代固定汇率制度，产生了对各种储备货币的结构管理。在浮动汇率制下，某种储备货币汇率急剧波动，会使以该种储备货币表示的外汇储备资产的实际价值增加或减少，从而使这些储备资产的持有者获利或遭受损失。因此，如何合理安排外汇储备的币种结构，就成了各货币当局面临的重要任务之一。

国际上通用的选择外汇储备的货币方式，是排除单一货币结构，实行以坚挺的货币为主的多元货币结构。就目前的形势来看，美元在国际储备货币中仍然占主要地位，但是其所占比重正逐渐下降，而欧元、日元等储备货币所占比重逐渐上升。因此，各国大多根据保值需求，由数种不同货币组成本国的外汇储备。外汇储备中多元化货币结构，可以保证外汇储备购买力相对稳定，以求在这些币种汇率变动的情况下，外汇储备的价值在大体上保持平衡，防止个别货币币值大幅下跌而造成巨大损失，提高外汇资产的保值增值能力。

一般而言，各种货币在外汇储备中的比重主要是参照下列因素而综合确定的：储备国对外贸易的国别、数量和付汇情况；本国政府的政治、经济、外交动向等；各货币发行国的经济、金融状况以及汇率变动趋势。

基于以上条件我们可以推知，各国确定外汇储备币种结构的基本原则是：①储备货币的币种和数量要与对外支付的币种和数量保持大体平衡。对于用于日常弥补国际收支赤字和干预外汇市场需要的交易性储备而言，其货币构成应与弥补赤字和干预市场所需要用的货币构成保持一致；对于基于应付不可预测的、突发的内外冲击需要的预防性外汇储备而言，其货币构成应按“将鸡蛋放在不同篮子中”的分散原则进行投资。②在外汇头寸上应尽可能多地持有汇价坚挺的硬通货储备，而尽可能少地持有汇价疲软的软货币储备，还要根据货币软硬的走势，及时调整和重新安排币种结构。③储备货币一定要多元化，切忌单一化，这样在一些货币贬值时遭受的损失，能从另一些货币升值带来的好处中得到补偿。

专栏2-3

主权财富投资

一、主权财富投资的基本内涵

主权财富投资又叫主权财富基金（Sovereign Wealth Fund），是随着一国宏观经济、贸易条件和财政状况的改善，以及政府长期预算规划与财政支出限制政策的实施，国家财政盈余与外汇储备不断积累形成的。针对过多的财政盈余与外汇储备盈余，一些国家成立了专门的投资机构来进行管理运作，这类机构一般被称为主权财富基金。它既不同于传统的政府养老基金，也不同于那些简单持有储备资产以维护本币稳定的政府机构，而是一种全新的专业化、市场化的积极投资机构。

主权财富基金来源包括三类：第一类是外汇储备盈余，主要以亚洲地区的新加坡、马来西亚、韩国、中国台湾、香港特别行政区等国家或地区为代表；第二类是自然资源出口的外汇盈余，包括石油、天然气、铜和钻石等自然资源的外贸盈余，主要以中东、拉美地区16个国家为代表；第三类是国际援助基金，以乌干达的贫困援助基金为代表。

主权财富基金发展趋势具有三个特点：①全球主权财富基金数量快速增加，资产规模急剧膨胀，市场影响力也不断增加；②主权财富基金规模庞大，投资领域广泛，不少主权财富基金已和政府养老基金或者央行储备资产管理机构规模不相上下；③主权财富基金普遍采取专业化、市场化运作手段和多元化投资经营策略，谋求长远投资，获得较高收益。

二、主权财富基金建立的动因与类型

尽管各国设立主权财富基金源于国家财政盈余、外汇盈余等国家财富的急剧增加，但设立主权财富基金的动因则各有侧重，主要有以下五种：

动因1：跨期平滑国家收入，减少国家意外收入波动对经济和财政预算的影响。

基金类型：稳定型主权财富基金（Stabilization-oriented Fund）

经济严重依赖于自然资源出口换取外汇盈余的国家，跨期平滑国家收入的动因尤其突出。为保障自然资源枯竭后政府有稳定的收入来源，也为了避免短期自然资源产出波动导致经济大起大落，这些国家都先后设立主权财富基金，用主权财富基金进行多元化投资，延长资产投资期限，提高长期投资收益水平，旨在跨期平滑国家收入。

以挪威为例，挪威是世界上第三大石油净出口国，20世纪90年代，挪威的财政盈余和外汇储备快速增长，尤其是石油出口收入增长快速，为了更好地管理石油财富，也为了做好石油资源可能耗尽的准备，1990年，挪威设立了主权财富基金——政府石油基金。从1995年开始，挪威政府的财政盈余也每年划入石油基金。为进一步提高长期投资收益，避免出现“荷兰病”，1998年，挪威中央银行设立专门主权财富基金——挪威央行投资管理公司（Norges Bank Investment Management，简称NBIM）。挪威政府石油基金在2006年1月改组为政府养老基金，资金主要来源于石油和天然气领域产生的外汇盈余（包括公司税收和勘探牌照的收费等），基金的规模在2011年突破3.1万亿挪威克朗，约合5 740亿美元。挪威政府养老基金是挪

威用于养老金管理的主权财富基金。该基金主要由两部分构成：政府（全球）养老金（前政府石油基金，The Government Petroleum Fund，简称GPFG）与政府（挪威）养老金（前国家保险计划基金 The National Insurance Scheme Fund，简称NISF）。

动因2：协助中央银行分流外汇储备，干预外汇市场，冲销市场过剩的流动性。

基金类型：冲销型主权财富基金（Sterilization-oriented Fund）

按照国际货币基金组织的定义，以主权财富基金形式用于中长期投资的外汇资产不属于国家外汇储备。因此，一些国家和地区为缓解外汇储备激增带来的升值压力，便通过设立主权财富基金分流外汇储备。例如，1998年，香港金融管理局为维持港元汇率稳定设立了主权财富基金。

动因3：跨代平滑国家财富，为子孙后代积蓄财富。

基金类型：储蓄型主权财富基金（Savings-oriented Fund）

为应对老龄化社会以及自然资源收入下降对养老金体系的挑战，一些国家未雨绸缪，力求在代际间更公平地分配财富，设立专门的主权财富基金，即储蓄型主权财富基金，以中东国家为典型代表。

动因4：预防国家社会经济危机，促进经济和社会的平稳发展。

基金类型：预防型主权财富基金（Preventive Fund）

正如个人预防性储蓄动机一样，许多亚洲国家都持有巨额外汇储备，以应对潜在社会经济危机和发展的不确定性。以科威特为例，伊拉克战争结束后，科威特之所以能够迅速重建家园，很大程度上应该归功于科威特投资局（Kuwait Investment Authority，KIA）所积累并管理的主权财富基金。

动因5：支持国家发展战略，在全球范围内优化配置资源，培育世界一流的企业，更好地实现国家在国际经济活动中的利益。

基金类型：战略型主权财富基金（Strategy-oriented Fund）

以新加坡为例，淡马锡控股公司（Temasek Holdings，简称Temasek）通常进入紧缺资金的国家和地区，分享其经济增长成果。因此，淡马锡控股公司制定的发展战略是，将1/3资金投向发达经济体的市场，1/3用于亚洲发展中经济体，剩余1/3留在新加坡本土。

资料来源　中国百科网：http：//www.chinabaike.com.

2.4.5　我国国际储备的特点及管理

1.我国国际储备的特点

我国的国际储备也由黄金储备、外汇储备、在IMF的储备头寸和特别提款权这四部分构成，并有以下几个特点：

（1）黄金储备的数量趋于稳定

改革开放以来，我国的黄金储备除1979年和1980年为1 280万盎司外，2000年之前的其余年份均为1 267万盎司。这表明我国执行稳定的黄金储备政策。加入WTO后，我国经济与世界经济更加紧密地融合在一起，对外贸易额和国际资本的流动都有大幅增加。为了增强我国经济的抗冲击能力，稳定中国的国际收支，我国的黄金储备额稳定增长。截至2017年12月，我国黄金储备达到1 842.6吨（6 500万盎司）。

（2）国际储备的构成发生变化，外汇储备迅猛增长

1979—1992年间，我国的外汇储备由国家外汇库存和中国银行外汇结存两部分构成。国家外汇库存是指国家通过中国银行购进与卖出外汇相抵之后的余额。中国银行外汇结存实际是中国银行的运营资金，即：中国银行的自有外汇资金，加上它在国内外吸收的外汇存款与对外借款，再减去它在国内外的外汇贷款与投资之后的余额。因此，国家外汇库存实际是我国货币当局持有的对外债权，而中国银行的外汇结存则实际是该行的对外负债。为了和IMF关于外汇储备的规定保持一致，我国从1993年起将外汇储备的统计口径改为仅指国家外汇库存。表2-4反映了我国1950—2017年的外汇储备情况。

表2-4　　我国1950—2017年外汇储备总表　　单位：10亿美元

年份	外汇储备	年份	外汇储备	年份	外汇储备
1950	0.157	1973	−0.081	1996	105.049
1951	0.045	1974	0.000	1997	139.890
1952	0.108	1975	0.183	1998	144.959
1953	0.090	1976	0.581	1999	154.675
1954	0.088	1977	0.952	2000	165.574
1955	0.180	1978	0.167	2001	212.165
1956	0.117	1979	0.840	2002	286.407
1957	0.123	1980	−1.296	2003	403.251
1958	0.070	1981	2.708	2004	609.932
1959	0.105	1982	6.986	2005	818.872
1960	0.046	1983	8.901	2006	1 066.344
1961	0.089	1984	8.220	2007	1 528.249
1962	0.081	1985	2.644	2008	1 946.30
1963	0.119	1986	2.072	2009	2 399.15
1964	0.166	1987	2.923	2010	2 847.34
1965	0.105	1988	3.372	2011	3 181.1.5
1966	0.211	1989	5.550	2012	3 311.59
1967	0.215	1990	11.093	2013	3 820.00
1968	0.246	1991	21.712	2014	3 843.02
1969	0.483	1992	19.443	2015	3 330.36
1970	0.088	1993	21.199	2016	3 010.52
1971	0.037	1994	51.620	2017	3 139.95
1972	0.236	1995	73.597		

资料来源　国家外汇管理局网站：http：//www.safe.gov.cn.

我国外汇储备不仅在构成上发生了急剧变化，在数量增长上也表现出迅猛和曲折的特点。1979年，国家外汇储备只有8.4亿美元，到1995年年底增长为735.97亿美元，年平均增长率高达32.3%，而到2003年时已达到4 032.51亿美元，比1995年又增加了近5倍。我国外汇储备的数量变化曾经过四起四落曲线形增长：第一次下降发生在1980年，降为-12.96亿美元；从1981年开始第一次上升，升至1983年的89.01亿美元；1984年开始第二次下降，降至1986年的20.72亿美元；1987年开始第二次回升，逐渐升至1991年的217.12亿美元；1992年发生第三次下降，降为194.43亿美元；从1993年开始迅猛增长，到2002年前，平均每年都有200亿美元的增幅，中国加入WT0后的第一年（即2002年），外汇储备就增加了743亿美元；2015年开始第四次下降，由38 430.2亿美元降至33 303.6亿美元；2017年第四次上升。

2.我国外汇储备管理

自1978年以来，我国的外汇管理体制改革大致经历三个重要阶段。

第一阶段（1978—1993年），外汇管理体制改革起步。这一阶段以增强企业外汇自主权、实行汇率双轨制为特征。1978年召开的党的十一届三中全会正式宣布我国开始实行改革开放的总方针。在涉外经济领域，过去外汇统收统支的体制逐步松动，出口企业开始拥有一定的外汇自主权。为调动出口企业创汇的积极性，确保有限的外汇资源集中用于国民经济建设，我国从1979年开始实行外汇留成办法，在外汇集中管理、统一平衡、保证重点的同时，适当留给创汇的地方和企业一定比例的外汇，并允许持有留成外汇的单位把多余的外汇额度转让给缺汇的单位，官方汇率与调剂市场汇率双重汇率制度并存。总体来看，这一阶段，外汇管理体制处于由计划体制开始向市场调节的转变过程，计划配置外汇资源仍居于主导地位，但市场机制萌生和不断发育，对于促进吸引外资、鼓励出口创汇、支持国内经济建设发挥了积极作用。

第二阶段（1994—2000年），社会主义市场经济条件下的外汇管理体制框架初步确定。1994年年初，国家对外汇体制进行了重大改革，取消外汇留成制度，实行银行结售汇制度，实行以市场供求为基础的、单一的、有管理的浮动汇率制度，建立统一规范的外汇市场。此后，进一步改进外汇管理体制，1996年全部取消了所有经常性国际支付和转移的限制，实现人民币经常项目可兑换。1997年，东南亚金融危机爆发，给中国经济发展与金融稳定造成严重冲击。为防止危机进一步蔓延，保持国民经济持续发展，我国做出人民币不贬值的承诺，并重点加强资本流出的管制，成功抵御了亚洲金融危机的冲击。总体来看，这一阶段，我国初步确立了适合国情、与社会主义市场经济体制相适应的外汇管理制度框架，外汇供求的市场基础不断扩大，奠定了市场机制配置外汇资源的基础。

第三阶段（2001年以来），以市场调节为主的外汇管理体制进一步完善。2001年年底加入世界贸易组织以来，我国加速融入全球经济，对外开放进一步扩大，国际收支持续大额顺差，对国民经济的影响日益增强。为适应新形势新挑战，外汇管理体制改革向纵深推进，积极促进贸易投资便利化，稳步推进资本项目可兑换，加强跨境资金流动管理，健全国际收支统计监测，完善外汇储备经营管理。伴随着入世后外汇储备规模的较快增长，2001年，我国外汇储备经营以规范化、专业化和国际化为目标，建立了投资基准经营管理模式和风险管理框架，完善了大规模外汇储备经营管理的体制机制。2005年7月启动的人民币汇率形成机制改革为深化外汇管理体制改革注入新的活力。企业和个人持有和使用外汇的政策更加便利，外汇市场加速发展。与此同时，外汇管理方式加快从重点管外汇流出转为流出入均衡管理，逐步建立起资本流动双向均衡管理的制度框架，在2008年新修订的《中华人民共和国外汇管理条例》中确立了均衡监管思路，并在行政法规层面明确取消了强制结售汇制度。2008年9月国际金融危机全面爆发以来，我国及时启动应急机制，做好国际收支逆转的应急预案，积极防范金融风险，确保了外汇储备资产的总体安全，顶住了国际金融危机的冲击。2009年以来，针对跨境资金流向复杂和规模增大、市场主体便利化需求不断增长的现实，外汇管理加快了理念和方式的"五个转变"，即从重审批转变为重监测分析、从重事前监管转变为强调事后管理、从重行为管理转变为更加强调主体管理、从"有罪假设"转变到"无罪假设"、从"正面清单"（法无明文授权不可为）转变到"负面清单"（法无明文禁止即可为）。

截至2014年年末，外汇管理五个转变取得了阶段性成果。一是简政放权和依法行政取得重要进展。外汇管理行政审批事项累计下降80%，行政审批项目减至17项，极大地促进了贸易投资便利化。二是重大领域改革取得实质性突破。货物和服务贸易外汇管理改革平稳推进，允许出口收汇存放境外并实现意愿结售汇，跨国公司外汇资金集中运营试点、直接投资资本金意愿结汇等资本项目改革已在全国推广，人民币可兑换程度进一步提升。三是外汇管理方式产生重大转变。随着逐笔匹配核销等传统管理手段退出历史舞台，外汇管理事前审批大幅减少，监管重心转向事中事后管理，跨境资本流动监测预警能力不断强化，逐步构建宏观审慎管理框架下的外债和资本流动管理体系。随着外汇管理的理念和方式转变到位，外汇管理服务实体经济和防范风险冲击的能力进一步增强。

资料来源　国家外汇管理局网站：http：//www.safe.gov.cn.

§2.5　国际投资头寸表

2.5.1　国际投资头寸表的概念

国际投资头寸表是对外金融资产和负债存量的平衡表，构成该表的金融账户，包括对非居民的债权、对非居民的债务、货币黄金和特别提款权。国际投资头寸表是反映特定时点上一个国家或地区对世界其他国家或地区金融资产和负债存量的统计报表，它与反映交易流量的国际收支平衡表一起，构成该国家或地区完整的国际账户体系。

国际投资头寸表反映的是一个存量的概念，这个存量的变化来自于国际的交易变化，以及汇率、价格等计价的变化，或其他各项调整（如不予补偿的没收）等。根据国际收支手册，各项调整中包括特别提款权撤销 / 分配所引起的变化、黄金货币化 / 非货币化所引起的变化、重新分类（如在股本额达到10%的分界点时，证券投资转化为直接投资）、债权人单方面取消债务以及没收或不加偿还的占有。

2.5.2 对中国国际投资头寸表的分析

一经济体对外资产减去对外负债即该经济体的净国际投资头寸。这一净投资头寸反映了某一截止日期该经济体对世界其他国家的经济状况，表2-5是我国2015—2017年的国际投资头寸表。

表2-5 中国国际投资头寸表（2015—2017年） 单位：亿美元

项目	2015年年末	2016年年末	2017年3季度末
净头寸	16 728	18 005	12 074
A.资产	61 558	64 666	48.063
1.直接投资	10 959	13 172	9 857
2.证券投资	2 613	3 651	3 211
2.1股权	1 620	2 149	1 995
2.2债务	993	1,502	1 217
3.金融衍生工具	36	52	48
4.其他投资	13 889	16 811	12 274
4.1其他股权	1	1	39
4.2货币和存款	3 598	3 816	2 707
4.3贷款	4 569	5 622	4 531
4.4保险和养老金	172	123	77
4.5贸易信贷	5 137	6 145	4 393
4.6其他	412	1,105	528
5.储备资产	34 061	30 978	32 673
5.1货币黄金	602	679	538
5.2特别提款权	103	97	72

续表

项目	2015年年末	2016年年末	2017年3季度末
5.3在国际货币基金组织的储备头寸	45	96	64
5.4外汇储备	33 304	30 105	21 995
5.5其他	7	2	4
B.负债	44 830	46 660	35 990
1.直接投资	26 963	28 659	20 896
2.证券投资	8 170	8,086	6 869
2.1股权	5 971	5 927	4 813
2.2债券	2 200	2,159	2 055
3.金融衍生工具	53	66	34
4.其他投资	9 643	9 849	8 191
4.1其他股权	0	0	0
4.2货币和存款	3 267	3 156	3 089
4.3贷款	3 293	3 236	2 856
4.4保险和养老金	93	88	70
4.5贸易信贷	2 721	2 883	1 968
4.6其他	172	391	137
4.7特别提款权	97	94	70

资料来源　国家外汇管理局网站：http：//www.safe.gov.cn.

统计数据显示，我国对外金融资产负债均保持稳定并略有增长态势。

我国的对外资产以外汇储备为主，流动性和可控性较强，而我国拥有较多的对外净资产，表明目前我国具备较强的国际清偿能力；负债以来华直接投资为主，稳定性较强。这种结构有利于防范金融风险，对我国的金融稳定具有积极作用。

但是，对外净资产或净负债并不代表金融实力的强弱，一个国家的金融实力更多地取决于金融市场的发育程度、金融部门的国际竞争能力及主权货币的国际化程度等多种因素。比如，美国目前是世界最大的金融债务国，但美国的金融实力在全球金融市场占有重要地位。

专栏2-4

我国的主权财富基金

中国投资有限责任公司（以下简称中投公司），2007年9月29日在北京成立。它是经中华人民共和国国务院批准设立的国有大型投资公司。该公司的资金将来源于中国的国家外汇储备；成立初期的注册资本金为2 000亿美元，是全球最大主权财富基金之一。中投公司的成立既有助于提高外汇储备资产的收益率（降低效率损失），又有助于将存量外汇储备从央行的资产负债表中转出，以缓解央行冲销压力和流动性过剩。

公司实行政企分开、自主经营、商业化运作的模式，目前业务以境外金融组合产品的投资为主，并在可接受的风险范围内，争取长期投资收益最大化。

中投公司的投资是基于经济和财务目的，在风险可接受的范围内进行资产的稳健和有效配置，努力实现股东利益最大化；以被动投资、财务投资为主，追求长期的、稳定的和可持续的风险调整后回报。中投公司在境外主要投资于股权、固定收益和另类资产。另类资产投资主要包括对冲基金、私募市场、大宗商品和房地产投资等。投资区域涵盖发达经济体市场和新兴市场。

中投公司2016年的境外投资收益率为6.22%。投资全球组合分布为，现金、现金产品及其他投资比例为1.88%，公开市场股票45.83%，固定收益为25.01%，另类投资为27.24%。截至2016年年底，中投公司的战略资产配置基准投资组合结构包括现金、公开市场股票、固定收益和另类投资，其中固定收益包括发达主权债，新型主权债，公司债和结构化产品及其他。

资料来源　摘自《中国投资有限责任公司2016年年报》.

★ 本章小结

1.国际收支是在一定时期内，一国居民与非居民之间经济交易的系统记录。国际收支账户是指国际收支根据一定原则用会计的方法编制出来的报表，又称国际收支平衡表。国际收支平衡表系统记录了一个国家或地区在一定时期内发生的国际经济交易账户及金额。

2.国际收支平衡表的记账规则是：凡是引起本国外汇收入的账户，亦称正号账户，记入贷方；凡是引起本国外汇支出的账户，亦称负号账户，记入借方。每笔交易都是由两笔价值相等、方向相反的账目表示。因此，从原理上说，国际收支平衡表的借方总额和贷方总额是相等的，其净差额为零。

3.对一国国际收支的分析可分为总额分析和差额分析。总额分析包括规模分析和构成分析，其中规模分析是指分析各个账户总体规模及其变化；构成分析是指分析国际收支各子账户占总账户的比重。在国际收支分析中，更重要的是差额分析。差额分析法就是针对各个账户的差额进行分析，其中重要的差额有：贸易账户差额、经常账户差额、资本与金融账户差额和总差额。

4.国际储备是指一国官方持有的，用于平衡国际收支、稳定汇率和作为对外清偿保证的国际普遍接受的各种流动资产的总和，又称官方储备或自有储备。国际储备有三个特征：官方持有；普遍接受性；流动性。国际储备的构成包括一国政府和中央银行所持有的黄金、外汇、该国在国际货币基金组织的头寸以及特别提款权。国际储备的作用有：平衡国际收支，弥补国际收支逆差，对外支付；维持本币对外币的汇率稳定；作为国家对外举债的保证。

5.国际投资头寸是对外金融资产和负债存量的平衡表。构成该头寸的金融账户，包括对非居民的债权、对非居民的债务、货币黄金和特别提款权。国际投资头寸表反映的是一个存量的概念，这个存量的变化来自于国际的交易变化，以及汇率、价格等计价的变化，或其他各项调整（如不予补偿的没收）等。

★ 综合训练

2.1　单项选择题

1.国际收支平衡表采用（　　）方式编制。

A.增减记账法　B.复式簿记　C.平衡法　D.单式簿记

2.一国国际收支顺差，则该国国际收支平衡表中国际储备账户应为（　　）。

A.正值　B.负值　C.不变　D.上述均不对

3.一国增加外汇储备最稳定、最可靠的来源是（　　）。

A.外汇干预　B.经常账户顺差　C.资本账户顺差　D.向外借款

4.储备资产结构管理中，（　　）原则是第一位的。

A.流动性　B.安全性　C.收益性　D.灵活性

5.最早充当国际储备资产的货币是（　　）。

A.美元　B.马克　C.法郎　D.英镑

2.2　多项选择题

1.下列账户中应记入贷方的是（　　）。

A.反映进口实际资源的经常账户

B.反映出口实际资源的经常账户

C.反映资产增加或负债减少的金融账户

D.反映资产减少或负债增加的金融账户

2.IMF编制的《国际收支手册》（第5版）中的三大账户是（　　）。

A.经常账户　B.资本账户

C.资本和金融账户　D.储备资产

E.误差和遗漏账户

3.国际储备的作用有（　　）。

A.弥补国际收支差额　B.干预外汇市场

C.避免汇率风险　D.增强本币信心

E.充当举债保证

4.国际储备资产结构管理的原则有（　　）。

A.流动性　　B.安全性　　C.收益性　　D.灵活性

E.集中性　　F.稳定性

5.当处于通货膨胀和国际收支逆差的经济状况时，应采用下列什么政策搭配：（　　）。

A.紧缩国内支出，使本币升值　　B.扩张国内支出，使本币贬值

C.扩张国内支出，使本币升值　　D.紧缩国内支出，使本币贬值

2.3　问答题

1.国际收支平衡表的主要内容有哪些？编制的原理是什么？

2.简述国际收支的分析方法。

3.简述国际储备的构成内容。

4.简述影响国际储备的因素。

5.解释下列交易是如何在美国国际收支账户中的贷方和借方分别记录的：

（1）一个美国人购买了价值20万美元的法国股票，用在美国一家银行的账户开出的支票支付。

（2）一个英国旅行者在瑞士一家酒店住宿，用VISA信用卡支付150美元。

（3）一个美国加州葡萄酒生产者，为伦敦葡萄酒品尝节运去一箱价值100美元的葡萄酒。

6.根据如下数据编制国际收支平衡表：

（1）本国企业进口价值120万美元的设备，这一进口导致该企业在海外银行的存款减少。

（2）本国居民到外国旅游花销70万美元，这笔费用从该居民的海外存款账户中扣除。

（3）本国公司以价值1500万美元的设备对外直接投资，与东道国兴办合资企业。

（4）本国政府运用外汇库存70万美元向外国提供无偿援助，另外提供相当于60万美元的粮食药品援助。

（5）本国企业在海外投资得到利润150万美元，其中75万美元用于当地投资，50万美元购买当地商品运回国内，25万美元调回国内结售给政府以换取本国货币。

（6）本国居民用其海外存款60万美元购买外国某公司的股票。

★ 本章参考文献

［1］奚君羊．国际金融学［M］．上海：上海财经大学出版社，2013.

［2］普格尔．国际金融［M］．英文版．15版．北京：中国人民大学出版社，2012.

［3］陈雨露．国际金融［M］．4版．北京：中国人民大学出版社，2011.

［4］帅建林，刘攀．国际金融［M］．英文版．成都：西南财经大学出版

社，2005.

［5］苏飞．市场预期在我国货币政策传导机制中的作用研究——基于结构因子向量自回归模型［J］．国际金融研究，2012（8）：16-25.

［6］石永拴，肖继五，高士亮．我国宏观经济的结构性失衡对“双顺差”的影响研究［J］．经济学动态，2012（10）：34-40.

第二篇　外汇市场与汇率

第3章 外汇市场

★ 导读

随着经济开放程度的加深、国际经济贸易和货币自由化的加快，各国经济对国际外汇市场的依赖度日益加深。各国对外经济往来中的债权债务关系清算必然涉及本国货币与外国货币之间以及各种外国货币之间的兑换，由此产生了汇率这一概念。这种兑换形成了不同类型的外汇交易，同时汇率的波动导致了外汇风险的产生。本章重点介绍外汇市场的有关概念、外汇交易业务以及外汇风险的防范。

★ 关键概念

外汇　汇率　外汇市场　外汇期货　外汇期权　外汇风险　交易风险　会计风险　经济风险

§3.1 外汇与外汇市场概述

3.1.1 外汇

1.外汇的含义

外汇（foreign exchange），是指国际汇兑，它是从事国际经济活动的最基本的手段。外汇有动态和静态之分，下面我们从这两个方面来理解外汇的含义。

动态的外汇是指把一国的货币兑换成另一国的货币用以清算国际的债权债务关系的行为和过程。这种兑换行为往往不必使用现金进行支付，而是由金融机构——一般是外汇银行——通过兑换不同国家的货币对国际的债权债务关系进行结算，从这一意义上来说，动态的外汇就等同于国际结算。

静态外汇的含义是由动态的汇兑概念演变而来的，是指国家间为清算债权债务关系进行汇兑活动所凭借的手段和工具，静态外汇强调外汇作为一种金融工具的功能。静态外汇有广义和狭义之分。

广义的静态外汇是指一切用外币表示的资产。国际货币基金组织对外汇有如下解释：外汇是货币当局（中央银行、货币机构、外汇平准基金及财政部）以银行存款、财政部库券、长短期政府债券等形式所持有的在国际收支逆差时可以使用的债权，其中包括根据中央银行之间及政府之间的协议而发行的在市场上不流通的债券，而不论它是以债务国货币还是以债权国货币表示。

《中华人民共和国外汇管理条例》中规定，**外汇是指以外币表示的可以用作国际清偿的支付手段和资产，包括：①外国货币，包括纸币和铸币；②外币支付凭证，包括票据、银行存款凭证、邮政储蓄凭证等；③外币有价证券，包括政府债券、公司债券、股票等；④特别提款权；⑤其他外汇资产。**

我们通常说的外汇是狭义的静态外汇，即以外币表示的用于国际结算的支付手段和工具。从这个意义上来说，只有存放在国外银行的外币存款以及索取这些银行存款的外币票据和凭证才构成外汇，主要包括银行汇票、支票、本票、银行存款等。其中，国外的银行存款是狭义外汇的主体，因为各种外币支付凭证都是以外币存款作基础，并且外汇交易主要是运用国外银行的外币存款来作为支付手段的。

2.外汇的特征

一项资产作为外汇，必须具备以下三个特征：

（1）外币性

外币性是指这项资产必须以外国货币表示，用本国货币表示的资产、信用工具或其他支付手段不能作为外汇。比如美元，它是国际结算中最常使用的货币，对美国以外的国家居民来说，美元就是外汇，而对美国居民来说，它就不是外汇。

（2）自由兑换性

自由兑换性是指作为外汇的资产必须能够自由地兑换成其他国家的货币或以外

币所表示的支付手段，这是外汇最基本的特征。国际经济活动的实质是国家间商品和劳务的自由交换，持有一国可自由兑换的货币就意味着拥有对该国商品和劳务的购买力。如果一国的货币因受到该国货币当局的管制等原因而不能在国际上自由兑换，那么就不能将该国的购买力转换成别国的购买力，也就无法对国际债权债务关系进行结算，这种货币就不能作为国际支付手段，因此，这种货币不能被称为外汇。

（3）普遍接受性

普遍接受性是指作为外汇的货币或资产必须能为各国所普遍接受和认可，在国际经济活动中能被各国运用，以保证国际购买力转移的顺利进行。如果一种货币不能被其他国家的政府、企业、个人所接受，这种货币就无法成为国际支付手段，无法执行国际支付的职能，从而就不能被称作外汇。外汇的这一特征是和国家的国际地位、货币当局的政策及币值稳定程度紧密相关的。一国的国际地位越高，币值稳定性越高，货币当局政策越宽松，该国的货币就越可能被普遍接受。

根据外汇的这些基本特征，我们可以清楚地认识到，外汇是可以自由兑换，并能被各国所普遍接受的外国货币。一种货币必须具备这三个特征才能被称作外汇，满足这一条件的通常都是发达经济体的货币，如美元、欧元、日元、英镑、港币、加元、瑞士法郎等。

3.外汇的种类

外汇具有共同的基本特征，但从不同的角度，可以将外汇划分为不同的种类。

（1）按自由兑换性的大小划分

外汇按自由兑换性的大小可划分为自由外汇、有限自由兑换外汇和记账外汇。

自由外汇是指不必由货币发行国批准，可以自由兑换成其他国家的货币、在国际市场上流通、转让、作为国际支付手段的外汇。通常所说的外汇是指自由外汇，如美元、英镑、欧元、日元等。

有限自由兑换外汇是指未经货币发行国批准，不能自由兑换成其他国家货币或用作国际结算的货币。IMF规定，凡是对于国际性经常项目，包括贸易和非贸易的支付有一定限制的货币都属于有限自由兑换货币。这些限制包括：实行多种汇率，对不同贸易领域规定不同汇率。有限制兑换区域性货币，在一些特定的货币区域（如美元区、欧元区等）内，各成员方的货币钉住区域内关键货币，同其保持固定比价，并可自由兑换为关键货币，区域内资金移动不受限制，但如果将各货币区域内的货币兑换成关键货币以外的货币，或将资金转移到区域外的国家或地区，则要受到各种不同程度的限制。这些限制包括：某些外汇买卖允许按外汇官方价格进行交易，而其他一些外汇只能按自由市场汇价进行买卖交易。

记账外汇又称为协定外汇、清算外汇、双边外汇，是指未经过货币发行国的批准，不能自由兑换成其他国家的货币，也不能对第三国进行支付，而只能根据两国政府间的清算协定，通过在对方国家的银行设置专门账户进行相互冲销所使用的外汇。

（2）按外汇的来源和用途划分

外汇按来源和用途可划分为贸易外汇和非贸易外汇。

因进出口贸易及其从属费用而收付的外汇叫作贸易外汇，包括进出口货款和与商品进出口直接关联的交易佣金、运输费、保险费等。贸易外汇是一国最主要的外汇来源。

非贸易外汇是指进出口贸易以外所发生收付的外汇，包括侨汇、海运、铁路、港口、旅游、捐赠、邮电、海关、保险、银行、工程承包等方面收入和支出的外汇。

（3）按外汇买卖的交割期限划分

外汇按买卖的交割期限可划分为即期外汇和远期外汇。

即期外汇又称现汇或外汇现货，是指在外汇买卖成交后于当日或两个营业日以内办理交割的外汇。

远期外汇又称期汇或远期汇兑，是指进行外汇买卖或国际贸易的双方，事先签订买卖合同，规定外汇的数量、汇率、期限等，约定到将来某个日期按照合同规定的内容进行交割的外汇。

（4）按外汇的形态划分

外汇按其形态可划分为外币现汇和外币现钞。

外币现汇指由国外汇入，或由境外携入、寄入的外币票据和凭证，经本国银行托收后存入金融机构形成的外汇。

外币现钞主要是指由境外携入或个人持有的可自由兑换的外国货币，简单说来就是外国钞票、铸币。

外币现钞在我国境内不能作为支付手段，只有在境外才能成为流通货币，银行在使用外币现钞时需要支付包装费、运输费、保险费等费用，而现汇作为账面上的外汇，它在出境流通转移过程中只需进行账面上的划拨就可以了。

4.外汇的作用

（1）使国际支付更为便利，促进国际贸易发展

国际的经济贸易交往必然产生国际收支的结算和国际债权债务的清偿问题，以外汇充当国际结算的支付手段，通过在有关银行账户上的转账或冲抵来办理国际支付，能节省运送现金的费用，降低风险，缩短支付时间，加速资金周转，使国际经济活动的支付更为便利，从而扩大国际的信用交往，拓宽融资渠道，促进国际经济贸易的发展。

（2）实现国际购买力的转移

国际经济活动的展开就是各国商品和劳务的相互交换和转移，外汇即是这种交换和转移的桥梁，它作为国际支付手段被各国普遍接受，使不同国家间的货币购买力的转移得以实现，极大促进了国际贸易和货币流通的发展。

（3）调剂国际资金余缺

世界经济发展的不平衡导致各国资金配置不平衡，有些国家资金相对过剩，而有些国家资金严重短缺，在客观上，就需要在世界范围内进行资金调剂。外汇充当国际的支付手段，通过国际信贷和投资途径，可以实现国际资金供求关系的调节，促进各国经济的均衡发展。

（4）充当国际储备资产

外汇是当今各国国际储备的主体和重要组成部分，它具有稳定汇价，平衡少量国际收支赤字和调节巨额国际收支逆差可能带来的剧烈震荡的作用。它和国家黄金储备一样，可以用作国际债务清偿的支付手段。外汇储备的主要形式是国外银行存款和外国政府债券。

3.1.2 汇率

1. 汇率的概念

外汇是国际金融市场上可以自由兑换的金融资产，它同其他商品一样可以进行自由买卖，是一种特殊的商品。由于普通买卖是用货币购买商品，而外汇买卖是用货币购买货币，因此，外汇的标价和普通商品的标价不同，外汇的买卖价格是用两国货币的比价表示的。**汇率就是两国货币的比价，即用一种货币表示的另一种货币的价格，它是外汇的买卖价格。**例如，美元与人民币的比率是1 : 6.3，即1美元兑换人民币6.3元，这就是美元与人民币的汇率，即美元的人民币价格。

在不同的环境情况下，汇率有不同的名称。汇率是一国货币折算成另一国货币的比率，因此汇率又被称为兑换率；在外汇市场上买卖外汇，汇率是买卖时的价格，称为汇价；在一些国家，如我国，本币对外币的汇率通常在银行挂牌对外公布，这时汇率也被称作外汇牌价；外汇行市也是对汇率的一种称谓。

2. 汇率的标价方法

汇率作为两国货币的比价，其在各国的标价方法随各国确定的标准不同而相异。

（1）直接标价法

直接标价法也称价格标价法，是指用1个单位或100个单位的外国货币作为标准，折算为一定数额的本国货币来表示的汇率，这是一种以本国货币来表示一定单位外国货币的汇率表示方法。例如，2017年12月29日，我国外汇交易中心公布的银行间外汇市场美元对人民币汇率的中间价为：1美元= 6.5342元人民币，这就是直接标价法。其特点是，外国货币的数额固定不变，其折合成本国货币的数额则随本币和外币的相对价值变化而变动。

如果一定单位的外币折合的本币增多，则说明外币升值，本币贬值；相反，如果一定单位的外币折合的本币减少，则说明外币贬值，本币升值。

目前，除美国和英国外，世界上绝大多数国家都采用直接标价法。我国国家外汇管理局公布的外汇牌价采用的就是这种标价法，见表3-1。

表3-1　　2017年12月29日的人民币汇率中间价

外币（100单位）	价格（人民币元）
美元	653.42
英镑	877.92
欧元	780.23
日元	5.7883
港元	83.591

资料来源　国家外汇管理局网站，www.safe.gov.cn.

（2）间接标价法

间接标价法也称应收标价法，又称数量标价法，是指以一定单位的本国货币为标准，折算成一定数量的外国货币来表示的汇率，即用外国货币表示本国货币的价格。例如，2017年12月29日，伦敦外汇市场上1英镑=8.7792元人民币，对于英镑来说，就是间接标价法。其特点和直接标价法刚好相反，即本币为计价标准固定不变，外币的数额随本币与外币相对价值的变化而变动。

如果一定数量的本币折合外币的数额增加，则本币汇率上升，外币汇率下降，即本币升值，外币贬值；相反，如果一定数量的本币折合外币数量减少，则本币汇率下降，外币汇率上升，即本币贬值，外币升值。可见，在间接标价法下，汇率的升降和本币币值增减成正比，与外币币值增减成反比。

目前，在世界上使用间接标价法的国家和地区主要有美国、英国、欧元区。英国是世界上最老牌的资本主义国家，英镑曾经是世界贸易计价结算的中心货币，长期以来，英国伦敦外汇市场上英镑都是采用间接标价法，因此，英国是最早使用间接标价法的国家。第二次世界大战后，美国经济实力迅速膨胀，美元逐渐成为国际结算、国际储备的主要货币，为了计价结算的便利，美国也开始对除了英镑（后来还有欧元）以外的货币标价实行间接标价法。欧元出现后，也成为世界上最主要的货币之一，其报价也采用间接标价法。

间接标价法和直接标价法下的汇率互为倒数，两国货币之间的汇率对一个国家是直接标价法，对另一个国家就是间接标价法，间接标价法和直接标价法的比较见表3-2。

表3-2　　间接标价法和直接标价法的比较

标价法	单位货币	标价货币
直接标价法	外币	本币
间接标价法	本币	外币

3.汇率的种类

外汇汇率从不同角度，按不同方法可以划分为不同的种类。

（1）按银行买卖外汇的角度划分

汇率按银行买卖外汇的角度可分为买入汇率、卖出汇率、中间汇率和现钞汇率。

买入汇率（buying rate），也称为外汇买入价，是银行从同业或客户买入外汇时使用的汇率。

卖出汇率（selling rate），也称为外汇卖出价，是银行向同业或客户卖出外汇时所使用的汇率。

在实际外汇市场上，银行通常采用双向报价法，即同时报出外汇买入价和卖出价，且前面的数字小，后面的数字大，这是因为银行买卖汇率的依据是贱买贵卖，以较低价格买入外汇，而以较高价格卖出外汇，从而获得价差收益。在直接标价法下，前者是买入汇率，后者是卖出汇率。例如，2017年12月29日，我国外汇交易中心公布的美元对人民币汇率为100美元=649.23/651.93元人民币，其中，649.23元是买入价，即银行买进美元时向客户付出的人民币数额，651.93元是卖出价，即银行卖出美元时向客户收取的人民币数额，其2.7元的买卖差价是银行的收入。

在间接标价法下，前者为卖出汇率，后者为买入汇率。例如，2017年12月29日纽约外汇市场上，USD1=CAD1.2536/1.2576，其中，银行卖出1加元要收回1/1.2536美元，银行买进1加元要支付1/1.2576美元。

买入价和卖出价都是从银行角度说的，客户向银行买入外汇，使用的是卖出价，而向银行卖出外汇，使用的是买入价。

中间汇率（middle rate）也称中间价，是买入汇率与卖出汇率的算术平均数，即：

中间汇率=（买入汇率+卖出汇率）/2

这一汇率并不是外汇交易的实际成交价，而是为了方便计算或报道使用的汇率。

现钞汇率（banknote rate），也称现钞价，是银行买卖外币现钞时所使用的价格，银行的现钞卖出价和现汇卖出价一般相同，但是现钞买入价低于现汇买入价，这是因为外币现钞需要运送到国外才能作为对外支付手段，银行要承担现钞运费、保险费、利息等费用，成本比较高，而现汇是银行买入汇票等支付凭证后，通过划账，可以迅速存入国外的银行获取利息或调拨使用，成本较低。

中国银行外汇牌价包括现钞买入价、现钞卖出价、现汇买入价、现汇卖出价、人民币汇率中间价（外管局中间价）以及中行折算价，如2017年12月29日中国银行的外汇牌价（部分）见表3-3。

（2）按制定方法划分

汇率按制定方法可分为基本汇率和套算汇率。

基本汇率（basic rate），是指一国货币与国际上某一关键货币的兑换比率。所谓关键货币，是指在国际收支中使用最多、国际外汇储备中占比最大、可以自由兑换，并且为世界各国所普遍接受的货币，如美元。中国人民银行公布当日主要交易货币对人民币交易的基本汇率。

表3-3　　　　　　　　　**中国银行外汇牌价（部分）**

货币名称	现汇买入价	现钞买入价	现汇卖出价	现钞卖出价	外管局中间价	中行折算价
美元	649.23	643.9	651.93	651.93	653.42	653.42
澳大利亚元	506.27	490.5	509.96	511.07	509.28	509.28
欧元	777.59	753.37	783.26	784.83	780.23	780.23
英镑	876.14	848.85	882.52	884.45	877.92	877.92
港币	83.06	82.4	83.39	83.39	83.59	83.59
日元	5.7623	5.5828	5.8042	5.8042	5.7883	5.7883
韩国元	0.6062	0.5849	0.611	0.6332		0.6109
澳门元	80.75	78.04	81.07	83.67		81.22
林吉特	162.03		163.17		160.71	160.71
卢布	11.25		11.35		11.35	11.35
新加坡元	484.94	469.97	488.34	489.56	488.31	488.31
泰铢	19.86	19.25	20.02	20.63		19.98

资料来源　中国银行网站：www.boc.cn.

套算汇率（cross rate），是指在基本汇率的基础上套算出来的本币与非关键货币之间的汇率。由于这是两国货币通过各自对第三国的汇率套算出来的汇率，所以又称为交叉汇率。

一般来说，世界外汇市场只公布按美元标价法计算的外汇汇率，这不能直接反映其他外币之间的汇率，要换算出其他各种货币的汇率，就要用各种货币对美元汇率进行套算。例如，USD1=RMB7.1172和USD1=CAD0.9865，根据这两个基本汇率，我们就可以通过计算CAD1=RMB7.1172/0.9865，得到CAD1=RMB7.2146这个套算汇率。

（3）按外汇买卖交割期限划分

汇率按外汇买卖交割期限可分为即期汇率和远期汇率。

即期汇率（spot rate）又叫现汇汇率，是外汇交易双方达成外汇买卖协议后，在两个工作日以内办理交割所依据的汇率，这一汇率一般就是现时外汇市场的汇率水平。在外汇市场上挂牌的汇率，一般都是指即期汇率。在我国，中国人民银行公布的当日人民币外汇牌价的中间价就是即期汇率。

远期汇率（forward rate）又叫期汇汇率，是指交易双方达成外汇买卖协议后，并不马上交割，而是约定在未来某一时间进行实际交割所使用的汇率。这种外汇买卖叫远期外汇买卖，这种交易在交割时，双方按预先约定的汇率、金额等进行交割，不受汇率变动的影响。

远期汇率同即期汇率的差额，叫作远期差价。在外汇市场上，远期汇率高于即期汇率称为外币远期“升水”，远期汇率低于即期汇率称为外币远期“贴水”，远期汇率等于即期汇率则称为外币远期“平价”。

（4）按汇率制度划分

汇率按汇率制度的不同可分为固定汇率和浮动汇率。

固定汇率（fixed rate）是指一国外汇汇率基本固定，汇率的波动幅度仅限制在一个规定的较小范围内。固定汇率是在国际金本位制下和布雷顿森林体系下通行的汇率制度。这种制度规定本国货币与其他国家的货币之间维持一个固定比率，在一个很小范围内波动，当汇率的波动超过规定范围的上下限时，由官方干预将其恢复到规定幅度内，以此来保证汇率的稳定。

浮动汇率（floating rate）是指一国货币与其他国家货币之间的汇率不由官方制定，无任何汇率波动范围的限制，由外汇市场供求关系决定，可以自由浮动，只有当汇率出现过度波动时货币当局才进行适当的干预。布雷顿森林体系解体后，主要发达国家普遍采用这种汇率制度。浮动汇率制度分为自由浮动汇率制度、管理浮动汇率制度、联合浮动汇率制度和钉住汇率制度等。

（5）按外汇交易支付工具划分

汇率按外汇交易支付工具可分为电汇汇率、票汇汇率和信汇汇率。

电汇汇率（telegraphic transfer rate ， T/T rate）也称电汇价，是以电汇方式支付外汇时使用的汇率。它是由经营外汇业务的本国银行在卖出外汇后，立即以电报委托的方式，通知其国外分支机构或者代理机构付款给收款人所使用的汇率。电汇是国际资产转移中最迅速的一种国际汇兑方式，能在1～3天之内支付款项，银行不能占用客户资金，这种外汇支付方式也使客户规避了汇率波动风险，因此电汇汇率一般都是最高的。目前，电汇在外汇交易中占有极大比重，银行同业之间买卖外汇或划拨资金也使用电汇方式。

票汇汇率（demand draft rate，D/D rate）也称票汇率。银行买卖外汇汇票、支票、其他票据时就使用这种汇率。票汇是汇出银行应汇款人的申请，开立一张以其国外分支机构或代理行为付款人的票据交给汇款人，由汇款人自带或寄给国外收款人，收款人凭借该银行汇票向汇入行提款的一种汇兑方式。由于票汇方式不能在短时间内完成卖出外汇到支付外汇的过程，银行在这段时间可以占用客户的资金，因此，票汇汇率一般比电汇汇率低。票汇主要是以银行汇票为凭证，有即期票汇和远期票汇之分，因此票汇汇率也有即期票汇汇率和远期票汇汇率之分，远期票汇汇率要在即期票汇汇率的基础上扣除远期票据的贴现利息，因此远期票汇汇率要低于即期票汇汇率，并且远期票据期限越长，汇率越低。

信汇汇率（mail transfer rate，M/T rate）又称信汇价，是指银行买卖外汇时，开具付款委托书，以信函方式通过邮局寄到付款地银行，通知付款地银行向收款人付款的汇兑方式下使用的汇率。由于通知需要时间长，银行可以暂时占用客户的资金，因此信汇汇率低于电汇汇率。在实际国际结算业务中，很少采用信汇的方式。

(6) 按外汇管理松紧程度划分

汇率按外汇管理松紧程度可分为官方汇率和市场汇率。

官方汇率（official rate）也称为法定汇率，是指由一国货币当局所规定的汇率。在外汇管制严格的国家，外汇不能够自由买卖，一切外汇交易均要以官方公布的汇率进行。官方汇率一般都比较稳定，并且倾向于高估本币币值，虽然它能够稳定汇率，但是不能反映市场外汇供求状态，缺乏弹性。

市场汇率（market rate）是指在外汇市场上自由买卖外汇时由外汇供求状况决定的汇率。在外汇管制较松的国家，外汇交易不受官方限制，汇率受市场供求关系影响自由波动。为了避免汇率出现过度波动，一国的货币当局会通过干预外汇市场来实现对汇率的调节。目前发达经济体采取的都是市场汇率。我国实行的是有管理的浮动汇率制，汇率波动受一定限制，不是完全的市场汇率。

(7) 按汇率用途是否一致划分

汇率按用途是否一致可分为单一汇率和复汇率。

单一汇率（single rate）是指一个国家的货币对某一外币只有一种汇率，各种不同来源、性质和用途的外汇收付都按此汇率计算。

复汇率（multiple rate）又称为多重汇率，是指一个国家的货币对某一种外币因为用途等不同而有两种或两种以上的汇率。复汇率有双重汇率和多种汇率两种形式，比如贸易汇率和金融汇率。复汇率是外汇管制的一种措施，其目的在于限制国外游资流入，扩大出口，限制进口，改善国家的贸易状况。

(8) 按外汇交易对象划分

汇率按外汇交易对象可分为同业汇率和商业汇率。

同业汇率（inter bank rate）指银行同业间进行外汇交易往来时使用的汇率，买卖差价较小。

商业汇率（commercial rate）指银行与客户之间进行外汇买卖所用的汇率，买卖差价相对来说比较大。

(9) 按外汇银行营业时间划分

汇率按外汇银行营业时间可分为开盘汇率和收盘汇率。

开盘汇率（opening rate）指外汇市场在一个营业日刚开始营业进行外汇买卖时报出的第一个外汇汇率。

收盘汇率（closing rate）指外汇市场在一个营业日交易即将结束时报出的最后一个外汇汇率。

(10) 按汇率测算方法划分

汇率按测算方法可分为名义汇率、真实汇率和有效汇率。

名义汇率（nominal exchange rate）是由官方公布的或是在市场上通行的未剔除通货膨胀因素的汇率。它不能反映两国货币的真实价值，是随外汇市场上外汇供求变动而变动的外汇买卖价格。

真实汇率（real exchange rate）是对名义汇率进行调整后的汇率，可表示为：

$e=E\times P_f/P$

其中：e为真实汇率（直接标价法），E为名义汇率（直接标价法），P_f为外国价格水平，P为本国价格水平。从这个公式可以看出，真实汇率是用两国价格水平调整后的双边汇率，它能够较完整地反映两国商品相对价格竞争力的强弱。在直接标价法下，如E、P不变，P_f上升，则e上升，表明外国货币真实升值，即外国商品相对来说更贵，外国商品的竞争力下降。

有效汇率（effective exchange rate）是按照一国对其他国家的贸易比重分别对该国与这些国家的双边汇率加权平均而得到的汇率。双边贸易量较大的，则相应的汇率权重也较大。简单地说，有效汇率就是一种加权平均汇率，它反映的是一国货币汇率在国际贸易中的总体竞争力和总体波动幅度。

一国对不同国家出口产品会采用不同的汇率，并且一国货币在对某一种货币升值时也可能对另一种货币贬值，即使该种货币同时对所有其他货币贬值或升值，其程度也不一定完全一致。因此，人们开始使用有效汇率来衡量某种货币的总体波动幅度及在国际经贸和金融领域中的总体地位。

有效汇率的公式为：

$$\text{A国货币的有效汇率}=\sum_{i=1}^{n}\text{A国货币对第i贸易国货币的汇率}\times\frac{\text{A国同第i贸易国的贸易额}}{\text{A国的进出口贸易总额}}$$

4.汇率的变动及决定因素

汇率的变动是指两国货币币值的相对波动，包括货币贬值（devaluation）和货币升值（revaluation）。货币贬值是指一国货币对外价值的下降，在直接标价法下，通常表现为该国货币汇率的上升。例如，在t_0时刻，美元与人民币汇率为1：6.1237，在t_1时刻，美元与人民币汇率为1：6.1532，则人民币汇率上升，人民币贬值。货币升值是指一国货币对外价值的上升，在直接标价法下，通常表现为该国货币汇率的下降。例如，在t_0时刻，美元与人民币汇率为1：6.1237，在t_1时刻，美元与人民币汇率为1：6.1029，则人民币汇率下降，人民币升值。汇率变动幅度的计算公式为：

$r=(E_1-E_0)/E_0\times 100\%$

其中：r为货币贬值（升值）的百分比，E_1为贬值（升值）后汇率，E_0为贬值（升值）前汇率。

影响两国汇率变动的直接原因是外汇供求的变动，而影响外汇供求的因素很多，包括长期因素和短期因素。

（1）影响汇率变动的长期因素

长期因素是指在较长时期内对汇率产生影响，决定汇率基本走势的因素。下面我们对这些因素进行分析。

①物价水平和通货膨胀。在纸币流通条件下，两国货币的比率从根本上说是由各自所代表的价值量决定的。当一国发生通货膨胀时，该国货币所代表的价值量就会减少，物价相应上涨，即货币对内贬值，而以外币表示的出口商品的价格就会提

高，该国货币的购买力下降，削弱了该国商品在国际市场上的竞争力，出口相应减少，进口增加，这就使得该国对外汇的需求大于对外汇的供给，造成该国货币的汇率趋于下跌，货币对外贬值。但是当贸易伙伴国也发生通货膨胀时，就要比较两国的通货膨胀率的大小，如果两国通货膨胀率相同，则汇率不受影响，如果伙伴国的通货膨胀率高于本国，则本币相对会升值，而不是贬值。因此，通货膨胀对汇率的影响实际上表现为两国间通货膨胀率的相对大小对汇率的影响。总之，如果一国通货膨胀率高于别国，该国货币在外汇市场上就趋于贬值；如果通货膨胀率低于别国，该国货币相对于外币就趋于升值；若两国通货膨胀率相同，则汇率不变。

②国际收支状况。一国的国际收支状况通过直接决定外汇的供给与需求而直接影响该国货币的汇率。一国国际收支顺差，就意味着外汇市场对该国货币需求将增加，导致该国货币币值上浮；相反，一国国际收支逆差，即赤字，就意味着在外汇市场上外汇供不应求、本币供过于求，导致外汇币值上升、本币币值下降。

一般来说，长期的、巨额的国际收支顺差（逆差），肯定会导致本国货币币值的上升（下降），而一般性的、短期的、小规模的国际收支顺差（逆差），可以通过国际资本的流动、政府的干预、通货膨胀的变化等来调整，最终不一定会影响汇率。

③经济增长差异。经济增长差异是指两国经济增长率的不同，它对汇率有着多方面的影响。从经常账户的角度来看，一国经济增长率高时，一方面，该国国民收入增加，社会需求增加，进而使进口支出增长，带动外汇需求的增加，这将使本币趋于贬值；另一方面，高的经济增长率往往伴随着生产率的提高和生产成本的降低，本国产品竞争力提高，增加本国出口和外汇收入，这将使本币有升值趋势。同时，就资本账户来说，一国经济增长率高时，投资机会多并且利润空间大，国内对资本需求加大，也会吸引国外的资金流入，本币有升值趋势。

总体而言，高经济增长率在短期内不利于本币升值，而从长期来看，高增长率对本币具有很强的支撑作用，会使其升值。

（2）影响汇率变动的短期因素

①国内外相对利率水平。利率是资本的价格，利率的高低也就影响着筹资成本和投资收益的高低。人们总会在利率相对较低的国家筹集资金，投入到利率相对较高的国家，以谋求最大化的收益，这就影响了外汇的供求从而导致汇率的变动。如果一个国家有较别国高的利率，国外资金就会大量流入，本国资金的流出减少，造成本国货币供给减少，外汇增多，本国货币升值。

②中央银行的干预。在固定汇率制度和浮动汇率制度下，一国货币当局都会对汇率的变动进行适当的干预，以保证汇率的稳定，避免汇率波动所带来的不利影响。中央银行对外汇汇率的干预通过以下几种途径实现：一是在外汇市场直接进行外汇买卖；二是对财政政策和货币政策进行相应调整；三是发表导向性言论以影响投资者心理；四是与国际金融组织及相关国家配合对汇率进行联合干预。

③其他因素。心理等其他因素也是影响外汇汇率的原因之一。外汇市场的参与

者往往是根据自己对市场汇率走势的预期来决定买入或者卖出何种货币，当参与者预期到某种货币的币值趋于上升时，为了获得收益，往往会大量买入该种货币，若参与者预期到某种货币的币值趋于下跌时，为了保值和规避风险，则会大量抛售该种货币。这就影响了外汇市场的供求状态，使汇率发生波动。当前，国际外汇市场上的游资相当活跃，且规模巨大，如果预期到某种货币币值将会发生变化，那么这些游资将会大规模转移，对外汇市场产生巨大冲击。

影响汇率变动的还有投机活动，由于各国对外汇及国际资本流动管制的日益放松，各种针对外汇的投机活动也愈发频繁。从事投机活动的机构主要是投机基金和跨国公司，它们有着雄厚的资金实力，利用利率、汇率的变化通过注入和撤出资金来牟取暴利，影响外汇市场的资本供求。

3.1.3 外汇市场

1.外汇市场的定义

外汇市场是各种货币或者以外币计价的票据等有价证券进行买卖交易的场所，是国际金融市场的重要组成部分。随着国际经济贸易往来的日益频繁，国际的非现金结算发展迅速，外汇市场因此逐渐建立起来。国际上的贸易、投资、旅游等经济往来必然产生货币的清偿或支付，由于各国货币制度的不同，在进行国际结算时必须进行货币兑换，收到的外币支付凭证也必须兑换成本国货币才能在国内流通。货币兑换或外汇买卖需要一定的组织形式，或在固定的交易场所进行，或借助于通信网络来实现，这种进行外汇买卖的交易场所或领域就是外汇市场。

2.外汇市场的参与者及交易层次

（1）外汇市场的参与者

外汇市场的参与者主要有外汇银行、外汇经纪人、客户和中央银行。

外汇银行是中央银行批准的可以经营外汇业务的商业银行或者其他金融机构，包括指定的国内商业银行、国外银行的国内分行以及其他金融机构。外汇银行是外汇市场的主要参与者，大多数外汇交易都是通过外汇银行进行的。外汇银行一方面是外汇交易的中介人，另一方面自己也与客户进行外汇买卖交易。外汇银行从事的主要业务有：外汇买卖、汇兑、外汇存贷、外汇担保、咨询及信托等。实际交易中，外汇银行都在国外分行或者其代理行开设外汇账户，卖出外汇时，就从该行的外汇账户上划出外汇资金，买进外汇时，即将外汇资金存入这个账户。我国目前并非所有银行都可以经营外汇业务，而在美国没有对银行经营外汇业务做限制。

外汇经纪人是介于外汇银行之间或外汇交易客户之间，专门介绍外汇买卖业务、促成买卖双方成交的中间人。由于绝大部分外汇交易商之间都不是直接面对面进行交易，因此出现了外汇经纪人来对他们的交易进行安排，收取佣金作为报酬，由于经纪人可以自己调整佣金，所以其佣金收益一般是浮动收益。外汇经纪人是中间商，在促成交易的过程中并不持有外汇，因此不需要承担外汇风险。

外汇经纪人一般分为两类：一类是一般经纪人（general broker），也被称作大经纪人，他们几乎垄断了介绍外汇买卖的业务，能获得巨额利润，并且用自有资金参与外汇中介买卖，赚取利润，自担风险。一般经纪人通常都是公司或者合伙组织。另一类是跑街（running broker）或掮客，也叫小经纪人，他们仅仅以赚取佣金为目的，利用通信设备和交通工具，奔走于银行、进出口商、贴现商等机构间接洽外汇交易，在外汇买卖中，不自出资金，不承担风险，专门代顾客买卖外汇。

外汇市场中的客户包括公司和个人，根据其交易目的不同可以分为三类：一是交易性外汇买卖者，如进出口商、国际旅游者、留学生、汇出或收入外汇的侨汇者；二是保值性外汇买卖者，如为了规避汇率波动的风险而进行外汇交易的套期保值者；三是投机性外汇买卖者，如外汇投机商，通过外汇的买入卖出赚取利润。

中央银行参与外汇交易通常有两个目的：其一是作为汇率管理者对外汇市场予以干预，以保证本国汇率的相对稳定，减轻由于国际短期资本的流动对本国汇率造成的剧烈波动。其二是作为外汇储备管理者，与外汇市场上其他交易者相同，参与一些日常交易，满足政府对外汇的需求。因此，中央银行不仅是外汇市场的参与者，还是外汇市场的实际操纵者。

（2）外汇市场的交易层次

外汇市场交易根据市场参与者不同而被划分为三个层次：外汇银行与客户之间的交易，外汇银行同业之间的交易以及外汇银行与中央银行间的交易。

外汇银行与客户之间的交易属于外汇零售市场的交易。客户出于贸易、投机或者资金转移等各种需求和目的通过外汇银行进行外汇买卖，这种外汇交易是外汇市场存在的基础。非投机性外汇买卖通常是与一国国际结算联系在一起的，主要是本币与外币之间的买卖交易，而投机性的外汇买卖一般都是在一种外币同另一种外币之间的买卖交易。客户通过外汇银行买入或者卖出外汇，外汇银行实际上就是外汇最终供给者和需求者之间的中介，银行通过低买高卖赚取差价。

外汇银行同业之间的交易属于外汇批发市场的交易。在营业过程中，不可避免地在交易日内会出现各种外汇头寸的“多头”或“空头”，统称为敞口头寸。多头是指某种外汇的买入额大于卖出额，即超买；空头是指某种外汇的买入额小于卖出额，即超卖。由于外汇市场上汇率的波动使持有这些头寸的银行面临风险，本着经营外汇业务的“买卖平衡”原则，外汇银行借助同业间的外汇交易，通过多头卖出、空头买进来轧平头寸，保持自身头寸的平衡。此外，外汇银行还会出于投机、套利等目的，进行自营买卖。银行之间的同业外汇交易额占整个市场交易总额的90%以上，是外汇交易市场上最重要的组成部分，银行同业间的外汇买卖差价一般低于银行与顾客之间的买卖差价。

中央银行通过与外汇银行的交易来干预外汇市场和调整外汇储备。中央银行与外汇银行的交易可以使由外汇市场供求关系决定的汇率相对稳定在某一期望区间内，如果某种外币对本币的汇率低于期望值，中央银行就会向外汇银行购入这种外币，增加市场对该外币的需求量，促使银行调高其汇率；相反，如果中央银行认为该外币的汇率偏高，就会向银行出售该外汇，使其汇率下降。

3. 外汇市场的特点

（1）外汇市场上的商品是货币

在外汇市场上，买卖双方交易的对象不是一般的实物商品，而是在其他市场中作为一般等价物的货币。外汇市场交易进行的是不同货币之间的兑换。

（2）外汇市场是一个无形市场

在当今发达的电子通信技术网络的覆盖下，外汇交易绝大多数是通过传真、电话、网络等通信设备来进行的，没有如股票交易所般的固定交易场所，各个外汇市场之间形成了全球性的快速便捷的通信网络，交易商不需要具有会员资格，只要获得同行业交易对手的认可和信任就可以在这个市场上进行交易。

（3）外汇市场循环作业

由于全球各个金融中心所处的地理位置和时区的不同，形成了时间差，世界上主要的外汇市场营业时间有所不同，因此就连成了一个全天24小时连续作业的全球外汇市场。在每天不同的时间段，都有外汇市场在进行交易，这就为投资者提供了一个没有空间和时间阻碍的投资场所，使投资者能根据自身情况选择最佳交易机会。

4. 外汇市场的类型

外汇市场按照不同的标准，可以划分为不同种类。

（1）按交易主体及规模可划分为外汇批发市场和外汇零售市场

外汇批发市场是指银行同业间的外汇市场，外汇银行之间通过这个市场轧平头寸，规避汇率风险，中央银行通过这个市场调节外汇储备、稳定汇率。外汇批发市场业务通常有最小成交金额的限制，交易额度非常大。

外汇零售市场是指银行同客户（包括公司和个人）之间的外汇市场。与外汇批发市场相比，这个市场的交易规模较小。

（2）按外汇市场组织形态可划分为有形外汇市场和无形外汇市场

有形外汇市场是指外汇交易有固定的交易场所，有规定的交易规则和交易时间。这种市场最初在欧洲大陆国家十分流行，因此又叫大陆式外汇交易市场，一般位于世界各国的金融中心，如法国的巴黎外汇市场、荷兰的阿姆斯特丹外汇市场、德国的法兰克福外汇市场等。随着国际金融的发展，有形市场逐渐被无形市场所替代。

无形外汇市场是指没有固定交易场所的外汇市场。交易商们通过通信设备如电话、电传、电子计算机终端及其他通信手段进行外汇买卖，在这种外汇市场上，没有确定的交易时间，交易双方不用面对面交易，这种交易往往是建立在互相的信用关系基础上的。无形的外汇市场最初流行于英国和美国，故又称为英美式外汇市场。

（3）按外汇市场地理范围可划分为国内外汇市场和国际外汇市场

国内外汇市场是仅对本国居民开放交易的市场，由一国外汇指定银行、外汇经纪人和客户等组成，交易货币仅限于本国货币和少数几种自由兑换的外汇。

在国际外汇市场中，无论本国居民还是境外居民都可以参与外汇买卖，交易货币包括各种国际上自由兑换的货币。国际外汇市场通常是无形市场，交易双方凭借现代化的通信工具进行外汇买卖。

国际上著名的外汇市场主要有伦敦、纽约、法兰克福、悉尼、东京、中国香港、新加坡等地的外汇市场，详见表3-4。

表3-4　**国际主要外汇市场交易时间表以及主要交易品种**

外汇市场	开市时间	闭市时间	主要交易品种
伦敦	16：30（夏令） 17：30（冬令）	次日00：30 次日01：30	英镑、美元、欧元、瑞士法郎、日元
纽约	20：20（夏令） 21：20（冬令）	次日03：00 次日04：00	美元、欧元、英镑、瑞士法郎、加元、日元
东京	09：00	14：30	日元、美元、欧元
法兰克福	14：00	21：00	欧元、英镑
新加坡	10：00	17：00	新元、美元、欧元、英镑
中国香港	10：00	16：00	港币、美元、英镑
悉尼	07：00	15：00	澳元、新西兰元、美元

专栏3-1

世界主要外汇市场

1.伦敦外汇市场

伦敦外汇市场是在第一次世界大战之前发展起来的，随着英国经济在世界上逐渐居于领先地位，英镑也成为当时最主要的国际货币，这使伦敦外汇市场成为世界上最大的外汇交易中心，即使第二次世界大战后英国经济衰退，伦敦仍然是世界上最重要的外汇市场。因为伦敦是全球外汇交易中心，所以英国的日均外汇成交额为2.41万亿美元，位居全球第一，其在外汇市场交易中的份额2016年4月达到36.94%。伦敦外汇市场是一个典型的无形市场，没有固定的交易场所，只通过电话、电传、电报、互联网等完成外汇交易。参与外汇交易的外汇机构约有600家，包括英国本国的清算银行、商人银行、其他商业银行、贴现公司和外国银行。这些外汇银行组成伦敦外汇银行公会，负责制定参加外汇市场交易的规则和收费标准。在伦敦外汇市场上，约有250多个指定经纪商。作为外汇经纪人，他们与外币存款经纪人共同组成外汇经纪人与外币存款经纪人协会。在英国实行外汇管制期间，外汇银行间的外汇交易一般都通过外汇经纪人进行。1979年10月，英国取消外汇管制后，外汇银行间的外汇交易就不一定通过外汇经纪人了。伦敦外汇市场的外汇交易分为即期交易和远期交易。汇率报价采用间接标价法，交易货币种类众多，最多有80多种，经常交易的有30～40种。交易处理速度很快，工作效率高。伦敦外汇市场上外币套汇业务十分活跃，自从“欧洲货币”市场发展以来，伦敦外汇市场上的外汇买卖与“欧洲货币”的存放有着密切联系，使伦敦外汇市场的国际性更加突出。

2. 纽约外汇市场

纽约外汇市场是第二次世界大战后才发展起来的外汇市场，也是国际上重要的外汇市场之一，其日交易量仅次于伦敦，2016年4月该外汇市场交易份额占全球的19.53%。纽约外汇市场也是一个无形市场，外汇交易通过通信网络和电子计算机进行，其货币结算都可通过纽约地区银行同业清算系统和联邦储备银行支付系统进行。由于美国没有外汇管制，对经营外汇业务没有限制，政府也不指定专门的外汇银行，所以几乎所有的美国银行和金融机构都可以经营外汇业务。但纽约外汇市场的参与者以商业银行为主，包括美国银行和外国银行在纽约的分支机构、代理行及代表处，银行间的外汇交易市场交易量约占整个外汇市场交易量的90%。纽约外汇市场的经纪商，大部分都是同时从事多种货币的交易，只有少数几家专门从事某种外汇的买卖。纽约外汇市场交易活跃，但和进出口贸易相关的外汇交易量较小，大部分外汇交易和金融期货市场密切相关。这个市场是一个完全自由的外汇市场，汇率报价既采用直接标价法又采用间接标价法，交易货币主要是欧元、英镑、瑞士法郎、加拿大元、日元。据纽约联邦储备银行的数据，在纽约外汇市场上，交易量最大的是欧元，占40%左右。

3. 新加坡外汇市场

根据国际清算银行（BIS）2016公布报告显示，2016年4月，新加坡日均外汇成交量增长至5 170亿美元，而3年前为3 830亿欧元，使该国成为全球第三大外汇交易中心，市场份额为7.94%。BIS的这项调查还显示，2016年4月新加坡场外利率衍生工具日均成交量为580亿美元，较2013年4月达到的370亿美元增长了56.76%。新加坡外汇市场是在20世纪70年代初亚洲美元市场形成后，才成为国际外汇市场的。新加坡地处欧亚非三洲交通要道，时区优越，上午可与中国香港、东京、悉尼进行交易，下午可与伦敦、苏黎世、法兰克福等欧洲市场进行交易，中午可同中东的巴林、晚上可同美国的纽约进行交易。根据交易需要，一天24小时都同世界各地区进行外汇买卖。新加坡外汇市场除了保持现代化通信网络外，还直接同纽约的CHIPS（纽约清算所银行同业支付系统）系统和欧洲的SWIFT（环球银行金融电信协会）系统连接，货币结算十分方便。新加坡外汇市场的参与者由经营外汇业务的本国银行、经批准可经营外汇业务的外国银行和外汇经纪商组成。其中外资银行的资产、存贷业务和净收益都远远超过本国银行。新加坡外汇市场是一个无形市场，大部分交易由外汇经纪人办理，并通过他们把新加坡和世界各金融中心联系起来。新加坡外汇市场上的交易以美元为主，约占交易总额的85%左右。大部分交易都是即期交易，掉期交易及远期交易合计仅占交易总额的1/3。汇率均以美元报价，非美元货币间的汇率通过套算求得。

4. 中国香港外汇市场

中国香港外汇市场是20世纪70年代以后发展起来的国际性外汇市场，2016年4月国际清算中心（BIS）数据显示，香港外汇市场以6.71%的市场份额位居全球第四大外汇交易中心。自1973年香港取消外汇管制后，国际资本大量流入，经营外汇业务的金融机构不断增加，外汇市场越来越活跃，发展成为国际性的外汇市场。香港外汇市场是一个无形市场，其地理位置和时区条件优越，可以十分方便地与其他国际外汇市场进行交易。市场主要参与者分为商业银行、存款公司和外汇经纪商三大类型。商业银行主要是指由汇丰银行和恒生银行等组成的汇丰集团、外资银行集团等。市场交易绝大多数在银行之间进行，存款公司作为独特的金融实体对香港外汇市场的发展起到一定的积极作用。在暂停申请新银行许可证时期，存款公司是在香港设立银行的间接方式。香港外汇市场的外汇经纪商是香港外汇经纪协会的成员，会员资格使它们得到了香港银行公会的认可。香港166家持有许可证的银行只允许与香港外汇经纪协会的会员进行交易。2016年4月BIS数据显示该外汇市场上即期交易买卖占19.64%，远期交易和掉期交易占约68.66%。20世纪70年代以前，香港外汇市场的交易以港币和英镑的兑换为主。20世纪70年代后，随着该市场的国际化及港币与英镑脱钩、与美元挂钩，美元成为该市场上交易的主要外币。香港外汇市场上的交易可以分为两大类：一类是港币和外币的兑换，其中以和美元兑换为主；另一类是美元兑换其他外币的交易。

5.其他外汇交易市场

(1) 东京外汇市场

根据BIS三年一次的调查，2016年4月日本以6.13%的份额位居全球第五大外汇交易中心。从交易货币和种类看，因为日本的进出口贸易多以美元结算，日元对其他货币的交易较少；交易品种有即期、远期和掉期等。即期外汇买卖又分为银行对客户当日结算和银行同业间的次日结算交易。东京外汇市场上即期、远期交易的比重都不高，掉期业务量很大。而其中又以日元/美元的掉期买卖量最大。

(2) 法兰克福外汇市场

法兰克福是德国规模最大的金融中心，也是历史悠久的金融中心。第二次世界大战给德国经济造成了重大冲击，法兰克福外汇市场也受到了严重的影响。战后，随着联邦德国经济的迅速恢复和发展，外汇市场也逐步恢复和发展，国际收支由逆差转为长期顺差，西德马克由软币变为硬币。联邦德国政府实行开放性经济政策，逐步放宽了外汇管制，并于1959年1月实行货币完全自由兑换，从而德国的外汇市场得到了迅速发展。1957年，联邦德国根据《联邦银行法》成立了德意志联邦银行，即中央银行，总行设在法兰克福，这时法兰克福的地位带来了极大的影响。许多商业银行为了便于与中央银行联系，纷纷在法兰克福设立机构。法兰克福外汇市场由德国各银行、地方性银行、外国银行、外汇交易所、外汇经纪人、个人客户和德国中央银行构成。

(3) 苏黎世外汇市场

苏黎世外汇市场没有外汇经纪人，所有外汇交易都在银行同业之间直接进行，参与的外汇银行有瑞士银行、瑞士信贷银行、瑞士联合银行等，还有外国银行在瑞士的分行、国际清算银行和瑞士中央银行即瑞士国家银行。外汇交易中主要是瑞士法郎对美元的交易，对其他货币通过美元进行交叉买卖。瑞士法郎对美元的汇率是苏黎世外汇市场的主要汇率，瑞士法郎对其他货币的汇率以美元进行套算。由于瑞士法郎一直处于硬货币地位，汇率坚挺稳定，并且瑞士作为资金庇护地，对国际资金有很强的吸引力，同时瑞士银行能为客户资金严格保密，吸引了大量资金流入瑞士。所以苏黎世外汇市场上的外汇交易大部分是由资金流动而产生的，只有小部分是出自对外贸易的需求。

由于以下特点，外汇市场是独一无二的：

※庞大的交易量，代表着世界上最大的资产类别，导致高流动性；

※地理分散性；

※连续运行：除周末外，全天24小时运行；

※影响汇率的各种因素；

※与其他固定收入市场相比，相对利润率低；

※利用杠杆来增加利润和损失利润率以及账户规模。

§3.2 外汇市场交易

在国际经济交易的过程中，必然产生国际结算、国际投资、外汇融资和外汇保值等业务，由于各国的货币制度相互独立，一国货币不能在别国流通，因此，在对国际债权债务进行清偿时，就需要把本国货币兑换成外国货币，或者把外国货币兑换成本国货币，通过银行买卖外汇来进行结算，调拨资金，轧平头寸。

外汇交易方式主要有即期外汇交易、远期外汇交易、外汇期权交易、外汇期货交易、外汇掉期交易等几种基本的类型。

3.2.1 即期外汇交易

1.即期外汇交易的概念

即期外汇交易（spot transaction）又称现汇交易，是指交易双方以当时的外汇市场的价格成交，成交后在当天或者两个营业日内进行交割的外汇交易方式。成交的汇率是即期汇率。即期外汇交易是外汇市场上最常见的交易方式，它能够满足机构和个人临时性的货币需求，实现货币购买力的转移、调拨货币头寸、进行外汇投机等。下面介绍即期外汇交易的相关概念。

（1）交割日

交割日（value date）亦称起息日，是指买卖双方互相交换货币的日期。一般交割日是成交当天，或者两个营业日以内的某天。在成交当天进行交割的叫作当日交割（value today，VAL TOD），成交后第一个营业日进行交割的叫明日交割（value tomorrow，VAL TOM），成交后第二个营业日进行交割的叫标准日交割（value spot，VAL SP）。目前，大多数外汇市场都是采用标准日交割方式。

外汇交割必须在当月进行，不能跨月，若因节假日顺延交割日跨月的，则交割往前推到当月最后一个工作日进行交割。例如，在5月30日成交的外汇交易，成交后两个营业日为5月31日和6月1日，由于交割日不能跨月，该笔业务只能在5月31日进行交割。

（2）基本点

基本点也称基点，是即期外汇交易中报价的最小单位，一般情况下，一个基本点为万分之一货币单位，相当于小数点后的第四位，即0.0001。例如，美元对加拿大元的汇率从1.6410/20上升到1.6430/40，则称汇率上升了20个基本点或20个基点。但少数货币因为面额较大，基本点有所不同，比如日元，日元的价格变动主要在小数点后的两位数上，因此它的基本点是0.01。

2.即期外汇交易的方式

即期外汇交易有两种方式：顺汇和逆汇。

（1）顺汇

顺汇，是汇兑方向和资金流向一致的汇款方式，是指资金从付款一方转移到收款一方，由付款方主动付汇的方式，是国际通过银行进行资金转移的一种方式。其过程是付款方将资金交付给当地银行，由当地银行通过与其在收款方当地有业务关系的国外银行将资金付给收款方。

顺汇又可分为电汇、信汇、票汇三种形式。电汇是付款人（汇款人）向当地银行（汇出行）交付本币，汇出行应付款人的申请，通过拍发加押电报或电传通知国外分行或代理行（汇入行）立即付一定金额给收款人的一种汇款方式。信汇是付款人向当地银行交付本币，由该行开具付款委托书，用邮寄方式寄交国外分行或代理行，办理付出外币的业务。票汇是汇出行应汇款人的申请，代汇款人开立以其分行或代理行为汇入行的银行即期汇票，写明收款人姓名、汇款金额等要项，交由汇款人自行寄往国外收款人或者自行携带出国凭票取款的一种汇款方式。

（2）逆汇

逆汇，即托收方式，是指由收款人出票，通过银行委托其国外分行或代理行向付款人收取汇票上所列款项的一种支付方式。由于这种方式的资金流向与信用工具的传递方向相反，故称为逆汇。在这种方式下，对外汇银行来说，客户向银行卖出汇票，等于银行付出本币，买进外汇，外汇银行接收收款人的托收委托后，就通知其国外分行或代理行，按照当日汇率向付款人收取一定金额的外币并归入其开在国外银行的外汇账户上。其结果是，该银行国内本币存款账户余额减少，而在其外币存款账户上却增加了相应金额的外币。

3.即期外汇交易的报价

即期外汇交易报价是指外汇银行在交易中报出的买入或卖出外汇的汇率。

（1）“双向”报价法（two-way price）

外汇银行通常采用“双向”报价法，同时报出买入价（bid rate）和卖出价（offer rate）。买入价和卖出价都是从银行的角度讲的，反映银行外汇需求和经营状况。报价排列顺序为“前小后大”。例如，某银行2011年12月23日的外汇买卖报价为：EUR1=USD1.3041/1.3045，则表示该行愿用1.3041美元买进1欧元，而以1.3045美元卖出1欧元。银行是以贱买贵卖的原则来进行外汇买卖交易的，买入价与卖出价之间的差额一般是1‰～5‰，买卖价格的差额就是银行经营外汇业务的利润。买入价和卖出价的算术平均数为中间价。如上述报价中，中间价为（1.3041+1.3045）/2=1.3043，差价为1.3045−1.3041=0.0004，或称4个基点。

（2）汇率的标价

汇率的标价采用点数标价法，有效数字是五位，如EUR/USD=1.2331/1.2341，USD/JPY=99.600/99.640，AUD/USD=0.9023/0.9027。

无论在直接标价法下还是间接标价法下，买入价和卖出价的位置都是相同的。银行的报价斜线左边是买入价，斜线右边是卖出价。例如，在我国外汇市场上，USD/RMB=7.0452/7.0734，这就表示银行愿意以7.0452元人民币买进1美元，而以7.0734元人民币卖出1美元；在纽约外汇市场上，USD/CAD=1.0234/1.0239，这表示，银行愿意以1.0239加元卖出1美元，而以1.0234加元买进1美元。

但是，站在不同的角度，买入价和卖出价位置不同。就上例而言，对银行来说，7.0452是买入价，7.0734是卖出价，而对客户来说，刚好相反，7.0452是卖出价，7.0734是买入价。

在有的外汇市场上，习惯将斜线右边的价格用简略的写法表示，只写最后两位数，如USD/JPY=101.10/29，这表示，1美元的卖出价为101.29日元。通常银行间的报价只报后两位数字，如上例USD/JPY外汇银行只报10/29，其他数字全部省略。

外汇银行的即期报价要随外汇头寸的变化而变化，在开盘进行交易后，外汇银行现时持有的各种货币头寸是不断变化的，若本行的某种货币多头，可偏低报价，若某种货币空头，则提高该种货币的价格。例如，在法兰克福外汇市场上，某银行的欧元头寸出现短缺，且当时外汇市场上汇率为EUR/USD=1.2430/40，则该行为了及时买进欧元现汇弥补头寸不足，报价时会与市场汇率拉开一定差幅，报价为EUR/USD=1.2519/29，买卖价都比市场汇率高，比市场汇价高的买入价可刺激客户向该银行卖出欧元，比市场汇价高的卖出价则可抑制客户向银行购买欧元，从而有利于该银行较快地弥补欧元现汇头寸的不足。

（3）交叉汇率

由于在世界上大部分外汇市场上，汇率报价都采用美元标价法，在非美元的外汇交易中就需要计算交叉汇率，即根据美元与某种货币的汇率套算出两种非美元标的货币之间的汇率，这种通过套算得到的汇率叫作交叉汇率，也称为套算汇率。交叉汇率的计算有三种形式：

①两种货币的汇率都采用直接标价法，则两种汇率交叉相除。

【例3−1】某日外汇市场牌价为：

USD/CHF=1.0147/1.0149

USD/CAD=1.0275/1.0278

则瑞士法郎（CHF）和加元（CAD）的交叉汇率为：

CHF/CAD=（1.0275÷1.0149）/（1.0278÷1.0147）=1.0124/1.0129

②两种货币的汇率都采用间接标价法，则两种汇率也是交叉相除。

【例3-2】某日外汇市场牌价为：

EUR/USD=1.5364/1.5367

GBP/USD=1.9776/1.9780

则欧元（EUR）和英镑（GBP）的交叉汇率为：

EUR/GBP=（1.5364÷1.9780）/（1.5367÷1.9776）=0.7767/0.7771

③一种货币是直接标价法，另一种货币是间接标价法，则两种汇率同边相乘。

【例3-3】某日外汇市场牌价为：

EUR/USD=1.5355/1.5356

USD/JPY=99.839/99.87

则欧元（EUR）和日元（JPY）的交叉汇率为：

EUR/JPY=（1.5355×99.839）/（1.5356×99.87）=153.30/153.36

3.2.2 远期外汇交易

1.远期外汇交易的概念

远期外汇交易（forward exchange transaction）又称期汇交易，指外汇交易双方在成交后并不立即办理交割，而是事先签订外汇买卖合约，约定好币种、金额、汇率、交割时间等交易要素，到期才进行实际交割的外汇交易。

远期外汇交易和即期外汇交易的根本区别在于交割日的不同。凡是交割日在成交后两个营业日以后的外汇交易均属于远期外汇交易。通常远期外汇交易的交割期限是按月计算的，如1个月、2个月、3个月、6个月或者1年；其中3个月远期外汇交易是最常使用的；也有按天计算的交割期限，如3天、7天、15天；1年以上的远期外汇交易是超远期外汇交易，一般很少见。

确定远期外汇交易的交割日或者有效起息日的法则是：

（1）远期外汇买卖的交割按照即期交易交割日加上整数月来计算

例如，某笔远期外汇交易在2011年3月23日成交，即期交易的交割日为2011年3月25日，则标准远期交割日为4月25日、5月25日、6月25日、9月25日等，但是这些交割日必须为营业日。

（2）顺延

若远期外汇交易的交割日是节假日，则顺延至下个营业日，但是不能跨过交割日所在月份，若跨月，则应该提前到交割日所在月的最后一个营业日完成交割。例如，远期外汇买卖成交当天的即期交割日为3月30日，3个月后的6月30日不是营业日，则应提前至6月30日之前的最后一个营业日交割。

（3）“双底”惯例

若即期交割日为当月的最后一个营业日，则所有的远期交割日都是各月相应的最后一个营业日。例如，即期交割日为3月31日，这是3月最后一个营业日，则发生在同一天的3个月远期外汇交易的交割日应该是6月的最后一个营业日，若6月30日是最后一个营业日，则交割日应定在6月30日而非7月1日。

2.远期外汇交易的类型

远期外汇交易按照交割日的固定与否可以分为以下三类：

（1）定期交易

定期交易指在远期外汇交易中事先在合约中规定了将来某一个确定日期为交割日，不能提前或推迟的交易。如果一方提前交割，另一方不需要提前交割也不用付给对方利息；而如果一方推迟交割，另一方可向其收取迟付利息。

（2）完全择期交易

这种远期交易是指在签订合同的时候不事先确定买卖交割日，而是只规定交割期限的范围，双方可将签订合约后的第三天到约定期满之前的任何一天作为交割日履行外汇买卖。例如，A银行与B银行于某年5月6日签订了两个月期的完全择期远期外汇交易合约，则A银行可在5月9日到7月6日期间的任何一个营业日要求B银行按合约履行交割。

（3）部分择期交易

它与完全择期交易不同的是，虽然不规定具体的交割日期，但是规定了某一个月份进行外汇买卖的交割，从这一个月份的第一天到合同期满的任何一天都可以作为交割日来履行外汇交易。例如，双方在某年3月25日签订一份部分择期的三个月远期外汇交易合约，约定6月份交割，则从6月1日到6月25日之间的任何一个营业日，双方都可以进行交割，将约定的货币和金额划入对方指定账户。

3.远期汇率的报价

远期合约约定的汇率就是远期汇率，即在交割日履行外汇买卖时所使用的确定汇率，它不受交割日当天的即期汇率的变动影响，可能高于或低于当天即期汇率，由此产生的收益或损失由交易双方自行承担。

远期汇率的报价有两种方式：

（1）直接报价

直接报价又叫全额报价，是指直接标明远期汇率，报出远期买卖价的全部数字，这种报价方式一般在银行和客户之间的交易中使用。瑞士和日本的银行同业交易使用此方法。例如，某日纽约外汇市场上美元对加元的汇率为：

即期汇率	0.9881/83
1个月远期汇率	0.9857/59
3个月远期汇率	0.9837/39
6个月远期汇率	0.9851/53

这种报价方式能够使客户对实际远期汇率一目了然，方便其使用，但是不能及时反映汇率随时变动的情况。

（2）远期差价

这是指不直接报出远期汇率，只是报出远期汇率与即期汇率间变动的差额，这个差额用升水、贴水、平价表示，交易方按照这个差价自己计算实际远期汇率。这种方法常用于银行同业间的报价。例如，某日纽约外汇市场英镑对美元的汇率为：

即期汇率	1.5200/10
1个月远期	30/40
3个月远期	50/60
6个月远期	100/110

则：1个月直接远期汇率　1.5230/1.5250

3个月直接远期汇率　1.5250/1.5270

6个月直接远期汇率　1.5300/1.5320

由于这种报价方式只报出远期汇价的点数，故亦称点数报价法。一般以汇价的万分之一为1点，如外汇贴水100点，就表示远期汇率比即期汇率低0.01。

4.远期汇率的计算

远期汇率的计算公式为：

在直接标价法下：远期汇率=即期汇率+升水　远期汇率=即期汇率-贴水

在间接标价法下：远期汇率=即期汇率-升水　远期汇率=即期汇率+贴水

在实际报价中，外汇银行只报出即期汇率的买卖价格和远期汇水的两个数值，并不标明是升水还是贴水，这时，交易方就需要根据数值的位置和大小来判断升贴水进而计算出远期汇率。根据银行贱买贵卖的原则，如果远期汇水前面的点数小，后面的点数大，则表示标准货币远期汇率升水，应用即期汇率加上升水；如果前面的点数大而后面的点数小，则表示标准货币远期汇率贴水，应用即期汇率减去贴水。例如：

即期汇率	USD/CAD 1.2326/36
3个月	30/40
3个月直接远期汇率	1.2356/76
即期汇率	USD/HKD 7.5310/30
3个月	55/45
3个月直接远期汇率	7.5255/85

升贴水是计算远期汇率的关键，而影响升贴水的关键因素是有关交易货币的两国的利率差异和交易期限的长短。利率较高的货币的远期汇率表现为贴水；利率较低的货币的远期汇率表现为升水。当银行在办理远期外汇交易时，可能会因为两国的利率水平不同而蒙受损失。例如，银行用即期英镑换取即期美元，若纽约的美元存款利率低于伦敦的英镑存款利率，则银行会受到利息损失，故银行会将这种损失转嫁至远期美元的购买者，美元的远期汇率就会表现为升水，客户就要以较高的远

期汇率来购买美元。同样，若因为利差使银行获利，则银行会降低远期汇率，形成贴水。因此，远期汇率的计算公式如下：

在直接标价法下：远期汇率=即期汇率+即期汇率×（本国利率－外国利率）×远期天数÷360

在间接标价法下：远期汇率=即期汇率－即期汇率×（本国利率－外国利率）×远期天数÷360

【例3-4】某日，在伦敦外汇市场上，GBP/USD=1.5370，而伦敦同业拆借利率为9.5%，纽约同业拆借利率为8%，由于英镑利率较高，则3个月英镑远期汇率表现为贴水，贴水值为：

1.5370×（9.5%－8%）×90÷360≈0.0058

由于是间接标价法，因此3个月英镑远期汇率为：

£1=$1.5370-$0.0058=$1.5312

5.远期外汇交易的应用

我们知道远期外汇交易具有延期交割的特性，由于汇率的不确定性，人们为了防范风险或者从汇率的变动中赚取收益，往往使用这种交易方式进行套期保值和外汇投机。

（1）套期保值

在国际贸易中，进口商和出口商都面临汇率波动的风险，为了避免这种风险，人们往往会使用远期外汇交易来对自己的外汇收支进行保值。

【例3-5】一中国出口商向美国出口一批货物，价值1 000万美元，美国进口商3个月后付款。

当时的即期汇率为：USD1=RMB7.5370/80

3个月远期汇率为：USD1=RMB7.5320/30

第一种情况：3个月汇率不变，也可看作即期交割，则中国出口商能够获得收益为7 537万元人民币（1 000万美元×7.5370）。

第二种情况：若3个月后，美元贬值，美元汇率下跌至1美元=7.5250元人民币，则中国出口商的收益为7 525万元人民币（1 000万美元×7.5250），这时，就比即期交割少获得12万元人民币。

第三种情况：若中国出口商购买3个月美元远期，可获得的收益为7 532万元人民币（1 000万美元×7.5320），比即期交割时少获得5万元，但是比接受浮动汇率的损失少很多，这5万元也就是保值的成本。

（2）外汇投机

在外汇市场上，投机者会通过预测分析未来货币汇率的走势，贱买贵卖有关货币的现汇或期汇来赚取其中的差价，完全以赚取利润为外汇交易目的。进行远期外汇投机仅仅需要很少的保证金即可进行巨额交易。

外汇投机有以下两种形式：

①买空（buy long），也称作做多头，是指投机者预计某种货币汇率将上升，就在外汇市场上买进该种货币远期，到期若该货币汇率果然上升，投机者就可按上升的汇率卖出该货币现汇来交割远期，从而获得投机利润。这是先买后卖的投机

交易。

②卖空（sell short），也称作做空头，是指投机者预计某种货币汇率将下跌，就在外汇市场上卖出该种货币远期，到时若该货币汇率果然下跌，投机者可按下跌时的汇率买进现汇进行交割，赚取投机利润。这是先卖后买的投机交易。

外汇投机的风险是非常大的，只有准确预测未来汇率变动的走势才能够从中获利，一旦预测错误，将会蒙受巨大损失。外汇投机是以高风险换取高收益，其目的是获得收益，而套期保值是以最低的成本将风险降至最低，其目的是控制风险，使资产得到最大限度的保值。

专栏3-2

人民币与外币掉期业务

1.在人民币与外币掉期业务中，境内机构与银行有一前一后不同日期、两次方向相反的本外币交易。在前一次交易中，境内机构用外汇按照约定汇率从银行换入人民币，在后一次交易中，该机构再用人民币按照约定汇率从银行换回外汇，上述交易也可以相反币种办理。例如，某出口企业收到国外进口商支付的出口货款500万美元，该企业需将货款结汇成人民币用于国内支付，但同时该企业需进口原材料并将于3个月后支付500万美元的货款。此时，该企业就可以与银行办理一笔即期对3个月远期的人民币与外币掉期业务：即期卖出500万美元，取得相应的人民币，以人民币买入3个月远期500万美元。通过上述交易，该企业可以轧平资金缺口，达到规避风险的目的。

2.自2005年7月人民币汇率形成机制改革以来，我国外汇市场交易品种日趋丰富，银行对客户市场和银行间外汇市场人民币外汇远期和外汇掉期交易稳步发展。2007年8月，银行间外汇市场顺势推出人民币外汇货币掉期交易。2011年1月30日，国家外汇管理局发布《关于外汇指定银行对客户人民币外汇货币掉期业务有关外汇管理问题的通知》。该通知一方面简化了市场准入管理，凡取得对客户人民币外汇掉期业务经营资格满1年的银行，可以直接对客户开办外币掉期业务，国家外汇管理局不再实施事前资格审批。同时，为进一步便利市场交易，银行对客户办理货币掉期业务的币种、期限等交易要素由银行自行确定。此外，该通知对利率的规定明显放松，要求货币掉期中的利率由交易双方协商确定，并符合中国人民银行关于存贷款利率的管理规定。而在2007年刚推出人民币外汇货币掉期交易时，货币掉期中人民币的参考利率，应为经中国人民银行授权全国银行间同业拆借中心发布的具有基准性质的货币市场利率，或中国人民银行公布的存贷款基准利率；货币掉期中外币参考利率由交易双方协商约定。2015年2月在银行间外汇市场推出了标准化人民币外汇掉期交易，这为银行间外汇掉期市场提供了一种崭新的成交渠道。标准化人民币外汇掉期交易通过外汇交易系统新增的以双边授信为基础、自动匹配报价的C-Swap功能模块实现。C-Swap功能模块将与现有的外汇掉期询价模式并行，是对现有询价交易模式的有益补充。

中国外汇交易中心人民币外汇掉期月报见表3-5。

表3-5　　人民币外汇掉期月报（2017年12月）

期限品种	合计折元		USD.CNY	
	成交量（亿元）	成交笔数	基准货币成交量（亿元）	成交笔数
隔夜	50 700.75	15 493	50 681.25	15 491
即/远	38 710.92	18 543	38 684.89	18 519
远/远	89 53.94	3 014	8 892.44	2 986
合计	98 365.61	37 050	98 258.57	36 996

数据来源　中国货币网：www.chinamoney.com.cn

3.2.3　外汇期货交易

随着国际金融市场的不断发展，外汇市场上的交易工具也在不断创新。外汇期货交易自1972年5月在芝加哥商业交易所（CME）所属的国际货币市场（IMM）率先推出后得到了迅速发展。目前，外汇期货交易活跃于世界主要金融中心，有50多个交易所可以进行金融期货产品的交易，成为很重要的外汇交易工具，它不仅为广大投资者和金融机构等经济主体提供了有效的套期保值工具，而且也为套利者和投机者提供了新的获利手段。

1.外汇期货的有关概念

所谓外汇期货，是指以汇率为标的物的期货合约，是由期货交易所统一制定的，规定在将来某一特定的时间和地点交割一定数量的某种货币的标准化合约。外汇期货交易又称为货币期货交易，是指在期货交易所内以公开竞价的方式进行的外汇期货合约的买卖活动。

目前，外汇期货交易的主要品种有：美元、英镑、欧元、瑞士法郎、加拿大元、澳大利亚元等。从世界范围看，目前外汇期货交易的主要交易场所有：芝加哥商业交易所的国际货币市场（IMM）、中美洲商品交易所（MCE）、费城期货交易所（PBOT）、伦敦国际金融期货交易所（LIFFE）、新加坡国际货币交易所（SIMEX）、东京国际金融期货交易所（TIFFE）、法国国际期货交易所（MATIF），每个交易所基本都有本国货币与其他主要货币的期货合约。

在外汇市场上，由于远期外汇交易与外汇期货交易有很多相似之处，因此远期外汇交易常常被误解为期货交易，在此，我们对远期外汇交易和外汇期货交易进行简单的区分。

第一，远期外汇合约是由交易双方自行商定的，交易数量、期限、价格都是由双方自定的，比较自由灵活；而外汇期货合约是一种高度标准化的合约，其交易的数量等细则都是被严格规定的，不能自由更改。

第二，外汇期货交易是在有组织的期货交易所内公开竞价实现交易，交易时间由交易所统一规定，而远期外汇交易则一般由银行和其他金融机构通过电话、电传、网络等现代化通信手段达成交易，没有固定的交易所和清算所，交易价格由交易双方各自报出，交易时间不受限制。

第三，在套期保值时，远期外汇交易比外汇期货交易针对性更强，往往可以使风险全部对冲掉。

第四，外汇期货合约未到交割期可以转让，而远期外汇合约不能转让，流动性远低于期货交易，而且还面临着对方的违约风险。

第五，外汇期货交易只需要缴纳一定数额的保证金，不必按合约金额全部付清，而远期外汇交易是以客户的信用为履约的保证，不需要缴纳保证金。

2.外汇期货市场结构

（1）期货交易所

外汇期货交易必须在规定的交易场所内进行，外汇期货交易所就是为期货交易提供的交易场所，它同时提供交易所需的各种设施，制定和执行外汇期货交易的规章制度，并且不以营利为目的，本身也不参与交易活动。

外汇期货交易所实行会员制，会员有两种类型：一是自营商，即自己进行交易赚取利润和承担损失；二是经纪商，即代客买卖，收取佣金。为了实现合理的经济利益，维持交易所的正常开支，期货交易所要向会员收取会费、交易手续费、信息服务费等费用。会员在交易所内的交易厅里通过通信工具与客户和总部保持联系，传递信息、接收指令或报告执行情况，经纪人通过在场内喊价和固定的手势以及通信工具进行交易。

近来在经济全球化的影响下，交易所之间出现了多次的合并和重组。2006年10月17日，芝加哥商业交易所宣布和已竞争百年的同城对手芝加哥期货交易所进行合并，这造就了全球最大的衍生品交易所，并由此诞生了迄今为止全球最大的交易所——芝加哥交易所集团。

（2）清算机构

清算机构专门负责对期货交易所的外汇期货合约交易进行登记和结算工作，它可以是外汇期货交易所的附属机构，也可以是独立的组织，或者为外汇期货交易所的全体或部分会员所有，具有法人地位。清算机构同样采取会员制，会员从外汇期货交易所的会员中产生，这些会员必须有雄厚的资本、良好的金融信誉，并向清算机构交纳一定的保证金，若出现亏损，要随时补齐保证金。非结算会员的交易所会员须通过结算会员清算，交纳保证金。

（3）经纪公司

经纪公司是外汇期货交易的经纪商，本身并不进行外汇期货的交易，仅代表不具有期货交易所会员资格的客户下达指令，从事外汇期货交易，征收客户履约保证金，提供基本会计记录，传递市场信息和市场研究报告，对客户交易提供咨询服务，向客户收取佣金作为基本收入。因此，国际上又把期货经纪商称为期货佣金商。经纪商的资格申请是很严格的，一般来说，一个合格的经纪商必须具有雄厚的财力、良好的信誉、扎实的专业知识和丰富的交易经验。

（4）交易参与者

外汇期货交易的参与者主要是企业、银行和个人，按照参与外汇期货交易的目的和操作方式的不同可以将参与者分为套期保值者、投机者、套利者三类。套期保值者进入外汇期货市场的目的不是为了盈利，而是为了规避外汇风险，保证其经营活动的正常进行，他们是外汇期货市场的主要参与者。投机者参与外汇期货交易的主要目的是在于赚取差价，获得利润。套利者和单纯的投机者不同，他们往往利用同种外汇期货合约在不同交割月份之间、不同市场之间，或者在同一交割月份、同一市场上的不同期货合约之间存在的暂时的套利机会，进行交易，以赚取价差利润。

3.外汇期货交易规则

（1）外汇期货合约的内容

①交易货币和报价。外汇期货交易的货币一般是国际自由货币，在美国芝加哥国际货币市场上，主要的外汇期货合约货币包括英镑、日元、加拿大元、瑞士法郎、欧元、澳元等。IMM外汇期货合约往往以每单位外币折合若干美元来报价，并且报价采用小数形式，报出小数点后4位数，如1英镑=1.5348美元，1欧元=1.2354美元，由于日元币值小，报价往往报小数点后六位数，例如：1日元=0.008123美元，若日元的期货报价为0.8123，则表明省略了小数点后的前两位。

②合约金额。外汇期货的合约金额是买卖货币期货的交易单位，每份国际货币期货合约都是标准化的，外汇金额都是固定的，以IMM期货合约为例，英镑合约每份是62 500英镑，日元合约每份是12 500 000日元，加拿大元合约每份是100 000加元。

③最小变动价位和最高限价。在外汇期货交易的标准化合约中，规定了货币价格产生波动的最小幅度，这就是最小变动价位。最小变动价位用点来表示，由报价单位的最后一位数算起，不同货币期货合约规定的最小变动点数是不同的。例如，加拿大元期货合约的最小变动价位是1点，如果加拿大元当前交易的价格是0.4725美元，那么其上涨和下跌的最小报价为0.4726美元和0.4724美元。与最小变动价位对应的是最小变动价值，如加元的最小变动价位是1点，则按照合约金额其最小变动价值即10加元。

最高限价是指货币期货每日交易价格变化的最高限值，如果一种货币期货的价格波动超过规定的最高限价，那么该货币当日的期货交易就停止。最高限价用点来表示，例如，英镑期货合约每日允许的最高限价为400点，即每张合约价值的日涨跌最大幅度为2 500美元，即62 500英镑×400×0.0001美元/英镑。

④交割月份和交割日期。交割月份是外汇期货合约规定的外币期货合约的到期月份，在IMM一般为3月、6月、9月、12月。若期货合约在到期前未进行对冲平仓，则在到期时要进行现汇交割。交割日期具体到交割月份的某一天，IMM规定的交割日期是到期月第三个星期的星期三。例如，某人在2008年3月3日买入一份3个月期的英镑期货合约，若到期前未进行冲销，则需要在2008年6月的第三个星

期的星期三进行现货交割。

⑤交易保证金。各交易所对保证金数额有不同的规定，一般情况下，汇率波动大的货币，合约要求的保证金较高，汇率波动小的货币，要求的保证金较低。

（2）保证金制度

客户在进行外汇期货交易的时候并不是按照每份外汇期货合约的全部金额进行买卖的，实际上只交纳保证金即可交易。在实际交易中，客户必须先按照期货合约规定的保证金数额向具有期货交易所清算会员资格的外汇期货经纪商交纳保证金，经纪商再按照规定的比例将客户的部分保证金转存于期货交易所的清算所。对于单纯的投机交易，保证金数额很高，而套期保值交易的保证金数额则较低。在美国的外汇期货市场，有初始保证金和维持保证金之分，而在英国的外汇期货市场只有初始保证金。保证金制度使清算所不必顾及客户的信用程度，降低了信用风险。

（3）每日清算制

每日清算制也称为逐日钉市制度。清算公司负责清算交易双方每日的盈亏，凡是未平仓的每笔期货交易均须按当日市场的收盘价逐日清算，调整初始保证金数额。盈余时，客户可把超过初始保证金的部分提走，亏损时，从保证金账户扣除，若扣除后的保证金低于维持水平，经纪商会通知客户补足保证金到初始水平。

【例3-6】3月20日，一客户持有一份3月23日到期的英镑期货多头合约，约定价格是1英镑=1.7500美元，数量为62 500英镑，则到3月23日英镑期货多头合约损益变化情况可见表3-6。

表3-6　**英镑期货多头合约损益变化情况表**

时间	结算价（美元/英镑）	价格变动差价	保证金变化（美元）
3月20日	1.7500		
3月21日	1.7900	1.7900-1.7500=0.0400	400×12.5=5 000
3月22日	1.8000	1.8000-1.7900=0.0100	100×12.5=1 250
3月23日	1.7700	1.7700-1.8000=-0.0300	-300×12.5=-3 750
净值		400+100-300=200（点）	2 500

到3月23日合同到期时该客户盈利为1 250美元（（1.7700-1.7500）×62 500），由于保证金账户最终是净现金流入，所以不用客户补充保证金。

4.外汇期货交易流程

一般外汇期货交易的程序如下：

第一步，选择具有会员资格的经纪公司和经纪人。非清算所会员的公司和个人不能直接进入期货交易所交易。

第二步，开立保证金账户，交纳保证金。客户需要签署一份授权经纪人代为买卖期货合约的协议，并以保证金担保，承担期货交易过程中可能蒙受的损失。

第三步，下单，即下达委托指令。在每一笔交易之前，客户要委托经纪公司为其办理期货合约买卖，发出委托指令，说明他要购买的外汇期货、成交价格、合约的种类和数量等，经纪公司接到委托指令后，立即通过电信设备将有关内容通知场内交易厅经纪人，经纪人根据客户提出的条件通过公开竞价的方式代理客户达成交易。

第四步，成交后，交易厅经纪人一方面将交易结果通知经纪公司和客户，另一方面将成交的订单交给清算所，进行记录并结算。

第五步，逐日结算盈亏。每个交易日末，清算公司计算每个清算会员的外汇头寸，并根据未平仓的合约，按每日收盘价结算盈亏。若出现亏损，则通知客户追加保证金。

第六步，对冲平仓。客户要对原有的合约进行一笔反向交易，将合约对冲后，这笔交易才算完成。

5.外汇期货交易的应用

外汇期货是外汇交易者用来规避风险、赚取利润的金融工具之一。根据进行外汇期货交易的不同目的，交易策略可分为三类：套期保值、投机、套利。

(1) 套期保值

外汇期货的套期保值可分为买入套期保值和卖出套期保值。

①买入套期保值

买入套期保值（long hedge， buying hedge）一般应用于将来有外汇支出或有外汇债务的情况，交易者为了防止外币升值加大自己的资金成本，会进行此交易。客户在外汇期货市场上买入将来需要支付的外汇品种的期货合约。如果合约到期时外汇汇率上升，就可以通过对冲平仓获得的收益，来抵补现货市场上因多支付本币购买外汇而遭受的损失。进口商通常采用这种方法来规避因汇率波动而遭受损失的风险。

②卖出套期保值

卖出套期保值（short hedge， selling hedge）主要应用于在现货市场未来有外汇流入或拥有外汇债权，处于多头地位的情况。交易者为了防止外汇贬值遭受损失，会进行卖出套期保值的交易。客户在外汇期货市场上卖出将来会收到的外汇品种的期货合约，如果合约到期时外汇汇率下降，就可以通过对冲平仓获得的收益，来抵补现货市场上因兑换的本币减少而遭受的损失。出口商通常采用这种方法来规避因汇率波动而遭受损失的风险。

套期保值虽然能规避汇率风险，但并不是每笔交易都适合套期保值的，在实际业务中，套期保值是有成本的，包括佣金、保证金利息及其他费用，这就需要对保值的成本和规避的风险进行计算比较，若进行套期保值的成本比较高，就没必要进行保值对冲了。有时期货市场汇率的变化幅度小于现货市场的变化，或者汇率变化方向与预测的相反，那么交易者仍然可能遭受损失，所以，达到完全保值是不可能的。此外，还有净风险暴露部分，这也是需要交易者进行预测和估算的。

（2）投机

外汇期货交易实际上是一种保证金交易，只要投入很少的保证金就可以进行大额外汇期货买卖，因此外汇期货投机具有以小博大的特性，既可以获得高收益，但同时也要承担高风险。外汇投机者是外汇期货市场必不可少的参与者，他们承担了套期保值转移的风险，使市场交易能够顺利进行。在实际操作中，投机者在预测汇率波动的基础上，通过低价买进，高价卖出赚取收益。当投机者预测某种外币的汇率上涨时，就买入期货合约，当投机者预测汇率下跌时，就卖出期货合约。投机者的预测准确就会获利，预测错误就面临亏损。

（3）套利

套利是利用期货之间价格差的变化来获取收益的，风险相对于单纯投机活动低得多。

它一般分为跨市套利、跨币种套利和跨期套利三种。

跨市套利是指在一个交易所买进或卖出某种外汇期货合约，而在另一个交易所卖出或买进同一种外汇期货合约，利用同一外汇期货合约在不同交易所存在的价格差异来套取利润。

跨币种套利是指在两种不同币种但相互有关联的货币之间，利用其外汇期货合约的价差进行的套利交易。这种交易的关键不是价格的变动方向，而是变动幅度，若一种外汇期货合约的上涨或下跌的幅度大于另一种合约，那么，交易者就可以通过同时买进和卖出相同交割月份但不同币种的外汇期货合约获利。

跨期套利是指交易者在同一外汇期货市场，同时买进和卖出不同交割月份的同种外汇期货合约，利用同一外汇不同交割月份的价差来赚取利润。

3.2.4　外汇期权交易

期权是一种选择权，赋予期权的持有人一种权利，使他能够在规定的时间内，根据自己的意愿决定是否按合约规定的价格和数量买入或卖出某种金融资产，而不用管该种金融资产的市场价格的涨跌程度，期权购买者向期权出售者支付一定金额的期权费作为获得这种权利的代价。

外汇期权是一种创新的金融工具，它的出现是基于远期外汇和外汇期货这两种保值交易的，在浮动汇率制的背景下，汇率的不断波动使有国际经济业务往来的交易商力图寻求能更有效避免外汇风险的途径。外汇期权不仅能够避免汇率风险锁定成本，还能够在市场汇率向有利方向波动时获得无限大的收益。

1.外汇期权的相关概念

（1）外汇期权的含义

外汇期权（foreign exchange option），也称外币期权或货币期权，其购买人以期权费为代价，享有在合约期内，按照协定的汇率向卖方购入或卖出一定数量外汇的权利。当行情对其有利时，可以选择执行这种权利，获得利润；反之，则放弃这种权利，仅仅损失期权费。而期权的出售方有义务在买方要求执行权利时履约，买进或卖出期权买方想卖出或买进的外汇资产。

（2）外汇期权合约的内容

外汇期权合约是一种标准化合约，其主要内容有：第一，标价。在外汇期权合约中，各国货币往往都用美元表示，即一单位其他货币等于多少美元。第二，执行价格。在合约中规定期权买卖双方未来行使期权买卖外汇的汇价。第三，到期月份。期权合约的到期月份是固定的，通常是每年的3月、6月、9月、12月。第四，到期日。到期日即期权买方有权利履约的最后一天，通常定于到期月份的第三个星期三。第五，交易数量。每一份期权合约的外汇交易数量是固定的。第六，期权费和保证金。前者也称为保险费，是期权购买方需要支付给期权卖方以取得权利的费用；后者是为防止期权卖方不按合同履约而必须在签订合同时缴纳的金额。

2.外汇期权的种类及特点

（1）按照权利的性质可划分为看涨期权和看跌期权

看涨期权（call option）是指外汇期权的购买者有权在规定的时间内按照执行价格从期权卖方购买一定数量的某种外汇。看涨期权的购买者通常是对其所负外汇债务进行保值，以免因外汇价格上涨而遭受损失；其也可进行外汇投机，即在外汇价格上涨期间有权以执行价格（较低）买进外汇，同时以市场价格（较高）卖出外汇，以赚取利润。

看跌期权（put option）是指外汇期权的购买者有权在规定的时间内按照执行价格向期权卖方出售一定数量的某种外汇。看跌期权的购买者通常是对其所拥有的外汇债权进行保值，以免因外汇价格的下跌而蒙受损失；其也可能是为了进行外汇投机，在外汇价格下跌期间有权以执行价格（较高）卖出外汇，同时以市场价格（较低）买入外汇，以赚取利润。

（2）按照执行时间可划分为美式期权和欧式期权

美式期权（american-style option）是指期权的购买方可在期权合约到期日之前的任何一个工作日宣布执行权利或者放弃权利。

欧式期权（european-style option）是指期权购买方只能在到期日当天宣布执行权利或者放弃权利。

当到期日相同时，美式期权比欧式期权具有更大的灵活性，所以一般情况下美式期权的保险费要高于欧式期权的保险费。

（3）按照交易场所可划分为场内期权和场外期权

场内期权（exchange traded option）又称为交易所期权，在固定交易场所内进行交易，是标准化的期权合约，其各项内容均由交易所制定，交易者只需考虑合约的价格和数量，其交易程序和外汇期货的交易程序大体相同。只有交易所的会员才有资格进入交易所，非会员需要通过会员进行交易。场内期权交易由专门的期权交易所进行清算，信用风险由清算所承担。

场外期权（over the counter）又称为柜台期权，是非标准化期权，交易双方通过电话、电传等通信网络相互联系进行交易。其交易执行价格、到期日等由买卖双方自行商定，具有很大的灵活性，场外期权交易没有担保，期权卖方违约的风险完全由期权买方承担。

目前，世界上比较著名的交易所有芝加哥商业交易所（CME）、芝加哥期货交易所（CBOE）、伦敦期货外汇交易所（LIFFE）等。

外汇期权有如下几个特点：

（1）保险费无追索权。保险费即期权费，是在签订期权合约时买方一次性支付给卖方的购买期权权利的费用，无论在合约规定期限内买方是否执行这项权利，都无权索回该费用。

（2）风险不对称。对于外汇期权的购买者，只需支付一定金额的期权费用就能够在外汇汇率发生变动时选择是否执行权利来达到保值的目的。当汇率波动对自己有利时，可选择执行合约，而对自己不利时，可选择放弃这项权利，最大的损失仅为期权费，这就锁定了风险，将风险降至最低。对于外汇期权的卖方，由于他具有履约的义务，无论汇率变动对他是否有利，只要买方要求执行权利就必须履约。若买方不执行期权，那么他能获得的最大收益就是期权费，但是若买方一旦执行期权，说明汇率的变动对卖方是不利的，无论卖方要承受多大损失，都有义务履约，期权卖方的收益是可预知的、有限的，而因卖出期权所承担的风险却是无法预知的、无限的。因此，外汇期权的买卖双方风险不对称。

（3）灵活性大。外汇期权的购买方无需交纳保证金，并且能自由决定是否执行合约权利。不必每日清算盈亏，在各种金融保值工具中灵活性是较大的。它常常作为可能发生但不一定实现的资产或收益的最理想的保值工具。

3.外汇期货、外汇期权和远期外汇的比较

外汇期权是在外汇期货和远期外汇的基础上发展起来的一个新型保值工具，但三者在保值方面存在着较大的区别。由于远期合约一旦签订就不得反悔或更改，即使在合约到期前，汇率朝有利于自己的方向变动，也必须在合约到期时才能交割，因此有可能失去本可得到的汇率变动的利益。外汇期货订立后能够在汇率变动利于自己时进行对冲交易而获得利益，但是要交纳保证金，并每日按清算价计算盈亏，若保证金不足而又未弥补，清算所会强制进行平仓。而外汇期权对于买方来说有选择是否履约的权利，当汇率波动有利时执行合约，随市场行情的变化可获得无限的收益，汇率变化不利时不执行合约，风险很有限，仅损失期权费。

通过表3-7对三种交易方式的比较，可以更清楚地了解三者之间的异同。

4.外汇期权交易的损益分析

外汇期权交易有四种方式：买入看涨期权、卖出看涨期权、买入看跌期权、卖出看跌期权。下面我们来分别分析这四种期权的收益和风险。

（1）买入看涨期权

买入看涨期权（buying call option）赋予期权持有者在到期日以前按协定价格购买合约规定的某种外汇的权利。买入看涨期权的投资者通常是预测某种外币币值未来会上涨，当市场汇率变动方向与投资者预测一致时，其收益是不封顶的，当市

表3-7　远期外汇、外汇期货和外汇期权的比较

项目	远期外汇	外汇期货	外汇期权
交易方式	通过电传、电话、网络等通信方式交易	在交易所内以公开竞价方式交易	场内公开竞价，场外自由交易
合约	双方自由制定	标准化	场内为标准化，场外自由制定
履约义务	双方都有履约义务	双方都有履约义务	仅期权卖方有履约义务
交割日期	双方自由议定	标准化	欧式：在到期日当天；美式：到期前任何时间
价格波动	无限制	对各类合约有每日价位最高波动限幅	无限制
保证金	无，银行对客户保留一定信用额度	双方均需交纳保证金，每日计算盈亏，余额不足补交，超额可取回	仅期权卖方交纳，不必每日计算盈亏，到期前无现金流动
信用风险	大	小	由外汇期权清算公司保证
参与者	银行、大公司为主	交易所会员或在交易所开户的任何投资者	场内期权交易者与期货交易相似；场外交易者类似于远期外汇交易
转让性	不可转让	可转让	可转让

场汇率反向变动，即该种外币币值趋于下跌时，投资者可以不执行期权，损失的只是期权费，其损益可如图3-1所示。

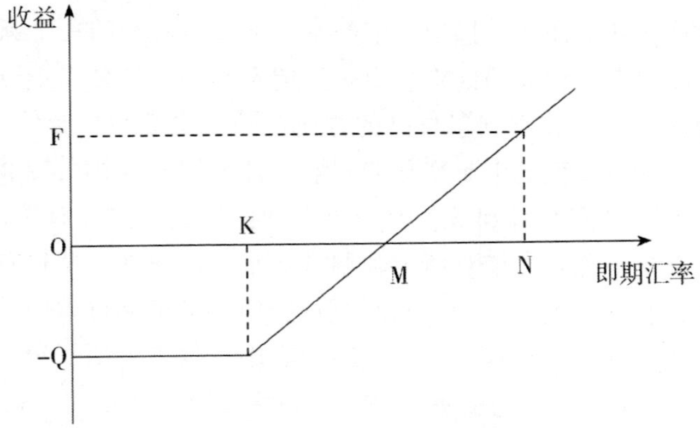

图3-1　买入看涨期权损益图

其中：K为执行价格，N为即期汇率，M为盈亏平衡点，Q为期权费，F为收益。

从图3-1中我们可以看出，买入看涨期权的投资者的收益是随着市场汇率的上涨而递增的，收益不封顶，其最大损失也就是期权费Q，不会超过这个水平。当市场汇率升至ON，看涨期权的购买者就可获得OF的收益，这里的收益是扣除期权费Q后的净收益。如果市场汇率刚好升至OM，期权购买方履行合约的收益刚好等于

期权费，这时的汇率被称为盈亏平衡点。若市场汇率为OK时，买方期权购买者可行使也可不行使该项权利，都会损失Q的期权费。

（2）卖出看涨期权

卖出看涨期权（selling call option）的卖方收取买方支付的期权费，在买方要求执行合约时必须履约，在到期日前按照合约协定的汇率把规定的外汇出售给买方。卖出看涨期权的投资者通常是预期某种外汇汇率在未来会下跌，如果预测准确，其获得的最大收益就是期权费，但是一旦预测失误，外汇汇率不跌反涨，该投资者的损失就随着汇率的上升而不断加大，并且不封顶。其损益如图3-2所示。

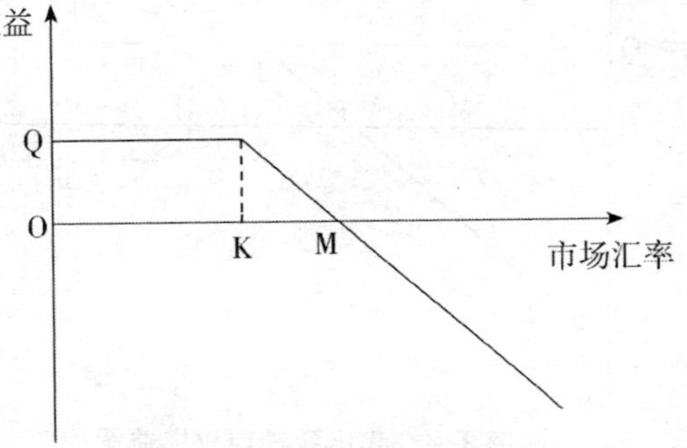

图3-2　卖出看涨期权损益图

从图3-2中我们可以看出，当市场汇率下跌时，看涨期权卖方获得的最大收益是期权费Q，但当市场汇率上涨时，卖方的收益递减，在汇率水平超过OM时，就开始亏损，并且随着汇率的继续上升，亏损越来越大，不封顶。

（3）买入看跌期权

买入看跌期权（buying put option）赋予期权持有者在到期日以前按协定价格向期权卖方出售合约规定的某种外汇的权利。买入看跌期权的投资者通常是预测某种外汇汇率未来会下跌，当市场汇率变动方向与投资者预测一致时，收益随汇率变动增大。当市场汇率反向变动，即该种外汇汇率趋于上升时，投资者可以不执行期权，损失是有限的，最大损失只是期权费。其损益可如图3-3所示。

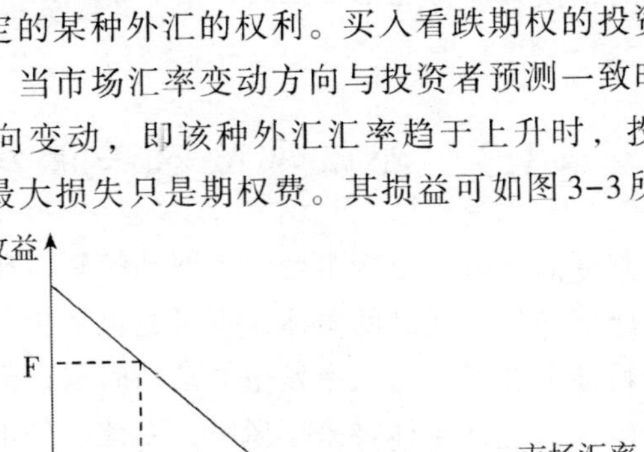

图3-3　买入看跌期权损益图

从图3-3中我们可以看出，买入看跌期权的投资者的收益是随着市场汇率的下跌而递增的，若市场汇率的变化趋势是上涨的，其最大损失也就是期权费Q，不会超过这个水平。

（4）卖出看跌期权

卖出看跌期权（selling put option）的卖方收取买方支付的期权费，在买方要求执行合约时必须履约，在到期日前按照合约约定的汇率从买方处购买规定的外汇。卖出看跌期权的投资者通常是预期某种外汇汇率在未来会上涨，如果预测准确，其获得的最大收益就是期权费，但是一旦预测失误，该投资者的损失就随着汇率的下跌而不断加大。其损益如图3-4所示。

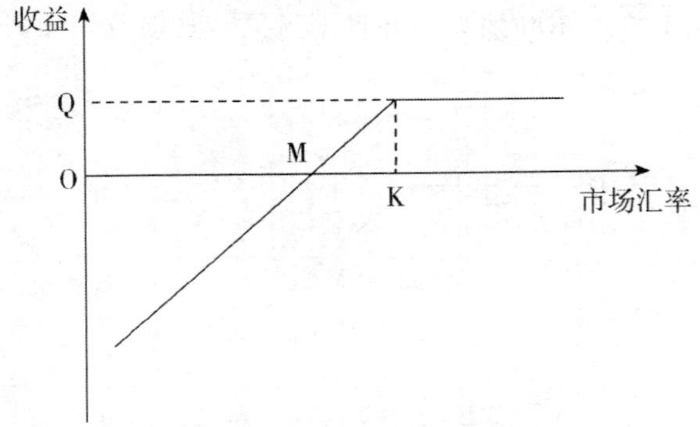

图3-4　卖出看跌期权损益图

从图3-4中我们可以看出，当市场汇率上涨时，看跌期权卖方获得的最大收益是期权费Q，但当市场汇率下跌时，卖方的收益递减，在汇率水平跌过OM时，就开始亏损，并且随着汇率的继续下跌，亏损越来越大。

通过对以上4种期权交易方式的损益分析，我们可看出，外汇期权（无论是看涨还是看跌）的购买方的最大损失是锁定的，收益可以是无限的；而外汇期权的出售方的收益是有限的，损失却可能是很大的；前者承担的风险很低，后者承担的风险很高。

§3.3　外汇风险及其管理

由于浮动汇率制度的盛行，金融市场汇率波动频繁，在国际经济活动中，从事跨国贸易、投资、融资等经济活动的主体，不可避免地会在国际范围内收付大量外汇，或形成外汇债权债务关系，当汇率发生波动的时候，外汇与本币的兑换比例就会发生变化，这就给这些经济主体带来了风险，因此，外汇风险的防范和管理就成为国际经济交易的重要内容。

3.3.1　外汇风险的概念

1.外汇风险的含义

外汇风险是指在国际经济活动中，由于汇率的变动而使各经济主体以外币计价的资产或负债价值变化而造成损失和收益的可能性。在实际情况中，人们都更偏向于将外汇风险看作未来可能蒙受的损失。因此，外汇风险一般表现在以下几个方面：外币债权人以外币计值的资产或者应收账款价值下降；外币债务人以外币计值的负债或应付账款价值上升；账面上的资产损失；预期收益的减少等。

外汇风险是针对外汇持有者或者经营者的外汇敞口头寸而言的，包括两种情形：一是当公司或个人以外币计价的资产和负债数额不相等时，其中的差额即敞口头寸就会暴露在外汇风险中；二是当以外币计价的资产或负债的期限不同时，就会出现期限缺口，期限长的资产或负债就更容易受到汇率波动的影响。

2.外汇风险的类型

按照外汇交易发生的时段，外汇风险可以分为3类：交易风险、会计风险和经济风险。

（1）交易风险

交易风险（transaction exposure）是指经济主体在以外币计价结算的国际经济交易中，从签订合同开始到其债权债务关系清偿这段时间内由于外汇汇率波动而引起的债权债务价值变动的风险，主要表现在应收资产和应付债务的价值变动上。该风险主要包括以下两个方面：①在进出口业务中，从合同签订到实际支付或收到货款为止这段时间里，因汇率变动而产生的交易结算风险。②在国际债权债务关系中，因汇率的变动引起的负债增加及资产缩水的风险。

（2）会计风险

会计风险（accounting exposure）又称为折算风险、转换风险，是指经济主体在对各种外币资产或负债进行会计处理，转换成经济主体所在国的货币时，因汇率变动而出现账面损益的可能性。企业在进行会计核算时通常使用本国货币，拥有外币资产和负债的企业就要将原来的以外币度量的各种资产和负债按一定汇率换算成本国货币，如跨国公司在编制合并会计报表时，需要将海外分公司的财务报表按照一定的会计折算方法转换为本国货币来表示。会计风险的大小还与各个经济主体采用的不同的会计折算方法有关。通常进行会计折算的方法有流动-非流动法、货币-非货币法、现行汇率法。

值得注意的一点是，会计风险并不涉及现金的流动或者财富的转移，它涉及的是企业效益的评估、企业管理和税收等方面，这种风险也应受到高度重视。

（3）经济风险

经济风险（economic exposure）是指由于汇率的变动引起的从事国际经济贸易的企业未来收益发生变化的一种潜在风险。汇率的变动通过影响企业未来的生产成本、产品销售价格和销售数量使企业的最终收益发生变化。经济风险对企业经营业绩有着长期的影响，而交易风险和会计风险却是一次性的，因此对一个国际企业而言，经济风险更为严重，它影响着企业的决策和长期的发展。

3.3.2　外汇风险的管理

外汇风险管理是指通过对外汇风险进行识别和评估，设计和选择防止或降低外汇风险损失发生的解决方法，以最低的成本达到最大限度防范风险的目的。

1.外汇风险管理原则

（1）全面重视原则

这个原则要求各个经济主体对涉外经济交易中出现的外汇风险予以合理的、全面的重视，对风险进行全面把握、及时识别和准确测量，关注风险暴露头寸的动态变化情况，避免顾此失彼而造成更大的损失。

（2）分类防范原则

此原则要求对不同的外汇风险的形成原因、风险头寸和结构进行分析，采取不同种类的风险防范措施，进行灵活多样的外汇风险管理，以达到最好的防范效果。

（3）收益最大化、风险最小化原则

此原则要求对外汇风险管理的成本和收益进行精确计算，在此基础上采取能够把风险损失降到最低限度的风险管理方法，力求做到避险效果相同时成本最小，成本相同时避险效果最好。

2.外汇风险管理策略

（1）完全规避型策略

在外汇风险管理中采取完全规避策略是指经济主体在涉外业务中尽可能阻止外汇风险的产生，采取各种措施消除一切外汇敞口，以避免汇率波动可能带来的风险损失。

采取这种风险管理策略的企业需要具备以下两个条件：一是有关的风险管理措施对企业的生产和经营只有很小的消极影响。例如，采用本币计价法使企业免受汇率波动的影响，但会使交易对手处于风险暴露状态，如果交易对手也是风险厌恶者，就很可能丧失贸易机会或导致在交易中让步。二是风险管理中的交易成本较低。如果有关的交易成本较高，那么采用这种管理策略的企业将在国际竞争中处于不利地位。

（2）部分规避型策略

这一策略也称为积极的外汇风险管理策略，是指经济主体积极客观地预测未来汇率的变动趋势，并根据不同的预测结果对不同的涉险项目分别采取不同的风险管理措施。在预期未来汇率变动对其不利时，采取保值措施规避风险，而当预期未来汇率变动对其有利时，则通过承担外汇风险获取风险收益。

采取这种风险管理策略的企业需要具备以下两个条件：一是经济主体有很强的预测未来汇率变动趋势的能力，能在大多数情况下准确预测，这就要求该经济主体拥有高素质的专业人才和完善的信息网络，并且经济环境要相对稳定。二是经济主体具有较强的抵御汇率波动风险冲击的能力，能够很好地控制外汇敞口头寸的规模，否则，即使大型企业也无法承受汇率剧烈波动所带来的损失。

（3）消极应对型策略

这一策略是指经济主体对面临的外汇风险持听之任之的态度，既不排斥风险，也不管理风险，如果未来汇率变动对其有利则获取风险收益，若不利，则承担风险带来的损失。

采用这种策略的企业往往对市场的力量深信不疑，认为汇率的波动只是暂时性的，汇率上涨和下跌的概率是相等的，从长期看，它给企业带来的损失和收益是相互抵销的，因此还能节约风险管理的费用。实施这种策略的企业一般应具备以下几个条件：一是外汇风险管理成本较高，并且明显影响企业的国际竞争力；二是企业具有很强的抵御汇率波动带来的风险冲击的能力，汇率的短期波动不会影响企业的正常生产和经营计划；三是企业的涉外业务很少，外汇风险对企业影响较小，采取避险措施会得不偿失。

3. 外汇风险管理的基本程序

外汇风险管理的基本程序包括风险识别、风险测量、风险控制和事后评价四个环节。

（1）风险识别

风险识别是指涉外经济主体对尚未发生的外汇风险进行鉴定、认识、归类，实施全面的分析研究，揭示潜在风险及其性质，了解和预测可能的损失。开放经济中企业和个人所面临的外汇风险往往多种多样，相互交织，需要认真地加以识别，才能对其进行有针对性的测量，采取相应的风险管理策略，因此，风险识别是风险管理的第一步，是外汇风险管理的重要基础和基本前提。

（2）风险测量

风险测量就是对特定风险发生的可能性和损失的范围与程度进行估计和测量。这是外汇风险管理中最为关键的一个环节，风险管理政策的制定、具体措施的选择都必须以风险的测量为依据。在实践中，投机的失败、风险管理的重大失误几乎都是对风险估计、判断失误造成的。涉外经济主体应该在收集详细、具体而又充分的资料的基础上，借助计算机技术等先进手段，运用风险分析模型，实施科学的风险分析，准确测量风险发生的概率和损失程度。外汇风险的测量是一个技术性很强的管理工作。

（3）风险控制

通过对风险的识别和测量，根据各自不同的外汇风险管理目标，涉外经济主体需要选择适当的风险管理工具并进行最优组合，有效地控制和处置风险，减少或避免损失。

（4）事后评价

在实施风险管理的过程中，涉外经济主体要不断地通过信息反馈系统动态监控风险管理决策的实施情况，适时调整、协调、修正风险管理方法，以使之尽可能趋近于风险管理的目标。

3.3.3　外汇风险的防范

面临外汇风险的经济主体主要是企业和银行，因此下面我们分别介绍企业和银行的外汇风险防范措施。

1.企业外汇风险防范

企业的外汇风险在签订进出口合同时就产生了，为了避免遭受外汇风险所带来的损失，企业应该采取各种避险措施使风险降至最小甚至完全消失。在实际操作过程中，企业应对面临的不同风险进行分类管理，采用不同的管理措施，下面我们从交易风险管理、会计风险管理和经济风险管理三个方面介绍企业的外汇风险防范。

（1）交易风险管理

①货币选择法

在进出口贸易中，选择何种货币作为计价货币直接关系到贸易主体是否承担汇率风险，因此，在签订合同时，选择好计价货币便成为防范交易风险的方法之一。货币选择法就是通过对涉外业务中计价货币的选择，来降低外汇风险。

货币选择法有以下几种具体方式：

一是尽量选择本国货币，选择本币计价可以使贸易主体避开货币兑换，完全规避外汇风险。但是这个方法有个前提条件，即交易对方能够接受本币计价，否则将会丧失贸易机会。

二是出口或拥有外币债权时选择硬币，进口或有外币债务时选择软币。

三是选择可自由兑换的货币，这种方法虽然本身并不能降低贸易主体的外汇风险，但是当遇到汇率变动对自己不利的情况时，可以通过兑换，将外汇风险较大的货币兑换为外汇风险较小的货币，把风险转嫁出去。

四是多种货币组合法，此种方法也称一篮子货币计价法，是指选择两种或者两种以上的货币来进行计价，以消除汇率波动的风险。

②货币保值法

企业在涉外贸易业务中选择某种与合同货币不一致的、价值稳定的货币进行保值的方式叫作货币保值法。常用的保值条款有：

一是黄金保值。贸易双方在签订合同时，按当时的黄金市场价格将支付货币的金额转换为若干盎司的黄金，到支付日时，若黄金市场价格上涨，则支付货币的金额相应增加；若黄金市场价格下降，则支付货币的金额相应减少。

二是硬货币保值。贸易双方在合同中规定以硬货币计价，以软货币支付，并事先确定两种货币的汇率，在执行的过程中，如果由于支付的货币汇率变动，则支付的金额要按支付日的货币汇率等比例进行调整。

三是一篮子货币保值。贸易双方约定选择多种货币对合同货币保值，即在双方签订合同时，确定好所选择的篮子货币与合同货币之间的汇率，并规定每种所选货币的权重，如果汇率发生变动，则在结算或清偿时，根据当时汇率变动幅度和每种所选货币的权重对收付的合同货币金额作相应调整。特别提款权（SDR）就是由国际货币组织创设的，有多种货币进行定制的复合货币。在实际贸易中，选择SDR来进行保值是很普遍的，并且具有良好的效果。

③价格调整法

在国际贸易中，一般都应坚持“收硬付软”的原则，但有时由于某些因素的制约，使出口商不得不收取软货币，进口商不得不支付硬货币，这就为进出口商带来了外汇风险，为了消除这种外汇风险，可对价格进行调整。

价格调整法分为加价保值法和压价保值法。加价保值法主要用于出口贸易中，当出口商在接受软币计价成交时，将因汇率变动而遭受的损失摊入出口商品价格中，以转嫁风险。国际上通用的加价公式是：

加价后商品的价格=加价前商品的价格×（1+预期外币贬值率+利率）×期数

压价保值法主要用于进口贸易中，当进口商在接受硬币计价成交的情况下，将汇率损失部分从进口商品价格中剔除，以转嫁汇率风险。国际上通用的加价公式是：

压价商品的价格=压价前商品的价格×（1－预期外币升值率−利率）×期数

④对销贸易法

这是一种将进口和出口联系起来，进行货物交换贸易的方法。它不涉及货币的实际支付，因此能够很好地规避外汇风险。其通常分为易货贸易、清算协定贸易和转手贸易三种形式。

易货贸易是指贸易双方直接同步地进行等值货物的交换。清算协定贸易是指两国政府之间事先签订一种协定，对于两国进出口贸易所发生的债权债务，通过双方指定的银行账户相互抵销，而不用逐笔结算。由于事前确定了价格，又不用支付现金，因此就不存在外汇风险。转手贸易是利用多边货物交换、双边结算账户进行结算。例如，A国与B国有清算账户，A国向B国出口货物后，B国没有合适的商品向A国出口，于是A国账户上出现了盈余，同时，C国向A国出口一批货物并从B国进口一批货物。A国提出没有现汇从C国进口，但可以使用对B国结算账户的盈余支付给C国货款，C国在利用A国账户盈余向A国出口等值货物的同时又从B国进口了等值货物，这样，一笔转手贸易在三方事前相互协商确定好三方相互交换的货物数量及统一货币单价的情况下完成。

⑤外汇市场交易法

外汇市场交易法就是利用外汇交易的套期保值功能来防范外汇风险，包括即期外汇交易法、远期外汇交易法、外汇期货和期权交易法。由于在前几节已经对这几种避险方法作了详细介绍，在此不再赘述。

⑥国际信贷法

国际信贷法主要有三种方式：出口信贷、福费廷和保付代理。

出口信贷分为卖方信贷和买方信贷。以卖方信贷为例，出口商在将商品出口后，可向其开户银行借入一笔与其出口商品金额、期限、货币品种均相同的资金，然后将该外币款项在即期外汇市场中兑换成本国货币，之后出口商用应收货款偿还向银行所借的外币资金，这样，出口商的外币负债头寸由外币资产头寸轧平，即使未来汇率有变动，出口商也不会承担风险。

福费廷交易指在延期付款的大型设备贸易中，出口商把经进口商承兑的、5年以内的远期汇票无追索权地卖给出口商所在地的金融机构，以提前取得现款的交易方式。出口商及时取得货款并及时兑换成本币，这就将汇率风险转嫁给了金融机构，由于金融机构是无追索权地从出口商买断远期汇票，到期进口商不付款的信用风险也就转嫁给了金融机构。

保付代理简称保理，是指出口商把应收账款卖给出口商所在地银行或其他保理机构，同时获得银行和其他保理机构为其提供的信息分析、催收账款等服务。在此业务下，出口商可以在货物装船后将汇票、发票、提单、保险单等有关单据卖给相关保理机构，从而提前收回大部分货款（一般为全部货款的80%~90%），其余部分到期收回，这就转嫁了大部分外汇风险。保理业务一般都适用于中小企业，针对数量少、交易金额不大的贸易商品。

⑦其他防范风险的方法

此外，还有以下一些常用的方法：

一是提前或延后结汇法。这是指在国际支付中，根据对计价货币汇率的走势预测，将收付外汇的结算期或清偿日提前或推迟，以达到避免外汇汇率波动的风险或获取汇率变动收益的目的。

二是配对管理法。它包括平行法和组对法。平行法是涉外企业通过外币债权和外币债务相互抵销来消除外汇风险，这种方法具有很大的局限性，因为一个公司在向国外出口时未必需要进口。组对法是指企业在一笔涉外交易发生后，再进行一笔与该交易的币种、金额、收付日完全相同但资金流向刚好相反的交易，使两笔交易所面临的汇率变动影响相互抵销。

三是BSI法（borrow-spot-invest），即借款–即期外汇交易–投资法。这种方法可以运用于两种情况：一是存在应收账款时，借入与应收账款相同数额的同种外币，再将这笔外币卖给银行换回本币，消除外汇风险；二是存在应付账款时，企业首先借入本币，再向银行购买外汇，接着将买入的外汇投资于国际市场，期限与应付账款到期日相同，最后支付本币。

四是LSI法（lead-spot-invest），即提前收付–即期合同–投资法。此法也有两种情况的运用：一是存在应收账款时，给债务方一定折扣后请其提前支付货款，再通过即期外汇交易兑换成本币消除外汇风险，将换回的本币进行投资，取得的收益可以抵补让出去的折扣；二是存在应付账款时，先借入本币，通过即期外汇交易兑换成外汇，提前支付。

（2）会计风险管理

对会计风险的管理就是对资产负债匹配保值，增加强势货币资产、减少强势货币负债，减少弱势货币资产、增加弱势货币负债，使在资产负债表上以各种货币表示的受险资产与受险负债的数额相等，即保持会计风险头寸为零。

通常会计风险管理有如下几个关键步骤：首先，清楚资产负债表中各账户、各科目上各种外币的规模，明确会计风险头寸的大小；其次，根据风险头寸的性质确定受险资产或受险负债的调整方向，若受险资产大于受险负债，就要减少受险资产或增加受险负债，反之则反向操作；第三，进一步确定要进行调整的账户和科目，这种调整可能给其他账户和科目带来更大的损益，造成更大的风险，因此要对具体情况分析和权衡，保证调整后整体资产负债的风险最小。

（3）经济风险管理

由于经济风险对一个具有涉外业务的企业来说影响是长期的，因此，对经济风险的管理需要从长期着手，从经营的不同侧面全面考虑企业的发展。

①经营分散化。企业应在全球范围内分散其销售市场、生产地和原料的来源地，随汇率变动及时调整销售的数量及价格，实行分散化经营策略使得企业能够在市场出现不利因素时处于有利地位。

②投融资多样化。企业应该在不同的资金市场上寻求多种资金来源，并且运用到不同方面。在筹资方面，企业应综合考虑汇率和利率的走势，向汇率趋于走低的国家借入资金，若预测准确，则可获利，或从多个国家借款，当汇率发生变动时，不同货币的汇率的上涨和下跌相互抵销，降低企业的外汇风险。在投资方面，企业应向多个国家投资，当汇率变动时，收入的外汇有的升值有的贬值相互抵销，降低风险。

2.银行外汇风险管理

商业银行的外汇风险管理主要包括汇率风险管理、信用风险管理和流动性风险管理三个方面。

（1）汇率风险管理

银行持有外汇头寸必然会面临汇率波动的风险，持有头寸期限越长，额度越大，风险也就越大。因此，银行应该尽量缩短外汇头寸的持有时间并尽量减少头寸额度或者使其为零。银行对汇率风险的管理具体方法有如下三种：

①合理分配外汇交易额度。在对汇率未来走势的分析预测基础上，结合银行自身情况，对自己的优势货币配给较高额度，而对劣势货币配给较低额度或者零额度。

②限额管理外汇敞口头寸。在日常交易中，银行经常会由于未及时抵补，存在对某种货币买入过多或某种货币卖出过多的情况，此时就形成了敞口头寸，面临汇率波动风险。为避免或降低这种风险，银行需要对影响头寸规模的各种因素进行分析，并根据这种分析规定敞口头寸的金额和时间。

③运用掉期交易调整外汇头寸。银行可以在某种外汇买卖出现超买时抛出、超卖时买进，以此来轧平头寸。例如，某银行收盘时发现3个月远期欧元空头200万，6个月远期欧元多头100万，这时该银行应对欧元远期头寸进行抵补，买入200万3个月远期欧元，卖出100万6个月远期欧元。

（2）信用风险管理

在外汇交易中，由于借款人违约而给银行带来的外汇信用风险往往使银行承担更大的损失，因此银行要十分重视对信用风险的管理。银行的外汇信用风险管理包括对交易对手制定信用额度，对每个交易员制定头寸额度等内容。

（3）流动性风险管理

在外汇市场上，商业银行对某种货币的需求会因为各种原因不能得到满足，这就使银行处于该种货币的流动性风险中。商业银行应及时调整头寸，可以利用隔日头寸限额等方式进行管理。

★ 本章小结

1.外汇指国际汇兑，是从事国际经济活动的最基本手段，分为动态外汇和静态外汇。外汇具有外币性、自由兑换性和普遍接受性三个特征，按不同的划分方式，外汇可划分为不同的种类。

2.汇率是一国货币折算成另一国货币的比率，又称为兑换率、汇价。汇率的标价方法随各国确定标准不同而相异，包括直接标价法和间接标价法。从不同角度划分，汇率有不同的种类。影响汇率变动的因素包括长期因素和短期因素，长期因素有物价水平、国际收支状况和经济增长差异，短期因素有国内外相对利率水平、中央银行干预和心理因素等。

3.外汇市场是各种货币或者以外币计价的票据等有价证券进行买卖交易的场所，是国际金融市场的重要组成部分。外汇市场的参与者主要有外汇银行、外汇经纪人、客户和中央银行，外汇市场交易根据市场参与者不同而被划分为三个层次：外汇银行与客户之间的交易，外汇银行同业之间的交易以及外汇银行与中央银行间的交易。外汇市场按照不同的标准，可以划分为批发市场、零售市场、有形市场、无形市场、国内外汇市场、国际外汇市场。

4.外汇交易方式主要有即期外汇交易、远期外汇交易、外汇期权交易、外汇期货交易、外汇掉期交易等几种基本的类型。

5.外汇风险是指在国际经济活动中，由于汇率的变动而使各经济主体以外币计价的资产或负债的价值变化而造成损失和收益的可能性。按照外汇交易发生的时段，外汇风险可以分为三类：交易风险、会计风险和经济风险。

6.外汇风险管理是指通过对外汇风险进行识别和评估，设计和选择防止或降低外汇风险损失发生的解决方法，以最低的成本达到最大限度防范风险的目的。外汇风险管理的基本原则是：全面重视原则、分类防范原则、收益最大化与风险最小化原则。管理策略包括完全规避型、部分规避型和消极应对型。外汇风险管理的基本程序包括风险识别、风险测量、风险控制和事后评价四个环节。

7.企业外汇风险管理主要涉及交易风险管理、会计风险管理和经济风险管理三个方面。

8.商业银行的外汇风险管理主要包括汇率风险管理、信用风险管理和流动性风险管理三个方面。

★ 综合训练

3.1 单项选择题

1.狭义的外汇指以（　　）表示的可直接用于国际结算的支付手段。

A. 货币　　B.外币　　C.汇率　　D.利率

2.关于外汇的直接标价法和间接标价法，下列说法正确的是（　　）。

A.直接标价法和间接标价法都是以一定单位外国货币作为标准，折算成一定数额的本国货币

B.间接标价法下，汇率上升说明本国货币币值下降

C.大多数国家都采用直接标价法

D.我国采用间接标价法

3.买入看涨期权，（　　）。

A.潜在利润最大为期权费

B.潜在最大损失为无穷大

C.当标的物价格为协议价格与期权费之和时，达到盈亏平衡

D.是预期市场未来下跌的操作行为

4.外汇市场最主要的参加者是（　　）。

A.进出口商　　B.事业单位　　C.银行　　D.个人

5.在外汇报价中，1个基点一般为（　　）。

A.0.1　　B.0.01　　C. 0.001　　D.0.0001

3.2　多项选择题

1.某日纽约外汇市场，GBP1=USD1.5578/93，次日，GBP1=USD1.5532/51，说明（　　）。

A.外汇汇率上涨　　B.本币汇率上涨

C.外汇汇率下跌　　D.本币汇率下跌

2.在直接标价法下，远期汇率等于即期汇率（　　）。

A.加升水　　B.加贴水　　C.减升水　　D.减贴水

3.在以下契约方中，（　　）拥有在未来某一特定时间内按照双方约定的价格买进或卖出一定数量的某种金融资产的义务。

A.看涨期权多头方　　B.远期合约多头方

C.期货合约多头方　　D.期货合约空头方

4.企业用于防范外汇交易风险的方法有（　　）。

A.货币选择法　　B.对销贸易法

C.价格调整法　　D.货币保值法

5.为防止外汇风险，对计价货币可以（　　）。

A.出口时选硬币

B.进口时选软币

C.进出口货值一半用硬币，一半用软币

D.采用多种货币计价

3.3　问答题

1.什么是汇率？有几种标价方法？不同标价法的区别是什么？

2.影响汇率的因素有哪些？

3.外汇交易方式主要有哪些？比较各种交易方式的异同。

4.如何理解外汇风险？外汇风险有几种基本类型？

5.企业和银行应如何防范外汇风险？

3.4 计算题

1.已知USD1=JPY102.99、USD1=CAD1.0074，试计算日元对加元的汇率。

2.某日，纽约外汇市场即期汇率为EUR/USD=1.5905/08，3个月远期汇率为20/30，那么欧元对美元3个月远期汇率是多少？若某客户买入远期10万欧元，需要多少美元？

3.3月1日，某美国公司得知在7月31日将收到5 000万日元。该公司预计日元将下跌，于是卖出4张9月份日元期货以保值（每份日元期货合约的交割金额为1 250万日元），日元的价格变化为：

	日元现货价格	日元期货价格
3月1日	0.7700美分	0.7800美分
7月31日	0.7200美分	0.7250美分

7月31日，该公司收到日元，并将合约平仓。试计算该公司收到的日元的实际有效价格，并对保值结果进行分析。

4.某年9月，IMM12月加元的期货价格为USD/CAD=0.7425，某投机者预测加元期货价格会上扬，便买进4手12月加元期货合约，10月中旬，12月加元期货价格果真上扬，到11月中旬时，已涨至USD/CAD=0.7409，该投机者此时对冲平仓可获利多少？

5.7月10日，我国某进口公司与英国某出口公司签订了一份进口一批货物的合同，金额为1 000万英镑，约定10月10日付款，问该公司应该如何防范外汇风险？

★ 本章参考文献

[1] 叶蜀君. 国际金融［M］. 3版. 北京：清华大学出版社，2014.

[2] 宿玉海. 国际金融学［M］. 北京：经济科学出版社，2013.

[3] 侯高岚. 国际金融［M］. 3版.北京：清华大学出版社，2013.

[4] 邵悦华，秦昌俊. 交易密码［M］. 北京：机械工业出版社，2012.

[5] 辛格. 如何在外汇市场获利［M］. 李汉军，译. 北京：机械工业出版社，2014.

[6] 周兵，靳玉英，张志栋. 新兴市场国家外汇市场压力影响因素研究［J］. 国际金融研究，2012（5）：57-65.

[7] 邓业建，周宇. 经济转型视角下的人民币汇率形成机制改革研究［J］. 贵州社会科学学报，2013（2）：105-110.

第4章

汇率决定理论

★ 导读

各国货币虽然名称、单位不同，但因为它们都能够代表购买本国商品，都可以用来投资，因此它们之间存在相应的比价关系，汇率正是两国货币之间的比价关系。如何在纸币本位制下，确定各国货币之间汇率关系成为众多经济学家研究的重要内容。比较有代表性的理论有：1922年瑞典经济学家卡塞尔提出的购买力平价理论，阿夫塔里昂提出的心理汇兑说，以及后来的凯恩斯的利率平价理论以及国际收支理论。后来，经济学家们又提出了弹性价格货币分析法、黏性价格货币分析法和资产组合理论。本章将就众多汇率理论中具有代表性的购买力平价理论、利率平价理论和货币学派汇率理论等三种汇率理论作以介绍。

★ 关键概念

一价定律　绝对购买力平价　相对购买力平价　抛补利率平价　非抛补利率平价　资产市场分析法　广义货币数量方程式　弹性　黏性　弹性价格货币分析法　黏性价格货币分析法　资产组合法

§4.1 购买力平价理论

第一次世界大战前后，金本位制度趋于崩溃。各国开始大量发行纸币，原有的铸币平价理论基础不复存在。瑞典经济学家古斯塔夫·卡塞尔（Gustav Cassel）1922年出版的经典著作《1914年后的货币与汇率》一书提出了购买力平价理论，并对其进行了详细的论述。

购买力平价理论的基本思想是，在信用货币制度下，纸币可以用来购买本国商品，具有交易的职能，因而其代表的价值可以由其能够购买的商品数量体现出来。一单位货币能够购买商品的数量由商品价格决定，所以单位货币间比价关系最终通过两国物价体现出来。两国物价的变动引起两国货币购买力发生变动，相应货币间汇率关系随之发生改变。该观点还认为，购买力决定的汇率是均衡汇率，而且是长期条件下的均衡汇率，在短期内则有可能不成立。

4.1.1 一价定律

一价定律的基本思想是，国际贸易中如果剔除交易成本（运输费用、保险费用等）和交易障碍因素，同时价格能够灵活地反映商品供求，那么同种商品的同种货币价格就应该是一样的。如果它们不一样，通过套利机制，同种商品在不同市场上使用同种货币的标价最终会趋于一致。

一国条件下，因为使用同种货币，在不同行政区域之间套利比较易于理解。开放经济条件下，两国的法定本位货币大多不同，则涉及两国法定货币转化问题。但是，因为不同货币都具有一定的购买力，国际贸易中仍然可以把双方货币进行一定折算，在外汇市场上把所得外汇换成本国货币，或用本国货币购买外汇。通过货币间折算后，根据一价定律，相同品质的商品的同种货币标价相同。

设有A、B两国，有某种商品i，A国对B国货币汇率以e表示（直接标价法），P_a表示A国国内该商品价格，P_b表示B国国内该商品价格，根据一价定律则有：

$$P_a=eP_b$$

例如，中国某电器厂生产的某型号彩电国内售价为人民币1 270元，该厂准备将该型号彩电出口到美国。假设出口过程中不会发生交易成本，双方政府都实行自由贸易政策。假定美元对人民币汇率为1美元=6.35元人民币，则该型号彩电剔除交易成本因素，美国市场上的标价应该为200美元（1 270÷6.35）。如果美国市场该种彩电价格为210美元（高于200美元），大量的套利商则会从中国购买该彩电到美国市场销售。在美国市场销售该彩电所获得的210美元通过外汇市场折算为人民币1 333.5元，每台彩电获利人民币63.5元。大量的套利活动导致美国市场该型号彩电供给量增加，最终该型号彩电在美国市场的售价会降低，直至与中国国内相同，套利活动停止。

此处应该指出，在实际的国际贸易中交易成本肯定是存在的，有些地方的交易成本还很大，如一些基础设施条件不好的地方。但是，我们认为国际贸易差价限定在交易成本范围内时，一价定律依然成立。但是一些非可贸易商品（如房地产），因为其自身流动性差，很难进行套利，我们在分析一价定律时一般把它们剔除在分析框架之外。

4.1.2　购买力平价理论的两种形式

1.绝对购买力平价理论

绝对购买力平价理论是购买力平价最典型的形式，它的成立和推导基于以下两个重要前提，我们假定：

（1）对于每种可贸易商品i，编制物价指数时，它们的权重（W_i）都相等。

（2）对于任何一种可贸易商品，一价定律都成立。

在开放条件下，商品i的一价定律为：

$$P_{ai}=eP_{bi}$$

按照上面公式推导有：

$$\sum_{i=1}^{n} W_i P_{ai} = e\sum_{i=1}^{n} W_i P_{bi}$$

如果用P_a、P_b分别表示A、B两国的物价指数，即：

$$P_a = \sum_{i=1}^{n} W_i P_{ai} \quad P_b = \sum_{i=1}^{n} W_i P_{bi}$$

则有：

$$P_a=eP_b$$

变形可得：

$$e=\frac{P_a}{P_b} \tag{4.1}$$

（4.1）式就是绝对购买力平价理论的一般表达形式，它意指A、B两国货币汇率为两国的物价之比，即取决于A、B两国货币购买力$\frac{1}{P_a}$、$\frac{1}{P_b}$之比。

应该指出，绝对购买力平价理论是从开放条件下一价定律推导而来的，一价定律强调单位商品价格之比，而绝对购买力平价理论强调两国物价之比。

2.相对购买力平价理论

在绝对购买力平价公式$e=\frac{P_a}{P_b}$下，设有0、t两个时期，$e_0=\frac{P_{a0}}{P_{b0}}$,$e_t=\frac{P_{at}}{P_{bt}}$，则有：

$$\frac{e_t}{e_0}=\frac{\frac{P_{at}}{P_{bt}}}{\frac{P_{a0}}{P_{b0}}}=\frac{\frac{P_{at}}{P_{a0}}}{\frac{P_{bt}}{P_{b0}}}$$

设两国通货膨胀率$\pi_a=\frac{P_{at}-P_{a0}}{P_{a0}}$,$\pi_b=\frac{P_{bt}-P_{b0}}{P_{b0}}$,等价转换$\frac{e_t}{e_0}=\frac{1+\pi_a}{1+\pi_b}$,可得：

$$e_t=\frac{1+\pi_a}{1+\pi_b}\times e_0 \tag{4.2}$$

我们把公式$\frac{e_t}{e_0}=\frac{1+\pi_a}{1+\pi_b}$两边同时减去1,得到$\frac{e_t-e_0}{e_0}=\frac{(1+\pi_a)-(1+\pi_b)}{1+\pi_b}$。设两国的汇率变化率为ρ,$\frac{e_t-e_0}{e_0}=\rho$,通过公式进一步变形,得:

$$\rho=\frac{\pi_a-\pi_b}{1+\pi_b}$$

因为$\rho\times\pi_b$非常小，可近似得到:

$$\rho=\pi_a-\pi_b \tag{4.3}$$

（4.2）式和（4.3）式就是相对购买力平价理论的一般表达形式，它意指两国货币间汇率变化率为其通货膨胀率之差。

例如，在2009年12月底和2010年12月底之间，欧元的美元价格从1美元=0.6981欧元变为1美元=0.7471欧元。期间美国的通货膨胀率为1.64%，而欧元区的通货膨胀率为2.2%。那么根据相对购买力平价公式4.2，1美元=0.7019欧元。虽然，当时实际市场汇率为1美元=0.7471欧元，按照购买力平价计算出来的汇率与实际市场汇率有一定差距。但是，相对购买力平价理论对汇率的预测仍然具有相当高的理论价值。

4.1.3 购买力平价理论的实证

1.购买力平价理论的检验研究

购买力平价理论（PPP）自创立以来就处在一种在检验中发展、在发展中再检验的过程中。可以说，正是由于经济学界不断地在检验过程中对购买力平价理论进行修正，才使其在汇率决定理论中长久地处于基础地位。随着计量经济学的发展，研究人员不断使用新的检验方法和技巧考察购买力平价的存在性。从计量经济学方法角度出发，可以将这些研究分为4个阶段：早期研究、随机游走假设及单位根检验、协整检验、长时段数据研究和群体数据研究。

（1）早期研究

20世纪70年代以前，对PPP的实证研究主要是采用简单OLS回归方法，即对以下等式进行估计：

$$s_t=\alpha+\beta p_t+\beta^* p_t^*+\omega_t$$

其中：ω_t是干扰项。

当对系数取约束条件$\beta=1$，$\beta^*=-1$时，要求国内、国外的价格指数对称，还要求国内外相对价格与汇率成比例。这仍然是一种较为严格的购买力平价形式，可以将其看作对绝对PPP的检验。如果系数β、β^*的取值不等于1，可以看作对相对PPP的检验。虽然研究人员认识到PPP可能仅在长期有效，但他们尚未使用动态概念区别短期和长期效应。对该模型进行检验，结果往往是否定PPP假设。

（2）随机游走假设及单位根检验

20世纪80年代，主流的实证研究方法假定PPP是随机游走的，遵循严格的PPP理论，采取两阶段计量和ADF检验、方差比、分整方法，其中所使用的基本做法是利用扩展迪凯-富勒（ADF）检验来验证实际汇率的变化过程中是否存在单位根，所以称这个阶段为在随机游走假设基础上的单位根检验。除ADF方法外，验证实际汇率非稳定性的第二个方法是进行方差比检验，使用简单的非参数z(k)来验证实际汇率的持久性，该方法最初是由Cochrane提出的。计算公式为：

$$z(k)=\frac{Var(q_t-q_{t-k})}{kVar(q_t-q_{t-1})}$$

其中：k是一个正整数，Var代表方差。

如果实际汇率变化是一个随机游走过程，则等式中的比值应当等于一个单位，因为k期变化的方差应当于一期变化方差的k倍。反之，如果实际汇率具有均值复归的特性，则z（k）的取值范围应当在0～1之间。研究者通过运用工业化国家1973年后的双边浮动汇率数据展开研究，基本的结论是：实际汇率变化是一个随机游走的过程。

（3）协整检验

1987年，Engle和Granger提出协整理论及其两步检验法，后人对其进行了一系列改进，使其方法逐渐成熟。在对PPP进行检验时，其基本思想是：尽管长期PPP概念本身意味着短期汇率可以偏离均衡水平，但只有当平衡误差q_t是稳态序列时，长期PPP才能够成立。若非如此，名义汇率和相对价格将永远倾向于彼此偏离。如果两个非稳定序列存在线性组合而且是稳定的，在相同阶数积整就称为协整。此时，其中一个序列的非稳定性可以完全抵消另一个序列的非稳定性，这两个变量之间可以建立起长期的关系。

1991年，Johansen提出了协整一步完全信息的极大似然估计法，突破了Engle和Granger两步法只适用两变量的限制，可以检验多变量多重协整关系。之后，Horvath和Waston进一步拓展了Johansen的方法，提出了在协整检验中允许代表长期均衡的约束条件，使得PPP的实证分析更贴近国别间汇率的实际。随后大量文献涌现，分别从各个层面对工业化国家的自由汇率制度间的协整性进行实证检验，结论是：PPP长期稳定的关系在不同时期、不同汇率制度、不同约束状态下是有差别、有条件成立的。

（4）长时段数据研究和群体数据研究

由于利用单位根和协整技术研究实际汇率的文献大都是20世纪80年代发表的，因此样本期间只有15年左右（因为自1973年布雷顿森林体系崩溃以后才开始实行浮动汇率）。研究表明，在最宽松的条件下，我们仍然需要75年的数据才能够以大于50%的可能性拒绝零假设。这也即是说，传统的检验存在严重的低势问题。

为了解决上述传统的PPP检验方法的低势问题，研究者开始使用长时段数据进行PPP检验。有的研究使用群体数据进行研究，群体数据也是为了改进传统检验存在的低势问题而发展起来的，它在不延长数据期间的同时，使用截面数据，同时考察许多国家的实际汇率群体来克服低势问题。

2.购买力平价的测算研究

（1）购买力平价的测算方法

有关世界各国购买力平价的测算研究主要有：世界银行的亚特拉斯（Atlas）法、简化信息方法、国际比较项目法、生产法以及宾夕法尼亚大学世界表（Penn World Table，简称宾大世界表或PWT）。然而，各种研究结论并未达成一致。PPP可以针对一国、一地区、一个产业而定。如未特指，则PPP通常是对GDP而言。按大类来划分，计算PPP的方法主要分为支出法和生产法。

A.支出法

典型的支出法是国际比较项目法，是以国内商品价格同基准国家同种商品价格比率的加权平均值为购买力平价计算的。其研究的基本思路就是通过价格调查并利用支出法计算的GDP作为基础，测算不同国家货币购买力之间的真实比率（以PPP为货币转换系数），从而取代汇率。

B.生产法

与支出法不同，生产法一般是通过使用不同来源（国家或部门）的生产价格（如PPI），进而估算不同产业或国家的货币相对价格比例。例如，服务部门的PPP是通过引入服务部门和非服务部门之间的投入产出关系估算的。

C.世界银行的亚特拉斯（Atlas）法

世界银行的亚特拉斯法是一个基于汇率的折算方法。根据该方法，某年的折算系数等于剔除价格变动后当年和前两年汇率的均值。通常，如果一国的官方汇率被认为不可靠或不能代表这一时期的实际汇率，世界银行就要使用图表集公式中计算汇率的替代估计值。其计算公式如下：

$$e_t^*=\frac{1}{3}\left[e_{t-2}\left(\frac{p_t}{p_{t-2}}\Big/\frac{p_t^{S\$}}{p_{t-2}^{S\$}}\right)+\left(\frac{p_t}{p_{t-1}}\Big/\frac{p_t^{S\$}}{p_{t-1}^{S\$}}\right)e_{t-1}+e_t\right]$$

其中：e_t^*是t年的图表集转换系数（本国货币对美元），e_t是t年的年度平均汇率（本国货币对美元），P_t是t年的GDP平减指数，$P_t^{S\$}$是t年的以美元计值的SDR（特别提款权）平减指数。

（2）人民币购买力平价的测算研究

由于中国庞大的经济规模以及特殊的经济制度，人民币汇率水平一直是社会各界争论的热点，因此，从1978年改革开放以来，对人民币的测算就从未间断过。表4-1罗列的是国内外学者对人民币PPP的相关测算。

表4-1　　基于购买力平价的人民币汇率水平

年份	PPP（人民币/美元）	资料来源
1975	0.65	Kravis（1981）
1981	1.89	沃顿经济预测协会（WEFA，1984）
1982	0.73	宾夕法尼亚大学世界表第6.1版，2003
1983	0.72	宾夕法尼亚大学世界表第6.1版，2003
1984	0.723	宾夕法尼亚大学世界表第6.1版，2003
1985	0.809	宾夕法尼亚大学世界表第6.1版，2003
1986	0.96	Gordon（1990）
1986	1.22	Ahmad（1987）
1986	2.23	美国军控与裁军署（1987）
1986	3.13	世界银行（Atlas，1987）
1986	0.92-1.24	任若恩和陈凯（1988）
1986	0.843	宾夕法尼亚大学世界表第6·1版，2003
1987	0.884	宾夕法尼亚大学世界表第6·1版，2003
1988	0.70	宾夕法尼亚大学世界表第6·1版，2003
1989	1.153	宾夕法尼亚大学世界表第6·1版，2003
1990	1.125	宾夕法尼亚大学世界表第6·1版，2003
1990	0.57	宾夕法尼亚大学世界表第5版，1999
1990	0.79	世界银行
1990	0.96	任若恩
1990	1.18	IMF
1991	1.13-1.53	任若恩和陈凯（2001）
1992	1.65	www.Sabplc.com
1993	1.372	宾夕法尼亚大学世界表第6·1版，2003
1993	3.134	国际比较项目（ICP，1993）
1994	2.26	郭熙保（1998）
1994	1.659	宾夕法尼亚大学世界表第6·1版，2003
1995	PPP：4.2 可贸易品PPP：7.5	易刚和范敏
1995	1.51	www.sabplc.com
1996	2.023	宾夕法尼亚大学世界表第6·1版，2003
1996	4.81	王玲（2002）
1997	2.034	宾夕法尼亚大学世界表第6·1版，2003
1998	1.51	www.sabplc.com
1999	1.946	宾夕法尼亚大学世界表第6·1版，2003
2000	1.915	宾夕法尼亚大学世界表第6·1版，2003
2001	1.88	世界银行
2005	3.4	世界银行
2011	3.5	世界银行

资料来源　温建东.人民币购买力平价研究［J］. 金融研究，2005（4）.

4.1.4 绝对购买力平价与相对购买力平价的关系

绝对购买力平价体现为两国物价之比，相对购买力平价则表现为价格变动对汇率变动的影响。绝对购买力平价计算的结果与价格之间的关系是一种相对静态的关系，相对购买力则体现为一种汇率动态调整过程。在现实经济中，动态性的汇率表现更为重要，它会适时对一国的国内经济政策提供前瞻性的参考意见。

从相对购买力平价公式的推导过程来看，相对购买力平价源于绝对购买力平价。当绝对购买力平价成立时，相对购买力平价则相应成立。从绝对购买力平价成立的前提条件，我们可以看出它的假设不是都必然存在。例如，一价定律要求，交易成本（运输费用、保险费用等）为零，在国际贸易中，实行自由贸易政策，不存在贸易壁垒，商品价格对供求反映灵敏。而在实际中，这些条件不会都成立，特别是在短期很难成立。但是相对购买力平价认为，只要在现实中各期交易费用、贸易条件等因素都相同，相对购买力平价理论依然能够成立。①

4.1.5 购买力平价理论的应用

1. 在政府决策中的运用

购买力平价理论告诉我们：一国的物价水平是一国货币对外价值的基础，合理的物价水平是稳定货币汇率的重要基石。因为交易成本以及实际经济的复杂性影响，购买力平价理论在短期内不是必然成立的，但在长期，它仍然对均衡汇率的走势起着非常重要的作用。各国政府在经济决策中，都有着发行货币的内在冲动。这种冲动，可能是为了获取铸币税，也可能是为了弥补国家财政预算赤字。过多地发行货币，必然的后果就是社会物价大幅提高，引发全面通货膨胀。通货膨胀的持续，继而会导致本国货币对外国货币的大幅贬值。严重的话，这可能导致本国货币丧失公信力，逐渐被国外货币所代替。所以政府在经济决策中，必须对通货膨胀保持高度的警惕，不能一味以牺牲物价和汇率稳定去实现经济的增长。要对货币增量引起的物价上涨进行控制，一国政府必须制定出合理的财政、货币政策。

例如，20世纪八九十年代，南美洲国家阿根廷、巴西等国货币严重贬值。其中的重要原因就是，这些国家为了促进经济增长实行扩张性财政赤字政策。由于大量的财政赤字的存在，迫使政府为了实现预算平衡而采取各种货币性弥补手段。不论是央行发行货币或是举借外债，都扩大了一国货币发行数量。货币数量增加的直接结果就是一国物价快速上涨。这些国家的居民为了躲避本国货币贬值的影响，大量抛售本国货币购买美元，使本国货币严重贬值，最严重时甚至很多国家出现了货币美元化的现象。

---

① 设存在交易费用、贸易政策限制,而且这些条件在各期都一样,真实汇率与绝对购买力平价有一固定偏差系数θ,即 $e_{真实}=\theta\times e_{平价}$,$e_0=\theta\times\frac{P_{a0}}{P_{b0}}$,$e_t=\theta\times\frac{P_{at}}{P_{bt}}$。根据相对购买力公式推导过程,$\frac{e_t}{e_0}$可以去掉偏差系数θ,也会得出汇率变动率等于两国通货膨胀率之差。

2. 在投资经营决策中的运用

购买力平价理论从货币购买力的角度很好地分析了长期内汇率变动的趋势，即国内的物价上涨快于国外会使本币贬值，反之则会使本币升值。购买力平价的汇率决定理论，对于市场的任何参与者而言均成立，无论对一般企业还是对进行各种货币投资的机构和个人，都是一个很好的汇率预测参考。

4.1.6　对购买力平价理论的评价

1. 理论贡献

（1）购买力平价理论从货币的购买力角度出发分析不同国家货币之间的比价关系，把对货币最核心和最基本的功能（交易职能和价值尺度）的认识提高到了一个较高的高度。尤其在金本位制度崩溃后，如何定义货币之间的比价关系成为理论探讨的焦点问题，对货币购买力进行研究为我们认识汇率打开了新的视野。货币的购买力与一国货币发行数量有着直接的相关关系，即一国货币发行量越大，物价越高。事实上，卡塞尔也正是基于第一次世界大战前后各国为应对战争支出、不加节制地发行货币引发通货膨胀和汇率混乱的状况，从货币数量角度对货币发行进行了理论上的指导和约束。

（2）购买力平价理论从货币购买力角度出发进行研究，在各种外汇汇率理论中占据着非常重要的地位。购买力平价理论的相关原理简单，逻辑清晰，公式简明。大多数经济学家都认同在长期内购买力平价理论有很强的指导意义。购买力平价所决定的长期均衡汇率，也向许多进行汇率走势研究的学者提供了进行汇率研究的新视角。以后出现的各种汇率理论，也大多把购买力平价理论所蕴含的思想和方法视为汇率研究的基石。从现实的指导意义来看，购买力平价理论为各国货币当局更好地把握汇率变动和对外均衡提供了很好的理论指导。

2. 理论不足

（1）购买力平价理论的假设过于苛刻。购买力平价理论源于一价定律，出于理论分析的方便，一价定律也排除了交易成本和交易障碍等因素的影响。事实上，交易成本和交易障碍等因素在国际贸易中很难消除掉，绝对价格一样的一价定律也就很难成立。一价定律还假设各国的国际贸易是完全自由的贸易，只要有利润可得，国际贸易就必然成立。实际上真正的自由贸易在国际贸易中很难完全实现。各国出于保护本国产业的目的，总是或多或少地对贸易设置各种壁垒。

（2）购买力平价理论不是一个全面综合的理论，它没有把在复杂经济条件下影响汇率变动的诸多因素考虑在汇率变动之中。第一，现代开放经济条件下，汇率的影响因素众多，包括各国生产结构、贸易结构和国际资本流动等。购买力平价理论只是从商品贸易角度分析影响汇率波动的因素，并假设各国生产力结构和贸易结构一致。在各国生产力和资源禀赋条件不同的情况下，这种假设是很难成立的。例如，一些国家可能劳动力资源丰富，出口结构更侧重于低加工劳动密集型产品，这方面的产值在社会总产值中占有较大的比例，发达经济体在这方面可能就相对少许多。第二，在一国的国际收支中，随着资本的频繁流入流出，资本流动数量越来越多，国际资本流动的波动也对外汇市场构成了很大的冲击。

§4.2 利率平价理论

在前一节中，我们从货币购买力角度分析了一国货币购买力对外汇汇率的影响。在现实中，在开放经济条件下，国际资本流动对外汇汇率影响越来越大。在第二次工业革命后，资本的国际流动趋势逐渐明显，基于此时代背景，德国经济学家沃尔瑟·洛茨在1889年论及维也纳远期外汇市场上德国马克的汇率时指出，德国马克的远期升水是由于德国特有的低利率所导致的。第一次世界大战之后，凯恩斯对利率平价理论进行了全面的论述，最终使利率平价理论成为一个比较完整的理论。

利率平价理论认为，某种货币的远期汇率和预期的未来即期汇率是由两个国家金融市场上的利率差异所导致的。两国利率水平的不一致，必然导致汇率发生变化。利率水平变动是导致汇率发生变动的重要原因，就在于资本市场有和商品市场一样的特征，即通过资本流动进行套利。由于资本频繁的流入、流出，使一国投资者投资在不同国家货币市场上的收益最终会趋于一致，外汇汇率也最终达到均衡。也就是说，两国之间利率差异所形成的资本收益差异最终会由于即期汇率和远期汇率的变动而消失。

利率平价理论可以分为抛补利率平价理论（covered interest parity，简称CIP）和非抛补利率平价理论（uncovered interest parity，简称UIP）两种形式，下面将对之分别进行介绍。

4.2.1 抛补利率平价理论

1.抛补利率平价理论的前提条件

抛补利率平价理论从金融市场特有角度分析外汇汇率的影响机制，其理论的推导基于以下基本前提条件：

（1）资本流动所进行的套利行为不存在套利交易成本，即资本从一个市场到另一个市场不发生任何交易费用，资本可以零成本地进出任何市场。

（2）资本在不同资本市场进出时，不能因为资本所有者不同而实行差别待遇。

（3）套利资金供给弹性无穷大。也就是说，在外汇市场上进行外汇交易以实现资本跨国流动中，只要有套利收益存在就会有无穷多资金进入这一市场。

（4）国内外金融资产之间具有完全的可替代性。不同市场的金融资产对同一投资者而言，不具有特殊的偏好。金融资产之间，不具有金融资产收益率变动之外的风险因素，资本流动性不存在差异。

（5）投资者为风险规避者。

2.抛补利率平价理论的模型推导

出于理论分析简化的需要，我们假设存在甲国与乙国两个国家。现有甲国一投资者手中持有一笔可以自由支配的资本，基于上文假设条件，该投资者无成本、无障碍地自由地投资于甲、乙两国金融市场。决定资金的流动方向的唯一因素在于哪个金融市场可以取得更高的收益率。

我们假定甲国金融市场上一年期存款利率为r，乙国金融市场上同种利率为r^*，直接标价法下的即期汇率为e。

投资者先在甲国金融市场上进行投资，1单位货币资金到期可增值为：

$$1+(1\times r)=1+r$$

如果该投资者将同等数量的货币资金投放到乙国市场，投资者则应该通过本国即期外汇市场先将本国货币资金转换成乙国货币，然后将转换成的乙国货币投资于乙国金融市场。由于投资者为风险规避者，他同时会在远期外汇市场上签订一年期远期外汇合约，锁定远期外汇汇率。一年后再将外币本息按照远期外汇汇率转化为甲国货币。其中，1单位本国货币转换成$\frac{1}{e}$单位乙国货币，签订的一年期远期外汇汇率为f。一年后，从乙国金融市场可得到的外币本息为$\frac{1}{e}+\frac{1}{e}\times r^*=\frac{1}{e}(1+r^*)$，转化为本币本息收益则为$\frac{f(1+r^*)}{e}$。

理性投资者的最终投资选择会根据两国金融市场收益率进行比较。

如果$1+r>\frac{f(1+r^*)}{e}$，则投资者会投资于国内金融市场以获取相对较高的收益率。

如果$1+r<\frac{f(1+r^*)}{e}$，则投资者会投资于国外金融市场以获取相对较高的收益率。

如果$1+r=\frac{f(1+r^*)}{e}$，则投资者对国内国外金融市场无任何偏好。

$1+r>\frac{f(1+r^*)}{e}$时，金融市场上所有投资者都投资于国内市场，即期外汇市场上外币贬值，远期外汇市场上外币升值。$1+r<\frac{f(1+r^*)}{e}$时，投资者会采取反向的投资策略，即期外汇市场上外币升值，远期外汇市场上外币贬值。只有$1+r=\frac{f(1+r^*)}{e}$时，两个市场投资收益相等，市场处于均衡。

公式$1+r=\frac{f(1+r^*)}{e}$通过转换，可变形为：

$$\frac{1+r}{1+r^*}=\frac{f}{e} \tag{4.4}$$

两边同时减去1,可得：

$$\frac{r-r^*}{1+r}=\frac{f-e}{e} \tag{4.5}$$

令$\frac{f-e}{e}=\rho$，ρ指汇率变动率，则公式可整理为$r-r^*=(1+r^*)\times\rho$，因为$r^*\times\rho$非常小，该公式可近似转换成：

$$r-r^*=\rho \tag{4.6}$$

（4.6）式即利率平价理论的一般表达式，其经济含义为汇率的远期升（贴）水率为两国即期利率的差异。如果本国利率高于外国，则本币远期贴水，外币远期升水；反之，则本币远期升水，外币远期贴水。

同时，该公式还意味着，如果远期汇率不变，本国金融市场利率上升，则本国货币会在当前的即期外汇市场上升值；反之，则本国货币会在即期外汇市场上贬值。

4.2.2 非抛补利率平价理论

在抛补利率平价理论分析中，假设投资者为风险规避者，他们在远期外汇市场上签订远期外汇合约，规避外汇风险。市场中还存在许多投资者不进行远期对冲交易，只是在金融资产到期时，在未来即期外汇市场上，将外币兑换为本币收益。

假设除投资者的风险偏好与抛补利率平价不同外，投资者所面对的金融市场满足抛补利率平价条件下的所有前提条件。

因为投资者不在远期外汇交易市场上进行外汇远期交易，投资者只有通过对未来即期汇率的预测进行投资收益的度量。设投资者预期一年后的即期汇率为E_{ex}。同样地，1单位本币投资于国内，可得到1+r的收益；投资于国外，1单位本币转化成外币$\frac{1}{e}$，到期后，投资者在未来即期外汇市场上将外币本息兑换为本币，本息为$\frac{E_{ex}(1+r^*)}{e}$。其中，E_{ex}为预期的未来即期汇率，当两种金融市场投资存在差异时，通过套利行为使这两种投资收益最终会相等，金融市场达到均衡状态，即：

$$1+r=\frac{E_{ex}(1+r^*)}{e} \tag{4.7}$$

通过变形，可整理为$\frac{1+r}{1+r^*}=\frac{E_{ex}}{e}$。将$\frac{1+r}{1+r^*}=\frac{E_{ex}}{e}$两边同时减去1，可得：

$$\frac{(1+r)-(1+r^*)}{1+r}=\frac{E_{ex}-e}{e}$$

令$\frac{E_{ex}-e}{e}=\rho$，ρ代表汇率变动率，则等式可整理为：

$$\frac{r-r^*}{1+r^*}=\rho$$

因为$\rho\times r^*$非常小，所以该式可转换为：

$$\rho=r-r^* \tag{4.8}$$

（4.8）式即非抛补利率平价理论的一般表达式，其中的ρ表示预期汇率变动率。该公式的经济含义为：预期汇率变动率等于两国金融市场的利率之差。如果本国的利率高于同期外国金融市场利率，则意味着市场预期未来本币即期汇率将会贬值；反之，预期未来本币即期汇率将会升值。

同时，该公式还意味着，如果假设预期未来即期汇率不变，本国金融市场利率上升时，本币会在当前的即期外汇市场上升值；反之，本币则会在即期外汇市场上贬值。

专栏4-1

加拿大就业数据完胜美国非农，美元/加元惨跌

2018年1月5日，在美国和加拿大公布就业数据之后，美元/加元面对严重的抛售，短短几分钟内跌逾100点。来自美国的数据显示，2017年非农就业人口增加14.8万人，低于19万的市场预期，失业率仍保持在4.1%。以平均时薪计算的工资通货膨胀率在2017年12月份环比增长0.3%，与市场预期一致。数据公布后，美元指数迅速跌至91.50。

另一方面，继2017年11月增长7.95万人之后，加拿大就业人口净增加了7.86万人，失业率从5.9%降至5.7%，大大好于6%的市场预期。乐观的数据可能会继续推动加元的反弹，因为它提高了加拿大央行在2018年加息的可能性。

资料来源 摘自fx168并有删减.

4.2.3 抛补利率平价理论与非抛补利率平价理论的比较

1.投资者的风险偏好存在差异，二者所适用的范围不同

抛补利率平价理论假定投资者是风险规避者，他们对高风险要求进行风险补偿。因而，他们更趋向于通过远期外汇交易锁定在对外金融投资中的投资收益。而非抛补利率平价理论则认为投资者对风险没有明显的偏好，属于风险中性者。在提供相同市场收益的情况下，他们对各种金融资产不存在风险偏好。他们对有稳定收益的投资和提供相同预期收益的金融投资，在风险认同上是一致的。因此，他们更趋于承担外汇风险。

2.通过市场投机机制，抛补利率平价决定的远期汇率和非抛补利率平价决定的未来即期汇率最终会趋于一致

投机者总是试图在外汇汇率的变动中谋利，当预期的未来汇率与相应的远期汇率不一致时，投机者会认为市场存在套利的空间。因为两种利率平价的投资者的风险态度不同，所以二者所认同的汇率变动可能不同。如果在直接标价法下，$E_{ex} > f$，则意味着投机者认为远期外汇市场上对本币高估了，投机者会在远期外汇市场上购买远期外汇。在期满后，如果汇率变动最终按照投机者的设想，达到了$e=E_{ex}$的状态，则投机者会在即期外汇市场上以E_{ex}的价格卖出外汇套利。套利收益的存在，促使更多的投机者在外汇远期市场上购买外汇，需求的增加促使外汇价格上升，直至与预期的未来即期汇率相等时（$E_{ex}=f$）停止。如果$E_{ex}<f$，投机者则会采取相反的措施，卖出远期外汇，期满后买进即期外汇，以获取利润，最终的结果也会使两种

利率平价的汇率趋于一致。

4.2.4 利率平价理论的实证

利率平价理论是由凯恩斯在《货币改革论》中第一次较为系统地提出来的，经过多年的补充和完善，最终才形成现代利率理论。在理论发展的同时，对理论的实证研究也是不断进行着的。与上述购买力平价理论类似，对利率平价理论的实证研究主要集中于对利率平价理论的统计检验和利用利率平价理论来测算和预测汇率水平。事实上，这两个方面是一个硬币的两面。

自利率平价理论创立以来，不断有学者对利率理论的正确性和适用性进行了检验。对利率平价理论检验的统计和计量方法是伴随着计量经济学的发展而发展的，其方法的演进路径也与PPP理论检验方法类似。现在对利率平价理论的检验方法主要是协整检验，包括Engle和Granger两步法、Johansen检验以及在基于这两种方法的扩展，如应用截面数据等；其他方法还包括结构化的向量自回归（即VAR）模型法等。

实证检验研究表明，利率平价理论对高度市场化的货币汇率波动具有一定的解释力，而对于市场化程度不足或政府干预较强的经济体，利率平价理论难以解释货币汇率的波动。此外，在投机氛围强烈、金融市场波动巨大的时期以及在不完全信息的情况下，利率平价理论的解释力也很弱。表4-2是部分国内外学者对利率平价理论检验的罗列。

表4-2　国内外学者对利率平价理论的检验

时期	研究对象	方法	结论	资料来源
1980.1—1997.7	主要发达经济体货币汇率与利率	协整分析	利率平价理论成立	Simone，Razzak
1998年	14个工业化国家货币汇率与利率	截面数据协整分析	汇率波动与利率平价理论一致	Macdonald，Nagayasu
20世纪80年代早期	主要发达经济体货币汇率与利率	协整分析	利率平价对汇率的影响较为明显	Berk，Knot
1999年	G7国家货币汇率与利率	trivially cointegrated system	实际汇率与实际利率的联系与利率平价理论反映的一致	Hoffmann，Macdonald
1976.1—2004.12	美元-英镑 美元-加拿大元汇率及相关利率	向量自回归模型（VAR）和随机游走模型	利率平价理论能够成立	Rois
1989.1—1998.3	美元汇率与利率	协整分析	利率平价理论不成立	Ha，Redell
1991.6—2006.10	美元、日元、欧元、英镑货币汇率及利率	协整分析	欧美汇率走势与利率平价理论一致，但日元汇率与利率平价理论不一致	金中夏，陈浩

续表

时期	研究对象	方法	结论	资料来源
1980—1999年	人民币汇率与利率	直观折线图比较法	我国名义汇率与名义利率之间的关系与利率平价理论不一致	薛宏立
1980—1999年	人民币汇率与利率	直观折线图比较法	我国名义汇率与名义利率之间的关系与利率平价理论不一致	薛宏立
1990—1997年	人民币汇率与利率	协整分析	无抛补的利率平价理论不成立	姜波克
2005.1—2008.6	中美两国利率与汇率相互影响	Granger因果检验	中国国内利率是美元对人民币汇率和美国国内利率变化的Granger原因	刘威，吴宏

4.2.5　利率平价理论的简要评价

1.理论意义

（1）利率平价理论的研究角度从商品流动转移到资本流动，指出了一国利率变化对汇率的影响。在当今国际资本流动频繁的背景下，利率平价理论为我们分析汇率变化提供了一个全新的视角，它明确指出了远期汇率的变动主要取决于两国间利率的差异，并将汇率决定因素扩展到了资本市场，这有助于我们认识汇率的形成机制。与其他的汇率决定理论的成立条件不同，现今的国际资本流动速度加快，套利和投机活动频繁，使得利率平价理论在许多场合能够被经验证明，从而在实际分析中有广泛的运用。利率平价理论虽然还不是一个一般化的汇率分析模型，但为我们以后更全面地分析汇率变化提供了一个很重要的分析角度。事实上，以后的许多汇率分析模型都把利率平价理论的成立作为分析的基础。

（2）利率平价理论对我们的经济活动具有很强的指导意义。基于新的时代环境，利率平价理论结合现今国际资本流动频繁的背景，它的现实性较之其他理论有很大提高。由于利率的变动非常迅速，同时利率变化又可以对汇率产生立竿见影的影响，因此，这一机制为中央银行对外汇市场进行适时干预提供了一个重要参考。一国货币当局要影响一国汇率，可以创建一个发达、有效的货币市场，在货币市场上利用短期利率的变动来对汇率进行适当干预。例如，在外汇市场上存在本币升值预期的时候，一国货币当局可以通过货币市场工具降低市场利率，缓解本币即期升值的压力。另外，做市银行在外汇市场上运用该理论确定远期外汇汇率；投机者则运用它来预测汇率变动的趋势，以在汇率变动中获利。

2.理论不足和缺陷

（1）利率平价理论成立的前提条件过于苛刻，使得其成立的必然性降低。利率平价理论假定金融市场不存在交易成本，资本的国际流动没有障碍且各国金融当局对资本的国际流动不予干预，投资者的资金供给弹性无穷大，投资者可以从金融市场上以确定利率无限融资。同时，它还假设国内外金融资产具有完全可替代性。事实上，上述假定条件在实际金融市场中不是必然成立的。比如，资本在不同市场间流动，零交易成本很难成立。而且，在现今许多国家，金融市场的完全开放很难完全成立。

（2）利率平价理论不是一个一般均衡模型。利率平价理论从资本流动角度分析了汇率变动趋势，但是它忽略了影响汇率的其他因素。国际经济活动中，影响汇率的因素很多，除利率外还包括一国生产结构、贸易结构、国际贸易制度、国际货币制度等因素。利率平价理论单纯从货币资金市场角度分析汇率，忽略了其他影响因素。另外利率平价理论考虑的是外汇市场两期的汇率变动情况。

§4.3 资产市场汇率决定理论

20世纪70年代以来，国际资本流动日趋频繁，资本对汇率变化的影响越来越大。与股票、债券等金融资产价格变化相似，传统汇率决定理论的流量分析法已经不能很好解释外汇汇率的频繁波动。例如，购买力平价理论的商品价格是由商品供求因素决定的，供给是由技术和资源等决定的，需求则受居民收入影响。只有当影响供求的实际因素变动，如收入流量变化，商品价格才会变化。对于资产价格来讲，它的供求反映的是由于人们对它的价值评估发生变化而进行的存量调整。某种资产可能没发生较大的交易变化，但是由于社会对其价值评估发生变化，资产价格就会相应出现较大的变化。现实汇率变化情况促使人们将汇率视为资产价格，即一国货币资产用另一国货币进行标价的价格。因为价格的确定是由资产市场确定的，经济学家们用资产市场法统称20世纪70年代以来用资产价格分析汇率变化的各种汇率决定理论，汇率的研究视角从流量分析法转移到了存量分析法。

资产市场法依据国内外金融资产的可替代性分为资产可以完全替代的汇率货币分析法和资产不能完全替代的资产组合分析法。根据商品价格是否具有完全弹性，货币分析法又分为弹性价格货币分析法和黏性价格货币分析法。

在本章的资产市场法中，有以下3个假设前提：

（1）外汇市场是充分有效的，所有可得信息反映在商品价格中。

（2）分析的对象是一个开放的小国，国际市场利率外生于本国市场。一国的资产市场排除外国货币市场，仅包括本国货币市场、本币金融资产市场和外币金融资产市场。

（3）资金在国际金融市场上是充分流动的。

4.3.1 弹性价格货币分析法

1975年，以色列经济学家弗兰克（Frenkel）最早提出了资产市场法的简单模型：弹性价格货币分析法（flexible price monetary approach）。弹性价格货币分析法假设本外币金融资产可以完全替代，投资者对持有本国金融资产和外国金融资产没有明显的偏好，即投资者不会因为持有外国金融资产而要求风险补偿。该理论还认为，货币供求对汇率变化起决定性作用。因而，弹性价格货币分析法模型将主要分析货币市场上货币供求变化对汇率的影响。

1.弹性价格货币分析法基本模型

（1）弹性价格货币分析法基本模型的推导

出于侧重分析货币供求变化对汇率的影响，弹性价格货币分析法提出了4个基本的假定前提：

①总供给曲线是垂直的，价格完全弹性，即在一定的生产资源条件下，社会总需求增加只对价格产生影响，利率和实际国民收入不会发生变化。①

②货币需求同某些经济变量之间存在稳定的关系，即货币需求方程稳定。

③购买力平价理论在短期和长期都成立。

④货币供给是政府控制的外生变量。

费雪最早提出了货币交易方程式PY=MV，之后其成为货币学派理论分析的基础，其中，P代表价格总水平，Y代表一国实际国民收入，M代表流通中的货币数量，V代表货币的流通速度。后来剑桥学派进一步发展了货币交易方程式，即剑桥方程式M=KPY，其中，K表示经常持有的货币量，即货币需求总量占名义国民生产总值的比例。在这些方程中，只强调了货币的交易性需求，而忽略了投机性需求等其他影响因素。更为一般地，我们认为货币需求方程可以表示为如下形式：

$$M_d=KPY^{\alpha}r^{-\beta}$$

相应地，国外的货币需求函数同样也可以表示为：

$$M_d^*=K^*P^*Y^{*\alpha}r^{*-\beta}$$

其中：K为经常持有的货币量，Y^{α}和$r^{-\beta}$分别为货币需求与国民收入Y和利率r的关系。

因为我们研究的是均衡的货币市场，货币需求与货币供给相等，所以有：

$$M_s=M_d,M_s^*=M_d^*$$

因为购买力平价理论在短期和长期都成立，上式可变形为：

$$e=\frac{P}{P^*}=\left(\frac{K^*}{K}\right)\left(\frac{Y^*}{Y}\right)^{\alpha}\left(\frac{r^*}{r}\right)^{-\beta}\left(\frac{M_s^*}{M_s}\right)^{-1}$$

对上式两边取对数可得：

$$\ln e=(\ln K^*-\ln K)+\alpha(\ln Y^*-\ln Y)+\beta(\ln r-\ln r^*)+(\ln M_s-\ln M_s^*)$$

对上式进一步求全微分，可得汇率e的变化率：

$$\frac{de}{e}=\alpha\left(\frac{dY^*}{Y^*}-\frac{dY}{Y}\right)+\beta\left(\frac{dr}{r}-\frac{dr^*}{r^*}\right)+\left(\frac{dM_s}{M_s}-\frac{dM_s^*}{M_s^*}\right) \tag{4.9}$$

① 一国增加货币发行额，在IS-LM模型中，LM曲线右移，出现短暂利率I降低和国民收入Y增加，反映在AD-AS模型中，即AD曲线向右移动。因为AS曲线是垂直的，AD曲线右移只会导致价格P上升，国民收入Y没变。价格P上升，反映真实货币供给（M/P）减少，在IS—LM中LM曲线左移，恢复原状态。

(4.9) 式即弹性价格分析法的一般模型，它的经济含义是，两国汇率的变化率取决于两国国民收入水平的相对变化率、利率水平的相对变化率和货币供给水平的相对变化率。

(2) 弹性价格货币分析法的主要结论（假设国外各变量不变）

①本国国民收入水平增加对汇率的影响。在其他影响因素不发生变化时，本国国民收入Y的增加，意味着本国货币需求M_d的增加。当前价格水平P不变时，因货币供给没有相应增加，居民实际持有的货币余额减少，支出继而减少，推动价格水平P下降，直到由于价格下降使实际货币余额增加达到均衡水平时，价格下降停止。在满足购买力平价成立的前提下，本国价格水平相对下降造成本国货币升值。4.9式表现为，其他变量不变时，ΔY大于零，结果为Δe小于零，本币汇率升值。

②本国利率水平上升对汇率的影响。在其他影响因素不变时，本国利率r的上升会降低货币需求，在当前价格水平下，会造成支出的增加，继而造成价格上升。当货币供求达到均衡时，价格停止上升。满足购买力平价前提下，本国价格水平的相对上升，引起本国货币贬值。(4.9) 式表现为，在其他变量不变时，Δr大于零，结果Δe大于零，本币贬值。

③本国货币供给水平增加对汇率的影响。假定其他影响因素不变时，本国货币供给的一次性增加，会造成现有价格水平下的超额货币供给。因为弹性货币分析法假定总供给曲线处于垂直状态，货币供给增加所形成的总需求增加对社会真实产出没有影响，只会造成价格水平的大幅上升。在满足购买力平价前提下，本国价格水平的增加造成本国货币的贬值。(4.9) 式表现为，在其他变量不变时，ΔM_s大于零，Δe大于零，本币贬值。

如图4-1所示，在图4-1 (a) 中，货币供给MS_0增加为MS_1，在图4-1 (b) 中根据价格完全弹性显示为价格由P_0变为P_1，在本国利率不变的情况在（如图4-1 (c)）本国价格P上升则导致 (d) 图中的外汇汇率由e_0变为e_1（本币贬值）。

2.弹性价格货币分析法的简要评价

(1) 理论意义

①弹性价格货币分析法运用了购买力平价的相关思想，但它并非购买力平价的简单翻版。弹性价格货币分析法基于现代货币数量论基础，结合了20世纪70年代后国际资金流动频繁的客观背景，从而很好地解释了20世纪70年代发达经济体外汇市场频繁变动的深层次原因。

②弹性价格货币分析法引入了货币供给量、国民收入和利率等诸多因素，而这些因素自身又涉及商品市场均衡（价格完全弹性使产出不变）、货币市场均衡（货币供给等于货币需求）和外汇市场均衡（购买力平价成立），这使得它较之以前的各种局部均衡理论更为一般化。

③弹性价格货币分析法为各国货币当局在货币政策协同上提供了理论指导。弹性价格货币分析法强调了国内外的货币供给的变化，在其他因素不变的情况下，本国货币供给的增加大于国外货币供给的增加，则本国货币贬值；外国货币

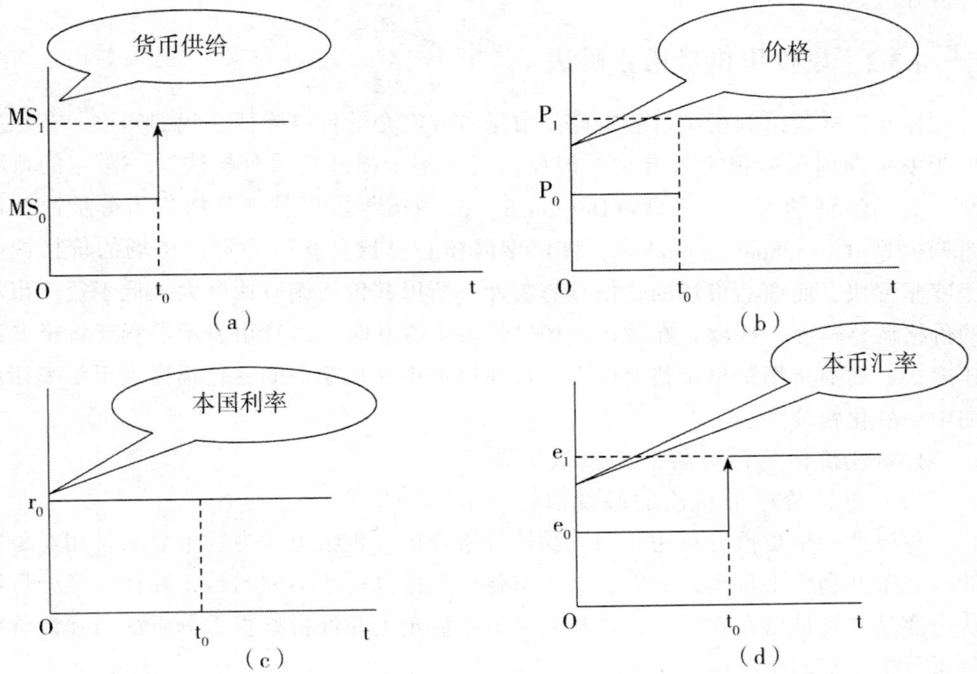

图4-1　货币供应对汇率的影响

供给的增加大于本国货币供给的增加，则本国货币升值。从该理论我们可以知道，要使外汇汇率相对稳定，各国之间必须在货币政策上协同一致。如果一国实行紧缩性货币政策，而另一国实行扩张性货币政策，则任何一国的货币政策都很难达到预期。例如，2007年因为美国欲重振美国经济，实行相对扩张的货币政策，就部分抵销了中国为限制经济增长过快而采取的各种紧缩性货币政策的效果。

（2）理论不足

①弹性价格货币分析法的理论假定过于苛刻，使得其理论的实践意义大大降低。弹性货币分析法的成立是基于购买力平价成立、总供给曲线垂直、国内外金融资产可以完全替代等假定。无论从实践角度还是理论角度，我们知道上述这些假定都不是必然成立的。事实上商品市场的价格与资产市场的价格存在很大的不同，它的调整速度相对较慢，存在价格刚性的现象。再则，总供给曲线是否垂直也是一个值得研究的问题，总需求的增加对社会总产出也不是没有影响，国内外金融资产之间不会完全替代。

②弹性价格货币分析法过分强调了存量分析，而忽略了流量因素对汇率变化的影响。弹性价格货币分析法认为国民收入的增长对外汇市场供求没有影响。现实是，在真实经济生活中国民收入的增长会导致进口的相应增加，进口的增加导致外汇需求的增加，最终导致本国货币的贬值。同样，利率的上升导致本国金融市场收益率上升，而金融市场收益上升导致国外资金的进入，外汇供给增加最终使得本国

货币升值。

4.3.2 黏性价格货币分析法

弹性价格货币分析中，假定商品市场具有完全的价格弹性。我们知道，在现实生活中短期内价格很难具有这一特征。正是基于弹性货币分析法这一假定的苛刻性，美国经济学家多恩布什（Dornbush）在1976年提出黏性价格货币分析法，即超调模型（overshooting model）。该模型的核心思想是：因为资产市场的价格调整速度非常快，而商品市场的价格具有黏性，所以其价格调整速度大大低于资产市场的价格调整速度。因此，在货币市场供给发生变动时，以货币表示的资产价格调整速度快，商品市场价格调整速度慢，这使得汇率在短期内的变化幅度大于汇率在长期中的变化幅度。

1. 黏性价格货币分析法的模型推导

（1）黏性价格分析法的假设前提

与弹性价格货币分析法相同，黏性价格货币分析法也认为货币需求是相对稳定的，非抛补利率平价理论成立。但是与弹性价格分析法不同的是，黏性价格分析法认为商品市场价格存在黏性，这导致在基本假定上黏性价格货币分析法与弹性价格货币分析法有两个不同之处：

①黏性价格分析法认为，购买力平价虽然在长期内存在，但在短期内不成立。在现实商品市场上，商品价格反应是相对滞后的，这样在短期内购买力平价关于价格具有充分弹性的潜在假定不成立。相应地，购买力平价理论在短期内是不成立的。在长期中，商品价格具有足够长的调整时间，购买力平价成立。

②由于黏性价格的存在，总供给曲线在不同的时期具有不同形态。在短期内，总供给曲线相对平稳，价格具有刚性。而在长期内，总供给曲线是一条垂直的曲线，价格具有完全弹性。

如图4-2所示，AS_0表示短期内总供给曲线，AS_2表示中期向长期调整的总供给曲线，AS_1表示长期内总供给曲线，该曲线处于垂直状态。

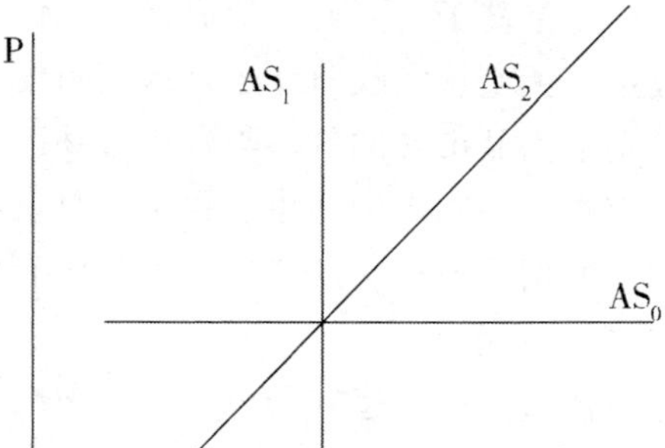

图4-2 总供给曲线的三种形态

（2）黏性价格分析法的推导与结论

①短期内黏性价格货币分析法。在短期内，商品市场存在价格黏性，汇率和利

率作为资产价格可以迅速调整。货币当局增加货币供给、商品市场P不变时，要使货币市场均衡 $\frac{M_S}{P}=L(\overset{+}{Y},\overset{-}{i})$，r必然下降。利率平价理论认为，外汇市场汇率变化受两国金融市场利率差异影响。在外国金融市场利率不变时，本国金融市场利率的降低必然导致本国金融市场收益相对降低，继而外汇供给减少，本国货币贬值。

此外，在短期内总供给曲线是水平的。本国货币一次性供给增加将导致本国金融市场利率降低，刺激投资，本国国民收入增加。

如图4-3所示，货币供给量增加到 MS_1 时，本国价格调整速度慢，要使货币市场均衡，需使本国利率 i_0 下降为 i_1。根据利率平价理论，利率的相对下降，必然导致即期外汇市场上本币贬值，汇率 e_0 上升为 e_1。

②长期内黏性价格货币分析法。在长期内，总供给曲线从水平状态转变为垂直状态（AS_0 向 AS_1 转变），价格水平可以充分调整。短期内的超额产出增加，会引起价格水平的逐渐上升。在货币市场，由于价格水平的上升，货币需求上升，造成市场利率的逐步上升。根据利率平价理论，本国利率的逐步上升会造成本国汇率逐步上升，逐步向其均衡水平趋近。

此外，随着本国货币的逐步升值，利率上升，本国投资和出口减少，总产出水平逐渐下降，逐步回到充分就业水平。

以上的调整过程延续到价格进行充分调整、经济达到充分就业状态后结束。此时，价格水平发生与货币供给量同比例上涨，本国货币汇率达到长期均衡水平，购买力平价成立，利率与均衡产出恢复原状。

如图4-3所示，货币供给突然增加到 MS_1（图4-3（a）），由于资产市场反应较快，利率水平从 i_0 下降到 i_1（图4-3（b）），本币汇率过度调整贬值到 e_1。随着商品市场价格的逐步上升（图4-3（c）），利率也逐渐上升，最终汇率水平会上升到 $\bar{e}$ 的均衡水平（图4-3（d））。

2.黏性价格货币分析法的简要评价

（1）理论意义

①超调模型很好地融合了货币主义学派和凯恩斯学派各自在经济短期和中长期的理论观点，在某种程度上是一个折中主义的汇率理论，成为开放经济条件下汇率分析的一般模型。在短期内，黏性价格货币分析法承认价格是具有黏性的。商品市场相对于金融市场，缺乏及时准确的信息，如工资和生产成本的调整都需要相对较长的时间。商品市场的滞后，在汇率变化上就表现为汇率超调以达到经济暂时均衡。在长期内，黏性价格分析法坚持古典主义学派关于总供给曲线垂直的假设。因而，黏性价格货币分析法对开放经济下的宏观经济有更好的解释力。

②超调模型具有极强的政策意义。黏性价格分析法认为因为商品市场存在价格黏性，而金融市场资产价格调整迅速，货币供给的一次性增加必然对外汇汇率产生

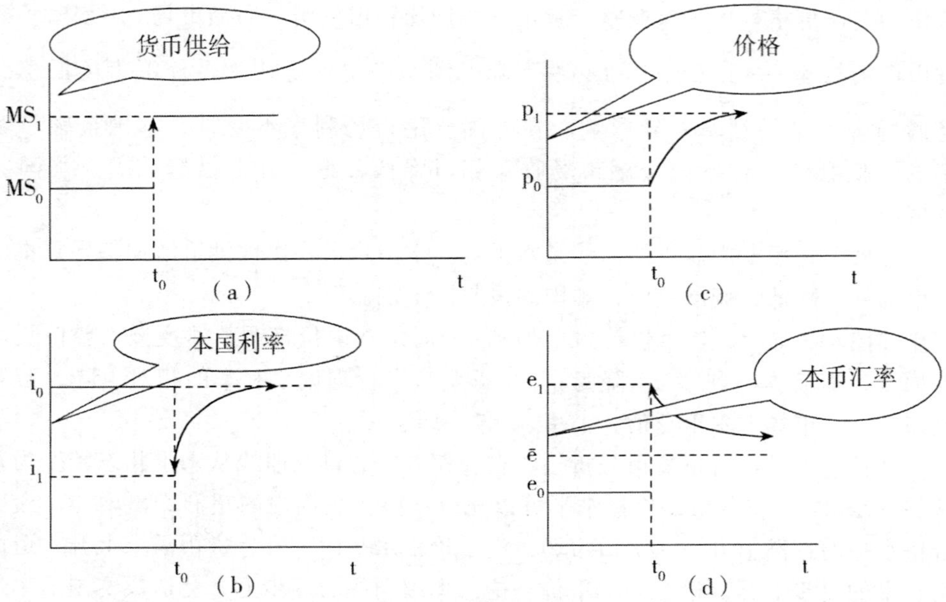

图4-3　本国货币供给一次性增加的影响

超调影响。而在这一过程中，汇率的过度波动可能会对金融市场和实体经济产生很大的冲击。既然在开放经济条件下，由于商品市场价格调整滞后而存在汇率过度波动，那么政府对货币的投放应谨慎。

（2）理论不足

①超调模型是建立在货币模型分析基础上的，因而与弹性价格货币分析法有相同的缺陷和不足。超调模型着重强调了利率在货币供给增加后发生变化对汇率的过度影响，但是它本身没有分析本币贬值对经常账户和资产总量的影响。一般而言，货币贬值会使经常账户余额增加，同时也会影响一国的资产总量，进而会对货币需求和汇率的变动产生影响。

②对模型的实证检验比较困难，难以确定汇率的波动是由哪一种冲击引起的过度反应。实际外汇市场汇率变动的影响因素很多，既有金融性影响，又有实体经济的影响。而且，短期和长期的影响在检验中很难确定，所以在模型分析中，它大多运用于汇率长期波动的说明。例如，多恩布什认为1979—1981年英镑短期内的过度升值，是英国实行通货紧缩政策对汇率过度调整的结果。

4.3.3　资产组合分析法

汇率货币分析法认为，国内外金融资产具有完全可替代性，一国居民对国内外金融资产没有偏好。在现实中，因为风险因素的存在，国内外金融资产是不可完全替代的，即收益率在决定资产安排上不具有完全决定性，一国居民会在本国金融市场和外国金融市场各持有一定比例的金融资产。

资产组合分析法把货币分析法的基本概念引申到所有金融资产（如本国货

币、本国证券、外国证券)，并将之统称为财富，试图通过金融资产组合和财富积累过程来分析汇率的决定与变动。20世纪70年代，以普林斯顿大学教授布朗森（W. Branson）为代表的经济学家，提出并对此汇率分析法做出了全面的解释。

1.资产组合分析法的基本模型

（1）资产组合分析法的假定前提

资产组合分析法不同于一般货币模型，与前面所讲的弹性价格货币分析法和黏性价格货币分析法在理论分析前提上存在很大不同。

①资产组合分析法认为，本国金融资产与外国金融资产不能完全替代，外汇市场的风险不可能通过资本转移而完全消失，风险升水和风险贴水的存在使两国利率差异不等于预期的即期汇率变动差异，非抛补利率平价理论不成立。在资产分析中，我们需要对本国资产和外国资产在两个独立的市场上分别进行考察。

②一国金融资产种类包括本国货币（M）、本国发行的以本币为面值的债券（B）和外国发行的以外币为面值的债券（F）。其中，经常账户余额的增减变化相应影响外国发行的以外币为面值的债券数量。外币债券的供给在短期内可看作是固定的，它的本币面值为e×F（e为直接标价法表示的汇率）。本国居民持有以上三种金融资产，在总资产增加时，投资者习惯于对新增资产按原分配比例进行配置。

③出于分析简化需要，假定短期内本国和外国债券利息收入为零。

（2）资产组合分析法的基本模型

①一国居民持有金融资产总额以本币表示的总财富为：

$$W=M+B+e\times F$$

投资者在总财富一定的情况下，各种金融资产在总财富中所占比例取决于各种金融资产相对收益率的大小和预期汇率的变化，即：

$$M=M(r-r^{*},\Delta e^{e}) \tag{4.10}$$

$$B=B(r-r^{*},\Delta e^{e}) \tag{4.11}$$

$$F=F(r-r^{*},\Delta e^{e}) \tag{4.12}$$

其中：r、r^{*}分别为本国和外国金融资产收益率（利率），$r-r^{*}$为两国相对收益率，Δe^{e}为预期汇率变动率。

我们知道，投资者根据不同资产的收益率、风险因素以及自身的风险偏好情况来确定最优资产组合。某种资产收益率上升，则增加该资产所占比重。但是，为了降低资产风险，投资者一般会对上述三种资产都持有一定比例。

（4.10）式中，本国利率的相对上升，本外币利差增加会增大货币持有成本，所以本国货币需求（M）随本国利率（r）的增加而减少。同时，在预期本币贬值时，本币持有额也会相应减少。于是，有：

$$\frac{\partial M}{\partial (r-r^{*})}<0;\ \frac{\partial M}{\partial \Delta e^{e}}<0$$

（4.11）式中，本国金融市场利率的相对上升会提高持有本币债券的收益率，所以本国债券（F）的持有额会随着本国收益率上升而增加。同时在预期本币贬值时，本币债券的持有额也会相应减少。于是，有：

$$\frac{\partial B}{\partial (r-r^{*})}>0;\ \frac{\partial B}{\partial \Delta e^{e}}<0$$

（4.12）式中，本国金融市场利率上升，持有外国债券相对于持有本国债券收益率较低，投资者会减少持有外国债券（F）。同时在预期本币贬值时，外国债券的持有也会相应增加。于是，有：

$$\frac{\partial F}{\partial (r-r^{*})}<0;\ \frac{\partial F}{\partial \Delta e^{e}}>0$$

② 资产供给变化对汇率和利率的影响。

第一，货币市场均衡时，本国利率和汇率的组合可以用图4-4（a）（其中纵轴代表汇率e，横轴代表利率r）中的MM曲线表示。汇率提高（本币贬值）导致外币债券的本币价值升高，继而总资产增加，总资产增加伴随着本币货币需求增加。在货币供给一定时，只有提高本币利率才能抵销增多的货币需求，以维持货币市场平衡。所以，图4-4（a）中e越大，r越大，MM曲线斜率为正。

假定外汇汇率不变，本国货币供给增加时，为了维持货币市场均衡，必须降低利率增加货币需求。如图4-4（a）所示，货币供给增加，MM曲线向左移动，r减小。

第二，本国债券市场均衡时，本国利率和汇率的组合可以用图4-4（b）（其中纵轴代表汇率e，横轴代表利率r）中的BB曲线表示。外汇汇率的上升（本币贬值）导致以本币计价的外国债券价值升高，继而总资产增加，总资产增加伴随对本币债券需求增加。在本币债券供给一定时，为了维持本币债券市场均衡，必须降低利率以抵销部分超额本币债券需求。所以，图4-4（b）中e越大，r越小，BB曲线斜率为负。

假定外汇汇率不变，本国债券供给增加时，为了维持本国债券市场均衡，必须提高利率增加本国债券需求。如图4-4（b）所示，本国债券供给增加时，BB曲线向右移动，利率r上升。

第三，外国债券市场均衡时，本国利率和汇率组合可以用图4-4（c）（其中纵轴代表汇率e，横轴代表利率r）中的FF曲线表示。外汇汇率上升，外国债券的本币价值上升，资产总量增加。但是，增加的资产总量只有一部分用于持有外国债券，外国债券市场出现超额供给。为了维持外国债券市场均衡，须降低本国利率以增加外国债券相对收益，使外国债券需求增加。所以，图4-4（c）中e越大，r越小，FF曲线斜率为负。

假定外汇汇率不变，外国债券供给增加时，为了扩大外国债券需求，本国金融市场应降低利率以提高对外国债券的需求。如图4-4（c）所示，外国债券供给增加，FF曲线向左移动，利率r降低。

需要指出的是，由于本国资产和外国资产具有不完全替代性，本国债券市场对本国利率的变化更为敏感。所以，要达到一定的汇率目标，本国债券市场只需要较小的利率调整。因此，在三种金融市场平衡时，BB曲线较之FF曲线更为陡峭。

当MM曲线、FF曲线和BB曲线相交时，本国货币市场、本国债券市场和外国债券市场同时达到均衡，经济处于短期均衡状态，如图4-4（d）所示。

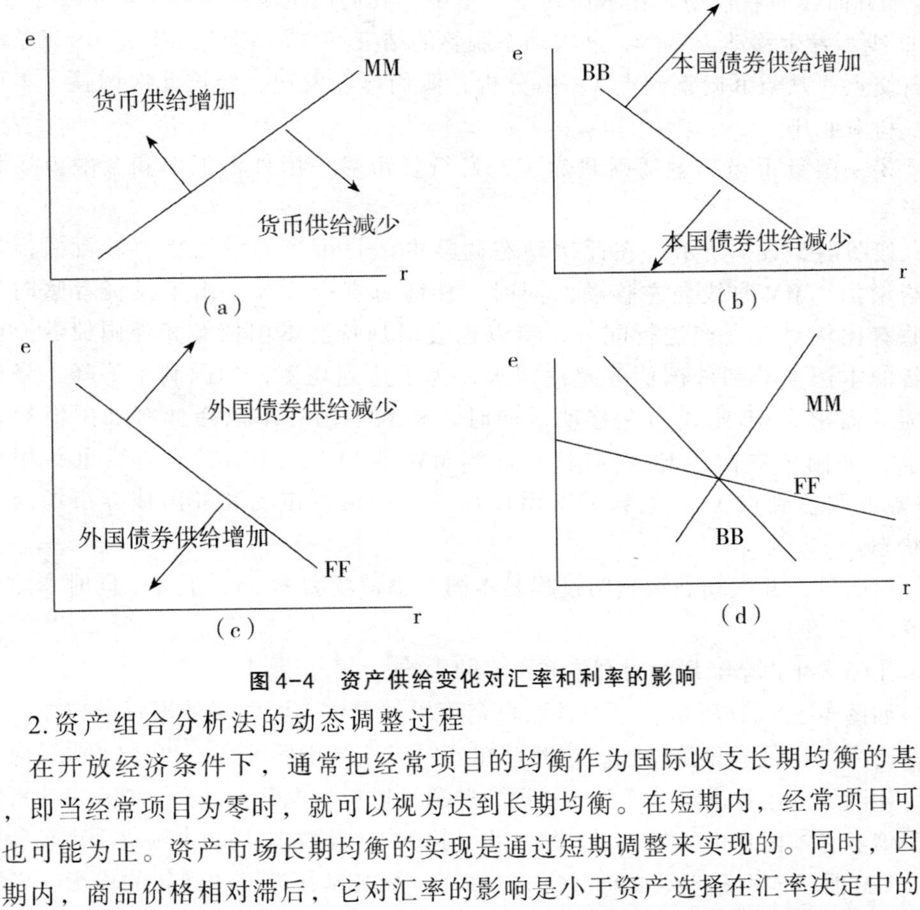

图4-4　资产供给变化对汇率和利率的影响

2.资产组合分析法的动态调整过程

在开放经济条件下，通常把经常项目的均衡作为国际收支长期均衡的基本条件，即当经常项目为零时，就可以视为达到长期均衡。在短期内，经常项目可能为负也可能为正。资产市场长期均衡的实现是通过短期调整来实现的。同时，因为在短期内，商品价格相对滞后，它对汇率的影响是小于资产选择在汇率决定中的作用的。在分析资产组合分析法动态调整过程中，我们将从短期和长期两个角度具体分析。

（1）短期调整过程

①实行紧缩性货币政策，出售本国债券回收基础货币对利率和汇率的影响

如图4-5（a）所示，当货币当局在本国市场进行公开市场业务操作，出售本币债券时，会造成本国债券供给增加，BB曲线向右移动。同时，本国货币供给减少，MM曲线向右移动。在分析中，我们假定外国债券市场供给不发生变动，

FF曲线不发生移动。显然，当MM′、FF、BB′三条曲线重新拥有一个交点时（从点B调整到点A），意味着货币市场、本国债券市场和外国债券市场处于均衡状态。由分析，我们可以发现汇率e下降，本币升值，同时本国金融市场利率r上升。

②实行紧缩性货币政策，出售外国债券回收基础货币对利率和汇率的影响。

如图4-5（b）所示，当货币当局在外国债券市场进行公开业务操作，出售外国债券时，会造成外国债券供给增加，FF曲线向左移动。同时，本国货币供给减少，MM曲线向右移动。在本次动态调整中，我们假定本国债券市场不发生变动，BB曲线不发生移动。显然，这次动态调整的结束点，是MM′、FF′、BB三条曲线的新交点，从点B调整到点A。由分析，我们可以发现，经过此次调整，本币升值，利率上升。

③一国货币当局融通财政赤字，发行货币对一国外汇汇率和金融市场利率的影响。

如图4-5（c）所示，在此次动态调整中，货币当局增加货币发行额，货币供给增加，MM曲线向左移动。同时，伴随总资产增加，由于投资者倾向于按照原有比例对新资产进行配置，所以也会增加持有本国债券和外国债券。由于有新的本国债券和外国债券超额需求，为了达到均衡，本国利率下降，降低本国债券需求，BB曲线向左移动，同时，提高本国利率以降低对外国债券超额需求，外国债券曲线FF向右移动。当MM′、FF′、BB′三条曲线重新相交时（从点B调整到点A），意味着货币市场、本国债券市场和外国债券市场处于均衡状态。

很明显，此次动态调整的过程是本国金融市场利率（r）下降，同时本国货币贬值（e上升）。

④经常账户余额增加对利率和汇率的影响。

如图4-5（d）所示，当经常账户余额增加导致本国购买外国资产增加，在本国财富中外国债券供给增加，这时存在外国债券的超额供给，此时FF曲线向左移动。伴随外国债券供给的增加，一国资产总量增加，投资者也会按照一定比例增加本国债券和本国货币的持有。显然，为了达到本国债券市场和本国货币市场新的均衡，MM曲线向右移动，BB曲线向左移动。很明显，为了达到新的均衡，必须使本国货币升值，以降低外国债券的本币价值，减少总资产，以降低本国货币和本国债券需求。当三条曲线重新共同相交时（从点B调整到点A），本国货币市场、外国债券市场和本国债券市场达到新的均衡。

从新的均衡点我们可以看到，汇率下降，本币升值，而金融市场利率（r）没有发生明显变动。此次动态调整中，融入了汇率升值以减少经常账户余额的分析，将流量分析法引进了资产组合分析中。

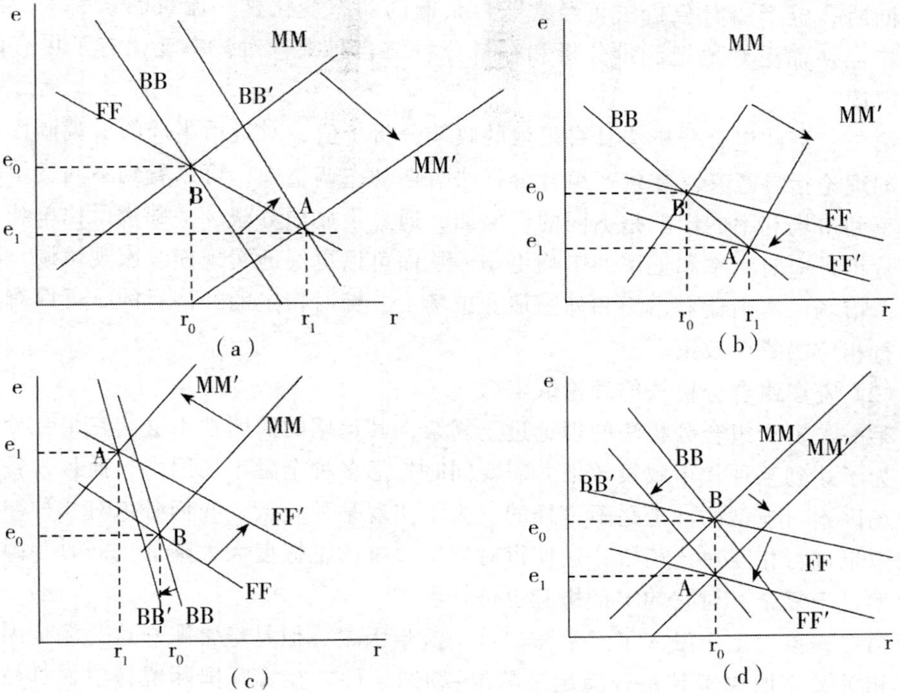

图4-5 资产变化对汇率和利率的影响

（2）资产市场的长期动态调整

在短期资产组合分析法中，一国经常账户余额并不必然为零，经常账户余额可能为正也可能为负。但是在长期经常账户变动分析中，出现了汇率与经常账户的相互影响机制。在长期内，通过这种汇率与经常账户的相互影响机制，使一国经常账户余额趋于零。例如，当经常账户处于盈余状态时，会造成本币升值，本币的升值又会通过国际贸易中的本国商品外币价格上升而降低本国商品出口竞争力，最终使得经常账户盈余额减少。

在上面的资产组合长期动态调整中，关键在于在国际贸易中的马歇尔-勒纳条件①是否得到满足，即汇率的升降是否能够使一国经常账户余额产生显著的变化。若长期内，该条件能够得到满足，汇率与经常账户的相互影响机制会使经常账户处于平衡状态，资产组合的长期动态调整结束。

3.对资产组合分析法的评价

（1）资产组合分析法的理论意义

第一，与货币学派弹性价格货币分析法和黏性价格货币分析法要求国内外金融资产具有完全可替代性相比，资产组合分析法认为两国金融资产由于所处市场的宏观和微观环境不同，资产之间必然具有不完全替代性，国外金融资产较之国内金融资产的各种风险更大。显然，资产组合分析法的这一假定更适合市场真实环

① 关于马歇尔-勒纳条件对国际收支的具体影响可参见本书关于汇率降低对国际收支影响的相关章节。

境。同时，资产组合分析法将经常账户余额的动态变化这一流量因素引入了汇率分析中，从而更好地把流量分析和存量分析结合起来，对汇率变化有了更有说服力的解读。

第二，资产组合分析法具有很强的政策分析价值，对货币当局的宏观调控也有一定的理论指导意义。在资产组合分析法短期动态调整中，可以看到不同货币政策对汇率和市场利率的影响是不同的。例如，通过投放债券减少基础货币比单纯直接减少货币供应对利率和汇率的影响更小，从而可以更好地实现连续宏观微调。在本国货币市场、本国债券市场和外国债券市场上，针对特定的经济目的，可以有选择地实行相应的货币政策。

（2）资产组合分析法的理论缺陷

第一，资产组合分析法的理论过于复杂，其运用的简明性不够。在组合分析法中，为了达到某种货币政策效果，需要同时考虑多种金融市场因素。而且，各种金融市场因素对模型的冲击是不一样的，为了实现某种政策，我们必须对几种冲击因素的效果进行相互对比衡量，这使得对货币政策的把握度大大降低。同时，因为这一模型过于复杂，对它的实证检验也格外困难。

第二，该模型中融入了经常账户这一流量因素，但是经常账户这一流量因素与汇率相关关系取决于其是否满足马歇尔-勒纳条件。在实际国际贸易中，贸易结构和贸易数量与一国供给能力和生产结构有关，汇率的升值和贬值对经常账户余额的影响力可能与理论分析存在很大差距。显然，在这一现实条件下，资产组合分析法的动态调整过程可能会更加复杂。

专栏4-2

如何看待当前的汇率走势？

近期，人民币汇率走势引起了各方广泛关注。2014年12月30日周二早盘，人民币对美元即期汇率大幅低开后快速下探至6.2362，创2014年6月26日以来的新低。随着2014年最后一个交易日的结束，人民币全年收跌2.48%，为5年来首次年度下跌。专家指出，国内经济提质换挡、2014年年末市场购汇意愿强、美元走高等因素是造成当前走势的主因。尽管未来人民币仍将面临一定贬值压力，但继续保持双向波动态势将是大概率事件。

※走低因市场需求导致

如何看待当前的汇率走势？专家指出，美元走强、年末购汇需求略占上风、市场因假期效应交投清淡等因素，是近期人民币汇率在价格震荡走低的主要原因。“一方面，在页岩气革命带动下，美国经济复苏提升了市场对美元的信心；另一方面，美国退出量化宽松明显减少了美元的供应。这就造成今年以来美元重归强势而一些新兴国家货币需求反而走低。”从长期看，人民币汇率市场化改革提速后，人民币实际上已经出现较大幅度的升值，一段时期内回调是完全正常的市场现象。

“微观上看，汇率是货币市场供需关系的反映；宏观上看，汇率反映了货币母国的经济发展态势。尽管目前中国经济增速处于换挡期，但客观上仍处于中高速发展时期。与此同时，经济体量的增大也意味着增速低时经济的绝对增长量却不一定低。

※未来仍面临贬值压力

高盛分析认为，2015年政策或将继续放松，形成对人民币汇率的贬值压力；瑞银证券预计，人民币对美元的汇率将在2015年年底下探至6.35左右；摩根大通也指出，2015年人民币对美元将在6.1～6.3的区间内波动。

专家表示，分析人民币贬值压力还需着眼于实体经济。“从长期看，人民币国际化、币值坚挺的趋势并没有改变。但需要指出的是，当前中国还存在产能过剩、房地产等传统行业疲软等情况。虽然这是新常态下中国经济转型升级的必经之痛，但这期间实体经济的状态也不可能支撑一个非常强势且大幅升值的人民币。”

“事实上，人民币汇率一段时间内走低也并非没有好处。例如，在当前外贸疲软的情况下，人民币适度贬值可以在一定程度上减少出口企业的用工成本支出，从而稳定一部分劳动密集型出口企业的就业。”

资料来源　王俊岭. 人民币不会出现趋势性贬值［EB/OL］.［2018-06-30］. http://finance.ifeng.com/a/20150102/13402094_0.shtml.

★ 本章小结

购买力平价说是历史非常悠久的汇率平价理论，其认为货币间的兑换比例取决于它们各自具有的购买力之比。购买力平价的成立，是基于国际贸易中一价定律的存在，即某一商品在不同地区存在价格差异时，套利活动就会发生。只要商品贸易是无交易成本和无交易障碍的，两国同种商品的同种货币价格表现应该是一样的。购买力平价在汇率理论中，一般分为绝对购买力平价理论和相对购买力平价理论。绝对购买力平价理论认为，两国货币之间的汇率关系是由两国的绝对物价水平决定的。相对购买力平价理论说明的是价格水平变动与汇率水平变动之间的关系，即甲国货币相对于乙国货币贬值（升值）是因为甲国的通货膨胀率比乙国的通货膨胀率更高。

利率平价理论是基于各国金融市场之间联系日益密切的背景，分析两国利率差异对远期汇率的影响。利率平价理论可分为抛补利率平价理论和非抛补利率平价理论。抛补利率平价理论认为，汇率的远期升（贴）水等于两国货币的利率之差。非抛补利率平价理论引入预期因素，认为两国货币预期的汇率变动率等于两国利率之差。前者假定投资者为风险规避者，后者假定投资者为风险中性者。

资产市场法的弹性价格货币分析法认为，商品价格具有完全弹性，货币供给对利率和国民收入不会产生影响。它把影响汇率变化的国内外收入水平、利率水平和货币供给水平纳入汇率分析模型之中。与弹性价格货币分析法不同，黏性价格货币分析法认为，商品价格在长期是具有完全弹性的，但在短期商品价格存在黏性。因为存在黏性，货币供给的一次性增加会使利率、汇率和国民收入的调整幅度超过长期均衡水平。一般认为，它是凯恩斯学派与货币主义的综合体。资产组合分析模型则认为，本国金融资产与国外金融资产具有不完全替代性，投资者总会在国内国外金融资产上均保持一定比例。从短期来看，汇率是由三种资产同时达到供求平衡时所决定的，汇率与利率存在密切联系。在长期内，汇率变化通过马歇尔–勒纳条件机制使经常账户达到平衡状态。

★ 综合训练

4.1 单项选择题

1. 国际贸易中，一价定律的实现机制是（　　）。

A. 两国同种产品成本一样　　B. 政府规定

C. 套利　　D. 不确定

2. 相对购买力平价理论认为A、B两国汇率从0时期到t时期的变动率为（　　）。

A. $\frac{P_{at}}{P_{bt}}$　　B. $P_{at}-P_{b0}$　　C. $\pi_a-\pi_b$　　D. $\frac{\pi_a}{\pi_b}$

3. 假设汇率变动与非抛补利率平价预测一致，此时非抛补利率平价理论的预测汇率E_{ex}大于抛补利率平价理论的预测汇率f，理性投机者此时应该采取的投资策略是（　　）。

A. 不采取操作

B. 在远期外汇市场上买进外汇，到期以远期外汇汇率卖出

C. 在远期外汇市场上卖出外汇，到期在即期外汇市场上以即期汇率买进

D. 在远期外汇市场上买进外汇，到期在即期外汇市场上以即期汇率卖出

4. 弹性价格货币分析法认为总供给曲线（　　）。

A. 向右上方倾斜　　B. 垂直

C. 水平　　D. 不确定

5. 超调模型认为，货币供给一次性增加后，汇率的变化情况是（　　）。

A. 先变大后变小至均衡汇率　　B. 先变小后变大至均衡汇率

C. 一直不变　　D. 马上达到均衡汇率

4.2 多项选择题

1. 绝对购买力平价理论成立的假设前提有（　　）。

A. 对于每种可贸易商品，它们各自在编制物价指数时，其权重都相等

B. 两国商品生产成本一样

C. 对于任何一种可贸易商品，一价定律都成立

D. 两国消费者的消费偏好一样

2. 非抛补利率平价理论成立的前提有（　　）。

A. 投资者为风险中性者

B. 套利资金供给弹性无穷大

C. 资本的国际流动不存在进出障碍

D. 资本的国际流动不存在交易成本

3.以下属于弹性价格货币分析法的观点有（　　）。

A.本国国民收入的相对上升不会对两国汇率产生影响

B.本国国民收入的相对上升会导致本国货币贬值

C.本国利率的相对上升会导致本国货币贬值

D.本国货币供给量的相对增加会导致本国货币贬值

4.以下属于超调模型的动态调整过程的是（　　）。

A.本国国民收入水平一直不变

B.本国利率先下降后上升至均衡利率

C.本国价格水平下降至均衡价格水平

D.外汇汇率先突然上升，后下降至均衡汇率

5.资产组合理论认为，本国货币当局实行公开市场业务，收购本国债券，对本国利率和汇率的影响有（　　）。

A.本币升值　　B.本币贬值

C.利率上升　　D.利率下降

4.3　问答题

1.什么是开放经济条件下的一价定律？它的成立条件有哪些？

2.评述购买力平价理论的主要内容。

3.评述利率和汇率之间的关系。

4.简述弹性价格货币分析法的主要内容。

5.简要叙述黏性价格货币分析法的短期和长期动态调整过程。

6.简要评述汇率决定的资产组合模型的主要内容。

4.4　分析题

1.假设当前美元利率和日元利率均为每年8%，假定美元利率上升为10%，而日元利率没有发生变化，那么新的均衡汇率会发生什么变化？

2.运用弹性价格货币分析法，思考一国一次性减少货币供给10%对外汇汇率有什么影响？

3.结合资产组合理论，分析一国货币当局在本国债券市场上卖出外国债券对市场利率和汇率有什么影响？

4.试用本章所讲的汇率决定理论对近年来人民币汇率变动情况予以分析。

★ 本章参考文献

[1] 姜波克，杨长江.国际金融学［M］. 4版.北京：高等教育出版社，2014.

[2] 买建国.外汇理论与实务［M］. 2版.上海：立信会计出版社，2008.

[3] 温建东.人民币购买力平价研究［J］. 金融研究，2005（4）：44-56.

[4] 易纲，范敏.人民币汇率的决定因素及走势分析［J］. 经济研究，1997，（10）：26-35.

[5] 邱冬阳.人民币购买力平价——1997—2005年数据的协整分析［J］. 经济

研究，2006（5）：31-40.

［6］韩志萍.购买力平价理论的实证检验法综述［J］. 中央财经大学学报，2002（12）：71-76.

［7］金中夏，陈浩.利用利率平价理论对主要货币利率的分析［J］. 金融研究，2009（8）.

［8］秦雪晋.汇率决定理论新发展［J］. 知识经济，2013（22）：78-79.

［9］伍戈，裴诚.境内外人民币汇率价格关系的定量研究［J］. 金融研究，2012（9）.

［10］刘威，吴宏.中美两国利率与汇率相互影响效应的评估研究：基于抛补利率平价理论的实证检验［J］. 世界经济研究，2010（2）：32-36.

［11］潘锡泉.中美利率和汇率动态效应研究：理论与实证——基于拓展的非抛补利率平价模型的研究［J］. 国际贸易问题，2013（6）：76-87.

［12］胡再勇.人民币对美元实际汇率变化：巴拉萨-萨缪尔森效应还是一价定律模型的偏离？［J］. 世界经济研究，2013（3）：16-21.

第5章

汇率制度与汇率政策

★ 导读

汇率制度是联系国内经济和国外经济的“纽带”，是一国重要的宏观经济政策。在经济全球化的背景下，汇率政策越来越成为政府对经济进行宏观调控的重要手段。汇率制度对各国汇率的决定有着重大影响，而在不同的汇率制度下，汇率变动对一国经济也有着不同程度的影响，各国都需要不同程度地对汇率进行干预，以改善国际收支，发展国内经济。一国应根据本国的经济规模、经济开放度、经济发展水平等因素选择适合自己的汇率制度。本章围绕汇率制度与汇率政策的相关情况分为四个部分进行阐述，分别介绍了国际汇率制度、固定汇率制度与中央银行干预、固定汇率制度下的其他稳定政策和人民币汇率制度的相关情况。

★ 关键概念

固定汇率制度　浮动汇率制度　冲销式干预　非冲销式干预　外汇管制

§5.1 国际汇率制度

汇率制度（exchange rate system），又称汇率安排（exchange rate arrangement），是指一国货币当局对于确定、维持、调整、管理汇率的原则、方法、方式和机构所做出的安排与规定。

5.1.1 汇率制度的分类与比较

1.汇率制度的分类

按汇率变动的幅度，传统的汇率制度分为固定汇率制度（fixed exchange rate system）和浮动汇率制度（floating exchange rate system）。

（1）固定汇率制度

固定汇率制度是指一国货币当局将本国货币同他国货币的兑换比率基本固定。固定汇率制度下的汇率受汇率平价的制约，在法定幅度内进行波动。固定汇率制度中比较典型的有金本位制下的固定汇率制度和布雷顿森林体系下的固定汇率制度。

金本位制下的固定汇率制度中，每一货币单位（铸币）都有法定的含金量，两国货币间的比价就是两种货币含金量之比，这种比价被称为铸币平价（gold parity）或法定平价。这一汇率制度是以铸币平价为基础，其汇率水平围绕铸币平价上下波动并保持相对稳定，其波动幅度以黄金输送点为界。

布雷顿森林体系下的固定汇率制度是通过国际的协议（《布雷顿森林协定》）人为建立起来的，其本质是以美元为中心的固定汇率制度。这一汇率制度以黄金平价为决定汇率的基础，黄金平价经国际货币基金组织的核准可以变更，汇率的波动幅度通过外汇干预、外汇管制等措施被限制在一定的范围内。

（2）浮动汇率制度

浮动汇率制度是指一国货币当局不规定本国货币同他国货币兑换比率的波动幅度，货币当局也不承担维持汇率波动界限的义务，而是由外汇市场的供求关系自行决定汇率。

自以美元为中心的固定汇率制度崩溃后，1973年以来，主要发达经济体都先后实行了浮动汇率制度。1976年1月，国际货币基金组织正式承认浮动汇率制度。1978年4月，国际基金组织理事会通过《关于第二次修改协定条例》，正式废止以美元为中心的国际货币体系。至此，浮动汇率制度在世界范围内取得了合法的地位。

按政府是否干预，浮动汇率制度分为自由浮动（free floating）和管理浮动（managed floating）。自由浮动又称“清洁浮动”，是指货币当局对外汇市场不加任何干预，其汇率完全由外汇市场上的供求状况决定，自由涨落、自行调节。管理浮动又称“肮脏浮动”，是指货币当局对外汇市场进行干预，以使市场汇率不致波动过大，或使汇率向着有利于本国经济发展的方向变动。目前，各主要工业国家所实行的基本上是管理浮动，我国目前实行的也是有管理的浮动汇率制度。这种汇率制度可以在保持货币政策的独立性的同时使汇率具有一定的灵活性。

完全任凭市场供求自发地形成汇率，而不采取任何干预措施的国家很少或几乎没有。各国政府往往都要根据本国的具体情况，或明或暗地对外汇市场进行不同程度地干预。

按汇率浮动的形式或程度，浮动汇率制度又分为单独浮动（independent floating）和联合浮动（joint floating）。单独浮动是指本国货币不与外国任何货币发生固定联系，其汇率根据外汇市场的供求状况单独浮动。联合浮动也称共同浮动，指集团成员方的货币之间保持固定汇率，而对非成员方货币采取共同浮动的做法，如欧洲货币体系。

2.固定汇率制度与浮动汇率制度的优缺点

（1）固定汇率制度的优缺点

固定汇率制度的优点在于：首先，在固定汇率制度下，一国政府承担维持本国汇率不超过官方规定的上下限的义务，汇率具有相对稳定性，这便于进行国际贸易、国际信贷与国际投资的经济主体进行成本和利润的核算，减少因汇率波动而带来的风险损失，有利于国际经济贸易的发展。其次，固定汇率制度具有内在稳定机制。由于政府有稳定汇率的承诺，当汇率波动有可能超过上下限时，投资者预期政府将干预外汇市场，并改变买卖行为，其所进行的外汇投机交易将有助于市场汇率的稳定。同时，稳定的汇率也在一定程度上抑制了外汇投机活动。

固定汇率制度的缺点在于：第一，在固定汇率制度下，要维持汇率不变，必须处理好内外平衡问题，即保持国际收支平衡，以便能够使汇率维持不变并控制总需求、接近没有通货膨胀的充分就业的状态。实行真正的固定汇率制度需要各国付出很大的调整代价。第二，在固定汇率制度下，当一国的国际收支出现逆差时，该国货币当局会进行市场干预，在外汇市场上买入本国货币，防止汇率的进一步下跌，这会使外汇储备流失，并形成紧缩性的经济影响；当国际收支出现顺差时，该国货币当局则会在外汇市场上卖出本国货币，防止汇率的进一步上涨，这会形成扩张性经济影响，使该国产生通货膨胀。第三，在固定汇率制度下，易导致本币币值被高估，这会削弱本国出口商品的竞争力，引起长期经常项目收支失衡。第四，在固定汇率制度下，汇率的变动缺乏弹性，僵化的汇率安排会鼓励短期资本的流入、没有套期保值的对外借债及国际游资的冲击，这会极大地损害本国金融体系的健康。固定汇率制度下，一国要么牺牲本国货币政策的独立性和有效性，要么限制资本的自由流动，否则容易引发货币和金融危机，如1997年的东南亚金融危机，一个主要原因就是，在采用固定汇率制度的情况下，又相应地放宽了对资本项目的管制。第五，在固定汇率制度下，通货膨胀极易在国际传播。当一国发生通货膨胀时，其货币对内贬值，而由于固定汇率制度下货币对内价值和对外价值脱节，则会导致在外汇市场上的汇率并不能及时调整，其他国家在因汇率不变而导致出口成本不变的情况下，会因该国国内物价的上涨而向该国大量出口，从而导致出口国出现贸易顺差，这样，一方面出口国的货币供给量会因外汇收入的增加而增加，另一方面出口国商品的供给减少，这样极易引发通货膨胀。

（2）浮动汇率制度的优缺点

浮动汇率制度的优点在于：首先，有利于国内经济政策保持独立性。浮动汇率制度使各国可以独立地实行自己的货币政策、财政政策和汇率政策。只要国际收支失衡不是特别严重，就不必调整财政、货币政策，不会出现以牺牲内部均衡来换取外部均衡的情况。其次，国际收支均衡得以自动实现。在浮动汇率制度下，汇率可以根据市场供求状况不断调整，从而使一国国际收支自动达到均衡。再次，减少了对外汇储备的需求，并使逆差国避免了外汇储备的流失。在浮动汇率制度下，各国货币当局没有义务维持货币的固定比价，汇率随着外汇供求的涨落而自动达到平衡，因而不会出现因被迫干预汇率形成的对外汇储备的巨大需求。这样，就避免了一国外汇储备的大量流失，有助于节省国际外汇储备，使更多的外汇用于本国的经济建设。最后，可以缓解国际游资的冲击。在固定汇率制度下，国际游资为了保持币值或谋求汇率变动的收益，在外汇市场上抢购硬货币（hard currency，或称强币（strong currency），即有汇率上升趋势的货币），抛售软货币（soft currency，或称弱币（weak currency），即有汇率下降趋势的货币），加剧汇率上升或下跌的趋势，对一国汇率稳定造成冲击，而在浮动汇率制度下，汇率由外汇市场上的供求关系决定，正确反映了两国货币的实际购买力，使币值对内对外同时均衡，降低了汇率受到冲击的可能性。

浮动汇率制度的缺点则在于：首先，浮动汇率制度不利于国际贸易和国际投资的发展。在浮动汇率制度下，一方面，汇率的波动会导致国际市场价格波动，使进出口贸易和对外投资损益的不确定性增加，风险增大，从而影响长期贸易契约的签订及长期国际投资的进行，使国际商品流通和资金借贷受到影响；另一方面，受汇率波动的影响，国际市场上商品的报价往往不稳定，从而削弱了商品在国际市场上的竞争力，也容易引起借故拖延付款、要求降价、取消合同等行为，给进出口业务带来不利影响。其次，浮动汇率制度具有内在的通货膨胀倾向。一方面，因为汇率的下浮可一定程度上自动调节国际收支，各国可长期推行通货膨胀政策而不必考虑国际收支问题；另一方面，浮动汇率下通货膨胀的传递具有不对称性，汇率下浮的国家物价会上涨，汇率上浮的国家物价会下跌。再次，浮动汇率制度助长了国际金融市场上的投机活动，使国际金融局势更加动荡。汇率频繁、大幅的变动为外汇投机提供了可乘之机，同时由汇率变动而导致的资金的频繁移动使货币政策的执行变得复杂，使财政货币政策的国内目标受到干扰，使金融市场的稳定受到影响。最后，浮动汇率制度不利于国际的协调，削弱了金融领域的国际合作，加剧了国际经济关系的矛盾。在浮动汇率制度下，各国通过干预外汇市场，使货币竞争性贬值，或听任汇率朝有利于本国的方向变动，以他国经济利益为代价扩大本国就业和出口，形成以邻为壑的汇率政策，这对国内经济的稳定发展和国际经济的合作都造成了不良影响。

总之，浮动汇率制度对一国宏观经济的管理能力，金融市场的发展等方面提出了更高的要求。

5.1.2　当前世界主要汇率制度形式

2009年，国际货币基金组织对成员方汇率制度进行了重新划分，共分为十大类，见表5-1。

表5-1　**世界主要汇率制度类型及特点**

汇率制度类型	主要特点
无独立法定货币的汇率制度	其他国家的货币作为唯一的法定货币在本国流通，或者本国遵从货币联盟成员方之间的汇率安排。欧元区、非洲法郎区是采用这一汇率制度的典型代表
货币局汇率制度	在法律中明确规定本国货币与某一外国可兑换货币保持固定的交换率，并且对本国货币的发行作特殊限制以保证履行这一法定义务。这一汇率制度的核心是联系汇率制，如中国香港的联系汇率制就存在中心汇率——官方汇率，存在事实上的汇率目标区
传统钉住汇率制度	钉住单一货币或者一篮子货币，汇率波动的最大幅度不超过中心汇率的±1%。越南、乌克兰、阿联酋等国家均采用这一汇率制度
稳定化安排	政府对保持汇率稳定的目标未做出明确承诺，但即期市场上汇率波动幅度，至少连续6个月保持在2%以内
水平带钉住汇率制度	钉住单一货币或者一篮子货币，允许汇率波动的幅度超过中心汇率的±1%。采用这一汇率制度的国家有丹麦、匈牙利、斯洛伐克等
爬行钉住汇率制度	一国货币当局按照某一固定的、事先宣布的幅度对汇率不时进行小幅调整，或根据多指标对汇率进行小幅调整。玻利维亚、哥斯达黎加、洪都拉斯等国家采用这一汇率制度
类爬行安排汇率制度	与爬行钉住制度类似，但此类货币是币值的波动范围维持在中心汇率上下至少1%，围绕中心汇率保持一定幅度，中心汇率根据固定的、事先宣布的值，或根据多指标，不时地进行调整
浮动汇率制度	汇率基本由市场决定，波动走向不可能被推测，货币当局试图影响汇率，但并没有确定的路径和目标
自由浮动汇率制度	6个月内政府对汇率的干预行为最多有三次，每次不超过三个营业日
其他有管理安排汇率制度	不符合上述所有定义，货币当局在外汇市场上频繁且没有规律地进行干预

表5-1中，根据IMF最新的分类，全球汇率制度整体上可划为硬钉住、软钉住、浮动和其他有管理的安排四大类；按照汇率浮动自由度的差异，又可细分为十小类。

20世纪90年代以来，全球汇率制度选择呈现“两极化”趋势——越来越多的经济体选择固定或浮动汇率制度，而选择中间性质汇率制度的经济体数量持续下降。

现阶段，美、日、英等多数主要发达经济体实行自由浮动汇率制（欧元作为一个整体也可看作自由浮动）；新兴经济体选择各类汇率制度的兼而有之，人民币被归类于爬行钉住制度。5-2中列出了主要国家的汇率制度安排。

表5-2 **主要国家汇率制度安排**

美国	自由浮动汇率制度	中国	类爬行安排汇率制度
加拿大	自由浮动汇率制度	欧元区国家	自由浮动汇率制度
日本	自由浮动汇率制度	英国	自由浮动汇率制度
俄罗斯	浮动汇率制度	沙特阿拉伯	传统钉住汇率制度
阿根廷	类爬行安排汇率制度	土耳其	浮动汇率制度
印度尼西亚	浮动汇率制度	澳大利亚	自由浮动汇率制度
韩国	自由浮动汇率制度	南非	浮动汇率制度
巴西	浮动汇率制度	墨西哥	自由浮动汇率制度

5.1.3 汇率制度的选择

汇率制度的选择一直是国际金融领域里争论不休的一个重要问题。早期的汇率制度选择理论主要是伴随着国际收支调节理论之间的争论而发展起来的，之后，汇率制度选择的相关理论一直处在不断的发展变化中。这里主要向大家介绍20世纪50年代以来的一些重要的汇率选择理论。

1.成本收益理论

成本收益理论从成本收益的角度研究汇率制度的选择。该理论认为，一国选择何种汇率制度取决于实行这一制度所产生的经济收益与成本的比较。固定汇率制度的收益主要在于能规避汇率风险，降低国际贸易和投资的交易费用，促进贸易投资；其成本则是，当外界经济环境发生变化时，其无法进行适时调整，从而造成汇率的高估或低估，影响一国金融安全。浮动汇率制度所带来的收益是其独立的货币政策、自动调节的稳定器功能；其成本则是浮动汇率给经济带来的不稳定因素。

2.政策搭配理论

政策搭配理论从政策配合角度来研究汇率制度的选择。该理论认为汇率制度的选择要注意与宏观经济政策以及与相关制度安排和资本管制状况的合理搭配。蒙代尔-弗莱明模型（该模型我们将在以后章节进行讨论）分析了不同汇率制度下财政政策和货币政策的效应，即在给定假定前提的情况下，固定汇率制度下的财政政策有效、货币政策无效；浮动汇率制度下的货币政策有效、财政政策无效。这就是克鲁格曼的"三元悖论"，即资本自由流动、汇率稳定、货币政策独立性三者之间存在着"不可能三角"，三个目标中只能实现其中的一个或者两个。

3. 经济结构理论

经济结构理论从经济结构特征角度来研究汇率制度的选择。由于不同国家的经济结构不同，其选择的汇率制度形式也不同。蒙代尔提出了"最佳货币区"理论，指出如果一个区域内的各个国家经济一体化程度足够高，生产要素自由流动，在该区域内的国家间就可以实行固定汇率制；如果经济一体化程度不够高、生产要素不能自由流动、经济发展不平衡，区域内的国家就不宜采用固定汇率制。因为在后一种情况下，需要以货币币值的变动去促使生产要素的流动、发展经济和解决就业问题，更适合采取浮动汇率制度。

一般说来，影响汇率选择的主要因素有：一国的经济开放程度、经济规模及经济结构、贸易商品结构及地理分布、国内外金融市场的一体化程度及金融经济秩序的稳定状况、相对通货膨胀率等。当一国经济开放程度低、外贸依存度低、经济规模较大、贸易商品多样化程度高、地区分布比较集中、国内金融市场发达且同国际金融市场一体化程度较高、相对通货膨胀率差异大、社会更倾向于收入增长而不是收入稳定时，该国一般倾向于采取相对灵活的弹性汇率制度；反之，则倾向于采取较稳定的固定汇率制度或钉住汇率制度。

最终判断一国汇率制度选择是否适当的标准应该是汇率制度在资本流动条件下的可持续性和对危机的防范能力。

§5.2　固定汇率制度与中央银行干预

汇率是一个重要的经济参数，经济的发展和稳定有赖于稳定的汇率，中央银行有必要对汇率进行积极的管理和干预。在固定汇率制度下，一国政府需要承担维持本国汇率不超过官方规定的上下限的义务；而在浮动汇率制度下，汇率频繁且大幅的波动必然会对各国经济造成不利影响。从微观经济来看，参与国际贸易的企业面临着汇率随机变动的风险，因此，为了便利市场功能的良好发挥，维持汇率的稳定非常必要；从宏观经济来看，改善因汇率波动引起的实际经济混乱，也需要维持汇率的稳定。可见，无论是在固定汇率制度下还是在浮动汇率制度下，货币当局对于外汇的干预都具有十分重要的意义。

5.2.1　中央银行干预外汇市场的目的

中央银行对外汇市场进行干预的主要目的在于：

1.防止汇率在短期内过度波动

汇率短期波动的原因是多方面的，既包括经济因素，如短期游资在国际的流动；也包括非经济因素，如市场预期、政治因素等。在短期内，外汇市场上的大幅波动会对经济金融的运行带来不同程度的冲击，影响宏观经济目标的实现。如果中央银行认为外汇市场在短期内的波动已超出了宏观经济稳健运行所能承受的范围，则会入市进行干预。从外汇市场运行的角度看，中央银行此时的干预一般同外汇市场汇率的波动呈相反方向，即：央行买入具有下跌趋势的货币，卖出具有上涨趋势的货币，防止其进一步下跌或上涨，将其维持在一稳定的水平上。中央银行的逆向操作对稳定汇率短期的大幅波动具有积极的作用，但是这一干预措施要求央行拥有足够的外汇储备，并且能对外汇市场上汇率的波动进行准确的判断。然而，上述条件在很多情况下无法得到满足。例如，中央银行的外汇储备有限，或不能准确判断外汇市场汇率的波动是否代表了汇率长期的发展趋势。此时，央行可在入市初期，采取试探性的措施，测试市场的反应，然后再决定是否干预。值得指出的是，中央银行在特定的市场条件下不入市买卖外汇也是一种干预行为，这会鼓励外汇市场上汇率波动的方向进一步变动。例如，东南亚金融危机后，日本就对日元的贬值采取了默许的态度。

2.避免汇率水平在中长期内失调

汇率的中长期不稳定会对投资、储蓄、资本流动和对外贸易等产生明显不利的影响。从长期看，影响汇率的一系列基本性因素（如经济结构、经济总量因素、国际竞争力等）在不断发生变化，这种变化累积到一定程度，就必然要求汇率做出与之相适应的调整。在这个过程中，中央银行必须采取措施，实行反向干预，调整汇率的发展趋势，减缓汇率的中长期变动。

在宏观经济管理中，外汇操作是进行政策搭配、调节内外经济需求的一项重要工具。为了实现预定的宏观政策目标，中央银行可以通过干预外汇市场，并与其他政策工具相搭配，影响整体经济金融的运行状况。在非冲销式干预下，中央银行买入外汇，增加货币供应量，刺激经济；反之，则卖出外汇，减少货币供应量，紧缩经济。在中央银行追求多重目标时，应把外汇操作同其他金融政策工具（如公开市场操作）有机地结合起来，以实现多元政策目标。例如，如果中央银行要采取中性的货币政策，中央银行在外汇市场上卖出外汇回收本币，同时就需要通过公开市场操作买入债券发行货币。然而，央行卖出外汇回收的本币数量与买入债券发行的基础货币数量不一定能恰好相等，两种操作不一定能完全对冲。各种不同的政策工具及不同数量的搭配会产生不同的政策效果，因此，在中央银行将外汇干预作为其他宏观经济政策工具的配合手段时，必须综合考虑其对宏观经济运行的影响。这就对中央银行的操作技术提出了更高的要求，同时还要求国内具有较发达的金融市场，否则，中央银行在外汇市场上进行干预所产生的政策效应难以顺利地扩展到整个经济体系中去，搭配政策难以取得理想的效果。

3.其他目的

（1）使市场汇率波动情况不致偏离一定时期的汇率目标区。对于汇率政策采用汇率目标区的国家，为了将汇率波动维持在汇率目标区域范围内，中央银行必须采取相应的干预行为。当外汇供大于求，本币汇率上涨并突破汇率目标区域时，中央银行在外汇市场上买入外汇，使本币汇率回落到预定区域内；当外汇供小于求，本币汇率下跌出汇率目标区域时，中央银行在外汇市场上卖出外汇，阻止本币的进一步下跌，使汇率回升到目标区域内。一般来讲，中央银行干预汇率的方向同汇率波动的方向相反，只有在汇率偏离过远，且在汇率回返途中，中央银行为了加快汇率回返目标区域的速度，才会使干预方向与汇率波动方向相一致。

（2）中央银行干预外汇市场还可以实现一些短期的政策目标。第一，为了防止对外支付流动性的短缺，中央银行在外汇市场上买入外汇，增加外汇储备，这一干预方式对债务国和长期外汇短缺的国家非常重要；第二，为了防止金融资本市场上发生大规模的资产转换所导致的不良影响，中央银行入市干预，使汇率维持在一定的水平上；第三，为了维持本国商品对外的竞争力，中央银行采用干预方式阻止本币升值。

5.2.2　中央银行干预外汇市场的类型

1.按干预的手段划分

按干预的手段，外汇市场干预可分为直接干预（direct intervention）和间接干预（indirect intervention）。

直接干预是指中央银行直接参与外汇市场的买卖，改变原有的外汇供求关系以引起汇率的变化，进而达到稳定汇率的目的。在直接干预下，中央银行一般直接与商业银行或委托商业银行作为代理进行较大金额的外汇买卖，也可以直接入市进行买卖。当对某种货币的需求非常强劲时，中央银行在直接干预方式下就会卖出这种货币。如果央行卖出的货币数量有限，则不一定对汇率变动产生显著影响。此时，干预的行为是让买方能够以比较低的价格买进该货币。如果中央银行干预力度大，汇率的走势可能发生反转。可是，在干预之后，如果对该种货币的需求仍然非常强劲，则汇率可能再次上涨。如果中央银行希望本国货币的汇率以稳定的方式贬值，可能需要同时进行买卖双边干预。为了缓和本币贬值的速度，需要在某些时候买进本币，如果汇率的反弹幅度过大，中央银行可以再卖出本币。中央银行一般通过即期外汇交易、远期外汇交易、回购交易等方式进行干预。

间接干预是指中央银行不直接进入外汇市场进行干预，而是通过调整宏观货币政策或其他方式，影响短期资本流出与流入，从而间接影响外汇市场供求状况和汇率水平。中央银行对外汇市场的间接干预一般有两种类型：

（1）通过货币政策工具干预利率等国内金融变量进而影响汇率的走势。这一影响可以从三个方面来分析：第一，公开市场业务，即中央银行在金融市场上购入或卖出政府债券，影响外汇汇率走向。当市面上投机过度，物价指数太高，本币大幅贬值时，中央银行在证券市场上卖出政府债券，收紧银根，从而使利率上升，利率的上升会导致本币的汇价上涨。如果央行在市场上买入债券，放松银根，利率下降，投资者会转存外币，抛出本币，该货币汇价会因此而下跌。第二，调整再贴现率，即中央银行通过调整再贴现率来影响利率的走向，从而影响外汇汇率的变化。如果中央银行调低再贴现率，使商业银行向中央银行借款的成本降低，商业银行则会减息，降低利率，从而使本币贬值；如果再贴现率提升，商业银行向中央银行借款的成本上升，商业银行则会加息，提高利率，从而使本币升值。第三，调整准备金率，即中央银行通过调整商业银行和其他存款机构的法定准备金率，改变其货币供给量，进而改变利率，影响汇率的变化。中央银行提高存款准备金率，利率上升，从而汇率上升；反之，中央银行降低存款准备金率，利率下降，从而汇率下降。但这种方法对国内经济的影响比较大，并且因利率管制的存在，这种方法干预的余地有限并存在时滞，所以，作为单纯的干预外汇市场的手段并不经常使用，但是作为政策搭配的方式之一，政策当局权衡国内经济平衡和对外平衡等各项目标之后，有可能采用。

（2）通过中央银行公开宣告或发出某种信号或暗示的方法来影响或诱导外汇市场参与者的预期，进而影响汇率。中央银行可以通过新闻媒体表达对汇率的走势的看法，或发表有利于中央银行政策意图的经济指标，影响市场参加者对汇率走势的心理预期，从而影响其市场行为。

2.按是否引起货币量的变化划分

按是否引起货币量的变化，外汇市场干预可分为冲销式干预（sterilized intervention）和非冲销式干预（non-sterilized intervention）。

中央银行干预外汇市场实际上是通过本币和外币的资产转换完成的，因此当中央银行买入外汇时就要向市场投放本币，卖出外汇时就要从市场回收本币。由于从中央银行流出、流入的本币是基础货币，通过货币乘数效应，能够产生数倍于基础货币的货币供应量的扩张和紧缩效应，因此，中央银行在外汇市场买入外汇之时，是否通过其他途径收回投向外汇市场的本币，将直接影响干预政策的效果。

冲销式干预是指中央银行在干预外汇市场的同时，通过其他货币政策工具（如央行在国债市场的公开市场操作）来抵消前者对货币供应量的影响，从而维持货币供应量不变的外汇市场干预行为。为抵消外汇市场交易对货币供应量的影响而采用的政策措施被称为冲销措施。冲销式干预由于基本上不改变货币供应量，从而很难引起利率的变化，也不会影响国内的其他金融政策目标的实现，不会牺牲宏观经济的稳定性。

非冲销式干预是指中央银行在干预外汇市场时不采取其他货币政策与之配合，干预过程中货币供应量会发生改变的外汇市场干预行为。非冲销式干预直接改变了货币供应量，从而有可能改变利率以及其他经济变量，干扰国内其他金融政策目标的实现。例如，若英镑对美元汇价被认为是过度升值，在外汇市场上表现为对英镑的需求大于英镑的供给，或者说，对外汇的需求小于外汇的供给，英格兰银行为调整英镑供求关系的不平衡状况，使英镑汇价回落到适当水平，就会卖掉英镑而购买外汇（美元），从而造成英国持有的外汇储备增加。如果是冲销式干预，英格兰银行在买进外汇卖出英镑的同时，为从流通中吸纳卖出的英镑，可通过发行短期票据或债券的方式来抵消国内货币的增加；如果是非冲销式干预，英格兰银行这一动作就加大了英格兰银行的高能货币量，国内流通中的英镑将随之增多。

一般来讲，在钉住汇率制下，假设资本自由流动，当一国出现国际收支顺差或逆差时，非冲销式干预比冲销式干预更有效。因为非冲销式干预产生一种调整机制过程，使基本经济因素发生变化，可消除当初的不平衡状态；而冲销式干预只是起到类似于为国际收支逆差融资的作用，并未改善产生逆差的经济环境。举例来说，如果我国国际收支出现持续逆差，国际收支恶化，我国若采取非冲销式干预，就会在外汇市场上抛售一定数量的美元，从而增加了外汇市场上美元的供给，并减少了我国国内的货币基础，使人民币的供给减少，继而促使国内利率水平上升，净资本收入增加，资本外流减少，同时，国内面临紧缩的压力，进口减少，对外汇的需求也将减少。可见，通过非冲销式干预，资本项目和经常项目得到改善，从而改善了国际收支逆差。若我国采用冲销式干预，在外汇市场上抛售美元的同时，通过公开市场业务购买国债，这样货币供应量并未发生改变，仅仅是用人民币替换了美元，并未产生任何经济调整的内容。

关于冲销式干预和非冲销式干预的效果，西方七国在1983年的一份题为《七国财长关于干预外汇市场的作业报告》的文件中指出："可以确认非冲销式干预具有较高的有效性。冲销式干预虽然不具有持续的效果，但是，对市场交易的不稳定或因突发性原因引致的外汇市场的混乱，具有缩小汇率波动幅度的效果，因此，就短期来看，冲销式干预也是有效的。"

虽然理论上，非冲销式干预比冲销式干预更有效，但很多工业发达经济体仍然进行冲销式干预。因为：第一，预期是不确定的，中央银行可以通过大量而持久的干预，引起外汇储备的大幅度变化，从而改变市场参与者的汇率预期；第二，非冲销式干预通过货币供应量的变化，影响利率变化，再影响汇率，其调整过程较长，存在着汇率调整的时滞，此外，干预过程中，汇率变化和宏观经济调整之间在时间上呈现不对称关系；第三，干预的规模不可能很大，非冲销式干预存在着影响金融政策独立性的缺陷，因此，即使进行干预，规模也不能很大，否则将影响国内经济的稳定性；第四，虽然冲销式干预与非冲销式干预的效应存在差异，但也有共同之处，干预本身就是一个信号，它告诉市场有关中央银行对宏观经济以及汇率走势的态度，从而影响市场参与者的预期，进而影响汇率。

最后必须指出，一般而言，中央银行干预外汇市场、影响汇率的行为并不能从根本上改变汇率，只能影响短期汇率，汇率发展的长期趋势是由两国相对的通货膨胀水平或由两国相对的经济增长率、货币供应增长率以及经济结构的相对变动等综合因素决定的。

3.按干预策略划分

按干预策略，外汇市场干预可分为熨平每日波动型干预、砥柱中流型干预、非官方钉住型干预。

熨平每日波动型干预是指货币当局在外汇汇率走低时买入，在汇率走高时卖出，以使汇率变动的波幅缩小的干预形式。这种方式主要是针对资金短期大量进出、资金流动的季节性干扰等情况。

砥柱中流型干预又称逆向型干预，是指货币当局在面临突发因素造成的汇率单方向大幅度波动时，采取反向交易的形式以维护外汇市场稳定的干预方式。

非官方钉住型干预是指货币当局单方向、非公开地确定所要实现的汇率水平及变动范围，在市场汇率变动与之不符时就入市干预的干预形式。

4.按参与干预的国家划分

按参与干预的国家，外汇市场干预可分为单边干预与联合干预。

单边干预是指一国对本国货币与某外国货币之间的汇率变动，在没有相关的其他国家的配合下独自进行的干预。单边干预通常出现在小国与大国货币之间的汇率进行调节的情况，此外，缺乏国际协调时的各国对外汇市场的干预也多采取单边干预的形式。

联合干预是指两国乃至多国联合协调行动，对汇率进行干预。随着外汇市场投机性资金规模的加大，国际政策协调的加强，市场消息传播的迅速，各国对外汇市场的干预开始越来越多地采用联合干预的形式。

5.2.3 中央银行干预外汇市场的传导途径与效果评判

1.中央银行干预外汇市场产生的传导途径

中央银行运用外汇储备，可以通过在外汇市场上的外汇买卖，直接影响货币供求，具有直接效应；通过外汇市场及相关的交易（如公开市场业务）来改变其资产的数量结构，从而对汇率产生影响，具有资产调整效应；或者，通过相关货币政策，改变其他经济变量，从而达到进一步影响汇率的目的。但值得注意的是，中央银行干预将产生强大的预期效应。

中央银行对外汇市场的干预会形成市场预期。中央银行在干预活动中发出明确信号，使外汇市场参与者在新的市场条件下改变其市场预期，进而对外汇市场上的汇率变动产生影响。从理论上说，在汇率决定的资产定价模型中，如果市场改变对货币政策的预期，它也将改变对未来即期汇率的预期，从而导致即期汇率的相应变化；另外，它直接影响远期汇率，进而对即期汇率产生影响。

第一，中央银行在入市干预之际，其政策意图和操作目标产生了“宣布效应”，从而改变市场主体的心理预期，有利于平稳市场波动，降低中央银行进行干预的难度和成本。宣布效应的实现要求市场参与者遵循理性预期，最为重要的是，中央银行必须建立起言行一致或具有政策一致性的声誉，从而使其发出的信号具有可信性。

第二，在中央银行整个干预活动中，市场预期也是干预活动主要的传导途径之一。首先，从理论上说，在汇率决定的投资组合中，汇率由投资者对分散化持有国内货币资产的决策所决定，而市场预期对于投资者的决策具有显著的影响作用。其次，有效的干预活动必然通过适当的方式向外汇市场提供以前不知道或未充分反映的相关信息，进一步影响的程度则具体取决于宏观调控当局和外汇市场参与者之间的信息对称情况。

第三，由于市场预期的独特作用，以及市场预期形成之后往往具有一定的惯性，中央银行在干预的不同阶段应采用不同的干预力度。在入市之初，干预的力度往往较大，以及时稳定市场及市场的预期；随后，中央银行根据具体的市场状况继续进行温和的干预，使外汇市场恢复和保持平稳的运行。

2. 中央银行干预外汇市场的效果评判

一般来讲，衡量官方干预外汇市场效果的标准主要有两个：盈利标准和均衡汇率标准。

盈利标准是指中央银行在进行市场干预这一经济活动时，是否收益大于成本。因为对于任何一项经济活动而言，只有在取得盈利的情况下，该项活动才是合理的。

对于外汇干预而言，其收益是外汇干预所带来全部好处，它也体现了货币当局进行干预的动机和目的。外汇干预的收益可分为两部分：在干预外汇市场过程中所产生的基于汇差的盈利和实现预定汇率目标的收益，而后者又是主项收益，有着丰富的内涵。从微观上讲，通过外汇干预实现汇率稳定或汇率的合理调整，有利于外贸企业的经济核算，降低经营管理风险。从宏观上来看，实现汇率目标的收益主要在维持国家收支平衡、引导资源合理配置、促进经济增长等方面。此外，维持稳定的汇率，还能提高当事国的国际威望和国际金融地位。

外汇干预的成本包括三部分：外汇储备变动的成本，因外汇干预所导致的国内货币政策失控的成本和操作成本。外汇干预是通过外汇买卖影响市场供求和市场交易者的心理预期来进行的，它必然引起外汇储备的累积或流失，当一国货币当局为避免本币升值而购进外汇时，储备随之增加，反之储备减少。外汇干预的规模越大，时间越长，外汇储备的积累或流失就越大。外汇储备的过多或过少都有不利之处。

一般来讲，一国外汇储备的适度规模应相当于维持该国三至四个月的正常进口的水平，或是当年外债总额的40%左右。储备规模过大，则该国存入他国的低息存款或购买的外国债券过多，会造成巨大的机会成本，而且，过度储备还会带来风险损失成本，即过多外汇储备暴露在汇率风险中而产生的潜在或现实的损失成本。

当外汇储备因干预而大量流失时，就有可能削弱公众对货币当局维持汇率稳定的信心。如果外汇流失超过警戒线，将使国际清偿力严重不足，无法满足必要的、正常的进口需求，偿还外债本息也有困难，如果引起债务危机，将严重影响一国信誉，因此，外汇过度流失也是一项成本负担。

而对于国内货币政策而言，如果当局采用非冲销干预，必然会影响国内的基础货币，并通过货币乘数使货币供应量成倍改变，影响国内经济政策的稳定。冲销干预从理论上看不会影响一国基础货币的投入，但实际上中央银行的冲销操作要受到冲销工具、国内金融市场发育程度等诸多因素限制，冲销效果并不一定能完全抵销对国内货币政策的不利影响，国内货币政策的独立仍然得不到全部保证。操作成本则是货币当局买卖外汇而产生的差价损失。

目前，国际上对盈利标准比较流行的判断方法是1983年经济学家梅耶（H. Mayer）和塔士奇（H.Taguchi）提出的，即：如果在干预中，货币当局获得了利润，就会减少汇率不必要的波动；反之，如果货币当局从干预中受损，就会加重汇率的不稳定。

均衡汇率标准是用汇率的长期均衡走势来评价官方干预对汇率稳定性的影响，具有现实意义。其基本原则是判断中央银行对外汇市场的干预是将市场汇率拉向还是推离当时存在的均衡汇率。这一原则将真实汇率长期变化的平均值近似看成均衡汇率，考虑均衡汇率本身的变化，而不考虑国际利差的存在。

中央银行实行外汇干预对外汇市场造成的影响可以从短期和长期两个方面来观察：从短期来看，一国外汇市场的汇率波动多是由信息、突发事件、人为投机等因素引起的，这些因素造成汇率在短期内的波动一般都是短暂的，那么，短期内的中央银行干预将会十分有效。从长期来看，一国外汇市场的汇率波动多是由该国的宏观经济水平、利率和政府货币政策决定的，此时的中央银行干预，其效果非常有限甚至是无效的。在长期，中央银行进行干预主要是为了缓和本国货币在外汇市场上的跌势或升势，这样可避免汇率的剧烈波动对国内宏观经济的过度冲击；同时，由于外汇市场一般都需要一定的时间来消化中央银行对外汇市场突然进行的某项干预，这就将给予中央银行一定的时间来重新考虑其货币政策或外汇政策，从而做出适当的调整。

专栏5-1

中国人民银行货币发行的主要渠道与货币发行量调节

我国货币政策的主要工具有公开市场业务、存款准备金、中央银行贷款、常备借贷便利、利率政策。其中前四项直接与货币发行有关。

1985—1993年，中国人民银行对商业银行的再贷款曾是我国基础货币投放的主要方式；1994—2011年外汇占款成为中国人民银行基础货币投放的主要方式；从图5-1中可以看出，自1993年开始，我国外汇占款逐年增加，2002年后外汇占款呈直线上升态势，外汇占款占基础货币的比重迅速增大，央行承受着冲销操作的巨大压力。2012年以来，我国经济和金融运行出现了一些新的变化，主要是外汇占款增速放缓，对基础货币投放的压力减轻，从而使中央银行逐渐具备了从过去十余年被动的外汇占款单一渠道投放基础货币，转向主动多渠道投放基础货币的条件。借鉴国际经验，中国人民银行于2013年年初创设了常备借贷便利（Standing Lending Facility，SLF）。常备借贷便利是中国人民银行正常的流动性供给渠道，主要功能是满足金融机构期限较长的大额流动性需求。对象主要为政策性银行和全国性商业银行。常备借贷便利期限为1～3个月。利率水平根据货币政策调控、引导市场利率的需要等综合确定。常备借贷便利以抵押方式发放，合格抵押品包括高信用评级的债券类资产及优质信贷资产等。

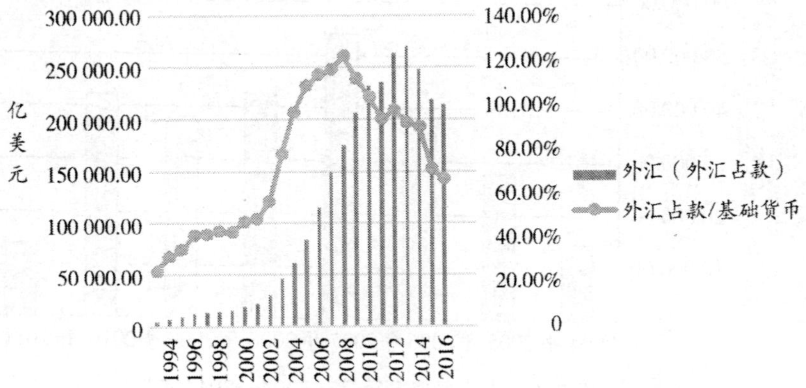

图5-1　1994—2016年外汇占款及其占基础货币的比重

资料来源　中国人民银行调查统计司.中国人民银行统计季报［M］.北京：中国金融出版社，1994—2017年各期.

1999年至2001年，新增的外汇储备主要用于减少商业银行的再贷款。对于商业银行改革而言，当时还有一项制度安排，即成立四大资产管理公司收购四大国有银行1.4万亿元不良资产，其中收购资金来源包括央行对四大资产管理公司的再贷款。由于四大资产管理公司不具有存款货币创造功能，因此这样的制度安排不仅有效剥离了资产，而且避免了潜在的货币供应量增加的风险。这段时期的冲销操作起到了很好的效果。一方面，资产负债表保持了较合理的结构，国外资产占比没有超过45%；另一方面，由于央行进行资产面的内部冲销，有效避免了资产负债表整体规模的快速扩张，1999年至2001年整体规模的增长率维持在10%左右。

从资产面来说，外汇资产的冲销除金融机构再贷款外，另一个可替代的资产是对政府债权，这主要通过央行公开市场操作实现国债的吞吐。1998年，央行已经开始从事公开市场操作。到2002年，商业银行的不良资产大部分已经剥离，这时大幅度冲销再贷款已无太多余地，而央行在采取回购来收缩流动性方面面临工具不足的问题。在两难困境下，央行于2002年9月24日将一些未到期的回购转化成央行票据。央票作为主要冲销手段是从2004年开始的，这一年之前外汇储备的年增长规模在千亿美元以下，2004年则上冲至2 067亿美元。图5-2展示了2004—2011年每年央票的发行规模，2004年后，央票每年发行量持续增长，到2007年到达顶峰，其后基本维持在每年发行4万亿元左右。与再贷款相比，央票的明显缺陷是它导致央行资产负债表的扩张，2004年至2007年，央行资产负债表保持了年均29%的扩张速度，国外资产占比平均达到68%。此外，央票还面临着冲销可持续性和成本两大问题，由于央票存在一定的期限，它很难担纲央行长期冲销任务，相反，由于央票需要付息，当它到期时释放的货币数量比发行时还要多，事实上形成了一种扩张的政策。从2011年开始，央行票据发行量大规模开始减少。

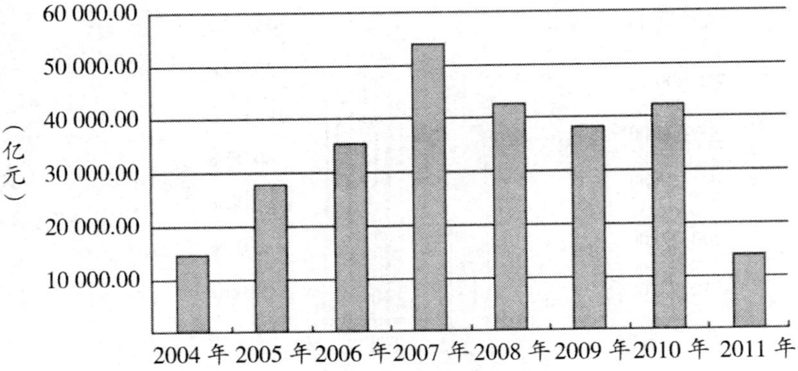

图5-2　央行票据发行量（2004—2011年）

法定准备金作为主要冲销手段于2006年7月粉墨登场。2006年7月，央票的发行成本已经接近3%，而同期法定准备金的利率仅为1.89%，央票发行是否成功需要看市场的认可程度，法定准备金通过行政命令很容易实现冲销干预。所以，为了加大冲销力度并降低成本，2007年和2008年法定准备金率分别提高了10次。2009年，法定准备金率没有变动，央票又重新回归主要的冲销手段，全年共计发行38 240亿元。其原因主要还是央行对成本的考虑，2009年7月前央票发行利率没有超过1.5%低于同期法定准备金1.62%的利率，此后的央票利率水平大致维持在1.7%。法定准备金作为负债面的冲销手段与央票一样，存在着资产负债表规模扩大的弊端。此外，它可能对银行体系造成结构性扭曲：购买外汇的资金来源是提高准备金，这对所有银行是一样的，但由于主要的结售汇市场集中在大型商业银行，人民币资金的回流去向也主要集中在大型商业银行，这对中小银行造成了实质上的紧缩效应。考虑到这一因素，央行从2008年9月起实施差别存款准备金制度。

2010年1月，法定准备金率进入不断上调阶段。金融危机过后，国内流动性过剩、通货膨胀、房价飞涨等问题层出不穷，迫切需要收缩流动性。到2011年11月，大型金融机构存款准备金率达到近21.5%的历史最高位。

2015年存款准备金开始进入小幅下调阶段。外汇占款趋减，消费价格指数下行趋势确立，采购经济指数疲软以及工业增加值继续下降。2015年共调整了5次存款准备金率，2016年2月29日，中国人民银行决定，自从2016年3月1日起，再次下调金融机构人民币存款准备金率0.5个百分点，以维持金融体系流动性合理富裕，引导货币信贷适度增长，为供给侧结构性改革营造适宜的货币金融环境。

历次存款准备金率的调整情况如图5-3所示。

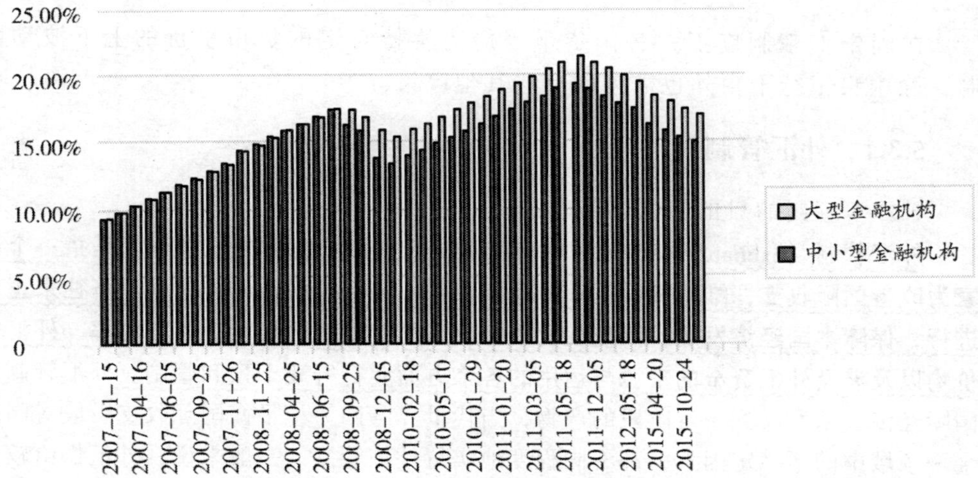

图5-3　历次存款准备金率调整情况（2007—2016年）

资料来源　蔡真.从央行资产负债表解读中国货币政策［J］. 银行家，2011（5）.

5.2.4　国际货币基金组织关于中央银行外汇干预的相关规定

为维持汇率的稳定，并防止各国利用干预汇率之机进行不正当竞争，损害他国利益，国际货币基金组织就中央银行对外汇市场干预问题制定了一系列的规定。

国际货币基金组织所属的"国际货币制度改革和有关问题委员会"在1974年6月发表的《国际货币制度改革大纲》中指出：①当发生日常的或一周以内短期的汇率大幅度波动时，中央银行应该进行干预；②对月度或季度较长期的汇率波动，中央银行可以运用干预或其他手段维持汇率的稳定；③禁止中央银行做出同汇率波动趋势相一致的干预，即当外汇汇率上升时，中央银行不应再买进外汇，促使外汇进一步上涨；当外汇汇率下跌时，中央银行不应再卖出外汇，促使外汇进一步下跌。但对于制定汇率目标区的国家，不受此限制。为了区别是否属于目标区的同方向干预，国际货币基金组织规定，实施目标区的国家，在目标区的制定和变化时都必须提交国际货币基金组织批准。

随着各国干预外汇市场的经常化，国际货币基金组织理事会于1997年4月发表了《关于汇率政策的监督》的文件。其中指出，第一，如果国际货币基金组织的成员方欲对汇率做长期的、大规模的、单一方向的干预，必须同基金组织协商决定。第二，干预原则的具体规定如下：①成员方货币在短期内发生大幅度波动时，该成员方必须干预；②干预外汇市场不能够妨碍有效的国际收支调节；③干预要兼顾本国和外国的利益，不能以获取对其他成员方不公正的竞争优势为目的。

§5.3 固定汇率制度下的其他稳定政策

在固定汇率制度下，各国货币当局为维持官定的货币平价的上下波动限制，除中央银行干预外也需采取一些其他政策。

5.3.1 外汇管制

1.外汇管制的目的、内容与方式

外汇管制（exchange control or exchange restriction）也称外汇管理，是指一个国家为改善国际收支，维持货币汇率的稳定，防止外汇投机，维护对外经济往来正常进行，保障本国经济发展，而授权货币行政当局对外汇的买卖、外汇汇率、外汇等价物以及涉及外汇资金的来源与运用的各个方面实行行政干预和管制。外汇管制是国际经济关系发展到一定阶段的产物，当代世界各国为了平衡国际收支、应对国际金融领域中的不稳定因素，都不同程度地实行外汇管制。一般来说，外汇供给较丰富且外汇市场较发达的国家，大多通过设立外汇平准基金来维持汇率的稳定。而外汇供给较缺乏且外汇市场欠发达的国家，则实施较为严格的外汇管理办法。

在实行外汇管制的国家，一般由政府授权中央银行、财政部或另行成立专门的政府机构行使外汇管制职能。有些国家还由中央银行指定经营外汇的商业银行按外汇管制法令办理一切外汇业务，使外汇业务集中在少数银行，以便于管理。

实行外汇管制的目的一般有：①促进国际收支平衡或改善国际收支状况。②稳定本币汇率，降低涉外经济活动中的外汇风险。③防止资本外逃或大规模的投机性资本流动，维护本国金融市场的稳定。④增加本国的国际储备。⑤有效利用外汇资金，推动重点产业优先发展。⑥增强本国产品的国际竞争能力。⑦稳定国内物价水平，避免受国际市场价格剧烈变动的影响。⑧增强金融安全。

根据各国管制的严格程度，外汇管制可分为三种类型：①严格外汇管制。严格外汇管制又称全面外汇管制，其对贸易收支、非贸易收支和资本项目收支都加以严格限制。这些国家主要是广大发展中国家和目前仍然实行计划经济的国家，如印度、赞比亚、秘鲁等。这些国家实行严格的外汇管制主要是因为经济不发达、出口创汇有限、缺乏外汇资金和市场机制不成熟等。②部分外汇管制。这类管制原则上不对贸易和非贸易收支加以管制，但对资本项目的收支则仍加以不同程度的管制。实施这类外汇管制的国家多为新兴工业化国家以及国际收支和经济状况较好的发展中国家，如中国。这类国家一般经济发展较快，市场机制在经济活动中起主导作用，并已承诺了《国际货币基金协定》第八条款，即不对经常项目的收支加以限制，不采取有歧视性的差别汇率或多重利率。③名义上取消的外汇管制。这类管制对经常项目和资本项目的外汇交易不实行普遍的和经常性的限制，但在实际中仍有某些变相或间接的外汇管制，如从政治或外交需要出发，对某些特定项目或国家，采取冻结外汇资产和限制外汇交易等制裁手段。属于这一类型的国家主要是经济发达国家，如美国、德国等，以及科威特、沙特阿拉伯等石油输出国。这些国家的汇率一般为自由浮动制，货币也实行自由兑换。

根据对象不同，外汇管制亦可分为：①价格管制。价格管制具体包括实行本币高估和采用复汇率制。一国出于鼓励先进机器设备进口，促进经济发展，维持本国的物价稳定，控制通货膨胀，减轻政府的外债负担等原因会有意识地实行本币高估；而作为外汇管制的复汇率制则是指当局对外汇汇率人为地规定两个或两个以上的汇率，不同的汇率使用于不同类别的交易项目。复汇率制根据需要对不同的交易实行歧视性待遇，原则是对需要鼓励的交易规定优惠的汇率，对需要限制的交易则规定不利的汇率。②数量管制。外汇数量管制是指对外汇数量统筹统配，主要有外汇配给控制和外汇结汇控制两种。在外汇配给方面，货币当局主要根据用汇方向的优先等级对有限的外汇资金在各种用汇方向之间进行分配，如进口许可证制和申请批汇制；在外汇结汇控制方面，当本币定值过高时，出口商等外汇收入者不愿意将所获外汇按官价结汇，故当局为集中外汇数量，就需要强制外汇收入者按官价向指定银行全部或部分出售外汇。

根据管制的内容不同，外汇管制还可分为：①对出口外汇收入进行管制。在出口外汇管制中，最严格的规定是出口商必须把全部外汇收入按官方汇率结售给指定银行。出口商在申请出口许可证时，要填明出口商品的价格、数量、结算货币、支付方式和支付期限，并交验信用证。②对进口外汇进行管制。对进口外汇的管制通常表现为进口商只有得到管汇当局的批准，才能在指定银行购买一定数量的外汇。管汇当局根据进口许可证决定是否批准进口商的买汇申请。③对非贸易外汇进行管制。非贸易外汇涉及除贸易收支与资本输出入以外的各种外汇收支。对非贸易外汇收入的管制类似于对出口外汇收入的管制，即规定有关单位或个人必须把全部或部分外汇收支按官方汇率结售给指定银行。为了鼓励居民获取非贸易外汇收入，一国政府可能实行一些其他措施，如实行外汇留成制度，允许居民将个人劳务收入和携入款项在外汇指定银行开设外汇账户，并免征利息所得税。④对资本输出入进行外汇管制。一国采取限制资本输入的措施通常是为了稳定金融市场和稳定汇率，避免资本流入造成国际储备过多和通货膨胀。其中，所采取的措施一般包括对银行吸收非居民存款规定较高的存款准备金率；对非居民存款不付利息或倒收利息；限制非居民购买本国有价证券等。而在面临国际收支严重逆差时，也采取一些限制资本输出的政策。其中，主要措施一般包括规定银行对外贷款的最高额度；限制企业对外投资的国别和部门；对居民境外投资征收利息平衡税等。⑤对黄金、现钞输出入进行管制。实行外汇管制的国家一般禁止个人和企业携带、托带或邮寄黄金、白金或白银出境，或限制其出境的数量。对于本国现钞的输入，实行外汇管制的国家往往实行登记制度，规定输入的限额并要求用于指定用途。对于本国现钞的输出则由外汇管制机构进行审批，规定相应的限额。

外汇管制的方法可分为直接管制和间接管制。前者由外汇管制机构对各种外汇业务实行直接、强制的管理和控制，后者则是通过诸如许可证制度、进口配额制度等行政或法律手段间接影响外汇业务，从而达到外汇管制的目的。长时期的直接管制会对一国经济活力造成严重影响。

2.外汇管制的弊端

（1）从长远来看，严格的外汇管制破坏了外汇市场机制，限制了市场调节作用的发挥，不利于平衡外汇收支和稳定汇率。法定汇率可使汇率在一定时期和一定范围内保持稳定，但单纯依靠外汇管制来稳定汇率是不可能的。当货币贬值国实行外汇管制时，一般会高估本国币值，必然削弱本国商品的对外竞争力，从而影响外汇收入，导致本国货币不得不对外公开贬值，改变法定汇率。若财政状况还没有根本好转，新的法定汇率就不易维持，外汇收支也难于平衡。

（2）破坏国际分工，阻碍国际贸易的均衡发展。采取外汇管制措施，虽有利于双边贸易的发展，但由于实施严格的管制后，多数国家的货币无法与其他国家的货币自由兑换，必然限制多边贸易的发展。

（3）限制了资本流入。由于实行外汇管制，外汇的使用受到严格限制，对外国投资者的吸引力大大减弱，不利于本国的经济发展。

（4）价格机制失效，资源难以合理配置。外汇管制会使国内商品市场和资本市场与国际相分离，国内价格体系和国际相脱节，这使一国不能充分参加国际分工和利用国际贸易中的比较利益原则来发展本国经济，资源不能有效地分配和利用。

一般来说，外汇管制被认为是一种人为阻碍公平竞争的手段。例如，一国实行严格的外汇管制，就会经常遭到其他国家的报复，产生国家间的经贸摩擦和纠纷。

3.我国的外汇管理

我国管理外汇的主管机构是国家外汇管理局及其分支机构。其主要职能包括：①研究提出外汇管理体制改革和防范国际收支风险、促进国际收支平衡的政策建议；研究逐步推进人民币资本项目可兑换、培育和发展外汇市场的政策措施，向中国人民银行提供制定人民币汇率政策的建议和依据。②参与起草外汇管理有关法律法规和部门规章草案，发布与履行职责有关的规范性文件。③负责国际收支、对外债权债务的统计和监测，按规定发布相关信息，承担跨境资金流动监测的有关工作。④负责全国外汇市场的监督管理工作；承担结售汇业务监督管理的责任；培育和发展外汇市场。⑤负责依法监督检查经常项目外汇收支的真实性、合法性；负责依法实施资本项目外汇管理，并根据人民币资本项目可兑换进程不断完善管理工作；规范境内外外汇账户管理。⑥负责依法实施外汇监督检查，对违反外汇管理的行为进行处罚。⑦承担国家外汇储备、黄金储备和其他外汇资产经营管理的责任。⑧拟定外汇管理信息化发展规划和标准、规范并组织实施，依法与相关管理部门实施监管信息共享。⑨参与有关国际金融活动。⑩承办国务院及中国人民银行交办的其他事宜。

我国外汇管理体制改革的目标是：在经常项目下可兑换的基础上，创造条件，逐步放开，推进资本项目下可兑换，从而实施人民币的完全可兑换。

我国外汇管制的内容主要包括以下两方面。

（1）在经常项目管制方面：第一，我国境内机构可自行保留经常项目外汇收入，可根据经营需要自行保留其经常项目外汇收入。第二，逐步放宽中资企业的开户标准，统一中外资企业经常项目外汇账户开户条件。凡经有权管理部门核准或备案具有涉外经营权或有经常项目外汇收入的境内机构（含外商投资企业），均可以向所在地国家外汇管理局及其分支局（以下简称外汇局）申请开立经常项目外汇账户。第三，将经常项目外汇结算账户和外汇专用账户合并为经常项目外汇账户，经常项目外汇账户的收入范围为经常项目外汇收入，支出范围为经常项目外汇支出和经外汇局核准的资本项目外汇支出。第四，在坚持执行适度从紧的货币政策前提下，鼓励国内的金融机构利用新的融资方式参与内外资项目所需的人民币融资活动。加大结构调整力度，减少基础设施项目对外资的过度依赖。

（2）在资本项目管制方面：国际货币基金组织确定的资本项目下的43个交易项目，中国完全可兑换或者基本可兑换的已经有12项，目前限制兑换的有16项，完全禁止的有15项，可见，我国目前的资本项目尚未完全开放。资本项目的管理主要包括：外债管理、外商直接投资外汇管理、境外投资外汇管理和有价证券管理四个方面。在外债管理上，国家根据外债类型、偿还责任和债务人性质，对举借外债实行分类管理。国家发展和改革委员会会同有关部门根据国民经济和社会发展需要，以及国际收支状况和外债承受能力，制订国家借用外债计划，合理确定全口径外债的总量和结构调控目标。国家对境内中资机构举借短期国际商业贷款实行余额管理（余额由国家外汇管理局核定）；对境内外资金融机构举借外债实行总量控制。外债管理部门根据国家法律、法规的相关规定，对外债和对外担保实施监管，对外债资金使用进行管理和监督。外商直接投资外汇管理分为外汇收入管理和外汇支出管理两个方面。对外汇收入的管理主要包括：外汇登记制度、外汇专用账户管理及外债登记等；对外汇支出的管理主要是投资款要转移或汇出，须经国家外汇管理局的批准。偿还外债本金，须经国家外汇管理局核准后方可在银行或外汇调剂中心办理。在境外投资外汇管理上，国家外汇管理局规定境外投资应当符合国家境外投资产业政策，有利于促进生产要素跨境流动和优化配置。境内投资者到境外投资的项目须经有关主管部门核准。境内投资者到境外投资所需外汇，可使用自有外汇、人民币购汇及国内外汇贷款。境内投资者的境外投资项目经有关主管部门核准后，按照外汇管理有关规定办理外汇资金购付汇核准手续。国家外汇管理局对境外投资资金购付汇进行审核、统计和监测工作。

在有价证券的管理中，值得关注的是我国近年来引进的QFⅡ和QDⅡ制度。QFⅡ（qualified foreign institutional investors）即合格境外机构投资者，指经一国有关部门批准，投资于该国证券市场的境外基金管理机构、保险公司、证券公司以及其他资产管理机构。QDⅡ（qualified domestic institutional investors）即合格境内机构投资者，指在一国境内设立，经该国有关部门批准，从事境外资本市场的股票、债券等有价证券投资业务的证券投资基金。QFⅡ和QDⅡ是一项投资制度，是在外汇管制下，资本尚未完全开放的国家和地区，实现有序、稳妥开放证券市场的特殊通道。

5.3.2 动用外汇储备

外汇储备是指一国货币当局所持有的、可以用于对外支付的国外可兑换货币。一国为了满足其对外政治、经济往来需要，必须保有一定数量的外汇等储备，外汇储备不仅是国际交往的周转金，也是维持汇率稳定的后备力量，还是弥补国际收支逆差的手段之一。管理当局经常利用所掌握的外汇储备，通过参与外汇市场上的交易（买卖外汇）平抑外汇供求关系，以维持汇率在规定的上下限内波动。当一国国际收支出现逆差，本币贬值超过波动限制，该国政府就动用外汇储备，在外汇市场上售出外汇，增加外汇供给，降低外币价格，以平抑外币上涨幅度；当一国国际收支出现顺差，外币贬值且跌幅超过波动限制，该国政府就在外汇市场上购进外币，增加本国的外汇储备。例如，伦敦市场上英镑汇率下跌超过官方下限3.9897美元（间接标价法），则英国动用美元外汇储备，在市场上投放，从而缓和需求，促进英镑汇率回升；反之，则收购美元，充实本国美元储备，减少市场供应，促使英镑汇率下跌。

5.3.3 实行货币公开贬值

在固定汇率制度下，当一国国际收支出现严重逆差，对外汇需求数额巨大，靠上述措施仍不足以稳定本币汇率时，该国货币当局会实行货币法定贬值，以法令形式降低本币的含金量。当货币贬值后就与其他货币之间形成了新的平价，这样一般会提高本国出口商品的竞争力，增加出口收入，改善国际收支状况，有利于维持新的汇率稳定。例如，历史上美国在通货膨胀和国际收支逆差的压力下，曾被迫宣布美元对黄金贬值7.89%，即1美元的含金量由0.888671克纯金降为0.818513克纯金，从而使用美元表示的英镑汇率由1英镑等于2.40美元上升为1英镑等于2.6057美元。

5.3.4 举借外债或签订互换货币协议

互换货币协议旨在在金融危机来临时，加大各国流动性支持的力度。哪种外币在本国外汇市场短缺，则向短缺货币国家借用，投放市场以平抑汇率。20世纪60年代以后，美国曾与14个国家签订互换货币协议，签约国一方如对某种外汇需求急迫时，可立即从对方国家取得，投放市场，无须临时磋商。2005年5月，中日韩三国央行行长签署了新的货币互换协议，扩大韩国与中日两国的货币互换规模。新协议的签署旨在解决短期资金流动问题，稳定区域金融市场，防止类似1997年的东南亚金融危机再次发生。如果韩国爆发类似1997年的金融危机，韩元汇率走势发生大幅波动时，中国人民银行和日本央行就可根据互换货币协议，各拿出资金用于稳定韩国国内金融市场，并将韩元恢复到稳定的汇率水平。

5.3.5　改变国内利率或调整国内宏观经济状况

一国货币当局可以通过改变利率来影响短期资本流动，进而影响外汇市场货币供求。政府也可以调整一国的宏观经济状况来适应固定汇率水平。宏观经济状况的调整可以通过相应的财政或货币政策来实现。

专栏5-2

从东南亚金融危机看固定汇率制度

从1997年7月开始，泰国、印度尼西亚、马来西亚等东南亚国家分别爆发了不同程度的金融危机，这一次的东南亚金融危机对这些国家的经济造成了巨大的破坏，是继20世纪30年代世界经济大危机之后，对世界经济有着深远影响的又一重大事件。

1997年7月2日，泰国宣布放弃固定汇率制，实行浮动汇率制，引发了一场遍及东南亚的金融风暴。当天，泰铢对美元的汇率下降了17%，外汇及其他金融市场一片混乱。在泰铢波动的影响下，菲律宾比索、印度尼西亚盾、马来西亚林吉特相继成为国际炒家的攻击对象。8月，马来西亚放弃保卫林吉特的努力。一向坚挺的新加坡元也受到冲击。印尼虽是受"传染"最晚的国家，但受到的冲击最为严重。10月下旬，国际炒家移师国际金融中心中国香港，矛头直指香港联系汇率制，加大了对港币和香港股市的压力。10月23日，香港恒生指数大跌1 211.47点；28日，下跌1 621.80点，跌破9 000点大关。面对国际金融炒家的猛烈进攻，香港特别行政区政府重申不会改变现行汇率制度，恒生指数上扬，再上万点大关。接着，11月中旬，东亚的韩国也爆发金融危机，17日，韩元对美元的汇率跌至创纪录的1 008∶1。21日，韩国政府不得不向国际货币基金组织求援，暂时控制了危机。但到了12月13日，韩元对美元的汇率又降至1737.60∶1。韩元危机也冲击了在韩国有大量投资的日本金融业。1997年下半年，日本的一系列银行和证券公司相继破产。

在这次金融危机中，一些国家受到了极大的冲击。固定汇率制度虽然有稳定汇率、降低风险等优点，但其本身的缺陷却会使一国经济变得脆弱，无法抵御外来的巨大冲击。采取固定汇率制度的国家为了维持固定汇率，往往会开放资本项目吸引外国资本流入来弥补逆差，导致外债增加。在东南亚金融危机中采取固定汇率制的这些国家，其外债结构亦不合理，中、短期债务较多，一旦外资流出超过外资流入，而本国的外汇储备不足以弥补其不足，就必将导致该国的货币贬值。例如，泰国1992年就取消了对资本市场的管制，使短期资金自由流入，为日后金融危机的爆发埋下了伏笔。

美国经济学家保罗·克鲁格曼曾提出，在国际金融体系中存在着无法解决的"三难困境"，也称"三元悖论"，即汇率稳定、货币政策的独立性、资本的自由流动三者不能同时成立，如图5-4所示。

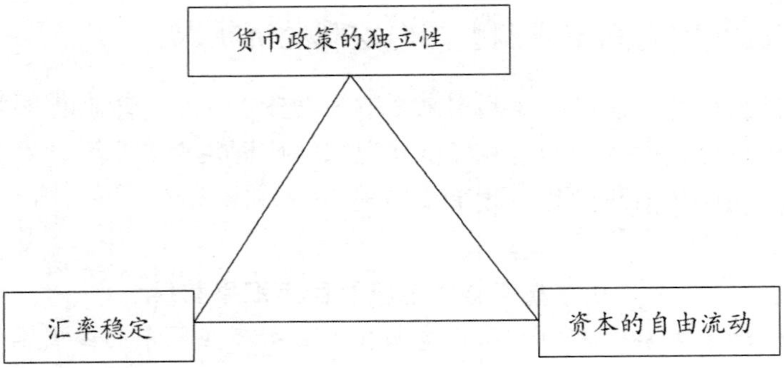

图 5-4 “三元悖论”的永恒三角形

我国选择货币政策独立性与汇率稳定；美国等发达经济体选择资本自由流动和货币政策独立性；发生1997年东南亚金融危机的国家和大多数地区选择汇率稳定和资本自由流动；实行货币局制度的香港特别行政区则选择汇率稳定与资本自由流动。

总的来说，没有任何一种汇率制度会在任何时候都能适应任何经济体系，一个经济体系不管推行何种汇率制度，都必须与其整体的宏观经济政策相适应，一国应根据自身的经济和社会发展情况，联系外部环境，采取适当的制度和措施维持金融体系的稳定。

资料来源　鄂志寰. 从东南亚金融危机看国际游资对固定汇率制度的冲击［J］. 国际经济评论，1998（3）.

§5.4　人民币汇率制度

我国实行以市场供求为基础、参考一篮子货币进行调节、有管理的浮动汇率制度。其包括三个方面的内容：一是以市场供求为基础的汇率浮动，发挥汇率的价格信号作用；二是根据经常项目主要是贸易平衡状况动态调节汇率浮动幅度，发挥“有管理”的优势；三是参考一篮子货币，即从一篮子货币的角度看汇率，不片面地关注人民币与某个单一货币的双边汇率。

5.4.1　人民币汇率机制的历史回顾

1948年12月1日，中国人民银行成立，并发行统一货币——人民币。人民币通过兑换各解放区原来流通的货币而进入流通领域。

1.1949年至1952年间，采用物价对比法

1949年1月18日，我国开始对外发布人民币对美元的外汇牌价，但因当时通货膨胀严重，各地物价水平不一致，各地人民币都是根据当地情况公布各自的外汇牌价，直至1950年7月8日，随着经济秩序的逐步恢复和全国财经统一制度的建立，人民币才实行全国统一汇率，由中国人民银行总行公布。建国初期，根据当时

的经济现状，在“统制对外贸易”的原则下，根据“发展生产，繁荣经济，城乡互助，内外交流，劳资两利”的经济政策，为恢复和发展国民经济，鼓励出口，增加外汇收入，我国制定了“奖出限入，照顾侨汇”的汇率政策。“奖出”即奖励出口，保证75%～80%的大宗出口商获得5%～15%的利润；“限入”即限制奢侈消费品进口，并照顾华侨汇款的实际购买力。因此，在这一时期，人民币汇率主要根据该时期国内外的相对物价水平来制定，并随着国内外的相对物价水平不断进行调整。但由于国内物价猛涨而国外物价稳定甚至下跌，汇率大幅度波动，期间汇率调整达52次之多。

在此阶段，由于是封闭的计划经济体系，虽然人民币汇率被严重高估，但其负面影响并未表现出来。

2.1953年至1972年间，采用稳定的汇率方针

从1953年起，我国进入社会主义建设时期，国民经济实行高度集中的计划管理体制，国内物价趋于全面稳定，对外贸易开始由国营公司统一经营，而且主要产品的价格也纳入国家计划。在当时，人民币汇率主要用于非贸易外汇兑换的结算上，按国内外消费物价对比，汇率已适当照顾侨汇和其他非贸易外汇收入，也无调整必要。为了维护人民币的稳定，以利于内部核算和编制计划，人民币汇率在原定汇价的基础上，参照各国政府公布的汇率制度，只有在外国货币发生升值或贬值时，才作相应的调整。并且，计划经济本身要求对人民币的汇价采取基本稳定的政策，以利于企业内部的核算和各种计划的编制和执行。同时，由于以美元为中心的固定汇率制度的确立，各国之间的汇价在一定程度上也保持了相对稳定。再加上我国同西方工业国家的直接贸易关系和借贷关系很少，因此，西方各国货币汇率变动对我国人民币汇率几乎没有什么影响。在国内物价水平趋于稳定的情况下，我国进行了新中国成立以来的首次币制改革。1955年3月1日，开始发行新人民币，新旧人民币折合比率为1：10 000。自采用新人民币后，1955年至1971年，人民币对美元汇率一直是1美元折合2.4618元新人民币。1971年12月18日，美元兑黄金官价宣布贬值7.89%，人民币汇率相应上调为1美元合2.2673元人民币。这一时期人民币汇率政策采取了稳定的方针，即在原定的汇率基础上，参照各国政府公布的汇率，逐渐同物价脱离。但这时国内外物价差距扩大，进口与出口的成本悬殊，于是外贸系统采取了进出口统负盈亏、实行以进口盈利弥补出口亏损的办法，人民币汇率对进出口的调节作用减弱。

3.1973年至1979年间，原则上采用钉住货币篮子的汇率制度

1973年3月以后，布雷顿森林体系彻底解体，美国及西欧国家普遍实行了浮动汇率制。为了避免这些国家通货膨胀及汇率变动对我国经济的冲击，并保持对主要贸易伙伴货币的相对稳定，促进对外经贸的正常开展，我国从1973年开始频繁地调整人民币对外币的汇率（仅1978年人民币对美元的汇率就调整了61次），采用了钉住“一篮子货币”的定值方法。该方法的具体计算方法为：选择若干有一定代表性、与我国贸易相关性较大的、可自由兑换的货币，根据这些货币在国际外汇市场

上加权平均汇率的变动情况来调整人民币汇率水平。在1973年至1984年间，篮子中的货币和权数做了7次调整。由于采用钉住货币篮子的汇率制度，国际外汇市场上主要货币的波动也就会影响人民币汇率水平。如1973年至1980年美元对主要工业国家货币大贬值的过程中，美元对人民币亦大幅度贬值，从1973年的1美元=2.46元人民币，下跌到1979年1美元=1.49元人民币，美元对人民币贬值了39.2%，人民币汇率高估现象不断趋于严重。

这种“钉住汇率制”的汇率安排在很大程度上抵御或减少了国际汇率波动对本国货币的影响，保持了人民币汇率的相对稳定，有利于对外经济贸易企业的成本核算、利润预测及减少汇兑风险。但这种方式脱离了直接的物质基础和货币购买力原则，反映的只是人民币与篮子货币的相应变动情况，而不是人民币本身的价值量的变动情况。不过，由于我国一直实行的是传统社会主义计划经济，对外封闭。直至20世纪80年代初，国家外汇基本上处于零储备状态，外贸进出口也主要局限于社会主义国家，且大体收支平衡，尽管人民币汇率被严重高估，但并未带来明显的消极影响。

4.1980年至1994年间，以出口换汇成本为依据确定人民币汇率

在1980年至1994年间，人民币持续大幅度贬值，其汇率调整的主要依据就是全国出口换汇成本在不断上升。国内每一次物价大幅度上涨都会导致人民币贬值。

20世纪70年代后期，人民币汇率出现严重高估，长期以来的贸易与非贸易单一汇率制度已无法适应进出口贸易发展的要求，特别是对扩大出口不利，且由于我国物价一直由国家计划规定，长期没有变动，许多商品价格偏低且比较失真，形成了国内外市场价格相差悬殊且出口亏损的状况，这也使得人民币汇价不能同时照顾到贸易和非贸易两个方面。为了改革外贸体制，促进出口，平衡外汇收支，国务院决定从1981年起实行两种汇价制度，即除继续保留人民币的公开牌价之外，另外制定内部贸易结算价。这就是1981年至1984年所实行的“双重汇率制”或“汇率双轨制”。在此期间，对外公布的官方牌价为1美元 = 1.50元人民币，主要适用于非贸易外汇的兑换和结算，且仍沿用原来的一篮子货币加权平均的计算方法；对内的内部结算价为1美元 = 2.80元人民币，主要适用于进出口贸易及贸易从属费用的结算。

两种汇价的实行，虽然对促进对外贸易起到了一定的积极作用，但人民币汇价高估的状态仍未改变。而内部结算价在一定程度上也影响了非贸易部门的积极性，并增加了外贸企业的政策性亏损，加重了国家的财政负担。

为了适应对外经济发展和外贸体制进一步改革的需要，改变人民币汇率高估的状况，自1985年1月1日起，我国对人民币汇率进行了必要调整，取消了贸易外汇内部结算价，重新恢复单一汇率制，采用出口换汇成本计算出来的贸易汇价，1美元=2.80元人民币。从1986年1月1日起，人民币放弃钉住一篮子货币的做法，改为管理浮动。其目的是使人民币汇率适应国际价值的要求，且能在一段时间内保持相对稳定。

进入 20 世纪 80 年代中期以后，我国物价上涨速度加快，而主要发达经济体控制通货膨胀取得一定成效。在此情况下，我国政府有意识地运用汇率政策调节经济与外贸，对人民币汇率作了相应持续下调。1995 年 8 月 21 日，人民币汇率调低至 1 美元 = 2.90 元人民币；10 月 3 日调低至 1 美元 = 3.00 元人民币；10 月 30 日又调至 1 美元 = 3.20 元人民币；1986 年 7 月 5 日，人民币汇率再度大幅调低至 1 美元 = 3.7036 元人民币；1989 年 12 月 16 日，人民币汇率又一次大幅下调，由此前的 1 美元 = 3.7221 元人民币调至当日的 1 美元 = 4.7221 元人民币。

自 1991 年 4 月 9 日起，我国开始对人民币官方汇率实施有管理的浮动运行机制。国家对人民币官方汇率进行适时适度、机动灵活、有升有降的浮动调整，改变了以往阶段性大幅度调整汇率的做法。这一阶段的特点是，我国的外汇管理机关即国家外汇管理局根据我国改革开放与发展的状况，特别是对外经济活动的要求，参照国际金融市场主要货币汇率的变动情况，对公布的人民币官方汇率进行适时适度、机动灵活、有升有降的浮动调整。

事实上，1986 年随着全国性外汇调剂业务的全面展开，人民币汇率再次形成了统一的官方牌价与市场调剂汇价并存的新双轨制。而且当时全国各地的外汇调剂市场，在每一时点上，市场汇率水平不尽相同。这种官方汇率与市场汇率并存的多重汇率制度一直延续到 1993 年年底。其间，外汇调剂市场的汇率形成机制，经历了从开始试办时的人为定价到由市场供求决定的过程。

5.1994 年至 2005 年间，实行人民币钉住美元的汇率机制

从 1994 年 1 月 1 日起，我国实行人民币汇率并轨，将之前的官方汇率和调剂市场汇率合并，实行单一汇率，人民币对美元的汇率为 1 美元=8.70 元人民币，同时，取消了外汇收入指令性计划，取消外汇留成和上缴，实行银行结汇、售汇制度，禁止外币在境内计价、结算和流通，建立统一的银行间外汇交易市场，改革汇率形成机制。

在这期间，1994 年我国已开始实行人民币在经常项目下“有条件”的可兑换，并已取消了国际货币基金组织规定的绝大多数限制，如歧视性货币措施或多重汇率安排已完全废除，而绝大多数经常项目交易的用汇和资金转移也不再受到限制。1996 年 12 月 1 日我国接受了《国际货币基金协定》第八条款，实现了人民币经常项目可兑换，所有正当的、有实际交易需求的经常项目用汇都可以对外支付，这是实现了人民币自由兑换的重要一步。

汇率并轨且人民币大幅贬值后，人民币进入缓慢升值阶段，从 1994 年初的 1 美元兑 8.7 元人民币的历史最高点涨到 1997 年的 1 美元兑 8.3 元人民币左右，四年升值幅度为 4.6%，平均每年升值约 1.15%。自 1997 年东南亚金融危机以来，我国实际上实行的是钉住美元的固定汇率制度，人民币对美元基本维持在 8.28 元上下 1% 的幅度范围内波动。在这种汇率机制下，人民币与美元保持了基本固定的稳定汇率关系。

但这一汇率政策的缺点在于，人民币的强弱主要取决于美元的强弱，美国的经

济政策和经济周期的变化通过美元对中国经济产生影响。

5.4.2 人民币汇率的现状

为建立和完善我国社会主义市场经济体制，充分发挥市场在资源配置中的基础性作用，建立健全以市场供求为基础的、有管理的浮动汇率制度，中国人民银行于2005年7月21日发布了关于完善人民币汇率形成机制改革的公告。

人民币汇率形成机制改革的内容为：自2005年7月21日起，我国开始实行以市场供求为基础、参考一篮子货币进行调节、有管理的浮动汇率制度。人民币汇率不再单一钉住美元，而是选择若干种主要货币，赋予相应的权重，组成一个货币篮子。同时，以市场供求为基础，参考一篮子货币计算人民币多边汇率指数的变化，对人民币汇率进行管理和调节，维护人民币汇率正常浮动，保持汇率在合理、均衡水平上基本稳定，促进国际收支平衡，维护宏观经济和金融市场的稳定。

中国人民银行于每个工作日闭市后公布当日银行间外汇市场美元等交易货币对人民币汇率的收盘价，作为下一个工作日该货币对人民币交易的中间价格。2005年7月21日19时，美元对人民币交易价格调整为1美元兑8.11元人民币，作为次日银行间外汇市场上外汇指定银行之间交易的中间价，外汇指定银行可自此时起调整对客户的挂牌汇价。

2015年，中国人民银行发布关于完善人民币对美元汇率中间价报价的声明。自2015年8月11日起，做市商在每日银行间外汇市场开盘前向中国外汇交易中心提供的报价应主要参考上日银行间外汇市场的收盘汇率，并结合上日国际主要货币汇率变化以及外汇供求情况进行微调。

图5-5展现了2005年7月至2018年3月人民币对美元汇率走势。

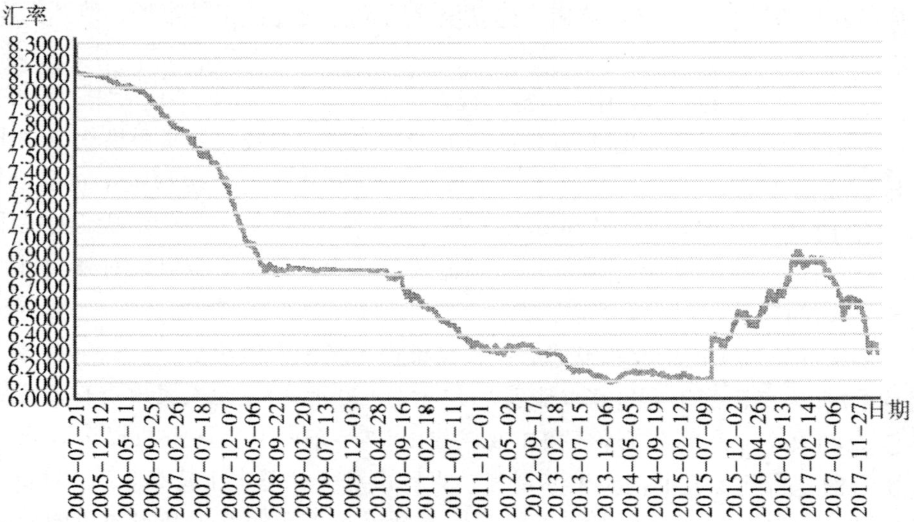

图5-5　2005年7月至2018年3月人民币对美元汇率走势

数据来源　RESSET数据库.

★ 本章小结

本章主要介绍了汇率制度与汇率政策的相关内容。汇率制度包括固定汇率制度与浮动汇率制度，在不同的汇率制度下，汇率对一国的宏观经济会产生不同的影响，因此各国要根据自身具体情况选择适合的汇率制度，以达到内外经济的均衡。

在固定汇率制度下，一国往往会通过中央银行干预、外汇管制等手段对外汇市场进行干预，以保证汇率在法定幅度内波动。在浮动汇率制度下，一国为了避免汇率的过度波动，也往往会采取一些干预措施，使汇率朝着有利于该国经济发展的方向变动。完全任凭市场供求自发地形成汇率，而不采取任何干预措施的国家很少或几乎没有。

一国干预外汇市场的汇率政策或手段主要包括：中央银行干预，外汇管制，调整再贴现率，动用黄金外汇储备，实行货币公开贬值，举借外债或签订互换货币协定。

我国现行的汇率制度属于有管理的浮动汇率制度，我国货币当局在以市场供求为基础的原则上，对人民币汇率进行管理调节，维护人民币汇率的正常浮动，保持汇率在合理、均衡水平上基本稳定，促进国际收支平衡，维护宏观经济和金融市场的稳定。由于我国货币当局对外汇市场仍然保持较强的干预，应继续加快推进人民币汇率制度改革，扩大人民币汇率浮动区间，增强人民币汇率的弹性。

★ 综合训练

5.1　单项选择题

1.货币局制度属于（　　）。

A.严格固定汇率制度

B.中间汇率制度

C.浮动汇率制度

D.传统钉住汇率制度

2.以下属于冲销式干预对国内经济造成的影响有（　　）。

A.影响国内金融政策目标的实现

B.对汇率储备造成影响

C.不会引起一国利率的变化

D.可以影响一国汇率的长期发展趋势

3.我国的外汇管制是（　　）。

A.严格外汇管制　　　　B.部分外汇管制

C.名义上取消的外汇管制　　　　D.强制结售汇制

4.外汇管理最核心的内容是（　　）。

A.外汇资金收入和运用的管理

B.货币兑换管理

C.汇率管理

D.额度留成制

5.外国货币价格下跌，有超过一国汇率波动下限趋势时，该国应（　　）。

A.提高该国贴现率

B.降低国内利率水平

C.在外汇市场上购进外币，增加本国的外汇储备

D.实行货币公开贬值

5.2　多项选择题

1.金本位制下的固定汇率制度和布雷顿森林体系下的固定汇率制度的本质区别在于（　　）。

A.金本位制下的固定汇率制度是自发形成的；布雷顿森林体系下的固定汇率制度则是以人为规定的纸币含金量所决定的黄金平价为基础

B.金本位制下其汇率的波动可以通过黄金的自由输入自动进行调解；布雷顿森林体系下，其汇率的波动幅度是人为规定的

C.在金本位制下，各国的汇率能够保持真正的稳定；在布雷顿森林体系下，则相当于可调整的钉住汇率制度

D.金本位之下的固定汇率制度以各国货币的含金量为基础；布雷顿森林体系下的固定汇率制度则不以货币含金量为基础

2.固定汇率制度下，当一国的国际收支出现逆差时，该国货币当局进行市场干预，在外汇市场上（　　），以防止汇率的进一步下跌。

A.买入外币　　　　B.卖出外币

C.买入本币　　　　D.卖出外币

3.进行干预外汇市场的目的有（　　）。

A.防止汇率在短期内过度波动

B.避免汇率水平在中长期内失调

C.进行政策搭配调节内外经济的需要

D.可以实现一些短期的政策目标

4.下列属于固定汇率制度下的稳定政策有（　　）。

A.外汇管制　　　　B.调整再贴现率

C.中央银行干预　　　　D.动用黄金外汇储备

5.我国现行人民币汇率制度是（　　）

A.以市场供求为基础的汇率制度

B.单一的有管理的浮动汇率制度

C.参考一篮子货币进行调节的汇率制度

D.钉住美元的汇率制度

5.3　问答题

1.固定汇率制度与浮动汇率制度的内涵及利弊各是什么？

2. 你认为哪些因素会影响一国汇率制度的选择？试做进一步的讨论。

3. 中央银行干预外汇市场的目的是什么？

4. 理解冲销式干预与非冲销式干预的区别，分析各自的政策效应。

5. 阐述汇率政策的主要内容。

6. 我国的外汇管制主要包括哪些内容？

7. 我国现行的汇率机制及其特点是什么？

8. 结合"三元悖论"理论及我国现行经济结构探讨我国汇率制度的进一步改革。

★ 本章参考文献

[1] 陈雨露.国际金融［M］. 4版.北京：中国人民大学出版社，2011.

[2] 邓立立.汇率制度的选择与发展研究［M］. 大连：东北财经大学出版社，2006.

[3] 克鲁格曼，奥伯斯法尔德.国际经济学［M］. 黄卫平，译.8版.北京：中国人民大学出版社，2011.

[4] 陈雨露，侯杰.新开放经济宏观经济学：研究文献综述［J］. 南开经济研究，2006（2）：3-18.

[5] 彭彬，陆亚琴.固定与浮动汇率制度下货币投机的难度比较分析［J］. 新经济，2014（14）：46-47.

[6] 白晓燕，唐晶星.汇改后人民币汇率形成机制的动态演进［J］. 国际金融研究，2013（7）：40-50.

[7] 穆文静.我国存款准备金制度的发展历程［J］. 中外企业家，2017（2）：49.

第三篇 国际经济理论与政策

第6章

国际货币体系

★ 导读

通过前面的学习，我们已经了解了国际收支的主要内容。国际收支平衡作为一国追求的四大宏观经济目标之一，不仅影响国内的经济运行和发展，也影响其对外经济的开展。因此对国际收支的调节一直是人们关注的问题。随着世界经济的变化和经济学说的发展，产生了一系列的国际收支调节理论及相应的政策主张。

国际收支调节理论是国际金融学的重要组成部分。最早的国际收支调节理论可以追溯到18世纪中期休谟的“价格-现金流动机制”理论，其为国际收支的自动调节理论奠定了基础。20世纪初，马歇尔将弹性应用于进出口贸易分析，后经罗宾逊和勒纳等发展成“弹性分析法”。第二次世界大战之后，亚历山大运用凯恩斯宏观经济模型提出了“吸收分析法”。20世纪70年代，随着货币学派的兴起，蒙代尔和约翰逊提出了国际收支的“货币分析法”。

★ 关键概念

价格-现金流动机制　弹性　J曲线效应　马歇尔-勒纳条件　国际收支失衡　汇率政策　直接管制

§6.1　国际收支的主要理论

6.1.1　国际收支价格调节理论

国际收支的调节理论在古典经济学中多有论述，但是最早比较完整地阐述国际收支价格调节理论的应当是18世纪英国著名的哲学家和经济学家大卫·休谟(David Hume)。他在1752年出版的《论贸易与平衡》一书中把货币数量学说运用到国际收支的分析之中，提出了“价格-现金流动机制”(price-specie-flow mechanism)或称“休谟机制”。

价格-现金流动机制的主要思想是：在完全自由的市场经济中，一国的国际收支失衡可以通过货币的输出入和价格的涨跌自动得以平衡。因此，当一国国际收支失衡时，政府无须对其进行干预。虽然在休谟时期是金属铸币参与流通，而在当代则完全是纸币流通，但价格-现金流动机制对国际收支自动调节的原理是一样的。

1.金本位制下

休谟所在时期实行的是金本位制度，金属铸币参与流通。因此，一国国际收支可以通过黄金输出或输入的调节自动取得平衡。如果一国国际收支发生逆差，就迫使该国货币汇率下降至黄金输出点，从而使黄金外流增加，本国货币供给量减少，由此引起物价下跌。物价下跌增强了本国商品在国际市场上的竞争力，促进出口，同时抑制进口，使国际收支逆差逐步缩小，最终使国际收支恢复平衡。反之，如果一国国际收支发生顺差，则使该国货币的汇率上升至黄金输入点而使黄金内流，货币供给量增多，由此引起物价上涨，物价上涨使得出口减少，进口增加，顺差逐步减少，最终使国际收支恢复平衡。这一机制可如图6-1所示。

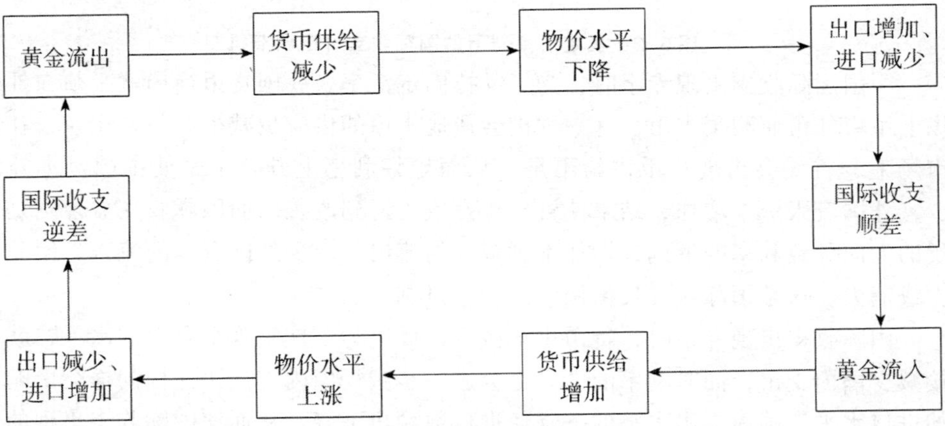

图6-1　价格-现金流动机制

2.纸币流通制度下

（1）在固定汇率制度下

这种固定汇率制度是指纸币本位制度下一国货币当局通过货币供应量变动干预外汇市场来维持汇率不变。此时，当一国国际收支发生失衡的时候仍有自动调节机制发生作用。调整过程较金本位制时要复杂一些，国际收支失衡后，先影响外汇储备、货币的供给，进而影响国民收入、物价和利率等变量，使国际收支趋于平衡。我们可以从利率机制、收入机制和价格机制三个方面了解自动调节机制的作用，如图6-2所示。

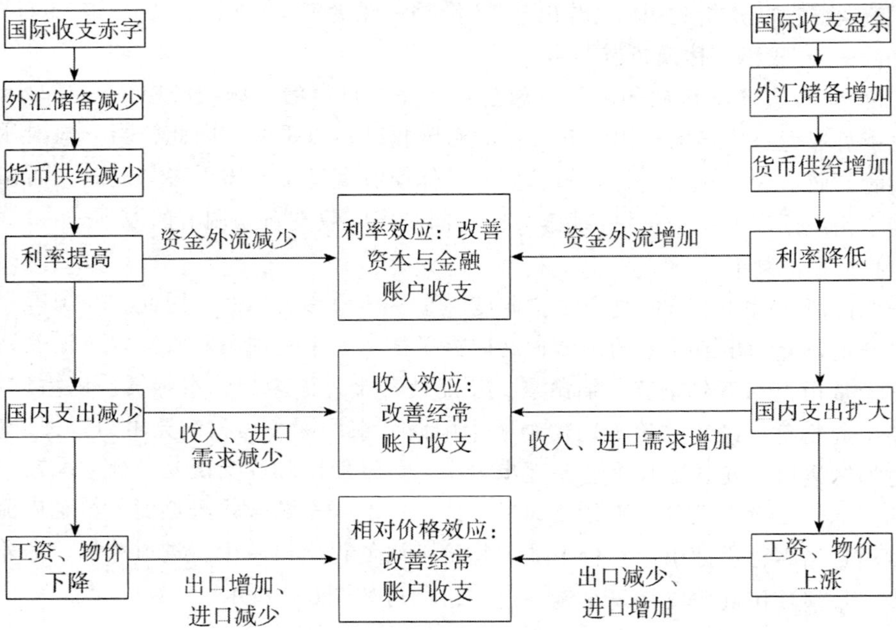

图6-2　固定汇率制下的国际收支价格调节机制

一国国际收支出现赤字时，为了维持固定汇率，一国货币当局就必须在外汇市场上抛售外币而购买本币，这一举措会造成本币的供应量减少。与之相应，在国内市场上，首先会出现货币供给不足，从而导致利率上升，于是使本国资本外流减少，外国流入资本增加，结果使资本账户收支得到改善。而国际收支盈余则是从相反的方向导致利率的下调，增加本国资本的流出，减少外国资本的流入，使盈余减少或消失。这是国际收支失衡调整的利率机制。

国际收支出现赤字时，货币供给减少，居民为了恢复现金余额的水平，就会直接减少国内支出，同时利率的上升也会进一步减少国内支出，这样同样会影响该国的进口水平，国内支出水平的下降使进口数额也下降，从而使国际收支出现的赤字得到缓解；反之，国际收支的盈余也会被削弱。这是国际收支失衡调整的收入机制。

另外，物价的变动在国际收支失衡的调节中也发挥一定的作用。当一国国际收支出现赤字的时候，国内货币市场供给不足导致价格水平下降，刺激出口，抑制进口，使国际收支赤字被削弱。

值得一提的是，上述三个机制作为一个整体，共同作用于国内市场，从而使国际收支失衡得以自动调节，三个机制之间并无明显界限。

（2）在浮动汇率制度下

在浮动汇率制度下，一国当局不对外汇市场进行干预，不通过储备增减来影响外汇的供求，而是由外汇市场的供给和需求来决定汇率的升降。在这种制度下，如果一国国际收支出现赤字，外汇需求就会大于外汇供给，本币贬值。此时，出口增加，进口减少，国际收支盈余增加。反之，如果一国的国际收支出现盈余，外汇需求就会小于外汇供给，本币升值。此时，出口减少，进口增加，国际收支盈余减少或消除。通过汇率随着外汇的供求变动而变动的机制，国际收支失衡就会得以改善。浮动汇率制下的国际收支价格调节机制如图6-3所示。

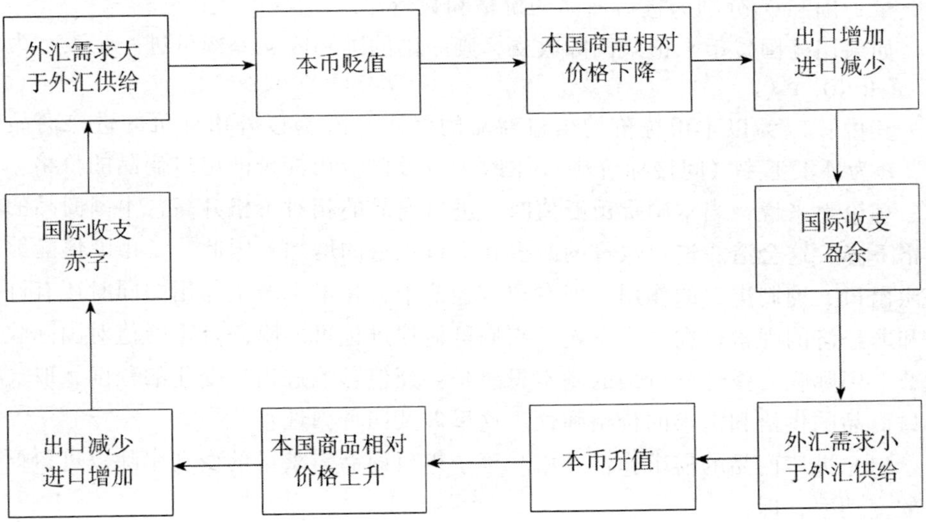

图6-3　浮动汇率制下的国际收支价格调节机制

值得注意的是，在固定汇率制度下，国际收支自动调节是通过国内宏观经济变量的变化来实现的，这就意味着对外均衡目标的实现是以牺牲国内经济均衡（充分就业、物价稳定）为代价的。而在浮动汇率制度下，汇率变动使国际收支自动调节，在一定程度上起到了隔绝国外经济通过国际收支途径干扰本国经济的作用。

6.1.2　国际收支弹性分析法

国际收支弹性分析法（the elasticity approach to the balance of payments）最初由马歇尔提出，并由美国经济学家勒纳和英国经济学家琼·罗宾逊（John Robinson）等做了进一步发展。该理论建立在马歇尔微观经济学和局部均衡分析方法的基础上，把汇率水平的调整作为调节国际收支不平衡的基本手段，紧紧围绕进出口商品的供求弹性来探讨货币贬值改善国际收支的条件及对贸易条件的影响。

1.理论前提

国际收支弹性分析法有如下基本假定：

（1）其他条件（利率、国民收入等）不变，只考虑汇率变化的影响。

（2）商品的供给弹性为无穷大，即按国内货币表示的出口商品的价格不随需求增加而上涨，与出口相竞争的外国商品价格也不因需求减少而下降。当进口需求减少时，以外国货币计算的进口商品价格不下降；当进口替代商品需求上升时，与进口商品相竞争的商品价格也不上升。

（3）国际没有资本流动，即国际收支等于贸易收支。

根据以上假定，国际收支余额可以写为：

$$B=S-D=X-M=P_XQ_X-P_MQ_M \tag{6.1}$$

其中：B为不考虑资本流动时的国际收支，即贸易收支；S为本国出口的商品总价值，即X；D为本国对外国商品的需求，即M；P_X和Q_X分别为出口商品的价格和数量；P_M和Q_M分别为进口商品的价格和数量。

如果用外国货币来记录国际收支，则一国的国际收支差额可进一步表示为：

$$B=RP_X^dQ_X-P_M^fQ_M$$

其中：P_X^d为以本币标价的出口商品的价格，P_M^f为以外币标价的进口商品的价格，R为外汇汇率（间接标价法），RP_X^d为以外国货币标价的出口商品的价格。

理论上来说，当本国货币贬值时，进口商品的相对价格升高，本国商品的相对价格下降，这会造成进口数量的减少和出口数量的增加。因此，货币贬值能够起到刺激出口、抑制进口的作用。但在现实经济中，在汇率产生作用的同时还有许多经济和非经济的因素也在产生影响，它们可能促进也可能阻碍货币贬值对国际收支的调节。国际收支弹性分析法的基本思想是：贬值影响进出口变化的程度，取决于进出口商品的供给和需求的价格弹性。这里涉及四种弹性：

（1）进口商品的需求弹性（E_M）等于进口商品需求量的变动率除以进口商品价格的变动率，即：

$$E_M=\frac{dQ_M^d/Q_M^d}{d\frac{1}{R}P_M^f/\frac{1}{R}P_M^f} \tag{6.2}$$

就是说，本国对进口商品的需求价格弹性是本国对进口商品的需求量的变动率与以本国货币表示的进口商品的价格变动率之比。

（2）出口商品的需求弹性（E_X）等于出口商品需求量的变动率除以出口商品价格变动率，即：

$$E_X=\frac{dQ_X^d/Q_X^d}{dRP_X^d/RP_X^d} \tag{6.3}$$

就是说，其他国家对本国出口商品的需求价格弹性是其他国家的出口商品需求的变动率与以外币表示的本国出口商品的价格变动率之比。

（3）进口商品的供给弹性（S_M）等于进口商品供给量的变动率除以进口商品价格变动率，即：

$$S_M=\frac{dQ_M^s/Q_M^s}{dP_M^f/P_M^f} \tag{6.4}$$

就是说，其他国家能为本国提供的商品的供给弹性是其他国家的供给量变动率与以外国货币表示的进口商品的价格变动率之比。

（4）出口商品的供给弹性（S_X）等于出口商品供给量的变动率除以出口商品价格变动率，即：

$$S_X=\frac{dQ_X^s/Q_X^s}{dP_X^d/P_X^d} \tag{6.5}$$

就是说，本国能为其他国家提供的商品的供给弹性是本国的出口商品供给量的变动率与以本币表示的出口商品价格变动率之比。

因此，所谓弹性，实际上就是比例关系。这种比例关系的值越高，我们就称弹性越大；反之，比例关系的值越低，就称弹性越小。

2.马歇尔-勒纳条件

（1）基本内容

货币贬值引起进出口商品的相对价格变动，进而引起进出口商品数量的变动，最终引起国际收支的变动。即贸易收支的变动状况取决于贬值引起的进出口商品单位价格的变化和价格引起的进出口商品数量的变化两个因素。

根据B=X-M，再经过一系列的数学推导，我们可以得出汇率变动率对外贸收支差额的影响公式：

$$\frac{dB}{dR}=\frac{X}{R}\cdot\frac{E_XE_M(S_M+S_X+1)-S_XS_M(E_M+E_X+1)}{(S_X-E_X)(S_M-E_M)} \tag{6.6}$$

由此可知，**要使货币贬值有助于改善国际收支，（6.6）中分子的第二项（E_M+E_X+1）应小于零，或者说，一国出口需求弹性（E_X）和本国的进口需求弹性（E_M）的绝对值之和应大于1，这就是著名的马歇尔-勒纳条件：**

$$|E_X|+|E_M|>1 \tag{6.7}$$

就是说，只有出口商品的需求弹性的绝对值和进口商品的需求弹性的绝对值之和大于1时，货币贬值才能改善贸易收支。由此我们推知，如果出口商品的需求弹性的绝对值和进口商品的需求弹性的绝对值之和等于1，国际收支状况不受货币贬值影响；如果出口商品的需求弹性的绝对值和进口商品的需求弹性的绝对值之和小于1，货币贬值反而会使本国国际收支进一步恶化。

为了便于更好地理解只有在马歇尔-勒纳的条件下，贬值才能改善贸易收支，现举例说明。在这个例子中，我们假定英国为本国，美国为外国，国际收支最初处于平衡状态，英国每单位出口商品的价格为1英镑，从美国进口商品每单位价格为4美元。英镑汇价从1英镑=1.6美元贬值到1英镑=1.25美元，由此引起进出口商品美元单价和进出口数量变化，从而引起贸易收支改变，数据见表6-1。

从表6-1可以看出，在第一种情况下，此时我们假定的进出口商品需求弹性之和小于1，当英镑从1.6美元贬值到1.25美元时，出口商品的单价也相应地从1.6美元降为1.25美元。由于价格的下降，出口数量从100单位增加到了104单位，但是

表6-1　　不同弹性条件下贬值对贸易收支的影响

需求弹性	汇价	出口数量	出口单价（美元）	出口外币（美元）	进口数量（单价：4美元）	进口外币（美元）	贸易收支差额（美元）
初始状态	$ 1.6	100	1.6	160	40	160	0
$E_X=-0.18$ $E_M=-0.45$ $\|E_X\|+\|E_M\|<1$	$ 1.25	104	1.25	130	35	140	−10
$E_X=-0.54$ $E_M=-0.45$ $\|E_X\|+\|E_M\|=1$	$ 1.25	112	1.25	140	35	140	0
$E_X=-1.28$ $E_M=-0.45$ $\|E_X\|+\|E_M\|>1$	$ 1.25	128	1.25	160	35	140	20

出口收入的美元没有增加，反而从160美元下降到了130美元；又由于贬值使进口商品相对变得昂贵，所以进口数量也由原来的40单位降到35单位，进口支出减少，但减少的支出小于收入的减少，贸易收支最终恶化。只有在第三种情况，进出口商品的需求弹性之和大于1且贬值引起的收入增加大于支出的增加时，贸易收支才得到改善。

（2）贬值对贸易条件的影响

马歇尔-勒纳条件隐含的假设是进出口商品的供给弹性为无限大，国际收支的变化只与需求弹性有关。但罗宾逊认为货币的贬值带来了相对价格的变化，这些相对价格的变化会通过对商品的贸易条件的变化影响贬值国的实际收入。

这里的贸易条件是指商品出口价格指数与商品进口价格指数之间的比例，即：

$$T=\frac{P_X}{P_M}$$

它反映的是一国在经济交往中价格变动对实际资源的影响。当贸易条件T增大时，我们称该国的贸易条件改善，因为该国出口相同数量的商品可换回更多数量的进口商品；同理，当贸易条件T下降时，该国的贸易条件恶化。贬值带来的相对价格的变化究竟是改善还是恶化贸易条件，取决于进出口商品的供给和需求弹性：

$$\frac{dT}{dR}=\frac{P_X}{RP_M}\cdot\frac{E_XE_M-S_XS_M}{(S_X-E_X)(S_M-E_M)^9} \tag{6.8}$$

$S_XS_M>E_XE_M$，贸易条件恶化

$S_XS_M<E_XE_M$，贸易条件改善

$S_XS_M=E_XE_M$，贸易条件不变

3.J曲线效应

在现实经济中，当汇率变化时，贸易收支的实际变动还受供求对价格变化的反

应速度和程度的影响。由于汇率变动效应的“时滞”问题，即使在马歇尔-勒纳条件成立的情况下，货币贬值也不能马上改善贸易收支。相反，在货币贬值后的短期内，贸易收支反而可能会恶化。但是，在经过一段时间以后，出口量开始增加，而进口量开始减少，最终改善国际收支。整个过程用曲线描述就呈现出了字母“J”形，因此**在马歇尔-勒纳条件成立的条件下，贬值对贸易收支的时滞效应，称为J曲线效应**，如图6-4所示。

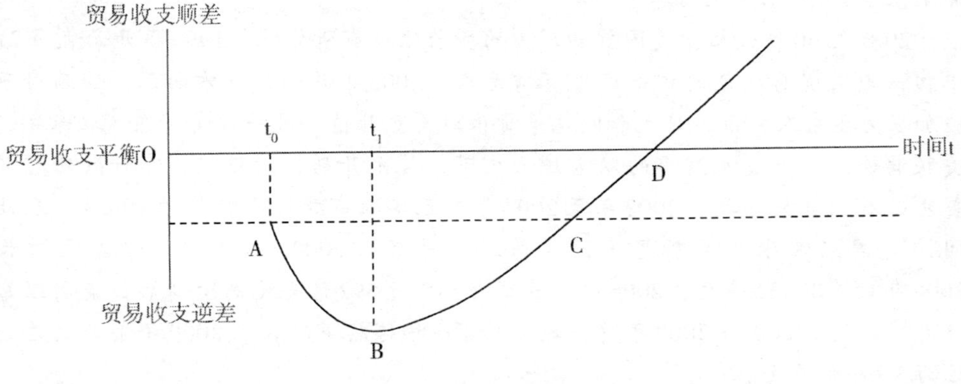

图6-4　J曲线效应

在图6-4中，A→B，表示货币贬值后贸易收支首先恶化，逆差扩大；B→C→D表示经过一段时间，贸易收支逐渐得到改善。

J曲线效应揭示了在货币贬值初期贸易收支恶化，经过一段时间后其有利影响才表现出来的过程。其中的三个主要原因是：①贬值的直接影响。在贬值之前签订的贸易协议须按签订协议时候的价格和数量执行。贬值后，以外币定价的进口，折成本币后的支付增加；以本币定价的出口，折成外币的收入减少，以致得到较少的出口收益和支付较高的进口成本，使得贸易收支趋向恶化。②决策时滞。进出口商及消费者没有根据本国货币贬值后的新的价格信息立即做出反应。对出口商来说，虽然贬值提升了国内出口商品的竞争地位，但国内的生产厂商需要一定的时间来判断价格变化的重要性，然后才能做出改变出口数量的决定。对本国消费者来说，需要花费时间来重新比较国内商品和国外商品的性价比，之后才会逐步调整自己的消费行为，由国外商品转向购买国内商品，从而改变对进口商品的需求、改变国际贸易收支。③生产时滞。面对出口商品增长的需求，国内生产商很难立即获得足够的资金、人力资源等来扩大生产规模，所以对出口的供应只能逐渐增加。

专栏6-1

J曲线效应的经验证明

关于J曲线效应最典型的例子是美元汇率20世纪80年代变化对美国国际收支经常账户的影响。20世纪80年代，美元的有效汇率变动分为两个阶段：第一个阶段是1980—1985年，美元与其他主要货币的有效汇率在5年内直线上升，从1980年1月的98.24升至1985年10月的131.39。在美元开始大幅升值之前，美国国际收支的经常账户基本上是平衡的，1981年美元升值，经常账户改善，贸易逆差额由1980年的194亿美元缩减到162亿美元。1982年及其后经常账户开始大幅赤字，贸易逆差增长到242亿美元，1983年贸易逆差迅速扩大到578亿美元。第二阶段是1986—1989年的汇率下降阶段。1986年美元开始大幅贬值，连续两年经常账户恶化，1987年总贸易逆差增长到整个80年代的顶峰，达到1 517亿美元；1988年以后的几年经常账户有所改善，1988年贸易逆差下降到1 145亿美元，1989年逆差规模降至低于1 000亿美元的水平。

20世纪90年代初，美国贸易逆差的增长幅度有所降低，1996年开始直至21世纪初，美国贸易逆差的扩张速度有增无减。2003年开始，一方面，美国政府不断施加压力要求人民币、日元和欧元等货币对美元升值；另一方面，在“双赤字”及美联储连续下调美元利率的双重压力之下，美元开始持续贬值，布什政府“弱势美元政策”开始实施，2002年至2004年美元实际有效汇率贬值约19.2%，在此期间，美国经常账户不断恶化，贸易逆差总额从2002年的4 205亿美元增长到2004年的6 093亿美元，2006年贸易逆差达到7 592亿美元高峰以后，美国经常账户开始改善，2007—2009年贸易逆差总额3年持续下降，至2009年贸易逆差总额已为3 749亿美元。

一般来说，汇率浮动机制较为灵活和经济开放程度较高的国家汇率变动的J曲线效应比较明显（Meade，1988），原因是该国贸易收支差额的变动能够通过外汇市场进行传导，较充分地反映到汇率形成机制中。同样，以汇率、利率等表征的金融资产价格在发生变动时，也能较快地影响进出口贸易等实物资产价格的调整，并最终影响其国际收支状况。当然，如果事先考虑回归性预期，那么即使满足马歇尔-勒纳条件，本币贬值和扩张也不一定能带来J曲线效应（保罗·霍尔伍德等，1996）。这正是从20世纪70年代开始一直到“广场协议”签订之前，人们对日元汇率调整和日本国际收支变动之间关系争论不休的原因（Seeman，1986）。而对发展中经济体的经验分析表明：相对软弱的金融体系和封闭的经济运行、长期和严重的贸易逆差、较高的进口需求刚性往往导致汇率变动的J曲线效应弱化或变形（Bahmani-Oskooee，1985、1989）。发展中经济体通过本币贬值改善国际收支的马歇尔-勒纳条件常常不成立，即使成立，金融体系的扭曲也往往使汇率信号的变动不能充分传导到进出口商品价格和需求的变动上，汇率生成机制和国际收支调节机制之间彼此相对割裂。

资料来源　钟伟，胡松明，代慧君. 人民币J曲线效应的经验分析［J］. 世界经济，2001（1）：34-41.

4.弹性分析法的局限性

弹性分析法以微观经济学为基础，反映了国际市场的一些实际情况，有一定的现实意义，但也存在很大的局限性。

弹性分析法运用局部均衡分析法，只考虑了汇率变化对进出口市场的影响，而忽视了汇率变化对社会总支出和总收入的影响，而且贸易收支等于国际收支的假设也不符合实际经济情况。在当代，劳务和国际资本流动在国际收支中已占有非常重要的地位，贬值不仅影响贸易收支，而且影响非贸易收支。当然，这些局限性同该理论发展的历史背景有关，它产生于20世纪30年代，当时的宏观经济体系尚未建立。

技术上的困难也使弹性分析理论只能作为对国际收支的一种理论认识，不具有太大的实际运用价值。因为该理论中弹性参数是最重要的，但参数的确定是一项极为复杂和困难的工作。这不仅因为进口商品种类繁杂，不易对各类商品的供求弹性予以计量，而且因为各国外贸商品结构也经常发生变动。更重要的是，供求弹性不仅受价格的影响，还受国民收入、资源配置以及其他间接因素的影响。

6.1.3　国际收支吸收分析法

20世纪50年代，西欧国家都曾先后使本币贬值以期改善国际收支，但其国际收支危机仍然严重。此时美国经济学家西德里·亚历山大以凯恩斯宏观经济学为基础，于1952年提出了国际收支的吸收分析法。其着重考察了总收入与总支出对国际收支的影响，并在此基础上，提出了国际收支调节相应政策的主张。

1.基本理论

吸收分析法是在凯恩斯的宏观国民收入方程式的基础上提出的。该方程式为：

国民收入（Y）=国民支出（E）　　(6.9)

在开放经济的条件下，把对外贸易包括在上述方程内，则：

国民支出（E）=消费（C）+投资（I）+［出口（X）-进口（M）］　　(6.10)

即：

$$Y=E=C+I+(X-M)$$

移项得：

$$X-M=Y-(C+I) \tag{6.11}$$

其中：（X-M）为贸易收支差额，以此作为国际收支差额的代表。（C+I）为国内总支出，用A表示（亚历山大将其称作吸收，吸收分析法因此而得名）。设国际收支差额为B=X-M，则有：

$$B=Y-A \tag{6.12}$$

这就是吸收分析法的基本表达公式，即一国的国际收支表示为该国总收入（Y）与总支出（A）之间的差额。当国民收入大于总吸收时，表现为国际收支顺差；当国民收入小于总吸收时，表现为国际收支逆差；当国民收入等于总吸收时，则表现为国际收支平衡。

2.吸收分析法的政策主张

根据吸收分析法的基本理论，要调节一个国家的国际收支，可以通过调节该国国民经济总量的平衡来实现，这是凯恩斯的有效需求调节理论在国际收支调节中的应用。因此，消除国际收支逆差的政策主张是：增加总收入，或减少总吸收，或二者兼用。主要政策包括汇率政策、直接管制政策、货币政策和财政政策等。

如当一国存在国际收支逆差，即总吸收超过总收入时，需要采用紧缩的财政和货币政策来减少对国外商品的过度需求。但其在减少进口需求的同时也会减少对本国商品的需求，使本国收入减少，政策目的难以实现。所以同时还需运用支出转换政策使减少的国外需求能转换一部分到对国内商品的需求上，使需求减少的同时收入能增加，国际收支达到平衡。

国际收支的吸收分析法还特别分析了贬值对国际收支的作用。贬值要改善国际收支，还必须满足两个条件：①有闲置资源的存在。只有存在闲置资源，出口商品生产部门才能获得扩大生产所需的资源，从而才能增加出口。②边际吸收趋向小于1，即增加的收入部分用于支出。因为出口增加、收入增加的同时，由于“乘数”作用，整个社会的投资和消费也会增加。若吸收大于收入，就与贬值减少支出、增加收入的目的相违背，反而会进一步恶化国际收支。

3.对吸收分析法的评价

吸收分析法采用了一般均衡方法，强调通过对国内宏观经济变量的调整来调节国际收支，具有强烈的政策搭配取向。它指出了国际收支失衡的宏观原因，是相比于弹性分析法的一大进步。但是，吸收分析法同样不可避免地有其局限性：

（1）吸收分析法的假定条件是生产要素能够自由转移。这不符合实际情况，事实上，由于国家行政的干预，闲置资源的自由转移往往难以实现。

（2）吸收分析理论也没有克服弹性分析法存在的根本缺陷，即只注重国际收支中的贸易收支，没有考虑资本流动对国际收支的影响。

6.1.4 国际收支货币分析法

货币分析法是随着现代货币主义的兴起，在20世纪70年代中后期开始流行的一种国际收支理论，其创始者主要是美国经济学家哈里·约翰逊。货币分析理论实际上是现代货币主义理论在国际收支方面的应用。该理论认为国际收支是一种货币现象，因而应以货币为出发点来探讨国际收支失衡的原因以及相应的政策主张。

1.货币分析法的基本假定

货币分析法有以下基本假定：

（1）购买力平价理论中的一价定律长期成立，即国际的套利活动能保证同一商品的价格在各国间是一致的，商品价格是外生变量。

（2）一国处于充分就业条件下，货币需求是收入、价格、利率等变量的稳定函数，从长期来看，货币需求是稳定的。

（3）货币供应量的变动不影响实际经济变量，即货币中性。

这些假设的目的在于，排除其他因素的影响使其能更直接地从货币供求变化的角度来分析国际收支差额的“纯货币”性质。

2.货币分析法的基本理论

按照货币主义理论，货币需求的基本公式是：

$$MD=f[y, p, i, w, E(p)] \tag{6.13}$$

其中：y为真实的国民经济收入水平；p为价格水平；i为利率；w为真实财富

水平；E（P）为预期价格水平变化的百分比。

y与MD之间呈正相关关系，这是因为收入增加将会提高人们购买商品和劳务的能力；高的价格水平导致购买一定数量商品和劳务时比以前支付更多的货币，因此，p与MD也呈正相关关系；利率上升时，人们为了获得像债券这样的有较高利息收入的资产而自然会减少他们的货币需求，因此，i与MD之间呈负相关关系；个人财富增加时，个人就会持有更多的各类资产，其中也包括货币，w与MD呈正相关关系；如果人们预期未来价格水平会上升，那么未来的通货膨胀将会减少一定名义货币余额的真实价值，因此，持有现金余额可能会带来负收益，从而使人们转向持有其他非货币资产，E（p）与MD负相关。

在开放经济中，货币供给由国内的货币供给和国外的货币供给两部分组成，即：

$$MS=D+R \tag{6.14}$$

其中：D指一国国内货币供给，通常由现金（CU）和存款货币（CD）两部分构成，CU指货币当局发行的流通钞票和硬币，CD指银行体系在存款过程中通过乘数作用所创造出来的货币。R指国外货币供给，是国际收支所获得的盈余，即国际储备。

假设最初的货币市场是均衡的，即货币需求等于货币供给：

$$MD=MS$$

$$R=MD-D \tag{6.15}$$

（6.15）式即货币分析法的最基本的方程式。它表示一国的国际收支差额等于该国的货币需求减去国内货币供给。假设出于某种政策的动机，一国货币当局增加货币供给，即D突然增加，扩张的货币供给导致超额的货币供给出现，此时货币供给超过货币需求。为恢复货币市场的均衡，多余的货币余额就会寻找出路，形成货币外流，国际储备R减小，国际收支出现逆差。反之，货币供给减少，R将上升，国际储备增加，国际收支出现顺差。

既然导致国际收支失衡的原因主要是国内货币市场的不平衡，因此调节国际收支的途径就是恢复国内货币市场的平衡，即由国内货币政策来解决。而货币政策主要是指调节货币供给的政策。因为为了国际收支而采取的贬值、提高关税、限制进口等措施，在实施的同时也会伴随国内信贷的膨胀，国际收支不一定改善，有可能还会恶化。而货币供给在很大程度上是外生的，有利于达到政策目标的效果，扩张性的货币政策可以调节国际收支顺差，紧缩性的货币政策可以调节国际收支逆差。

总之，货币分析法的政策主张是：在发生国际收支逆差时，应注意国内信贷的紧缩。

3.对货币分析法的评价

货币分析法较弹性分析法和收入分析法的进步之处是在于它考虑到了货币在国际流动对国际收支的影响，把国际收支的分析范围扩大到了经济项目和资本项目。货币分析法将货币供应量的变动分为国内起源与国外起源，因此，在既定的货币政策下，当货币的需求量高于或低于货币供应量时，一国政府可以通过银行创造的信用或吸收外资，来平衡国内的货币市场，进而平衡国际收支。这种将国际收支与国内货币政策联系起来的方法具有一定的参考意义。虽然该方法是一种创新，但仍然存在很大的缺陷：

（1）货币分析法过于看重货币决定因素。在商品和货币的问题上，该方法把货币看成是决定性的因素，认为货币供给和需求的变化决定着收入、贸易等实体经济因素，忽略了商品流动决定着货币流动的层面。

（2）它假定货币需求是稳定的。但在短期内，货币需求函数往往是不稳定的。

（3）货币分析法还假定货币供给变动不影响实际经济变量，货币中性，并且强调一价定律的作用。但在现实经济中，货币往往不是独立变动的变量，它和其他实体经济变量相互作用，互相影响。而且，由于垄断商品、政府管制和商品供求弹性等的存在，一价定律往往也不能成立。

在当前，弹性分析法、吸收分析法和货币分析法作为许多国家调节国际收支方案的基本的理论依据，受到很大的重视。例如，当一国国际收支处于严重的逆差时，就会采取大规模削减财政赤字、严格控制信贷或进行货币贬值等措施，以改善国际收支。制定这些政策反映了货币分析法的控制国内信贷的主张；同时也反映了吸收分析法的控制国内需求的主张和弹性分析法的货币贬值促进出口的观点。

§6.2　国际收支的调节政策

6.2.1　国际收支失衡

1.国际收支失衡的概念

如前所述，国际收支平衡表是按照复式记账法编制的，所以一国的国际收支在账面上一定是平衡的，但这种平衡只是形式上的平衡。事实上，一国的国际收支往往是不平衡的。判断一国国际收支是否真正平衡，有很多方法，我们来介绍一种被大多数人所认可的方法。

在国际收支的理论研究中，所有的国际经济交易都可以按照发生的动机分为自主性交易和补偿性交易两种。

自主性交易又称事前交易，是指企业或个人出于某种自我目的（如追逐利润、继承遗产等）而自主进行的交易，包括经常项目和长期资本项目的经济交易。

补偿性交易又称事后交易，是指为了弥补国际收支的差额而进行的经济交易，如为弥补国际收支逆差而向外国政府或金融机构借款、动用官方储备等。

从上述两种不同性质的经济交易来看，判断一国的国际收支差额，主要是看其自主性交易差额。当这一差额为零时，称为国际收支平衡；当这一差额为正时，称为国际收支顺差；当这一差额为负时，称为国际收支逆差。后两者统称为国际收支失衡，此时必须依靠补偿性交易的调节才能达到平衡，但这种平衡只是暂时的、被动的，是不能长久维持下去的，因此这种平衡只是形式上的平衡，而不是真正的平衡。这一判断国际收支失衡的方法虽然从理论上来说很有道理，但在现实经济生活中很难精确区分和度量自主性交易和补偿性交易。

2.国际收支失衡的类型

按照造成国际收支失衡的原因，可以将国际收支失衡分为以下几种类型：

（1）偶然性失衡

偶然性失衡又叫临时性失衡，是指由非确定性或偶然性的因素引起的国际收支失衡。如主要以粮食出口为主的国家由于自然灾害、战争等原因使粮食减产，出口减少，甚至要依靠进口，最终形成国际收支逆差。这种性质的失衡一般程度比较轻，持续时间不长，并有可逆性，而且一般不需要政策调节，市场能自动将其纠正。

（2）周期性失衡

一国的经济总是呈波浪式发展的，呈现出一定的周期性。因此，由于一国的经济周期波动所引起的国际收支失衡称为周期性失衡。当经济处于繁荣期时，往往国内投资与需求旺盛，对进口的需求相应增加，国际收支出现逆差；当经济处于衰退期时，社会总需求下降，进口需求也相应下降，国际收支出现盈余。当今世界，由于经济的全球化，各国之间的经济联系越来越密切，对国际市场的依赖程度越来越高，一些主要工业国家的经济衰退，往往会加速其他相关国家的经济衰退。因此，国际收支的周期性失衡往往会表现为世界性的失衡。

（3）结构性失衡

结构性失衡往往表现在贸易账户和经常账户上，是指国内经济和产业结构不能适应国际市场的变化而引起的国际收支失衡。

国际市场的变化一般有两种：第一种，国际产业结构的变化。一国产业结构的变动滞后于国际产业结构的变动将会引起国际收支的失衡，如一国在既定的国际分工下进出口商品，它的贸易可处于均衡状态，国际收支也能保持平衡。但当国际市场产业结构发生巨大变化时，由于反应滞后、变动滞后等原因而不能适应新的国际分工，则平衡关系会遭到破坏，就可能产生国际收支的结构性失衡。这种失衡在发展中经济体及发达经济体都有发生。第二种，国际经济结构的变化。国际经济结构的变化将引起国际市场结构的变化，进而引起某些国家的国际收支的失衡。这种失衡也是在发达经济体和发展中经济体都存在，但通常认为，在发展中经济体更为普遍，也更为明显。因为发展中经济体出口的一般都是初级、低端产品，所以其出口商品需求的收入弹性小，进口货物的收入弹性大；出口商品的价格弹性大，进口商品的价格弹性小。这就是说，在各国人均收入普遍提高的背景下，收入的提高会大大提高发展中经济体对外国商品和劳务的需求，而外国居民对发展中经济体的商品需求变化不明显；当世界物价水平总体上涨时，发展中经济体的出口会因为物价的上涨而引起国外需求大幅度减少，而发达经济体的物价上涨却不会导致发展中经济体对其需求的减少，因为其必须进口本国无法生产的先进技术设备和高档消费品。

（4）收入性失衡

收入性失衡是指由于各种经济条件的变化引起国民收入的变动而产生的国际收支失衡。国民收入增长的原因有两种：一是周期性变动，这属于周期性不平衡；二是因经济增长而引起的变动，具有长期性质。当一国国民收入快速增长，对外国的商品和劳务等需求增长，导致其进口需求的增长超过出口的增长时，国际收支会出现逆差。反之，当一国的经济增长率低时，其国民收入减少，自主性交易的支出减少，国际收支逆差会得到缓和或出现顺差。

（5）货币性失衡

货币性失衡指受币值变动影响而引起的国际收支失衡。通常，如一国存在通货膨胀，货币币值下降，物价普遍上涨，在汇率一定的条件下，以外国货币计价的本国出口商品就变得昂贵；而另一方面，以本币计价的外国进口商品的价格则相对便宜，这就鼓励了商品进口。出口的减少和进口的增加，就会使国际收支出现逆差。反之，由于通货紧缩，本国商品成本和物价水平相对降低，有利于出口，不利于进口，国际收支就会出现顺差。

3. 国际收支失衡的影响

在经济全球化，国内外经济相互影响的情况下，一国的国际收支失衡必然影响国内经济的运行。

若一国国际收支出现逆差，首先会引起本国货币的贬值，若一国货币当局不愿接受本国货币贬值的后果，就必须动用外汇储备，对外汇市场的供求关系进行干预，即抛售外汇，买进本国货币。这既会耗费外汇储备，使该国的国际清偿力和货币地位下降，又会引起货币供应量的缩减。货币供应减少促使利率水平上升，国内消费和投资减少，国民收入增长受到抑制，造成大量失业。

如果一国的国际收支逆差主要是经常项目差额，即出口收入不足以弥补进口支出而出现的长期性赤字，那就意味着本国对国外产品存在过度需求，则本国的国民收入就会下降，失业就会增加；如果一国的国际收支逆差主要来源于资本金融项目的差额，即是因资本流出大于资本流入而导致的，则国内资金供应紧张，利率将上升，必然影响商品市场的需求。

当一国国际收支出现长期或巨额盈余时，也会给国内经济带来不良影响。首先，累积的外汇储备增加造成货币供应增加，则物价水平上涨，造成通货膨胀。其次，一国的盈余意味着其他国家的赤字。一国国际收支盈余过多，必然影响他国的经济运行状况，引起国际摩擦，不利于国际经济关系。最后，一国国际收支盈余会给本国货币带来升值的压力，不利于吸收国际金融机构的优惠贷款。

一般来说，一国国际收支越是不平衡（逆差或顺差越大），其不利影响也越大。因此，从长期来看，无论国际收支是逆差还是顺差，都需要政策措施加以调节，尽量保持国际收支的平衡。

6.2.2　可供选择的国际收支调节政策

一国的自主性交易无论是从长期还是从短期来看都很难达到收支恰好相等，而是长期处于顺差或逆差的不平衡状态。如果一国国际收支出现持续的、大量的顺差，就会引起本国货币对外国货币的升值，导致大量短期资本流入，造成通货膨胀；同时，本币的升值又会起到阻碍出口、刺激进口的作用，这些都将影响本国经济的发展和政治的稳定。因此，各国政府自觉采取各种政策措施来调节国际收支失衡显得非常重要。

一国政府在调节国际收支失衡时（以国际收支逆差为例），面临三个层次的选择：①决定是通过融资还是通过调整，或是两者的结合来减少直至消除逆差。②决定使用支出变更政策还是支出转换政策。支出变更政策指改变社会总需求或国民经济支出总水平的政策，支出转换政策指不改变社会总需求和总支出而是改变需求和支出方向的政策。③在实施转换政策时，还必须决定是通过货币贬值还是通过贸易政策来达到目标。不论是融资政策还是调整政策，调节国际收支平衡的政策通常有以下几种：

1.外汇缓冲政策——融资或弥补

外汇缓冲政策又叫资金融通政策，是指一国政府把外汇与黄金等国际储备作为缓冲体，通过在外汇市场和黄金市场中有计划地吞吐，或通过国际信贷，来抵消超额外汇需求或供给所形成的缺口，以避免国际收支不平衡。如果国际收支不平衡是由临时的、短期的因素导致的，就可以用资金融通政策弥补，但如果是由中长期因素导致的，那么就势必要用其他政策来调节。因为一国的国际储备是有限的，所以，外汇缓冲政策调节国际收支不平衡的能力是有限的。一国如果完全依靠外汇缓冲政策来调节长期的或巨额的国际收支逆差，将导致一国外汇储备的枯竭或外债规模的扩大，反而无助于国际收支逆差的消除。但是，在调整期间，有关货币当局可以适当地运用外汇缓冲政策作为辅助手段，缓和调整政策的速度和强度，使国内经济避免遭受调整政策所带来的波动。

2.需求管理政策——财政政策与货币政策

当一国国际收支逆差严重而需要调节时，一国政府或货币当局可以实行紧缩性的财政政策或货币政策。

（1）财政政策

财政政策是指一国政府通过调整税率或财政支出，从而控制总需求和物价水平的政策措施。财政政策包括两类：一类是支出政策；另一类是税收和补贴政策。支出政策主要是通过影响总需求来影响资本流动，进而影响国际收支，其作用机制如下：在国际收支出现逆差的情况下，一国政府宜实行紧缩性财政政策，抑制公共支出和私人支出，使进口减少；同时由于支出乘数的作用，国民收入倍减，迫使国内物价水平下降，出口商品的成本也随之下降，国际竞争能力增强，出口增加。最终国际收支的逆差减小，贸易收支和国际收支得到改善。税收和补贴政策主要是通过改善出口条件、增强竞争力达到增加外汇收入、缩小逆差、平衡国际收支的目的，主要包括出口退税政策、出口免税政策、进口增税政策、财政补贴政策等。

（2）货币政策

货币政策也称金融政策，主要是指变动本国货币的利率，以扩张或紧缩银根或者以吸引、限制短期资本流动来调节国际收支的不平衡。

如果发生国际收支逆差，通常一国政府就会提高利率，紧缩银根，减少社会的投资与消费，进而降低物价水平，扩大本国商品的出口。同时，在资本项目没有管制的情况下，利率的提高有可能吸引外资流入，减少本国资本流出，也可以起到改善国际收支的作用。当然，提高利率的途径有很多种。有的国家本身实行的就是管制利率，利率由政府决定。有的国家实行的是市场利率，中央银行通过提高再贴现率、提高存款准备金率和进行公开市场操作，间接使利率上升。

需要注意的是，财政政策和货币政策在调节国际收支的不平衡时有一定的局限性，这种局限性在于国际收支平衡的恢复往往与国内经济发展的目标相冲突。例如，一国国际收支逆差时采取的紧缩性政策，在减少进口支出的同时也抑制了对本国产品的需求，会导致失业和生产能力过剩，企业投资减少还会影响经济增长。因此，通过财政政策和货币政策实现国际收支的平衡，可能会以牺牲国内经济目标为代价。

3.支出转换政策——汇率政策和直接管制

汇率政策是指一国通过调整其货币的汇率，以本币的升贬值来影响商品进出口的价格和资本流出、流入的实际收益，调整贸易收支，从而调整国际收支的政策措施。汇率政策的实施在不同的制度背景下有不同做法。第一，在浮动汇率制度下，进行外汇市场干预。一国货币当局可以在外汇市场买入或卖出外汇来实现本币汇率贬值或升值，以达到调节进出口的目的。第二，在一国原先采用固定汇率或钉住汇率的情况下，如果国际收支出现巨额的赤字，政府可以采用浮动汇率制或弹性汇率制，允许汇率由市场供求决定，用汇率来纠正国际收支赤字。第三，当国际收支出现严重逆差时，实行货币法定贬值。本币贬值，以外币表示的本国出口商品价格降低，提高了本国出口商品的竞争力，使出口增加。同时，以本币表示的进口商品价格升高，使进口减少，从而改善国际收支。当国际收支出现巨额顺差时，则在他国压力下实行货币法定升值，以减少和消除国际收支顺差。

直接管制是指一国政府通过发布行政命令等手段对本国的对外经济交易进行干预，以期达到解决国际收支不平衡的目的。通过紧缩性财政政策、货币政策和汇率政策这样的经济杠杆来调整长期性、结构性国际收支不平衡，必须通过市场机制才能发挥作用，并且政策发挥作用的时滞较长，难以在短期内达到预期的目的和效果。因此，当一国国际收支出现结构性逆差时，许多国家政府都通过对对外经济贸易的直接管制来恢复国际收支平衡。

直接管制主要表现为外汇管制与外贸管制。外汇管制指一国政府为平衡国际收支和维持本国货币汇率而对外汇进出实行的限制性措施。它通过对贸易外汇收支、非贸易收支和资本流出流入的管制，达到控制外汇收付、平衡国际收支的目的。外贸管制是对进出口实行直接限制，如进口许可证和进口配额等贸易保护措施。直接管制通常能起到迅速改善国际收支不平衡的效果，能按照本国的不同需要，对进出口贸易和资本流动区别对待。但是，它并不能真正解决国际收支平衡问题，一旦取消管制，国际收支赤字仍会出现。而且，直接管制是对市场机制的扭曲，它限制了商品和资源的市场合理化配置，从而会阻碍本国经济的发展。此外，实行管制政策，既为国际经济组织所反对，也容易引起他国的反抗和报复。

综上所述，当国际收支不平衡时，一国可针对形成原因采取相应的政策措施。譬如，如果国际收支不平衡是由国内通货膨胀加重而形成的，可运用货币贬值的汇率政策；如果国际收支不平衡是由季节性变化等暂时性原因形成的，可运用外汇缓冲政策；如果国际收支不平衡是由经济结构性原因引起的，可进行经济结构调整并采取直接管制措施；如果国际收支不平衡是由国内总需求大于总供给所致，可实行紧缩性财政、货币政策。但上述政策措施都各有其局限性，都会对宏观经济带来一定的负面影响，所以必须相机抉择，搭配使用，以最小的社会经济代价达到国际收支的平衡。

专栏6-2

中美两国贸易战爆发

2018年3月23日凌晨，美国总统特朗普签署备忘录，宣布将采取措施对中国产品加征关税，限制中国出口，并将相关问题诉诸WTO争端解决机制。4日凌晨，美国政府依据301调查单方认定结果，宣布对原产于中国的1 300余种进口商品加征25%的关税，涉及500亿美元的中国对美出口额。当日下午，中国决定对原产于美国的大豆、汽车、化工品等14类106项商品加征25%的关税，同样涉及美国对中国的500亿美元的出口额。中美贸易战正式打响。

根据美方统计数据显示，2016年美国对中国的商品贸易逆差高达3 470亿美元，占美国商品贸易逆差总额的47.3%。自中国加入WTO以后，美国对中国商品贸易逆差的总量由2001年的20.2%上升至近50%，目前中国已经是美国最大的贸易逆差来源国。然而事实是由于中美两国的统计差异导致在美方统计方法下逆差额被高估。研究表明，2008年至2014年间贸易逆差数据平均高估19%。

造成美国较大贸易逆差的关键因素源自其自身的经济结构，是美国利用他国剩余储蓄来维持超出其自身生产能力消费水平的结果。20世纪60年代后，美国引领并主导了第三次科技革命，将传统制造业逐步外移，转而致力于资本和技术密集型产业，逐渐形成了以高端制造和服务业为主，低储蓄、高消费的经济市场格局。中美经贸不平衡与各自资源禀赋、贸易结构、政治经济环境和全球经济分工密切相关。

中国商务部发布的数据显示，中美货物贸易额从1979年的25亿美元到2016年的5 196亿美元，38年间增长了近207倍。2016年，中美服务贸易额达1 181亿美元，其中对美国贸易逆差556.9亿美元，占中国对外服务贸易逆差的23.3%。过去五年，中企对美投资迅增，2015年首次超过美国企业在华投资。截至2016年年底，中美双向投资已累计超过1 700亿美元。

中国是美国第一大贸易伙伴，美国是中国第二大贸易伙伴。如此利益交融的两个超级经济体，一旦开打贸易战，不仅会伤害中国的制造商，也会给美方上下游供应商、制造商及零售商带来伤害，美在华企业也会被殃及。从经济意义上考量，贸易保护并没有被证明是一件合用和有力的武器，可以更好地保护本国的企业，提升消费者的购买力，对于仍在复苏进程中的全球经济来说，并没有好处。尤其是在这样一个已经高度融合的全球经济中，任何独善其身的政策设计都无法真的达成目标。

资料来源　孙继山．中美经贸向何处去？——对中美贸易失衡问题及贸易战应对选项的分析[J]．国际贸易，2017（11）：31-33.

★ 本章小结

随着世界经济形势的变化和经济思潮的更迭，国际收支理论不断发展和完善，主要有以大卫·休谟提出的国际收支价格调节理论、弹性分析法、吸收分析法和货币分析法。价格调节理论运用自由市场经济的各种宏观经济变量的作用使国际收支自动得到改善。但国际收支的价格调节只有在完全的自由市场经济条件下，相关宏观经济变量的传导机制才能起到作用。弹性分析法认为在其他条件不变、只有汇率变化能影响国际收支的条件下，货币贬值必须满足"马歇尔-勒纳"条件才能改善国际收支。但由于贬值的时滞效应，在贬值的过程中经常伴随着J曲线效应，即在货币贬值过程中国际收支先恶化、后改善。吸收分析法从宏观经济的整体角度来考察，认为货币贬值在收入大于吸收的条件下国际收支才能得到改善，其消除国际收支逆差的政策主张是：增加总收入和减少总支出。货币分析法不以真实经济层面分析为基础，把国际收支看成一种货币现象。它认为国际收支失衡的调节可以通过货币供求的调节来加以实现。

国际收支失衡主要是指自主性交易的失衡。国际收支失衡的类型主要有偶然性失衡、周期性失衡、结构性失衡、收入性失衡、货币性失衡。

短期的国际收支失衡可以通过补偿性交易来加以调节，但长期的、持续的国际收支失衡就需要政策加以调节。可供选择的政策主要有：财政和货币政策、汇率政策、直接管制、外汇缓冲政策。各种政策在实施过程中对国际收支都有调节作用，但也都存在一定的缺陷，可以通过政策搭配，使其互相补充，共同发挥作用。

★ 综合训练

6.1　单项选择题

1."马歇尔-勒纳条件"是指当一国的出口需求弹性与进口需求弹性绝对值之和（　　）时，该国货币贬值才有利于改善贸易收支。

A.大于0　　　　B.大于1

C.小于0　　　　D.小于1

2.一国出现持续性的顺差，则可能会导致或加剧（　　）。

A.通货膨胀　　B.国内资金紧张

C.经济危机　　D.货币对外贬值

3.根据吸收分析理论，如果总收入大于总吸收，则国际收支（　　）。

A.平衡　　B.顺差

C.逆差　　D.无法确定

4.根据国际收支吸收分析法，贬值要能改善国际收支，还需满足（　　）的条件。

A.闲置资源的存在，边际吸收趋向大于1

B.充分就业，边际吸收趋向小于1

C.闲置资源的存在，边际吸收趋向小于1

D.充分就业，边际吸收趋向大于1

5.支出转换政策主要包括（　　）。

A.财政和货币政策　　B.汇率政策和直接管制

C.税收政策　　D.外汇缓冲政策

6.2 多项选择题

1.国际收支调节的分析方法主要有（　　）。

A.弹性分析法　　B.货币分析法

C.价格调节　　D.吸收分析法

2.在固定汇率制下，国际收支失衡通过（　　）自动达到平衡。

A.货币机制　　B.利率机制

C.价格机制　　D.收入机制

3.国际收支货币分析法的基本假定是（　　）。

A.一价定律长期成立，同一商品的价格在各国间是一致的，商品价格是外生变量

B.国际没有资本流动，国际收支等于贸易收支

C.一国处于充分就业状态，货币需求是收入、价格、利率等变量的稳定函数

D.货币供应量的变动不影响实际经济变量

4.按照形成的原因，国际收支的不平衡包括（　　）。

A.临时性、周期性不平衡　　B.结构性不平衡

C.货币性不平衡　　D.收入性不平衡

5.调节国际收支不平衡的政策通常有（　　）。

A.财政和货币政策　　B.汇率政策

C.直接管制　　D.外汇缓冲政策

6.3 问答题

1.试述各学派国际收支调节理论的主要观点、政策主张、局限性。

2.什么是J曲线效应？产生的原因是什么？

3.什么是国际收支失衡？简述国际收支失衡的几种类型。

4.试述一国国际收支调节的政策选择。

5.直接管制是指什么？主要包括哪些内容？并分析其利弊得失。

★ 本章参考文献

[1] 黄飞鸣. 国际经济学教程 [M]. 上海：复旦大学出版社，2014.

[2] 姜波克. 国际金融新编 [M]. 5版. 上海：复旦大学出版社，2012.

[3] 樊纲. 金融改革开放与中国国际收支再平衡 [M]. 上海：上海远东出版社，2012.

[4] 陈燕. 国际金融 [M]. 北京：北京大学出版社，2011.

[5] 克鲁格曼，奥伯斯法尔德. 国际经济学 [M]. 黄卫平，译. 8版. 北京：中国人民大学出版社，2011.

[6] 凯夫斯. 国际贸易与国际收支 [M]. 余淼杰，译. 10版. 北京：北京大学出版社，2008.

[7] 石巧荣. 中国债权国地位与国际投资调控策略 [J]. 国际金融研究，2010 (4)：41-47.

[8] 钟伟，胡松明，代慧君. 人民币J曲线效应的经验分析 [J]. 世界经济，2001 (1)：34-41.

[9] 孙继山. 中美经贸向何处去？——对中美贸易失衡问题及贸易战应对选项的分析 [J]. 国际贸易，2017 (11)：31-33.

第7章

开放经济条件下的宏观经济理论与政策

★ 导读

开放经济是一种不同于封闭经济的经济形态。在开放经济条件下，国与国之间的经济关系在一国的宏观经济运行中占有重要地位；各国宏观经济变量存在着内在的相互依赖的关系；宏观经济总量的均衡条件也有所不同。正因为如此，开放经济条件下的经济政策被赋予了许多新的内容，这就是IS-LM-BP模型的由来。也正是在开放经济条件下，一国政府必须做出的一个政策选择就是，是采取固定汇率制度还是采取浮动汇率制度，或者在这两个极端之间选择某种合适的安排。

在这一章里，我们将重点运用IS-LM-BP这一模型来分析在开放经济条件下的财政政策和货币政策的实际效力，并且分析在固定汇率和浮动汇率制度下，财政政策和货币政策分别是如何运行的。

★ 关键概念

内部均衡　外部均衡　米德冲突　丁伯根法则　斯旺模型　蒙代尔-弗莱明模型

§7.1　开放经济条件下的内外均衡

在封闭经济中，政府宏观经济目标为经济增长、充分就业和物价稳定。但是在开放经济中，除上述目标外，政府还要关注国际收支的平衡。其中经济增长是一个长期动态的过程，所以一国经济的短期目标只包括充分就业、物价稳定和国际收支平衡。我们可以把上述三个目标分为两类：一类是内部均衡，即国内经济处于充分就业和物价稳定状态；另一类是外部均衡，即国际收支达到平衡。

7.1.1　内部均衡与外部均衡的关系

1.米德冲突——内外均衡矛盾的经典论述

（1）米德冲突

英国经济学家詹姆斯·米德（J.Meade）于1951年在其名著《国际收支》中最早提出了固定汇率制度下的内外冲突的问题。他指出，在汇率固定不变时，政府只能主要运用影响社会总需求的政策来调节内外均衡。这样，在开放经济运行中便会出现内外均衡难以兼容的情形，见表7-1。

表7-1　**固定汇率制度下内部均衡与外部均衡的搭配与矛盾**

经济情况	内部状态	外部状态
1	经济衰退/失业增加	国际收支逆差
2	经济衰退/失业增加	国际收支顺差
3	通货膨胀	国际收支逆差
4	通货膨胀	国际收支顺差

在表7-1中，第2种和第3种情况意味着内外均衡是一致的。在第2种情况下，如果采取增加社会总需求的措施进行调控，那么，国内经济就会好转，就业就会增加，从而实现内部均衡。而且，扩张性的政策会引起进口的增加，在出口保持不变的情况下，就会使国际收支顺差减少。在第3种情况下，如果采取减少社会总需求的措施进行调控，那么，国内经济就会好转，通货膨胀压力减小，从而实现内部均衡。而且，紧缩性的政策会使进口减少，在出口保持不变的情况下，就会使国际收支逆差减少。第1种和第4种情况则意味着内外均衡的冲突。在第1种情况下，如果政府采取增加社会总需求的措施进行调控，在实现内部均衡的同时，会使国际收支逆差更加严重。在第4种情况下，如果政府采取减少社会总需求的措施进行调控，在实现内部均衡的同时，会使国际收支顺差更加严重。

（2）米德分析的不足

米德分析的不足之处主要在于他只考虑了固定汇率制度下的情况。事实上，在浮动汇率制度下，内外均衡冲突的问题也是存在的。在浮动汇率制度下，当汇率受到政府一定程度的管制时，最常见的做法仍然是通过国内总需求的变动来实现内外均衡，因此浮动汇率制度下也会出现与固定汇率制度下相似的内外均衡冲突现象。并且，在汇率波动剧烈的情况下，内外均衡之间的相互影响更加复杂，内外均衡矛盾冲突也就更加深化。

此外，米德的分析还忽略了资金流动对内外均衡的影响。在现代经济中，特别是全球经济一体化背景下，活跃在国际金融市场的巨额资金会直接影响国内宏观经济的运行，使一国国内经济政策受到更多的影响和制约，从而使一国内外均衡的目标更加难以实现。

2.开放经济条件下的政策搭配原理

根据政策搭配的这一基本思想，西方经济学家在后续的研究中提出了不同的政策搭配方法。其中，蒙代尔（R.Mundell）提出用财政政策和货币政策的搭配来解决内外均衡的矛盾；斯旺（T.Swan）提出用支出调整和支出转移这两种政策来解决这个矛盾。

（1）丁伯根原则

荷兰经济学家丁伯根（J.Tinbergen）最早提出将政策目标和工具联系在一起的模型，被称为丁伯根原则。丁伯根原则指出，一国可以运用的独立的政策工具数量至少要与所要实现的经济政策目标的数量相等，即要实现N个独立的政策目标，至少需要相互独立的N个有效的政策工具。如果一个国家的政策目标有两个，即要实现内部均衡与外部均衡，那么，它就需要两个政策工具来实现。相反，只用一个独立的政策工具试图实现内外的同时均衡是不可能的。

丁伯根原则对目标的实现的假设前提是各种政策工具可以供决策当局集中控制，即通过各种工具的紧密配合来实现政策目标，但他没有明确指出每种工具在调控中的侧重性。

（2）斯旺模型

针对米德冲突的问题，澳大利亚经济学家斯旺（T.Swan）进行了深入研究，提出了著名的斯旺模型，如图7-1所示。

图7-1中，纵轴代表的是实际汇率e（直接标价法），当e上升，本币贬值；反之，则本币升值。横轴代表的是国内支出（A），包括消费、投资、政府支出。

IB曲线是经济处于内部均衡时，实际汇率与国内支出的组合。IB曲线向右下方倾斜，这是因为实际汇率（e）下降，本币升值，会导致出口减少，进口增加，因此一国国内支出（A）必须增加，才能维持内部均衡。在IB曲线的右边，经济中存在通货膨胀压力，因为在给定的汇率水平下，国内支出大于实现充分就业所要求的支出；而在左侧则有通货紧缩的压力，这是因为支出小于保持充分就业所需要的支出。

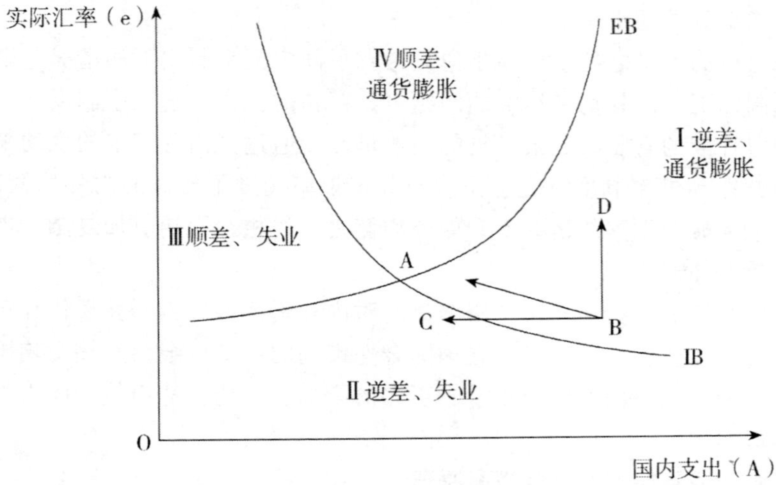

图7-1 斯旺模型

EB曲线是经济处于外部均衡时，实际汇率与国内支出的组合。EB曲线是向上倾斜的，因为一国国内支出（A）增加，将会带来进口的增加，这时必须提高汇率，本币贬值，才能减少进口，增加出口，维持外部均衡。在EB曲线的右侧，国内支出大于保持经常账户平衡所需要的支出，因此，经常账户就会出现赤字，而在EB曲线的左侧则会出现盈余。

因此，斯旺模型被分为四个区域：

①区域Ⅰ——外部赤字，内部通货膨胀；

②区域Ⅱ——外部赤字，内部失业；

③区域Ⅲ——外部盈余，内部失业；

④区域Ⅳ——外部盈余，内部通货膨胀。

只有在EB和IB曲线的交点A处，经济才处于外部均衡和内部均衡状态。假设存在某种原因使经济处于外部赤字与内部通货膨胀的Ⅰ区的B点。如果政府保持固定汇率，并且通过削减实际国内支出来减少经常账户赤字，那么经济就会向C点移动。但是这就会要求减少国内吸收，将使经济陷入萧条，从而导致失业增加。或者，政府可以尝试通过货币贬值，出口增加，来解决经常账户赤字，这又将使得经济向D点移动。此时货币贬值在减小经常账户赤字的同时也会给经济带来通货膨胀的压力。

因此，通过上面的分析知道，要同时实现内部均衡和外部均衡这两个目标，通常是需要使用支出调整和支出转移两种政策工具。只有当一国的经济恰好处于点A的水平或者垂直线上时，才能只用一种政策工具达到均衡点，实现内外部同时均衡。

斯旺模型为经济政策提供一个有用的概念框架，但同时由于其过于简单而不能对经济关系进行明确的界定。并且对货币政策和财政政策作为影响经济总需求和总产出的手段，没有进行区分。

（3）蒙代尔有效市场分类原则

蒙代尔（R.Mundell）于20世纪60年代提出了关于政策分配的“有效市场分类原则”（即蒙代尔原则），弥补了丁伯根原则和斯旺模型的不足。蒙代尔原则表明“政策应该与其影响最大的目标搭配”，如果每种政策工具都被合理地分配给某一个政策目标，并且在该目标偏离其最佳水平时按一定规则进行调控，那么在分散决策的情况下仍有可能实现理想目标。他指出，在固定汇率制度下，要实现外部均衡应采用货币政策，而要实现内部均衡则应采用财政政策。

蒙代尔原则的成立有三个假定前提：①当一国出口一定时，如果国内支出增加，会使进口增加，经常收支恶化；如果国内支出减少，进口也会随之减少，经常收支会得到改善。②资本流动的利率弹性较高。③短期内充分就业的产量是一定的，国内支出仅受财政政策和货币政策的影响。

蒙代尔原则如图7-2所示，其中，横轴G表示预算支出，代表财政政策效应，纵轴r表示利率，代表货币政策效应。

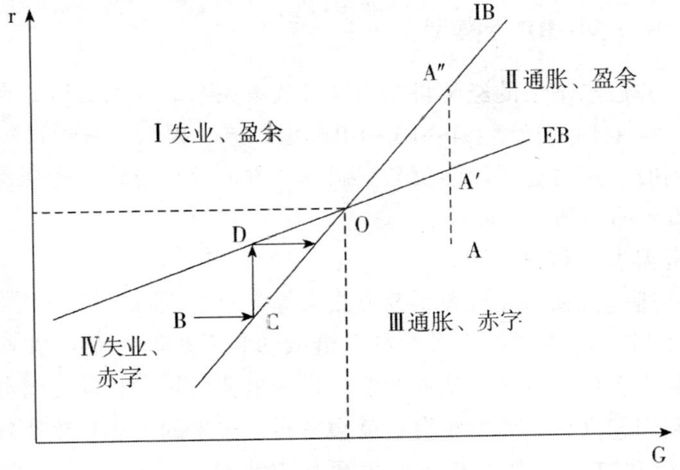

图7-2　蒙代尔搭配法则

图7-2中，r沿纵轴向上运动，表明实行的是紧缩的货币政策；G向右移动，表明实行的是扩张性财政政策。IB曲线与EB曲线的交点O表示一国同时处于内部均衡和外部均衡。IB曲线是内部均衡线，在这条线的右边，表示在既定的财政政策下，利率过低，投资过高，一国国内经济处于通货膨胀状态；在这条线的左边，表示在既定的财政政策下，利率过高，国内经济处于失业状态。EB曲线表示外部均衡，在这条线上，国际收支处于平衡。在这条线的左边，表示在既定的利率水平下，利率升高，导致资本流入而产生国际收支盈余；在这条线的右边，表示在既定的利率水平下，利率下降，导致资本流出而产生国际收支赤字。

可以看到，图7-2中的IB曲线和EB曲线都是向右上方倾斜的，但是EB曲线比IB曲线更平坦。这是因为由于货币供给的变化，利率对外部均衡的影响大于对内部均衡的影响。比如图中点A，要达到外部均衡线EB上的点A′，利率只需要提高少许，而要达到内部均衡线上的点A″，利率需要提高很多。因而，蒙代尔原则指出，在固定汇率制度下，要实现外部均衡应采用货币政策，而要实现内部均衡则应采用财政政策。比如，当处于失业和国际收支赤字并存的区域Ⅳ的点B时，政府就应采用扩张性财政政策来解决经济衰退问题，扩大预算支出，使B点向C点移动，从而实现内部均衡。同时，应采用紧缩的货币政策来解决国际收支赤字的问题，使C点向D点移动达到外部均衡。扩张性的财政政策和紧缩性的货币政策如此反复搭配使用，最终会使B点逼近O点，实现内外部的同时均衡。

蒙代尔法则是过去30多年来开放经济条件下一国制定经济政策的主要政策模型之一，但是也存在一些不足。比如说忽略长期预算的约束，忽略供给因素等。尽管蒙代尔的这一模型存在一些局限性，但是其有效市场分类原则为一国政府如何采用政策工具来实现内外均衡的宏观经济目标开辟了新的思路。它与丁伯根原则一起确定了开放经济条件下的政策调控的基本思想，即针对内外均衡目标，确定不同政策工具的任务，并尽可能地协调，以达到内外均衡的一致。

7.1.2 IS-LM-BP 模型

在介绍了开放经济下的经济目标和经济政策关系的理论之后，现在我们再来介绍一个更为一般的均衡模型：IS-LM-BP模型，这个模型把货币市场和商品市场结合在一起，同时，还结合了国际贸易和国际资本流动对对外经济均衡的影响。

1.商品市场的均衡：IS曲线

（1）投资需求与利率

企业通常通过借款和发行股票等方式来筹集资本进行投资和经营，借款和发行股票都需要支付一定的利息或者股息。借款的利率越高，企业借款的成本就会越高，企业的利润也就会越低，从而企业的投资也就会越少；反之，利率越低，企业成本越低，利润越高，企业的投资也就会越多。这里的利率是指实际利率而不是名义利率，实际利率等于名义利率减去通货膨胀率。所以，我们通常把投资函数写为：

$$i=e-dr \tag{7.1}$$

其中：i代表投资支出，r代表市场利率，e代表自发投资，即利率为零时的投资支出，d代表投资的利率弹性，即利率变化所引起的投资变动。

投资函数可以用几何图形来说明。在图7-3中，横轴代表投资支出，纵轴代表利率，投资曲线是一条向右下方倾斜的曲线。而投资曲线的位置取决于斜率d与自发投资e的水平。如果投资对利率的变化敏感，利率略有下降就将导致投资的大量增加，则投资曲线更加平坦。反之，如果投资对利率的变化不敏感，投资曲线会更加陡峭。

（2）IS曲线

IS曲线描述的是在商品市场达到均衡时，收入y和利率r的关系。在开放经济条件下，社会的总需求是由消费需求、投资需求、政府购买需求和国外需求四部分

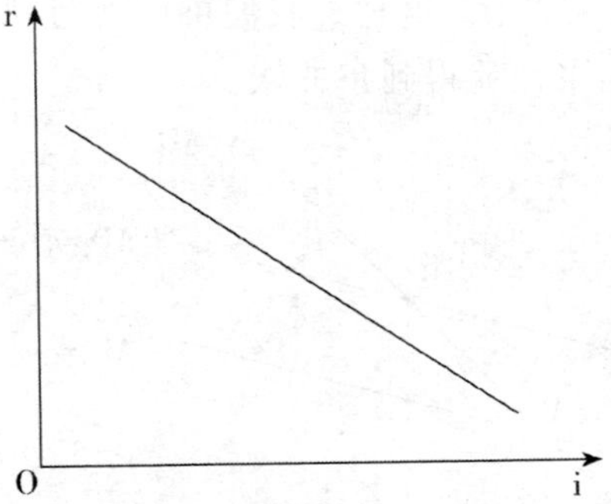

图7-3　投资与利率的关系

组成，因此，我们得到：

$$\begin{aligned} &y=c+i+g+x-m \\ &c=\alpha+\beta y \\ &i=e-dr \\ &g=\bar{g} \\ &x=\bar{x} \\ &m=m_0-\gamma y \end{aligned} \tag{7.2}$$

其中：y代表国民收入，c代表消费，i代表投资，g代表政府购买，x代表出口，m代表进口，α代表自发性消费，β代表边际消费倾向，m_0代表自发性进口，γ代表边际进口倾向。

现在，将这些变量代入（7.2）式，有：

$$y=\alpha+\beta y+e-dr+\bar{g}+\bar{x}-m_0+\gamma y \tag{7.3}$$

经整理得：

$$y=\frac{\alpha+e+\bar{g}+\bar{x}-m_0}{1-\beta-\gamma}-\frac{d}{1-\beta-\gamma}r \tag{7.4}$$

这就是IS曲线的方程，一般来讲，我们认为短期中α、e、$\bar{g}$、$\bar{x}$，m是不变的，要使商品市场保持均衡，则均衡时的国民收入和利率之间存在着反方向变化的关系。

在任何既定的利率水平上，我们都可以用收入等于支出的方法，确定均衡收入和产出水平。但是，当利率变动时，均衡收入水平也变动了。我们利用图7-4来推导IS曲线。

假定市场利率为r_1，总需求函数为$AD_1=c+e-dr_1+\bar{g}+x-m$，它与45°线相交于均衡点A点，此时的均衡收入为$y_1$。由于均衡收入水平是在给定利率$r_1$上得出的，我们可以在该图的下半部分找出利率与收入组合点C。我们现在得到IS曲线上的C点。

当利率下降到较低的水平r_2时，总需求函数就变为$AD_2=c+e-dr_2+\bar{g}+x-m$。由于利率的下降，投资就会增加。在图7-4中表现为总需求曲线向上移动，由AD_1移动到AD_2，此时的均衡点为点B，均衡收入为y_2，这样在图7-4（b）中可以找到与利

率 r_2 相对应的 y_2，其组合为点D。这样，我们可以把与利率变动所对应的均衡收入的各种可能组合点都找出来，就得到IS曲线。

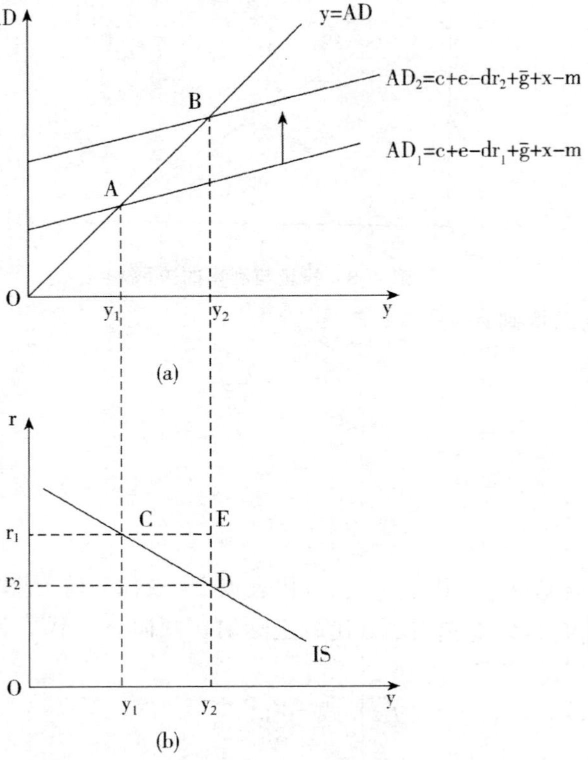

图7-4　IS曲线

既然IS曲线上的点表示产品市场均衡时的收入与利率的所有组合，那么，偏离IS曲线的任何一点所对应的收入与利率的组合都不能使产品市场实现均衡。如图7-4中所示的E点，收入为 y_2，利率为 r_1。可以从图7-4（a）中看到当利率为 r_1 时，总需求曲线应该是 AD_1，但是对于给定的收入 y_2，E点的利率水平偏高，从而导致投资需求小于商品市场均衡所要求的投资水平，所以，在E点存在总需求不足，而供给过度的问题。由此可见，IS曲线右上方任何一点的利率与收入的组合都表示商品的过度供给。反之，在IS曲线的左下方的任何一点的利率与收入的组合都表示商品的过度需求。

2.货币市场均衡：LM曲线

当货币供给等于货币需求的时候，货币市场就实现了均衡。而LM曲线描述的是货币市场实现均衡时，收入y与利率r之间的关系。

人们对货币的总需求是人们对货币的交易需求、预防需求和投机需求的总和。货币的交易需求和预防需求决定于收入y，而货币的投机需求决定于利率r，因此，对货币的总需求的函数可以描述为：

$$l=\frac{L}{P}=L_1(y)+L_2(r)=ky-hr \tag{7.5}$$

其中：k为出于交易动机和预防动机的货币需求同实际收入的比例关系；y为实际收入；h是货币投机需求的利率系数，负号表示货币投机需求与利率的变动呈负相关关系；r为利率。

货币的供给是一个存量概念，该模型认为，货币供给量是由国家用货币政策来调节的，因而是一个外生变量，其大小与利率高低无关，因此货币供给曲线是一条垂直于横轴的直线，可以表示为“$m=\frac{M}{P}$”。所以，当m给定时，“m=ky-hr”的公式可以表示为满足货币市场的均衡条件下收入与利率的关系。将公式整理可得：

$$y=\frac{hr}{k}+\frac{m}{k} \tag{7.6}$$

我们可以看到，当货币市场达到均衡的时候，国民收入和利率之间存在着正相关关系。

现在，我们来具体推导LM曲线。图7-5（a）中，假定名义货币供给量M_0和价格水平P_0固定不变，实际货币供给曲线为垂直线$\frac{M_0}{P_0}$，当初始收入水平为y_1时，实际货币需求曲线为L（r_1，y_1），均衡点为A，均衡利率为r_1。这在图7-5（b）中可以找到收入y_1、利率r_1的组合点C。当收入水平变为y_2时，与较高的收入水平对应的实际的货币需求曲线为L（r_2，y_2），这个时候的均衡点为B，均衡利率为r_2，从而产生了图7-5（b）中的均衡收入与利率的组合点D，照此方法就可以得到LM曲线。

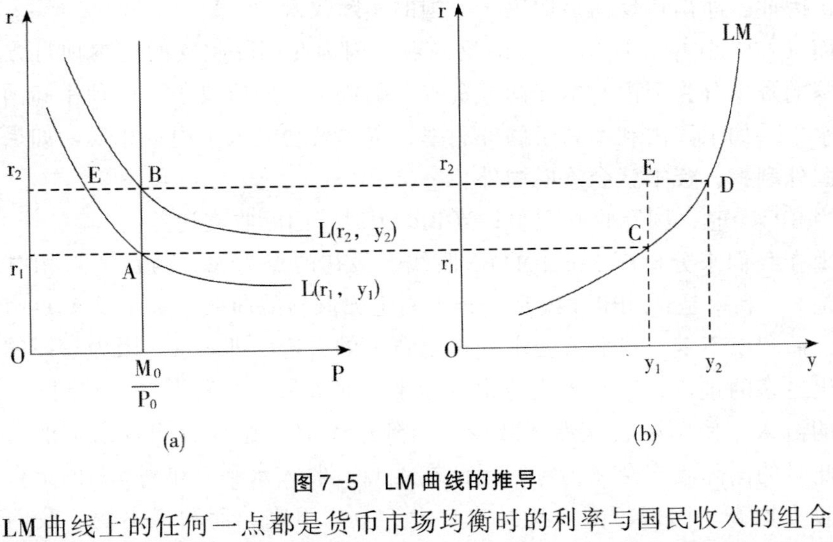

图7-5　LM曲线的推导

在LM曲线上的任何一点都是货币市场均衡时的利率与国民收入的组合。也就是说，LM曲线上任何一点的利率与国民收入的组合都表明货币市场实现了均衡。而在LM曲线以外任一点的利率与国民收入的组合都意味着货币市场的失衡。在图7-5中的E点，该点所对应的国民收入为y_1，利率为r_2。当利率为r_2时，要使货币市场实现均衡，国民收入水平就必须高于y_1，因此点E存在超额的货币供给。不难推出，在LM曲线左上方的点所对应的收入和利率的组合都是货币市场存在过度供给的情况。反之，在LM曲线右下方的点所对应的收入和利率的组合都是货币市场存在过度需求的情况。

3. 国际收支均衡：BP曲线

下面我们介绍开放经济中的国际收支。而BP曲线显示的就是使国际收支均衡的各种收入和利率的组合。现在将净出口和净资本流出的差额称为国际收支差额，并用BP表示，即：

国际收支差额=净出口-净资本流出

或者：

$$BP=nx-F \tag{7.7}$$

其中：nx为净出口，被定义为出口与进口的差额。影响净出口的因素有很多，在宏观经济学中，汇率和国内收入水平被认为是两个重要的因素。

对于出口，若实际汇率上升（直接标价法），则本国货币实际贬值，意味着国外商品相对于国内商品变得更加昂贵，这使本国商品的出口变得相对容易。一般来说，出口正向地受实际汇率影响。对于进口，若实际汇率上升，因国外商品相对于国内商品变得更加昂贵，故使进口变得相对困难，从而，进口反向地取决于实际汇率。由于净出口为出口与进口之差，故一般来说，净出口正向地取决于实际汇率。

除了汇率以外，进口还取决于一国的实际收入。当收入提高时，消费者用于购买本国产品和进口产品的支出都会增加。一般认为，出口不直接受一国实际收入的影响。因此，净出口反向地取决于一国的实际收入。

而（7.7）式中，F为利率r的反函数。因为在国际收支的资本项目方面，如果将一国的资本分为国内资本和国外资本，则资本流向取决于国内利率和国外利率的相对水平。如果国内利率高于国外利率，资本就会流入国内；相反，如果国内利率低于国外利率，资本就会流向国外。

当BP > 0时，国际收支顺差；当BP < 0时，国际收支逆差。

现在我们来分析图7-6中的BP曲线。最初的点为A_0，与这一点相对应的收入水平是y_0，利率是r_0。BP曲线是一条向右上方倾斜的曲线。如果从A_0点出发，收入上升，而利率不变，我们就会水平移动到A_0的右边，即B点。因为较高的收入水平会产生更多的进口，国际收支将出现赤字。而如果此时利率也上升到r_1，就会导致资本的流入，使国际收支赤字减少，当到达A_1时，这种影响就完全抵销了这种赤字，此时的国际收支余额为零。因此在A_1点，收入水平y_1和利率r_1的组合也实现了国际收支均衡。同理，如果从A_0点出发，收入下降，而利率不变，我们就会水平移动到A_0的左边，即C点。因为较低的收入水平会使进口减少，国际收支将出现盈余。而如果此时利率也下降到r_2，就会导致资本的流出，使国际收支盈余减少，当到达A_2时，就完全抵销了这种盈余，此时的国际收支余额为零。因此在A_2点，收入水平y_2和利率r_2的组合也实现了国际收支均衡。

图7-6中BP曲线上的每一点，都代表一个使国际收支平衡的利率和收入的组

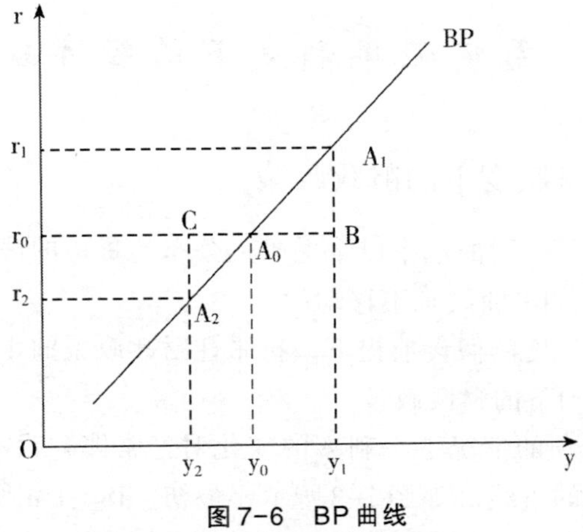

图7-6　BP曲线

合。而不在BP曲线上的每一点都是使国际收支失衡的利率和收入的组合。具体而言，在BP曲线上方的所有点均表示国际收支顺差，即nx>F。这是因为，对于一个给定的利率，收入的减少会使进口减少，而利率水平又相对太高，会吸收充足的资本流入，其结果就是作为整体的国际收支处于盈余的状态；相反，在BP曲线下方所有的点均表示国际收支逆差，即nx<F。

4.IS-LM-BP模型

图7-7中，IS曲线、LM曲线和BP曲线相交于A点，表示经济内外同时达到均衡。在开放经济条件下，IS曲线和LM曲线的交点所对应的状态被称为内部均衡。BP曲线上的每一点所对应的状态，即国际收支平衡被称为外部均衡。因此，A点反映的是内部均衡和外部均衡同时得以实现的状态。其中，IS曲线给出了在现行汇率下使总支出和总收入相等时的利率和收入水平的组合。LM曲线给出了使货币需求与供给相等时的利率和收入水平的组合。BP曲线给出了在给定汇率下，国际收支均衡时的利率和收入的组合。

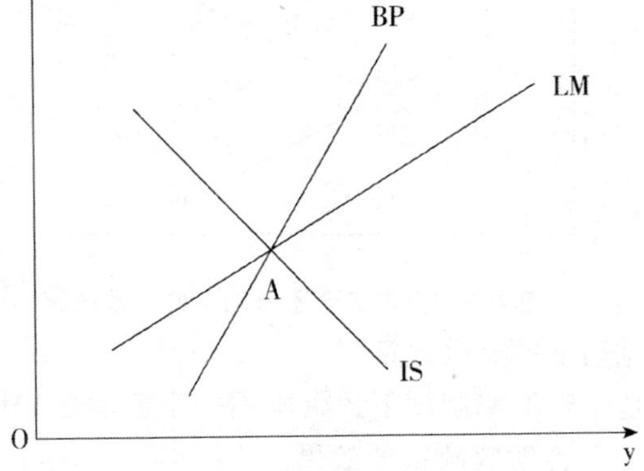

图7-7　IS-LM-BP模型

§7.2　固定汇率制度下的经济政策

7.2.1　固定汇率制度下的财政政策

在固定汇率制下，一国的汇率以金融当局公布的货币的法定平价为基础，汇率是不变的，也就是说，BP曲线是不移动的。

在不同资本流动程度的假设前提下，扩张性财政政策的影响分析如下：

1.资本完全不流动下的财政政策

在资本完全不流动的情况下，利率的变化对经常账户没有影响，所以，BP曲线是一条垂直于横轴的直线。如图7-8所示，最初，IS、LM和BP曲线相交于点A，这也是最初的均衡点。这时国家实行扩张性财政政策，使得IS曲线向右移动到IS′，与LM曲线相交于点B，此时，利率与国民收入均提高，国民收入的提高，使进口增加，在资本完全不流动的情况下，国际收支出现逆差，本币有贬值的压力。在固定汇率制度下，为了保持汇率不变，中央银行就会用外汇来购买本币，使货币的供应量减少，使LM曲线向左移动到LM′，并与IS′、BP相交于点C。在该点，国际收支逆差消除，国民收入回到了原来的水平，但是利率水平却提高了。因此我们可以得出结论：固定汇率制度、资本完全不流动下，扩张性财政政策在短期会带来国民收入和利率的同时提高，但是从长期来看，对国民收入的影响是无效的，仅仅是提高了利率水平。

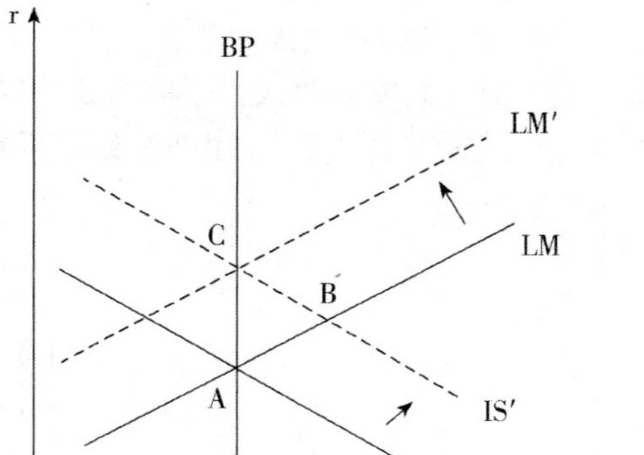

图7-8　资本完全不流动下的财政政策

2.资本不完全流动下的财政政策

图7-9描述的是固定汇率制度下，资本不完全流动在LM曲线比BP曲线陡峭的情况下，政府实行扩张性财政政策的效果。

图7-9中，最初的均衡状态为点A，政府实行扩张性财政政策，IS曲线向右移动到IS′，从而形成了国内经济新的均衡点B。由于B点位于BP曲线的上方，说明

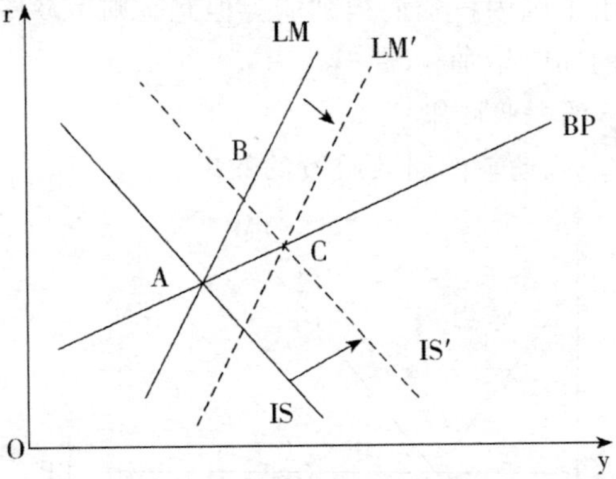

图7-9　资本不完全流动下的财政政策

此时国际收支是有盈余的，这是因为提高的利率减少了投资，在资本不完全流动的条件下，引起大量短期资本流入，资本的流入大于由于收入提高所产生的增加的进口的支出，导致国际收支盈余。而国际收支的盈余会导致本币的升值。为了保持固定汇率不变，在B点，中央银行必须不断地购买外汇，从而对外汇市场进行干预。这样的结果将造成官方的外汇储备和国内货币供应量的同时增加。因此，LM曲线将向右移动直至与BP和IS′相交于C点。在该点国际收支的顺差消除，国民收入进一步提高，利率虽然有所下降，但是仍然高于初始状态。

刚才我们讨论了LM曲线比BP曲线陡峭的情况。如果BP曲线比LM曲线陡峭时，我们可以看到，图7-10中，最初的均衡状态为点A，政府实行扩张性财政政策，IS曲线向右移动到IS′，从而形成了新的均衡点B。由于B点位于BP曲线的下方，此时，国际收支赤字，本国货币贬值。在固定汇率制度下，为维持汇率不变，中央银行就会购入本国货币，对应着货币供应量减少，进而LM曲线左移直至与BP和IS′相交与C点。在这种情况下，利率进一步提高，收入水平比短期均衡点有所降低，但仍高于初始状态A点。

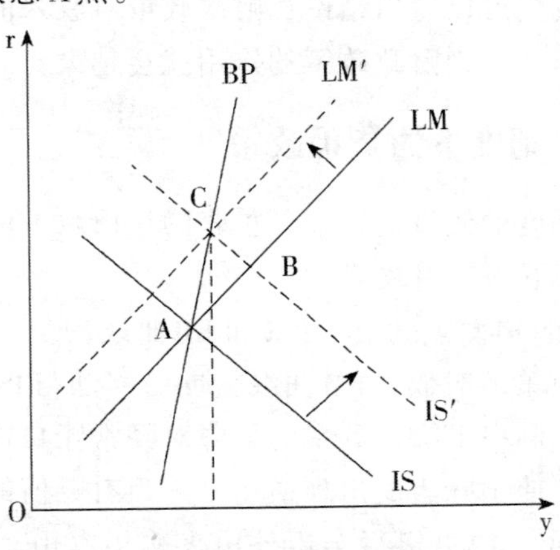

图7-10　资本不完全流动下的财政政策

综上所述，我们看到，在资本不完全流动的两种情况下，扩张性财政政策的作用因为利率的提高挤出了国内投资而被削弱。但是，财政政策是有效的，支出的增加带来了收入和利率的同时增加。

3.资本完全流动下的财政政策

图7-11是资本完全流动下的财政政策的效果。

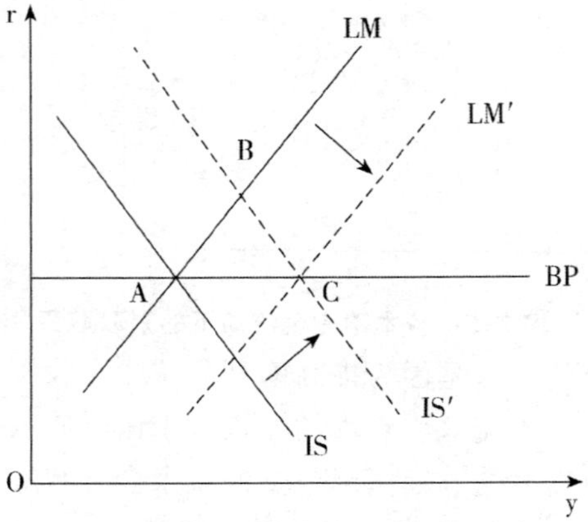

图7-11　资本完全流动下的财政政策

由于资本是完全流动的，也就是说资金通常总是流向利率最高的国家，并持续流动直到各国的利率都相等时为止，那么BP曲线为一条水平线。在这种情况下，初始状态为A点，扩张性财政政策使IS曲线向右移动，与LM曲线相交，到达新的均衡点B，从而利率和收入都提高。在资本完全流动下，利率的提高马上带来资本的大量流入，国际收支很快恢复平衡。同时，由于资本的大量流入，在固定汇率制度下，为了保持汇率的不变，中央银行就必须扩大货币的供应量，使LM曲线右移，直到与BP和IS′ 相交与C点。由此我们得知，在固定汇率制度下，如果资本完全流动，政府的扩张性政策将带来收入的大幅度提高，且利率水平不变，故财政政策十分有效。

通过上述分析，我们可以得出结论：财政政策对收入的影响，取决于资本的流动性，资本的流动性越大，则财政政策的作用就会越大。

7.2.2　固定汇率制度下的货币政策

在不同资本流动程度的假设前提下，扩张的货币政策的影响分析如下：

1.资本完全不流动下的货币政策

图7-12中，最初的均衡点为IS、LM和BP曲线的交点A。当一国货币供给增加，实施扩张的货币政策的时候，LM曲线会向右移动与IS曲线形成新的均衡点B，此时，国民收入增加，利率下降。利率的下降对经常账户没有影响，但是，收入的增加会使净进口增加，使国际收支出现逆差，本币有贬值的压力。在固定汇率制度下，为了维持汇率不变，中央银行会用外币来购买本币，从而使货币的供应量减少，使LM′ 曲线向左移动，直到回到LM曲线的位置。因此，我们知道，在固定汇率制度、资本完全不流动的情况下，扩张的货币政策短期内会带来收入的增加、

利率的下降，但是，在长期上是无效的。

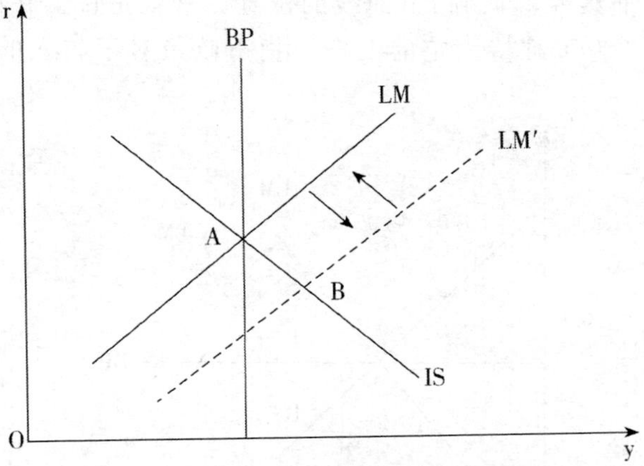

图7-12　资本完全不流动下的货币政策

2.资本不完全流动下的货币政策

图7-13描述的是在资本不完全流动下，货币政策作用的效果。最初的均衡点是A点，若政府实施扩张性货币政策，会导致LM曲线向右移动，与IS曲线相交于B点，由于B点在BP曲线的下方，故国际收支出现赤字。而国际收支赤字会使本币贬值，在固定汇率制度下，中央银行会用其外汇储备在外汇市场上购买本国货币以阻止其贬值，从而减少了货币的供给量，使LM′曲线向左移动，直到回到原来的LM曲线的位置。在这种情况下，内部均衡和外部均衡之间就存在着不可调和的矛盾。由于失去了汇率的伸缩性，扩张的货币政策的结果是，尽管提高了收入水平，但导致了国际收支的赤字。所以，可以说在固定汇率制度下，当资本不完全流动的时候，扩张性的货币政策短期内会带来收入的增加，但在长期上是无效的。

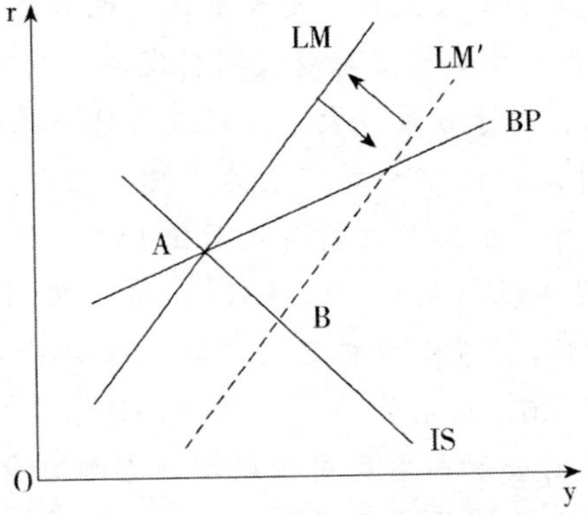

图7-13　资本不完全流动下的货币政策

3.资本完全流动下的货币政策

现在，我们来讨论资本完全流动时的情况。此时，BP曲线为一条水平线。如图7-14所示，从A点开始的扩张的货币政策，使LM曲线向右移动到LM′，到达均衡点B。但是在B点，发生大规模的国际收支赤字，使本国货币有贬值的压力。为了稳定汇率，中央银行出售外国货币，同时接受本国货币。因此本国货币供给减少，结果使LM′曲线左移回到LM曲线的位置。这就是说，在固定汇率体系下，资本完全流动时，为了维持固定的汇率，货币政策对于收入的作用也是完全无效的。

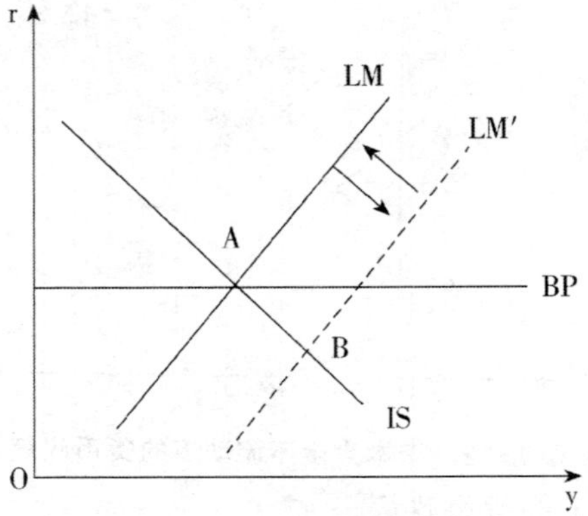

图7-14　资本完全流动下的货币政策

专栏7-1

透视中国香港联系汇率制改革

中国香港的联系汇率制（又称货币局制度）始于20世纪80年代，其间经受住多次冲击，为香港的繁荣与稳定做出了巨大贡献。2005年5月，香港金融管理局（简称金管局）推出联系汇率制优化措施，扩大港币汇率弹性。这次改革不仅仅是为了应对人民币升值和改革预期，从中也可以看出未来联系汇率制改革的发展方向。

一、港币联系汇率制临危受命

联系汇率制在香港经济动荡的时候走上历史舞台，并成功经受住多次经济动荡和冲击，为香港经济发展和繁荣做出了重大贡献，也赢得了香港社会的认同。

20世纪80年代，中英香港回归问题谈判引发港币危机。1982年开始，中英就香港回归问题进行谈判，由于分歧较大，会谈没有任何进展，前景不明。香港因此人心浮动，资金大量外流，汇市和股市急速下滑。当时实行浮动汇率的港币，在1982年7月1日至1983年6月30日间对美元贬值18%，从5.91跌至7.20。英国政府与港英当局为了向中国施压，大打“经济牌”，推波助澜，导演了所谓的“9月风暴”。9月23日至9月24日，港币危机达到高潮，仅48小时内港币对美元贬值了大约15%，最后收市价为9.6，商店开始拒收港币，银行也停止兑换美元。港币贬值引起了超市抢购风。当时金融司首席司长助理任志刚后来回忆道：“所有货品，由白米以至厕纸等，几乎全被抢购一空。”

危机促成联系汇率制的诞生。香港社会对英国政府的这种做法强烈不满，要求港府尽快采取措施稳定局面。9月24日是星期六，当时的金融司紧急召开形势研讨会，研究副司长黎定得在7月份撰写的一篇内部文章中提出的固定汇率制度的构思。在经过两天的紧急讨论后，决定采纳黎定得的意见，并于25日晚宣布将推出一个恢复汇率稳定的方案。经过3周的筹备和规划，港府于1983年10月15日宣布两项港币稳定措施，其中一项是重新安排发钞程序：发行银行在发钞前必须以1美元兑7.8港币的汇率向外汇基金交纳等值美元，以换取“负债说明书”作为法定的发行准备；同时发行银行也可以同样的基准价向外汇基金赎回美元。这项措施于1983年10月17日起生效，从此联系汇率制就出现在香港的历史舞台上。

自实施以来，联系汇率制经受了一系列的冲击：1984—1987年间5次港币投机风潮、1987年国际股灾、1989年政治性挤兑、1990年海湾战争、1991年国际商业信贷银行倒闭事件、1992年欧洲汇率机制危机以及1994年墨西哥货币危机等。面对着股市大跌和银行挤提的巨大压力，联系汇率制表现出其极强的承受力，美元对港币汇率从未大幅偏离7.8水平，并在对抗冲击的过程中不断优化。

在亚洲金融危机期间，联系汇率制多次受到冲击，其中1997年10月下旬和1998年8月是联系汇率制自实施以来所受到的最猛烈的两次冲击。1997年10月，由于台湾“中央银行”主动弃守，新台币大幅贬值，市场上就出现香港要放弃联系汇率制的传言，结果触发大规模的港币投机性抛售浪潮，一年期港币远期汇率一度跌至8.5。严峻的形势迫使金管局决定干预救市，包括外汇市场干预：一旦联系汇率超过7.75，金管局就在外汇市场上抛售美元，吸收港币，收紧银根。1998年8月，联系汇率制再次遭到巨大冲击，国际投机者从汇市、股市和期市三路进攻香港金融市场，多方位狂沽300亿港币。金管局果断入市干预，用纯市场手段反击国际炒家，并于当年9月推出7项政策巩固联系汇率制，其中影响最大的是：承诺持牌银行可以将其结余的港币，按7.75的固定汇率向金管局兑换美元。这是1983年以来对联系汇率制的一次大的改良，成功避免了资金大规模流出所造成的贬值风险。

二、港币联系汇率制先人民币而动

经历近3年的争论，人民币汇率改革终于在2005年火热的7月启航。“出其不意”的改革在国内外引起了强烈的反应，外汇市场上各种货币闻风而动，世界各国政府纷纷发表评论，亚洲各国更是对本国货币汇率制度走向发表看法，马来西亚甚至随之宣布实行有管理的浮动。在经济全球化的今天，国与国之间相互影响、相互依赖的程度，透过这一事态可见一斑。

然而在中国香港特别行政区，得益于早前未雨绸缪的联系汇率制改革，港币则要平静得多。就在人民币汇率改革前的2个月，也就是中国银行间外汇市场新推出8种外币对交易的5月18日，香港金管局出台优化联系汇率制度运作的改革措施：一是推出强方兑换保证，即政府在7.75的汇率水平上购入美元；二是更改弱方兑换保证，从原来的7.8变为7.85，即政府在7.85的水平上卖出美元；三是金管局可以在7.75～7.85的范围内，选择符合货币局制度运作的市场操作，确保联系汇率制度的顺畅运行。弱方兑换保证在5月23日为7.81，此后每周一调整100个点，到6月20日达到7.85，至此改革后的联系汇率制步入正常运行。

这一政策的出台显然是基于人民币升值的预期，金管局总裁任志刚表示强方兑换保证的出台能减少港币被用作投机人民币升值的工具。在消息公布的当天，港币汇率大幅下跌，长期沉积在香港的热钱大量流出，银行结余从38.3亿港币降到7.1亿港币，恢复到正常水平。热钱突然的大量流出，使得银行间拆借利率有上升压力，从而引起利率上升，第二天各大银行就宣布调高最优惠利率和储蓄存款利率。随后不久港币汇率出现反弹，5月25日达到7.774的高位，金管局入市干预，沽出港币、承接美元，银行体系结余增加6亿多港币。作为这一事件的直接结果，5月份香港的人民币存款比上月增加25亿元，达到193亿元的规模。汇制改革收到了积极的效果，5月份失业率降至43个月以来的最低，7月份标准普尔提高香港的主权评级，由“A+”提高到“AA-”。

这是联系汇率制自实行以来最大的一次改革，改革的目的是否仅仅是应对人民币汇率改革，联系汇率制的优化是否预示着香港汇率制度未来的走向，这些问题引发了对这次改革的广泛关注。

资料来源　丁志杰，许萍. 透视香港联系汇率制改革［J］. 金融与经济，2005（9）.

专栏7-2

厄瓜多尔的美元化

厄瓜多尔自2000年1月宣布实施美元化政策以来，经济基本趋于稳定，2001年国内生产总值（GDP）增长率高居拉美地区之首，与爆发经济危机的阿根廷形成鲜明对照。

一、实施美元化的原因

厄瓜多尔经济易受外部冲击。在金融监管薄弱、银行风险较大的情况下，外部冲击容易触发银行危机。厄瓜多尔经济长期处于失衡状态：通货膨胀率长期居高不下、财政失衡、汇率波动较大。1998—1999年的银行危机加剧了经济失衡，迫使政府宣布实行美元化。厄瓜多尔实施美元化主要有以下原因：

第一，厄瓜多尔经济存在很大的不确定性，易受外部冲击。这主要是由其经济结构和地理位置决定的。厄瓜多尔经济依赖初级产品的出口，易受到自然灾害、商品价格波动和短期投机资本的影响。20世纪八、九十年代，厄瓜多尔经济多次遭受到自然灾害和外部冲击：

（1）自然灾害的影响。厄瓜多尔尽管拥有较丰富的自然资源，但风调雨顺的年份很少，不时发生农作物病虫害、地震、火山以及旱涝等自然灾害。例如，厄尔尼诺现象引起的暴雨在1975年、1983年和1998年均对厄瓜多尔经济造成严重损失。1987年的地震使厄瓜多尔的石油出口停顿了将近半年。

（2）国际市场价格波动的影响。厄瓜多尔是可可、香蕉、海产品以及石油等初级产品传统出口国，易于受到国际市场价格波动的影响。

（3）短期跨国资本流动的冲击。随着国际金融市场的一体化，跨国短期资本流动的波动性越来越大，这经常对发展中经济体的经济产生负面影响，厄瓜多尔经济也受到类似的冲击。例如，1993—1994年间，厄瓜多尔汇率政策的变化与国内较高的利率吸引了大量外资。但是这些资本在1995年又突然撤走，这对当年厄瓜多尔不景气的经济来说无疑是雪上加霜。1998—1999年外国银行撤走贸易信贷的举动，也进一步加剧了当时的银行危机。

第二，金融监管滞后于金融自由化进程，银行体系较为脆弱。20世纪80年代和90年代初，厄瓜多尔的金融体系已经从严格管制阶段逐步过渡到全面自由化阶段。特别是1994年厄瓜多尔政府颁布的《一般金融机构法》进一步放松了金融管制。该法导致了金融机构的数量的迅速增加。银行纷纷扩大业务范围，广泛涉足租赁、信用卡发放和投资银行业务领域。由于中央银行在当年实施了爬行汇率制度，因此汇率风险相对降低。银行利用这一有利时机，在1994—1997年间大量举借外债，获取套利收益，并用这些收益在国内市场发放信贷。厄瓜多尔许多银行依然存在固有的弊端，例如存在大量的关联贷款和贷款的集中度过高。不仅如此，它们还滥用高风险的离岸金融交易。由于很大一部分贷款是美元贷款，因此银行容易受到资产质量的下降和本币贬值的影响。政府在放松管制的同时，并未建立一个有效的金融监管框架，金融监管水平滞后于金融自由化进程。银行监管部门不仅技术薄弱，而且监管人员在实施监管过程中经常受到各方面的压力。在银行大量从事高风险业务和金融监管不力的情况下，厄瓜多尔的银行体系是非常脆弱的，国内经济失衡和外部不利冲击都有可能危及银行体系，下面讨论的1998—1999年爆发的银行危机就是很好的例证。

第三，美元化的直接原因是1998—1999年爆发的银行危机。危机的爆发有着多方面的原因。1997年年底和1998年年初，厄瓜多尔经济受到厄尔尼诺现象的影响和原油出口价格下跌的冲击。同时，东南亚金融危机和俄罗斯金融危机使厄瓜多尔出口市场萎缩；货币贬值国家出口竞争力的增强，也影响了厄瓜多尔出口商品的竞争力。另外，由于国际投资改变了对发展中经济体的风险评估，厄瓜多尔的外部融资能力也受到限制。在这种情况下，厄瓜多尔的石油和税收收入锐减，财政赤字增加。出口收益的减少也使国际收支经常账户逆差扩大。

第四，通货膨胀率长期居高不下，汇率波动较大。长期的财政赤字、汇率贬值、政府经济政策缺乏可信度以及结构刚性的存在是厄瓜多尔通货膨胀率长期居高不下的主要原因。1998— 1999年期间，年均通货膨胀率达39.9%。由于在1994— 1996年间实行财政紧缩政策和爬行汇率制度，因此通货膨胀率曾经有所回落。但是自1996年起，最初是由于公用事业服务价格的上升，然后是由于政治不稳定、财政纪律松散和1998年以后的汇率波动，通货膨胀率再度攀升。

第五，非正式美元化进程推动了美元化正式实施。如果说厄瓜多尔政府自2000年1月9日起开始实施的美元化是“正式”美元化，那么在实际经济生活中实施的非正式美元化则始于20世纪90年代初期。整个90年代，人们自愿把本币存款、投资和铸币兑换成美元。1990年，几乎所有的存款（99.9%）和准货币（92.5%）都是以本币苏克雷计价的。到1996年，大约1/4（23.8%）的存款和28%的准货币已经美元化。直至2000年1月政府正式宣布实施美元化，厄瓜多尔经济超过60%的部分实际上已经美元化（不包括离岸存款）。因此，厄瓜多尔美元化有其现实基础，政府宣布实施美元化在一定程度上可以看作是对非正式美元化的官方承认。

在以上各种原因的影响下，厄瓜多尔政府在2000年1月正式宣布实行美元化。

二、实施美元化的过程

厄瓜多尔政府有关美元化的立法是2000年年初颁布的《基本经济改革法》。该法要求中央银行按1∶25 000的比价用美元回购流通中的本国货币苏克雷，并发行面值小于1美元的硬币；中央银行继续向商业银行提供清算服务，因此继续持有银行准备金账户；以美元作为正式货币单位；法定的会计记录也必须采用美元作为计价单位；公共合同、税收核定和公共账户涉及金额按照一定的比率转换成美元。

该法把中央银行原有的资产负债表重组为4个资产负债表体系。第1张表称为"兑换体系"，包括国际储备支持流通中的苏克雷余额和小额硬币。第2张表称为"金融储备体系"，包括国际储备支持银行储备金存款和中央银行发行的"稳定债券"。第3张表称为"主要业务体系"，包括中央银行的国际储备余额、回购协议和国债券支持中央银行的主要负债，后者由非金融企业公共部门存款、私人存款和中央银行长期负债构成，其中包括对国际货币基金组织的负债。这里的外汇储备余额是可以动用的国际储备总额，因为前两张表中的国际储备不能用来进行外部交易。第4张表称为"其他业务体系"，包括中央银行资产和负债余额，以及累计资本。

该法还允许中央银行与其他银行进行流动性业务，包括与商业银行进行稳定债券的交易和回购业务。中央银行的这些业务受到其持有的外汇储备、对外借款人和政府负债的限制。实际上中央银行还从一些流动性富余的银行吸收资金，并把它贷给流动性不足的银行，这一操作之所以能够进行，是因为存款一般流向信誉较好的银行。为了增强中央银行管理短期流动性问题的能力，政府还在中央银行之外建立了一个"流动性支持基金"，其资本来自安第斯开发公司的7 000万美元的贷款。银行被要求在该基金保持数额为银行存款的1%的存款，这实际上是一种变相的补充准备金要求。

该法在确立美元化基本框架的同时，还进一步加强了金融体系的监管。它明确了有关资本充足度的规定，并规定了商业银行弥补其资本金不足的期限。同时出台的管理条例进一步规定，商业银行的会计处理应该逐渐采取国际标准，以便衡量与《巴塞尔协议》的有关规定相一致的程度。另外，该法还规定了利率上限，以防止银行从事高利率的风险业务。

该法还规定了重组私人所欠金融机构债务的内容。大约80万债务人（每人所欠金融机构债务总额不超过5万美元）被允许重组债务。根据债务的种类（如信用卡和抵押贷款等）规定了重组方式，期限最长为7年。该法和后来出台的规定还允许超过5万美元的债务人重组其债务。此外，该法和2000年9月颁布的相关法律还包括一些结构性改革措施。这些措施包括加快电信业和电力部门的私有化进程和增强劳动力市场的灵活性。

根据以上法律规定，厄瓜多尔基本上已经确立了这样的美元化格局：政府用美元完全代替了原货币苏克雷，流通中的货币有100%的美元支持；中央银行将保留有限的最后贷款人的功能；除了获得国际储备的利息收入外，中央银行损失了铸币税。在实施美元化过程中，厄瓜多尔有效地解决了以下两个棘手问题。

第一个问题是定期存款的解冻。早在正式实施美元化以前，为了减轻冻结政策对经济造成的损害，政府就已经开始逐渐实行存款解冻政策，并允许定期存款转换成可以在市场上交易的“重组存款证”(该存款证可以用来偿还银行债息)。在解冻和重组政策下，存款者开始纷纷提款。到1999年年底，几乎所有的支票和储蓄存款都被解冻。1999年4—12月，获得解冻的存款约为4.65亿美元（相当于1999年GDP的3.2%），其中1/3被从银行提走，这加剧了资本外逃和汇率贬值。按规定，冻结的定期存款从2000年3月中旬开始逐渐解冻。2000年3—6月，有22亿美元的到期存款解冻。政府认为应该限制解冻过程，理由是银行没有足够的资金来应对可能出现的提款需求。存款挤提的后果是灾难性的：它或者导致大批银行倒闭，造成系统性银行危机；或者促使中央银行提供流动性支持，这会导致货币供给增加，加大通货膨胀的压力，促使汇率贬值和资本大量外逃。因此，政府在1999年开始拟订方案，使这些存款可以用国库券和延长期限的存款证进行部分支付。

政府在宣布美元化方案时最为担心的问题是，没有足够的资金应付2000年3月中旬开始解冻定期存款时的提款需求。因此，政府宣布每一存款户届时提取的存款不能超过4 000美元，余下的额度用3～7年期的政府债券（由银行购买）支付。迫于各方面的压力，政府最终决定用银行发行的长期存款证替代政府债券支付存款余额。定期存款从2000年3月13日开始解冻，出乎人们意料，解冻过程并没有发生挤提现象，中央银行也没有向银行提供流动性支持。成功解冻定期存款的原因是多方面的。2000年3月初，国际货币基金组织、世界银行、美洲开发银行和安第斯开发公司发表联合声明，承诺在2000—2002年间提供22亿美元的贷款支持，这及时地增强了存款人的信心。另外，银行进行了成功的宣传工作，使许多存款人感到形势将会因美元化好转，双货币体制的结束将使银行更为安全。最后，政府规定的提款限额也在一定程度上稳定了存款者的信心，因为这一规定将确保银行具备一定的流动性。

第二个问题是能源价格和工资的调整。随着美元化的推进，价格水平的下降，各种价格和成本也必须调整到适当的水平。这一调整过程涉及资源配置的有效性、非金融公共部门的财政状况、社会平等三方面的问题。相关的能源价格主要是机动车燃料、家用燃气和电费；工资主要涉及正规部门的工资。在美元化之前，机动车燃料和家用燃气都被冻结，电费调整也严重滞后。严重的货币贬值和通货膨胀造成能源价格的低估，使公共部门的相关利益受到损害，影响了其财政状况。能源价格的调整在政治和社会意义上都是非常敏感的，调整能源价格也意味着必须调整公共部门职员的工资，后者又会影响公共部门的财政状况。由此可见，这种价格和工资调整过程的复杂程度。2000年5月25日，政府宣布提高机动车燃料价格，调整幅度为60%～80%。政府并未提高政治上非常敏感的家用燃气价格，而是提高了飞机燃料和工业用油的价格，幅度为300%。与此同时，政府允许公共部门调整工资水平，幅度为48%～70%，并提高了自1998年9月开始发放的贫困家庭母亲的每月津贴，幅度为75%。2000年5月31日，政府提高了电费。这次价格和工资的提高导致了价格持续上升，能源价格和公共部门的工资水平又开始滞后，因此，政府在2001年1月宣布再次提高能源价格和工资。这引起了民众示威游行。最终政府与示威活动的领导人达成协议，把家用燃气价格的增幅从100%降低到60%，并保证机动车燃料的价格至少在12个月内维持不变，承诺与示威活动的代表保持对话。2001年第一季度通胀率上升的幅度较大，但是在余下的3个季度中，通胀率上升速度逐步减慢。2001年的消费物价指数上涨37.7%，比2000年下降将近60%。随着价格水平的下降，政府与民众之间的紧张关系开始缓和。2001年3月，中央银行宣布兑换过程结束，至此已有98%的流通货币兑换成美元。兑换过程进行得相对平稳。人们渐渐接受了这种货币。偏远地区的居民由于受教育程度较低，而且面值不同的美元颜色相同，因此他们在辨别和使用时遇到一定困难，适应速度相对较慢。另外，厄瓜多尔人已经多年没有使用硬币，在生活中重新使用硬币需要一定的适应期。

三、美元化的效果和前景

首先，厄瓜多尔美元化改变了市场参与者的消极预期。从宣布实行美元化到正式开始实施美元化大约60天的时间内，中央银行没有受到任何市场冲击，相反通过外汇交易积累了1 200万美元的外汇储备。这反映了人们对美元化体制和兑换比例的信心。其次，美元化加快了价格调整，降低了通货膨胀水平。由于在苏克雷转换成美元时汇率已经严重下降，因此，在服务和商品的价格转换成美元后，这些价格远远低于市场上同类服务和商品的价格。价格的调整势在必行。结果，消费物价指数在2000年上涨96.1%，其中9月达到了107.9%的最高点。一旦价格水平的调整完成，通货膨胀率就开始逐渐下降，2001年下降至37.7%。最后，经济加快增长。2001年厄瓜多尔经济增长5.4%，超过2000年的3.1%，是拉美国家中经济增长最快的国家。另外，建筑业产值增长20%，零售业和旅游业产值增长7.7%，工业产值增长了5%。市场参与者预期的改变、通货膨胀率和利率的下降为厄瓜多尔经济增长创造了稳定和宽松的经济环境。

尽管美元化对经济产生了这些积极影响，但厄瓜多尔美元化体制仍然存在以下问题的潜在威胁：

首先，厄瓜多尔面临如何提高生产率、增强本国经济竞争力的棘手问题。美元化降低了通货膨胀水平，使厄瓜多尔较快地实现了价格稳定，这为厄瓜多尔的经济增长和发展提供了有利条件。但美元化本身不能确保经济增长和发展，它只是后者的必要而非充分条件。提高生产能力和经济竞争力意味着要对经济进行市场导向的结构性改革，这一方面会遇到既得利益者的阻挠，另一方面也会受到一般民众的承受能力的限制。阿根廷在实施兑换计划的初期，经济状况曾一度好转，也赢得外界较为一致的好评。但是，随着结构性经济改革日益深入，改革进程逐渐放缓，经济增长也开始下滑，失业率上升。在这种情况下，一般民众在生计得不到保障的情况下，对经济改革的信心开始动摇，从而希望放弃货币局制度，实行货币贬值。面对重重压力，政府实际上逐步放弃了货币局制度，并最终实行了货币贬值。实行贬值后的阿根廷经济至今未出现明显好转的迹象，但是通过贬值来提高经济竞争力仍然是一部分厄瓜多尔人的想法。随着实施美元化后的初期效益的逐渐减少，提高经济竞争力的压力将越来越大。如果不提高劳动生产率，产品就会失去竞争力，从而影响出口收益和美元化体制的基础———外汇储备的数量，并最终影响经济增长和人民生活水平的提高。如果到时出现经济增长放缓，失业率上升，那么阿根廷经济和社会危机也并不是不可能在厄瓜多尔重演。

其次，经济的脆弱性仍然没有消除，外部冲击仍然对厄瓜多尔经济构成严重威胁。许多厄瓜多尔人希望随着时间的推移，厄瓜多尔也会像巴拿马一样获得良好的经济发展。实际上两国的情况是相当不同的。巴拿马从1904开始实行美元化，其支撑美元化体制的外汇来自巴拿马运河的运营收益、自由贸易区的再出口收益以及国际银行业务的服务收入。这些收入来源一般情况下均相当稳定。近数十年里巴拿马最大的不稳定性来自与美国的冲突。在这期间，巴拿马的国际性银行充当了银行体系的最后贷款人的功能。厄瓜多尔的情况则不同，它的外汇收益严重依赖初级产品的出口，后者受到自然灾害和国际市场上商品价格波动的影响。这些外部因素是厄瓜多尔无法控制的。美元化为政府推进市场化改革提供了有利条件。厄瓜多尔如果不能充分利用这一有利条件，对微观经济体制进行彻底改革，提高经济运行的效率，那么缺乏效率的经济运行机制将与外部冲击一起，对厄瓜多尔经济构成严重威胁。

再次，需要在财政领域推进结构性改革。美元化体制限制了厄瓜多尔国内的信贷扩张，因此，实行严格的财政纪律和加强银行监管成为政府改革的重要目标。在美元化体制下，弥补财政赤字的途径主要有：减少中央银行的政府存款、举借外债、在国内金融市场上出售政府债券等。政府不可能像以前一样通过发行货币来弥补财政赤字，因此实施稳健的、可持续性的财政政策是维持美元化体制良好运作的一个重要条件。

资料来源　马铭锦. 试论厄瓜多尔的美元化［J］. 拉丁美洲研究，2002（5）：46-51.

§7.3　浮动汇率制度下的经济政策

本书前面已经对固定汇率制度下的经济政策做了较为系统的论述，现在我们来考察浮动汇率制度下，一国的财政政策和货币政策是如何发挥作用的。

7.3.1　浮动汇率制度下的财政政策

浮动汇率制度下，货币当局没有义务入市干预汇率，国际收支顺差体现为外汇市场上本国货币供不应求，因此顺差导致本国货币升值。同理，国际收支的逆差对应着本国货币的贬值。因而，汇率的波动会影响BP曲线的移动。

1.资本完全不流动下的财政政策

图7-15中，IS、LM和BP曲线相交于点A。这时国家实行扩张性财政政策，使得IS曲线向右移动到IS′，与LM曲线相交于点B。此时，利率与国民收入均提高，国民收入的提高使进口增加，在资本完全不流动的情况下，国际收支出现逆差，会导致本币贬值。这样，汇率就从e_1贬值到e_2，使BP曲线向右移动到BP′。而本币贬值会增强国内商品的竞争力，使出口增加，从而IS′继续向右移动至IS″。这时，IS″、LM和BP′三条曲线相交与点C。在新的均衡点C上，利率水平和收入水平都有所上升，这说明，在浮动汇率制度、资本完全不流动的情况下，财政政策是有效的。

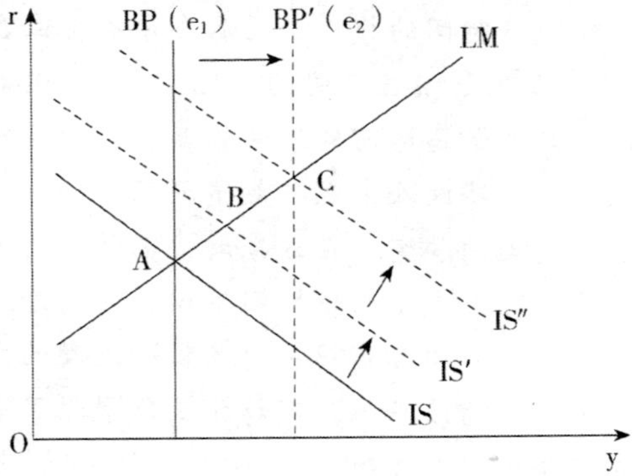

图7-15　资本完全不流动下的财政政策

2.资本不完全流动下的财政政策

在浮动汇率制度下的经济中，一个国家的货币当局不会通过干预去稳定汇率。在IS-LM-BP模型中，假定政府的财政政策表现为政府购买水平的提高。下面讨论这一政策变动的效果。

在图7-16中，我们首先假定LM曲线比BP曲线陡峭。最初的均衡点为A，当政府的财政政策表现为政府购买水平的提高，即意味着政府实行了扩张性财政政策。这时，使IS曲线向右移动到IS′，与LM曲线形成了新的均衡点B，B点位于BP曲线的上方，表示国际收支处于盈余的状态，这种情况下，本币就会升值。本币的升值就会使汇率从e_1升值到e_2，即BP曲线向左移动到BP′。而本币的升值会导致本国产品竞争力的减弱，从而使IS′曲线向左移动，最终与LM和BP′相交于点C。此时，收入和利率水平比初始状态都有所提高，财政政策是有效的。

当BP曲线比LM曲线陡峭时，从图7-17中，我们可以看到，最初的均衡点为A，政府购买的增加使IS曲线向右移动到IS′，交LM于B点。在图7-17中，B点位于BP曲线的下方，使国际收支处于赤字状态，这意味着本国货币贬值。汇率从e_1贬值到e_2，使BP曲线向右移动到BP′。而同时由于本币的贬值会增加本国产品的竞争力，从而使产品出口增加，进口减少，所以IS′曲线继续向右移动至IS″，并与LM和BP′相交于新的均衡点C，最终，使国民收入进一步提高。

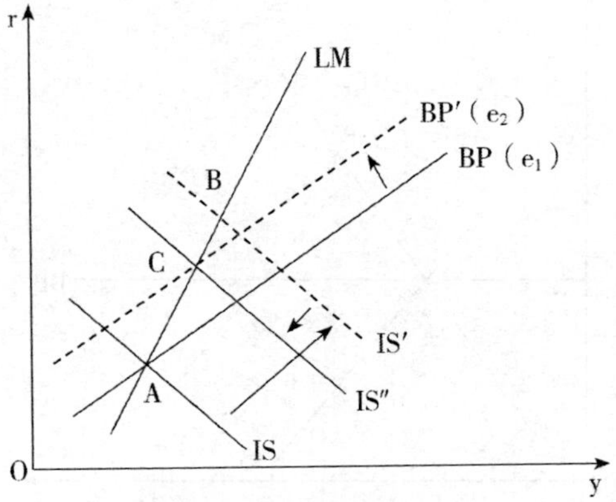

图7-16　资本不完全流动下的财政政策

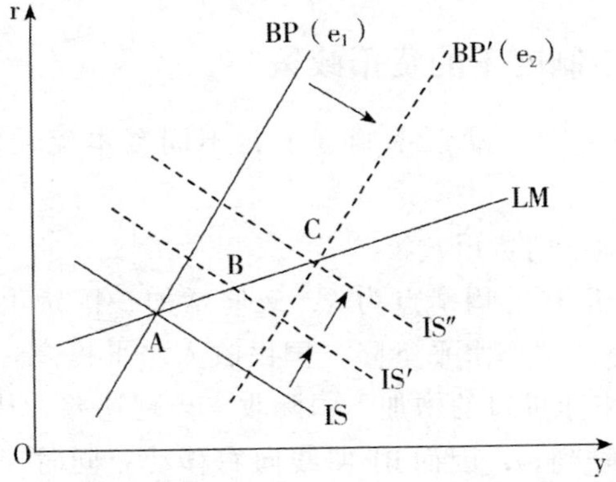

图7-17　资本不完全流动下的财政政策

综上所述，浮动汇率制度下，资本不完全流动时，扩张性的财政政策都能使收入水平提高，但随资本流动性的增大，财政政策的有效性会不断降低。

3.资本完全流动下的财政政策

如图7-18所示，如果资本完全流动，则BP曲线为一条水平线。在浮动汇率制度下，当实行扩张性财政政策时，IS曲线向右移动到IS′。这时均衡点由A点变为B点。但是在B点，本国的利率上升，并且超过了国外水平，从而引起了大量资本的流入，产生了国际收支盈余并引起本国货币升值。升值意味着本国的竞争力下降，这使本国出口减少，进口增加。所以，IS曲线从IS′迅速移回，直到使国内利息率等于国外利息率。由此可见，在资本完全流动和浮动汇率制度下，包括利率在内的所有变量全部恢复到原有水平。财政政策的扩张性效果被净出口下降所抵销。

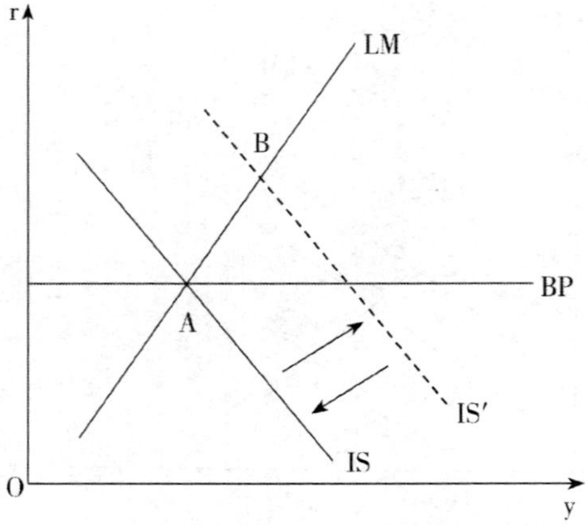

图7-18 资本完全流动下的财政政策

7.3.2 浮动汇率制度下的货币政策

现在，我们来研究在浮动汇率制度下，不同资本流动情况下，货币政策的作用。

1.资本完全不流动下的货币政策

如图7-19所示，最初的均衡点为A，政府增加一国货币的供应量的时候，使LM曲线向右移动，使得利率水平下降，国民收入水平提高。利率下降会使投资增加，收入增加又会带来净进口的增加，国际收支出现逆差，从而使本币贬值。本币贬值会使汇率从e_1下降到e_2，因而BP曲线向右移动。同时，本币贬值，这会增强本国产品的竞争力，因而导致IS曲线向右上方移动至IS′，直至IS′、LM′和BP′达到新的均衡点B。因此，在浮动汇率制度、资本完全不流动的情况下，扩张性的货币政策使得国民收入的水平有所提高。此时的货币政策是有效的。

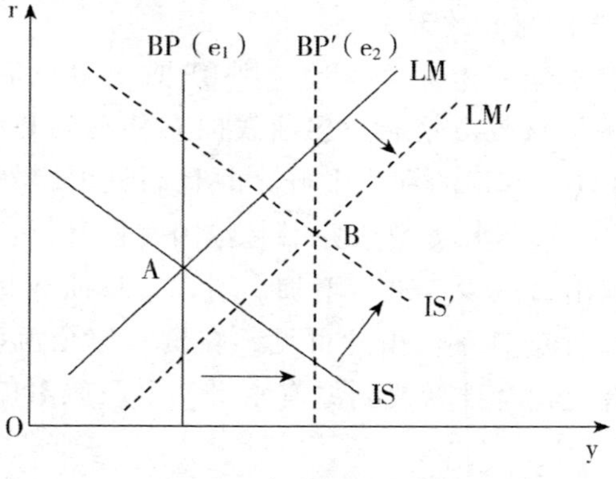

图7-19 资本完全不流动下的货币政策

2.资本不完全流动下的货币政策

下面，我们来研究资本不完全流动下的货币政策效应。如图7-20所示，我们假设BP曲线的斜率小于LM曲线的斜率，最初的均衡点为点A，当货币当局增加货币供应量时，结果是LM曲线向右移动至LM′，与IS曲线相交于点B。由上面的分析我们知道，这时会造成本币贬值。本币贬值将会使汇率从e_1下降到e_2，使BP曲线向右移动到BP′。同时，本币的贬值会增加出口产品的竞争力，因而导致IS曲线向右方移动至IS′位置，最终达到均衡点C。扩张性货币政策的扩张效果得到双重加强。

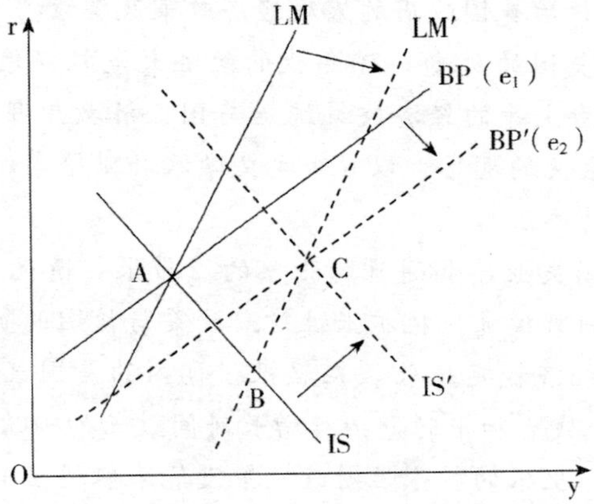

图7-20　资本不完全流动下的货币政策

在资本不完全流动下实施扩张的货币政策，经济的均衡点由原来的A点移到C点，在C点我们得到更高的收入水平。而利率的变化方向则不确定。因此，在浮动汇率制度下，扩张性的货币政策是有效的。

3.资本完全流动下的货币政策

如图7-21所示，在资本完全流动下，BP曲线是一条水平线。当货币当局增加货币供应量时，LM向右移动，造成国内利率的下降，较低的国内利率会造成资本的外流，导致本币贬值，这意味着本国商品的竞争力提高，出口增加，进口减少，从而使IS曲线向右移动，直至三条曲线又再次相交，达到新的均衡点C。在此时，利率没有发生变化，但是我们却得到了更高的收入水平。

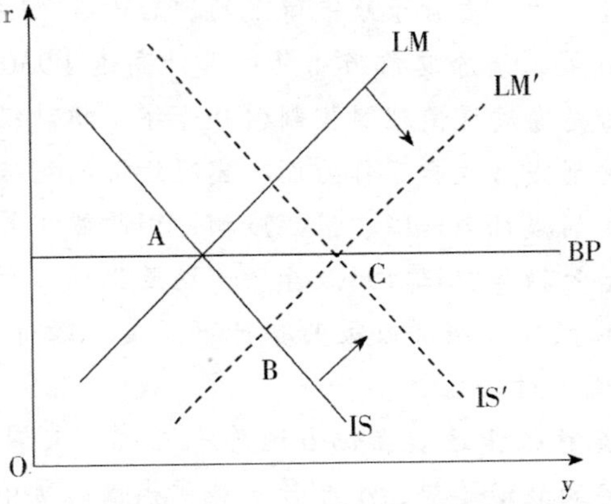

图7-21　资本完全流动下的货币政策

概括来说，货币政策的变化将导致资本流动的急剧变化，而这种变化又会导致汇率的急剧变化，进而导致进出口的急剧变化。进出口的变化意味着收入水平的变化，货币政策的效果将得到大大加强。因此，在浮动汇率制度下，货币政策是比较有效的。

专栏7-3

美国政府的宏观经济调控政策

一、20世纪70年代后美国政府的宏观经济政策及背景

回顾20世纪初期美国的历史，30年代的经济大危机促使了罗斯福“新政”的出台，以凯恩斯主义为主导的经济政策统治美国经济数十年。70年代后期的经济滞胀引起了对凯恩斯主义的反思，以货币主义学派和供给学派为核心的里根经济政策，改变了刺激经济的办法。

里根政府面对着高失业率和通货膨胀率的“滞胀”情况，奉行赤字财政政策，以减税、放宽管制来刺激投资，把扩张性财政政策与紧缩的货币政策结合起来控制通货膨胀，促进美国经济稳定增长。在里根任期内的美国经济从1982年年底起连续增长将近8年，是一战后和平时期持续增长时间最长的一次，失业率达到50年代以来的最低点。但是，里根的扩张性财政政策没能采取适当的货币政策相配合，给美国经济留下了巨大隐患，巨额财政赤字和巨额的外贸逆差是美国经济发展的巨大障碍。

1989年1月20日，老布什入主白宫。布什政府放弃了里根经济政策，实行了以凯恩斯主义为基础的经济政策。与里根相比，布什新的财政政策更注重长期效应，提出了“灵活冻结”的财政政策，期望通过削减公司资本收益税，刺激投资，促进经济增长。增加税收，大幅度的压缩军费开支，取得预算平衡。实行互惠的贸易政策。但是，布什政府没能把衰退的美国经济拉出困境，其任期的第一年（1990年）7月美国经济开始衰退。原因是实现宏观控制两大手段——财政政策与货币政策没能有效地结合。

1993年，克林顿上台后，果断采取紧缩性财政政策和低利率的货币政策。克林顿针对里根政府轻财政、重货币政策留下的“后遗症”，提出了“重建财政”，即采取了一系列紧缩政策，消除其前历届总统累计高达2 930亿美元的财政赤字。克林顿经济政策的核心是通过谨慎理财控制财政赤字，推动经济增长，进而实现财政盈余。克林顿政府把削减财政赤字作为调控宏观经济的突破点，采取的措施主要是增收节支。一方面，削减社会保障、医疗照顾、国防费用等项目的财政支出，另一方面，采取果断的增税措施，解决财政赤字。这是里根、布什政府酝酿已久而未敢推行的政策。在克林顿宏观经济政策的支持下，美国经济保持了10年的高速度增长，并于1998年实现了财政盈余。

小布什远没有克林顿幸运。在他当选总统之前，美国经济已出现了衰退的迹象。为阻止美国经济的衰退趋势，小布什实施扩张性的货币政策和财政政策，降息与减税并举，期望刺激消费，带动投资，促进经济的发展。这种政策基调在“9·11”恐怖袭击事件发生后，表现得更加明显。为刺激经济增长，防止衰退，美联储连续十余次降息。与此同时，小布什政府也重操凯恩斯主义，运用扩张性的财政政策来干预经济。这种扩张表现为两方面：一方面是减税，这也是小布什竞选时就提出的主张；另一方面是增支，主要是用于支持航空业的恢复性发展和缓解失业带来的巨大压力。2002年3月，小布什在白宫签署了新的经济刺激法案，使其正式成为法律，美国经济开始出现复苏迹象。

2009年1月20日，奥巴马正式宣誓就任美国第44任总统，也是美国历史上第一位黑人总统。适逢美国爆发席卷全球金融市场的“次贷危机”，国内经济面临高失业、巨额财政赤字和经济可持续复苏这三大问题的挑战。在奥巴马的强力推动下，美国出台了总额7 870亿美元的经济刺激计划，是罗斯福新政后美国政府最大规模的经济刺激举动。同时，为挽救金融业，美国财政部出台了7 000亿美元的金融救援计划，美国联邦储备委员会将利率降到零附近，并通过非常规渠道向金融市场注资1.75万亿美元。此次奥巴马经济刺激计划具体表现在3个方面：一是用于经济刺激的资金规模非常庞大，二是减税和政府支出并举，三是刺激美国经济和实现美国经济结构的战略转型相结合。

2017年1月，特朗普正式宣誓就任美国新一任总统。特朗普就任总统时，美国经济正在经历历史上最长的扩张期之一，且未来持续扩张的可能性仍很高。通胀率虽加速上升，但尚未达到2%的目标；货币政策虽开始紧缩，但与历史平均水平相比仍非常宽松，长短期利率水平仍很低。表面看特朗普的经济环境比较优越，实现目标的机会也多。但他面对的经济困境更多是深层次、结构性、长期性问题。其中最关键的是经济增长长期停滞：从2009年的经济复苏到2016年，实际GDP年增长率平均值只有1.47%，远低于历史水平3.5%。而根据美联储、美国国会预算署CBO的预测，这一状态还将在未来10年延续。美国经济具有加速增长的潜在条件，关键在于采取有效措施破除瓶颈、解放生产力。特朗普的经济主张具有明显的供给学派及拉弗曲线倾向——主张通过减税促进增长，具体表现为：将企业税率由35%降至15%；个人税收级别从7缩减到3，最高税率从39.6%降低到33%，其次为25%、12%。他与里根相同的主张有：大幅降低个人和企业税率，简化税制；紧缩货币政策；放松对金融和企业的监管和管制。两者的不同在于，特朗普主张的扩大财政支出，不仅用于国防而且用于基建，且不强调平衡预算。

二、美国政府宏观经济政策的特点

可以看出，虽然美国从里根政府到特朗普政府的宏观经济政策不同，但是历届政府都在实践中同时配合使用财政政策与货币政策，寻求两者的最佳组合。

财政政策实施力度大、影响范围广，但决策时间较长，必须经过立法和国会审批程序，其政策效果存在一定的时滞；而货币政策决策快、独立性强，受政治干扰小。财政政策主要作用于消费、投资，其政策手段包括税收、预算支出、转移支付、财政补贴、政府采购等；货币政策主要作用的对象是资本市场，主要通过影响资金成本、信用等因素实现经济调控目标，其政策工具主要包括公开市场操作、贴现率和法定准备金等。财政政策主要解决经济增长的长期性、结构性问题，货币政策主要调节短期经济波动。财政政策与货币政策互相搭配、取长补短是能够取得很好的宏观经济调控效果的。

例如，在克林顿执政时期，正是由于采取长期较为宽松的货币政策与平衡的预算政策，才取得了较长时间保持“高增长低通胀”的成果。在老布什政府的中后期，即降息要与赤字预算减少结合。1990年，老布什政府和民主党控制的议会就预算赤字在5年内降低5 000亿美元达成协议，“我必须寻求某种缓减的机制”，格林斯潘提议，“达成一个谅解，如果协议通过，我们就降低利率0.25个百分点”。这一政策没有避免老布什执政后期的经济衰退，但却带来了克林顿时期经济的持续繁荣。不过，短期效果也是明显的，即尽管1991—1992年的经济衰退持续时间偏长，但衰退程度却很低。奥巴马时期，美联储和美国财政部联合出击实行“双松”政策，运用各自政策手段，各有侧重地解决经济中存在的问题，如美联储主要应对流动性问题，连续降息增加市场流动性，缓解次贷损失造成的流动性降低的局面；而美国财政部则通过减税刺激经济，促进消费、投资增长，确保经济稳定，避免经济由于金融危机影响造成大的滑坡。特朗普为了刺激美国国内的经济增长，采取了宽松的财政政策，同时采取了较为紧缩的货币政策防止宽松的财政政策可能导致的恶性通货膨胀。财政、货币政策虽各有侧重，具有相对独立性，却又相互协调。

资料来源　[1] 顾洪英. 美国政府宏观经济调控政策的特点及启示 [J]. 华东理工大学学报：社会科学版，2003（1）. [2] 陆晓明. 特朗普经济政策效果预期——从与里根经济政策比较的视角 [J]. 国际金融，2017（6）：21-30.

★ 本章小结

在这一章里，我们阐述了在开放经济条件下经济政策的搭配与效应问题。相对于简单封闭的经济来说，在开放的条件下，我们需要注意更多的问题。

在开放条件下，一国的政策目标包括两个方面：一个是内部均衡，即国内经济处于充分就业和物价稳定状态；另一个是外部均衡，即国际收支达到平衡。

内部均衡和外部均衡是相互影响的。两者之间既可以实现一致，也有可能存在冲突，而米德冲突首先就对内外均衡的冲突问题进行了论述。但是，由于米德冲突这一论述存在不足，一些经济学家开始从政策搭配这一思想出发，分别提出了不同的政策搭配方法。其中，蒙代尔提出用财政政策和货币政策的搭配来解决内、外部均衡的矛盾；斯旺提出用支出调整和支出转移两种政策来解决这个矛盾。

我们也知道，财政政策与货币政策的相对效力在很大程度上取决于汇率制度的选择。特别是资本完全流动时，浮动汇率制度下货币政策比财政政策更有效，固定汇率制度下财政政策比货币政策更有效。决定开放型经济中财政政策和货币政策效力的关键参数之一是该国经济与世界其他国家经济通过国际资本流动来反映的金融一体化的程度。

★ 综合训练

7.1　单项选择题

1.IS曲线描述的是在（　　）上达到均衡时，收入y和利率r的关系。

A.货币市场　　B商品市场

C.货币市场和商品市场　　D.以上都不对

2.货币市场和产品市场同时均衡出现于（　　）。

A.各种收入水平和利率上　　B.一种收入水平和利率上

C.各种收入水平和一定利率水平上　　D.一种收入水平和各种利率水平上

3.在固定汇率制度下，资本的流动性对财政政策的作用是（　　）。

A.资本流动性越大，对财政政策的作用越大

B.资本流动性越大，对财政政策的作用越小

C.两者之间没有关系

D.不确定

4.资本完全不流动的情况下，BP曲线是一条（　　）线。

A.水平　　B.垂直

C.向右上方倾斜　　D.向右下方倾斜

5.净出口与实际汇率的关系（　　）。

A.正相关　　B.负相关

C.不相关　　D.以上都不对

7.2　多项选择题

1.开放经济情况下一国经济的目标是（　　）。

A.充分就业　　B.物价稳定

C.国际收支平衡　　D.经济增长

2.蒙代尔原则的成立假定前提是（　　）。

A.当一国出口一定时，国内支出增加会使进口增加，经常收支恶化；如果国内支出减少，进口也会随之减少，经常收支会得到改善

B.资本流动的利率弹性较高

C.短期内充分就业的产量是一定的，国内支出仅受财政政策和货币政策的影响

D.资本流动的利率弹性较低

3.人们对货币的总需求包括（　　）。

A.交易需求　　B.预防需求

C.投资需求　　D.投机需求

4.在宏观经济学中，影响净出口的因素有（　　）。

A.汇率　　B.利率

C.国内收入水平　　D.投资

5.社会的总需求是由（　　）组成的。

A.消费需求　　　　　B.投资需求
C.政府需求　　　　　D.国外需求

7.3　问答题

1.什么是米德冲突？米德有关分析的不足是什么？

2.什么是丁伯根法则？

3.简述斯旺模型的主要内容。

4.简述蒙代尔搭配法则的假设前提及主要内容。

5.简述IS曲线和LM曲线的推导过程。

6.解释在固定汇率制度下，扩张性财政政策对国民收入的影响。

7.解释在浮动汇率制度下，紧缩的货币政策对国民收入的影响。

8.为什么说在固定汇率制度、资本完全不流动的情况下，扩张性财政政策从长期来看对国民收入的影响是无效的？

9.谈谈你对当前国内宏观经济政策的认识。

★ 本章参考文献

[1] 孙睦优，黄娟.国际金融 [M]. 北京：清华大学出版，2012.

[2] 克鲁格曼，奥伯斯法尔德.国际经济学：理论与政策 [M] .黄卫平，译.8版.北京：中国人民大学出版社，2011.

[3] 邓力平，林峰.开放经济下的财政支出与贸易平衡：理论述评与经验分析 [J]. 经济与管理评论，2013 (6) .

[4] 林毅夫.内外失衡条件下的政策选择 [J]. 经济观察，2007 (8) .

[5] 娄伶俐，钱铭.资本账户开放测度方法：比较与综合 [J]. 国际金融研究，2011 (8)：41-49.

[6] 熊芳，黄宪.中国资本账户开放次序的实证分析 [J]. 国际金融研究，2008 (3)：57-62.

[7] 杨荣海.当前货币国际化进程中的资本账户开放路径效应分析 [J]. 国际金融研究，2014 (4)：50-61.

[8] 铭锦.试论厄瓜多尔的美元化 [J]. 拉丁美洲研究，2002 (5)：46-51.

[9] 陆晓明.特朗普经济政策效果预期——从与里根经济政策比较的视角 [J]. 国际金融，2017 (6)：21-30.

第四篇　国际金融市场与机构

第8章

离岸金融市场

★ 导读

国际金融市场的核心是从事境外金融业务的离岸金融市场。20世纪50年代以后，国际金融领域出现重大变化，部分国家为摆脱货币发行机构的管制和干预，将货币存放到货币发行国以外的市场，由此形成了一个不同于以往的国际金融市场，这就是离岸金融市场。由于第一笔离岸货币业务产生于欧洲，欧洲货币市场便成为离岸金融市场的代称。在欧洲货币市场上，各参与者如各国商业银行、跨国公司以及各国政府和中央银行都经营和参与到各类欧洲货币市场借贷活动中。它们或是通过银行间拆借弥补银行经营中的资金短期缺口，或是通过发行欧洲债券获得长期借贷资金。欧洲货币市场对振兴工业国家的经济，推动跨国公司业务的发展和国际贸易的进步起到了极其重要的作用。随着欧洲货币市场的迅速发展，各国、各地区也陆续开展离岸金融业务，如美国的国际银行业设施（IBF）和以新加坡为中心的亚洲货币市场等。本章将从欧洲货币市场和欧洲债券市场两个方面对离岸金融市场进行系统的介绍，同时加入专栏和案例，使读者对离岸金融市场有更为全面的了解。

★ 关键概念

欧洲美元　欧洲货币　欧洲货币市场　利息平衡税　LIBOR　欧洲债券

§8.1 欧洲货币市场

8.1.1 欧洲货币市场的概念及形成和发展

1.对欧洲货币市场的理解

（1）欧洲货币

在认识欧洲货币市场之前，首先要了解欧洲货币的概念。**欧洲货币是指在货币发行国境外进行吸收和贷放的货币，也称离岸货币。**欧洲货币是对在欧洲货币市场上所经营货币的泛称，例如，伦敦巴克莱银行吸收的美元存款就是欧洲美元。由于这种货币最早出现在欧洲，因此被称作欧洲货币（Euro-currency），欧洲货币最早是以欧洲美元的形式出现的。**欧洲美元是指存放在美国境外各银行（主要是欧洲银行和美国、日本等银行在欧洲的分行）的美元存款，以及从这些银行借到的美元贷款。**这与美国国内流通的美元是同一货币，具有同等价值，两者的区别只是在于账务上的处理不同。例如，一家公司在欧洲的一家银行存进一笔美元，实际上只是把它原来存在美国银行的一笔美元转存到这家欧洲银行的账户上。欧洲英镑、欧洲瑞士法郎等，它们的性质也与欧洲美元的性质相同，都是指在本国境外的该国货币资金。例如，日本银行存放在法国银行的英镑存款或德国银行对瑞士公司提供的英镑贷款就叫欧洲英镑。

（2）欧洲货币市场及其内涵

欧洲货币市场是指在某种货币发行国货币流通体系之外，从事该种货币借贷或交易的市场，也称离岸金融市场。这里的“欧洲”一词，实际上是“非国内的”“境外的”“离岸的”意思。

正确理解欧洲货币市场的含义要把握以下两点：

①欧洲货币中的“欧洲”并非地理意义上的欧洲，而是“非国内的”或“境外的”意思。从“境外”的角度来看，欧洲货币是不能在货币发行国境内进行交易的。欧洲货币与该种货币发行国国内流通的货币具有相同的价值，只是存放、借贷、流通的地区不同。例如，欧洲美元与美元的价值相同，只是不在美国境内进行交易和流通。

②欧洲货币市场产生于欧洲，但不仅限于欧洲。欧洲货币市场最早存在于伦敦以及西欧等地，后来其地域范围逐渐突破欧洲界限，扩展至亚洲、美洲等。目前，欧洲货币市场既包括欧洲各主要金融中心，如伦敦、巴黎等，也包括日本、新加坡、中国香港、加拿大、巴林、巴拿马等新的全球或区域性金融中心，即广义的欧洲货币市场，有时也被称为“超级货币市场”（super money market）或境外货币市场（external money market）。

2.欧洲货币市场的形成原因

（1）政治原因

20世纪50年代初期，朝鲜战争爆发。美国政府冻结了中国在美国存放的美元资产。

美国的反共气氛和冷战局势使得苏联和其他东欧国家担心它们在美国的资产遭受同样的风险，因而纷纷将存放在美国的财产转移至英国伦敦的莫斯科国民银行和法国巴黎的北欧商业银行的账户上。同时，为了缓解布雷顿森林体系初期的美元短缺，当时的欧洲国家也允许吸收美元存款。这些存放在欧洲银行的美元资金便成为最早的欧洲美元存款。

（2）经济原因

1956年，英法不顾美国反对，入侵埃及，重新控制苏伊士运河。美国采取报复行动，在国际外汇市场上大量抛售英镑，使英镑迅速贬值。英国政府为维持英镑币值，加强了外汇管制，禁止英国的商业银行用英镑进行贷款，银行为了追逐利润和改善经营，便将业务方向转为经营美元，将美元存款贷给资金需求者。苏联和其他东欧国家转移到欧洲的美元存款就成为英国银行经营美元贷款的资金来源。这样，一个在美国境外经营美元存贷款业务的市场开始在伦敦出现。

3.欧洲货币市场的发展以及促使其发展的原因

（1）生产和资本的国际化

这是促使欧洲货币市场发展的根本原因。第二次世界大战后，欧美等国家和地区经济快速恢复，科学技术迅速发展使国际分工进一步深化，这些国家的生产、市场日趋国际化，跨国公司和跨国银行的经营活动随之日益增长。跨国公司的经营活动需要筹集资金以满足国际经营和投资所需的大量资金，同时，跨国公司又有闲置资金要求生息获利，这些需求都促使了离岸金融业务的发展。

（2）美国政府的金融政策的制约

20世纪60年代，美国为了扭转日益恶化的国际收支状况，被迫采取一系列措施限制美元外流。1963年，美国开始征收利息平衡税，规定美国居民购买外国债券所得收益高出本国证券投资收益的差额部分要作为税款交给国家。美国政府向其公民就购买外国证券所收到的利息而征收税款的措施使得美国人纷纷转向境外进行筹资，海外企业也不愿将其利润汇回国内而是存入境外银行。利息平衡税的征收直到1974年才被取缔，它是促成欧洲美元市场发展的主要因素之一。此外，20世纪30年代经济危机后，美国政府为加强对银行业的管制，减小银行的经营风险，1933年通过联邦储备委员会制定了“Q条例”，禁止联邦储备委员会的会员银行对它所吸收的活期存款（30天以下）支付利息，并对上述银行所吸收的储蓄存款和定期存款规定了利率上限。这一规定导致美国国内存款利率低于欧洲，从而使得大量美元存款从美国国内转移到欧洲货币市场。

（3）美国国际收支逆差，境外美元数量增加

朝鲜战争和庞大的海外军事基地的消耗使得美国在欧洲和亚太地区积存了大量的美元。第二次世界大战之后，美国按照“马歇尔计划”对西欧进行了大规模军事援助和资本输出，使得大量美元流入欧洲。以上因素使20世纪50年代之后美国的国际收支出现巨额逆差。大量流通在外的美元为欧洲美元市场提供了资金。

（4）石油美元

20世纪70年代，特别是1973年和1979年的两次石油涨价，使石油输出国组织

获得了巨额石油美元。石油输出国组织出于资金获利生息的需要，将大量的石油美元投入到欧洲货币市场，使得欧洲货币市场存款大量增加，市场规模迅速扩大。同时，由于油价的上涨，非产油国家进口石油的成本急剧增加，并普遍陷入了国际收支逆差的困境。这些国家纷纷在欧洲货币市场借入美元，从而形成了资金在石油出口国和进口国之间的循环。

（5）其他国家外汇管制政策放宽

从20世纪50年代末开始，西欧主要资本主义国家放松或取消了外汇管制，许多国家允许货币自由兑换，允许资本自由流动。在货币可以自由兑换的情况下，欧洲美元存款除不受限制地把美元兑换成西欧货币外，也可随时将西欧货币换成美元。这就使欧洲银行的美元存贷业务得到迅速发展，同时也促进经营这类业务的银行迅速发展。此外，西欧主要资本主义国家对非居民的外币存款不加以干预，并免缴存款准备金。在境外货币利率方面，由于没有最高限制，从而使欧洲货币市场存款利率普遍高于传统国际金融市场。同时，由于银行减少了准备金的负担，并且税费负担少，欧洲货币市场贷款利率低于传统金融市场。这些都为欧洲货币市场的发展提供了良好的环境。

（6）欧洲货币市场本身具有的内在优势

在欧洲货币市场上经营境外货币的欧洲银行的存贷利差比国内银行小，即存款利率较高，贷款利率较低，因而欧洲货币市场凭借其优惠的利率吸引大量境外货币流向该市场。另外，欧洲货币市场上的交易快捷、高效。在欧洲货币市场上，借款者能够在几分钟内筹措到所需资金，而在在岸市场，想要借到资金则要经历漫长、烦琐的过程。这就使得欧洲货币市场的交易成本较低，银行等金融机构都愿意到欧洲货币市场上筹措资金。

1968—1999年欧洲货币市场总规模见表8-1。

表8-1　**欧洲货币市场总规模**　单位：亿美元

年　份	金　额	年　份	金　额
1968	337.1	1992	48 808.5
1976	3 106.5	1993	48 153.1
1985	19 806.0	1994	53 986.5
1986	25 269.0	1995	58 839.8
1987	32 306.0	1996	60 944.8
1988	35 052.0	1997	68 585.3
1989	41 863.0	1998	63 653.6
1990	49 367.0	1999	61 595.2
1991	49 500.0		

资料来源　国际清算银行网站.

过去欧洲货币借贷市场主要汇集在欧洲各大金融中心，20世纪90年代后欧洲货币借贷市场开始大规模发展，海外业务大规模扩展到欧洲以外的国家和地区的金融市场，特别是2002年7月1日欧元正式启动以来欧洲货币市场进一步扩展，目前不仅已经成为世界范围不可取代的货币市场，而且其影响日渐扩大。近年来，随着欧元和英镑等欧洲货币在国际金融领域中地位的加强，欧洲货币市场的发展规模不断膨胀。

8.1.2　欧洲货币市场业务

1.欧洲货币市场的类型

（1）一体型

一体型指境内金融市场和境外金融市场业务融为一体。居民与非居民均可以从事有关货币的存款和贷款业务，银行的离岸金融业务与在岸金融业务没有严格区别，可以同时经营。离岸资金可以随时转换为在岸资金和国内资金，而在岸资金可随时转换为离岸资金。伦敦和香港就是典型的一体型欧洲货币市场。

一体型欧洲货币市场上国内金融市场和国际金融市场的一体化可以发挥两个市场资金和业务相互补充和相互促进的作用。

（2）分离型

分离型指离岸金融市场业务与市场所在国的在岸金融市场业务严格分离。这种分离可以是经营场所上的分离，也可以是账户上的分离，其目的在于防止离岸金融交易活动影响本国货币金融政策的实施。这种市场会限制外资银行和金融机构与居民往来，并只允许非居民进行离岸金融交易。美国的“国际银行业务设施”（international banking facility，IBF）就是一个典型代表，其主要特征是把存放在“离岸账户”中的美元视为境外美元，与国内美元存款账户严格分开。此外，日本也于1986年12月1日成立了内外分离型的离岸金融市场。

（3）分离渗透型

分离渗透型允许在岸和离岸业务有一定的渗透，具体有三种情况：①允许把非居民离岸账户吸收的资金向在岸账户贷放，并渗透到国内金融市场上去，目的在于利用地理优势更好地使用外资，但禁止资金从在岸账户流入离岸账户，典型的如马来西亚的纳闽岛和泰国的曼谷。一般来说这种市场管理很难，若管理不善会带来负面影响。1997年，泰国金融危机的发生，对离岸资金的管理过于放松就是其原因之一。②允许在岸账户向离岸账户流动，但禁止离岸账户向境内放贷。③允许资金在离岸账户和在岸账户之间双向渗透，如目前新加坡的亚洲货币单位。

（4）走账型

走账型又称避税港型或簿记型。该市场几乎没有实际业务发生，一些国际性银行只是在此开个账户，进行资金交易的记账和划账，以逃避税收和管制。其主要原因是由于这种金融中心通常管理松懈或无管制，如免交外币存款准备金、免税或税收制度十分宽松，以及对银行业的管理较为松散，因此是理想的避税地和资金避难场所。典型的走账型离岸金融市场包括大西洋及加勒比海地区的安圭拉、巴哈马、百慕大、巴巴多斯、英属维尔京群岛、开曼群岛、荷属安德烈群岛、波多黎各等；中东地区的巴林、塞浦路斯等；大西洋东岸附近的格恩西岛、泽西岛、马德拉岛等。

2.欧洲货币市场的融资业务

（1）欧洲短期信贷市场业务

欧洲短期信贷市场是指借贷期限不超过1年的资金借贷市场。欧洲短期资金借贷市场形成最早，规模最大，欧洲中长期信贷市场和欧洲债券市场都是在短期资金借贷市场发展的基础上衍生形成的。欧洲短期信贷市场绝大部分交易是在银行同业间进行的，因此银行同业市场是该市场的主要构成部分。

欧洲短期信贷市场期限短，借贷期限一般为1天、7天、30天、90天，最长不超过1年。其中以隔夜拆借为主要业务，1年以内的拆借业务占95%左右。伦敦银行同业拆借利率是离岸资金市场利率的基础，不同货币适用不同的利率。

伦敦银行同业拆借利率（London Interbank Offered Rate，LIBOR）是英国银行家协会（British Banker's Association）根据其选定的银行在伦敦市场报出的银行同业拆借利率，进行取样并平均计算成的指标利率，该指标利率在每个营业日都会对外公布。同业拆借有两个利率：拆进利率（bid rate）表示银行愿意借款的利率；拆出利率（offered rate）表示银行愿意贷款的利率。一家银行的拆进实际上是另一家银行的拆出。同一家银行的拆进和拆出利率相比较，拆进利率永远小于拆出利率，其差额就是银行的收益。LIBOR是目前国际上最重要和最常用的市场利率基准，也是银行从市场上筹集资金进行转贷的融资成本参考。另外，从LIBOR变化出来的，还有新加坡银行同业拆借利率（SIBOR）、纽约银行同业拆借利率（NIBOR）、香港银行同业拆借利率（HIBOR）等。

欧洲短期信贷市场交易金额大、起点高。每笔贷款金额起点为50万美元，一般为100万美元，借贷金额高达1 000万美元，甚至1亿美元的交易也时有发生。

欧洲短期信贷市场交易条件灵活、手续简便。借款期限、币种、金额和交割地点都可以由借贷双方协商确定，灵活方便、选择性强。存贷利差小，约为0.25%～0.5%。

欧洲短期信贷市场无须签订协议。短期信贷业务基本属于信用放款，通常发生于交往有素的银行和企业之间或银行与银行之间，双方彼此了解，无须签订书面协议，也无须担保质押，一般通过电信联系，双方即可确定贷款金额与主要贷款条件。

（2）欧洲中长期信贷市场业务

欧洲中长期信贷市场是经营期限在1年以上到10年左右的欧洲货币借贷业务的市场。传统定义中，1~5年期的贷款为中期贷款，5年以上的贷款为长期贷款。第二次世界大战以后，一般不再将二者的期限严格划分，而将期限在1年以上至10年左右的贷款统称为中长期贷款。由于欧洲银行一般无固定的长期存款来源，所以主要靠短期资金调配来获得长期资金。其资金来源主要有：吸收短期欧洲货币存款、发行欧洲商业票据、发行大额银行存单，以及银行系统的分支行或总行的资金调拨等。资金贷放的对象包括国外政府、国际组织、跨国公司、中央银行，以及非银行金融机构、工商企业等。

（3）欧洲债券市场业务

欧洲债券市场是在欧洲货币市场的基础上发展起来的，是欧洲货币市场的一种长期借贷形式。它与欧洲中长期信贷市场一起构成国际资本市场的主要部分。欧洲债券市场与前两种欧洲信贷市场的融资方式不同，具有自身的特点和优势，近年来发展很快，成为欧洲货币市场的一种主要的资金运用方式。后文将专门对欧洲债券市场进行介绍。

8.1.3　欧洲货币市场的特点

1.欧洲货币市场经营自由

欧洲货币市场是一种超国家或无国籍市场。欧洲货币市场几乎不受任何国家的管制，经营非常自由。首先，从事非居民的境外货币贷款不受市场所在地政府当局有关法规、政策和外汇管制的约束，也不受货币发行国的政策约束。其次，欧洲银行经营离岸存款业务不用缴纳存款准备金，银行也无须为离岸存款缴纳存款保险金。最后，在税收方面，欧洲银行的利息收入需缴纳的税金很少，有些甚至免税。欧洲货币市场贷款条件灵活、期限多样、用途不限，从而吸引了大量的国际投资者和筹资者。

2.欧洲货币市场交易具有批发性

在欧洲货币市场上进行融资的基本上都是些大客户，主要有跨国公司、各国商业银行、中央银行、各国政府以及一些国际组织。这些客户的每笔交易金额一般都很大，少则几十万美元，多则数十亿美元。

3.欧洲货币市场具有独特的利率结构

与经营在岸金融业务不同的是，欧洲货币市场以伦敦银行同业拆借利率为基础，见表8-2，存款利率略高于货币发行国国内的存款利率，贷款利率则略低于货币发行国的贷款利率。存贷利差（贷款利率减去存款利率的差额）低于国内金融市场的存贷利差（如图8-1所示），这就使欧洲货币市场对存贷双方都有着很强的吸引力。

4.欧洲货币市场是完全由非居民交易形成的借贷市场

欧洲货币市场的借贷关系是外国投资者与外国筹资者的关系，而不是居民之间的借贷关系。国际金融市场通常有三种类型的交易活动：一是本国投资者与外国筹资者之间的交易，如本国投资者在证券市场上购买外国筹资者发行的证券；二是外国投资者与本国筹资者之间的交易，如外国投资者在证券市场上直接购买本国筹资者发行的债券；三是外国投资者与外国筹资者之间的交易，如外国投资者通过某一金融中心的银行中介或证券市场，向外国筹资者提供资金。第一种和第二种是居民

表 8-2　　英国银行家协会（BBA）公布的同业拆借利率（%）

2018-3-26	隔夜	一周	1个月	3个月	6个月	1年
美元 LIBOR	1.69750	1.73625	1.87688	2.29496	2.45380	2.67200
欧元 LIBOR	−0.43829	−0.42343	−0.40657	−0.37786	−0.33114	−2.25129
英镑 LIBOR	0.47689	0.48344	0.50406	0.66750	0.78100	0.99150
瑞士法郎 LIBOR	−0.77960	−0.81430	−0.79625	−0.73420	−0.65060	−0.52520
日元 LIBOR	−0.02750	−0.05736	−0.06283	−0.04233	0.01133	0.10800

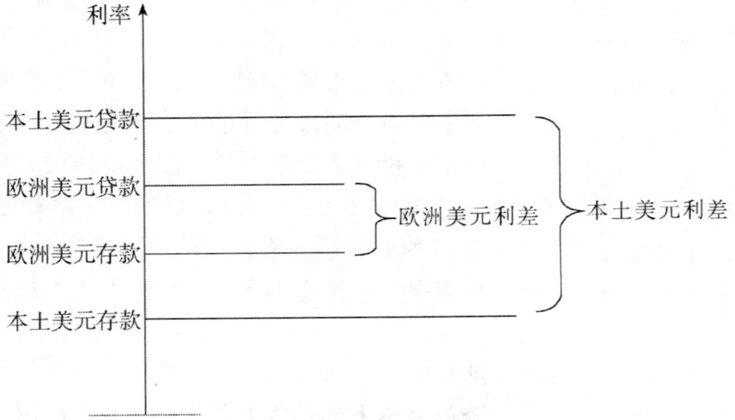

图 8-1　欧洲美元存货利差

和非居民之间的交易，这种交易形成的关系是传统国际金融市场的借贷关系。第三种交易是非居民的交易，又称中转或者离岸交易，这种交易形成的关系才是欧洲货币市场的借贷关系。

8.1.4　欧洲货币市场对世界经济的影响

1. 积极影响

（1）为各国经济发展提供资金

欧洲货币市场促进了一些工业国家的经济增长和发展中经济体的经济发展。20世纪六七十年代，日本、意大利、联邦德国等工业国经济迅速发展，由于国内资金不能满足需要，它们都通过欧洲货币市场借入大量的欧洲美元，欧洲货币市场给这些国家经济高速增长提供了所需的巨额资金。以日本为例，20世纪60年代中期至70年代中期，日本从欧洲货币市场筹集资金100多亿美元。20世纪70年代中期后，发展中经济体逐渐进入欧洲货币市场，成为欧洲货币市场的重要角色之一。发展中经济体为了发展本国的经济，需要大量外汇以引进先进的设备和技术，由于欧洲货币市场借贷方便、成本低以及贷款的使用不受限制，欧洲货币市场成了它们取得资金的主要来源之一。发展中经济体利用这些资金加速了经济发展，增加了出口，提高了偿还债务的能力。

（2）有利于平衡国际收支

欧洲货币市场的出现在调节国际收支方面发挥了重要作用。第二次世界大战之后，离岸金融市场不仅成为跨国公司经常筹措资金的场所，而且许多国际收支出现逆差的国家也越来越多地利用离岸金融市场筹集资金来弥补逆差，而顺差国的盈余也在离岸金融市场上加以运用。一些国家的中央银行为了获取利息或者为了调节国内货币市场，大多把外汇储备的一部分投入到离岸金融市场中去，通过欧洲货币市场使国际储备盈余的国家和国际储备短缺的国家能够互通有无、进行调剂，使国际收支困难的国家获得了资金的融通。20世纪70年代后期，由于石油提价等因素的影响，许多发达经济体和非石油发展中经济体都出现巨额的国际收支逆差，它们通过离岸金融市场筹措外汇资金，在一定程度上缓和了国际收支失调的状况，从而对世界经济的发展和金融秩序的稳定起了重要作用。据国际货币基金组织统计，1974—1981年，世界各国经常项目逆差总额高达8 100亿美元，而各国通过离岸金融市场筹集的资金总额达到7 530亿美元。由此可以看出，离岸金融市场在国际收支平衡方面起到非常重要的作用。

（3）推动跨国公司的国际业务发展

20世纪60年代以来，世界主要发达经济体的大型企业不断跨越国界，从事包括生产、销售为一体的综合性经营活动，随之形成了生产世界化的潮流。通常，跨国公司的海外投资母公司的出资份额不会超过40%，有的甚至只有20%~30%，其余部分需要在国内和国际金融市场上筹集。离岸金融市场筹资方便，具有较低的成本，能够提供大量的资金，因此自然成为发达经济体跨国公司的融资场所。同时，由于这些跨国公司规模大、信誉高，离岸金融机构也愿意将资金贷给这些公司。我国改革开放以后，大批跨国公司进入我国进行直接投资。据统计，2017年中国的FDI（foreign direct investment，国外直接投资）流入额为1 363亿美元，再创历史新高，居世界第二，位列美国之后。我国2017年FDI前十个来源国（地区）及所占百分比见表8-3。

（4）促进国际金融市场一体化

传统的国际金融市场实际上是相互独立的，不能适应生产和资本流动国际化的发展，而欧洲货币市场改变了传统国际金融市场因国界限制而相互隔绝的状态，各离岸金融市场通过电信网络相互联系，不仅使交易突破了时间和空间的限制，打破了各金融市场之间相互独立的状态，而且使市场信息的传播也更快、更广，促进了国际金融市场的一体化，提高了国际资本在世界范围内的使用效率。

表8-3　　2017年我国FDI主要来源国（地区）及其所占百分比

年　份 国家（地区）	流入额 （亿美元）	所占百分比 （%）
中国香港	989.2	72.58%
新加坡	48.3	3.54%
中国台湾	47.3	3.47%
韩国	36.9	2.71%
日本	32.7	2.40%
美国	31.3	2.30%
荷兰	21.7	1.59%
德国	15.4	1.13%
英国	15.0	1.10%
丹麦	8.2	0.60%
总计	1 246.1	91.42%

数据来源　中华人民共和国商务部网站.

2.消极影响

（1）削弱了各国货币政策的效应

对参与欧洲货币市场的国家来说，如果对欧洲美元等资金运用过多、依赖过度，或这种资金流入流出过于频繁、数额过大，则在一定程度上会影响该国国内货币流通的状况。该国货币当局控制国内货币流通量和信贷程度会更加困难，金融政策的作用越来越小。欧洲货币市场的利率不受任何国家的法律限制，完全根据市场供求来决定。而各种货币的利率又是各国金融政策的主要工具，在这个意义上必然受各国经济发展状况的影响。各国为了刺激本国经济，鼓励固定资本投资，利率水平往往较低；反之，为了抑制通货膨胀，往往采取紧缩信贷，提高利率的措施。但这些措施往往因欧洲市场利率的影响而受到较大干扰，预期目标不易实现。

一些国家为了刺激生产、缓和经济危机，常常在国内交替使用放宽与紧缩的金融政策，但欧洲货币市场的存在会干扰和破坏一些国家金融政策的推行。例如，当某一国家在一定阶段内实行紧缩政策，提高利率，限制资金投放时，国内的商业银行或工商业却比较容易地通过欧洲货币市场筹得资金投入运营；而当实行宽松政策，降低利率，扩充国内信贷投放规模时，工商业或银行又有可能将资金调往欧洲货币市场，追求较高的利息收入，使其政策的推行受到破坏，追求的经济目标难以实现。

（2）加剧了国际金融市场的动荡

欧洲货币市场对国际政治、经济的反应异常敏感，每当主要储备货币国家的货币汇价发生升降变化，国际资金持有者便将贬值货币卖出，以欧洲美元的形式储存，并经常借入欧洲美元来抢购预期升值的货币。巨额的欧洲货币有着很强的流动性，从而加剧了各国货币的汇率波动。在浮动汇率制度下，金融市场的全球一体化给跨国银行、公司以及投资者们增加了汇率波动的风险。巨额资金在不同金融中心之间频繁地进行套汇套利活动，又反过来进一步加剧了外汇市场上的投机性交易，从而加剧了外汇市场的动荡。1987年10月，从纽约市场引发的西方股市风暴主要是由于欧洲货币市场的资金到处“兴风作浪”导致的。股市下跌后，这些资金时而涌向国债，时而套购硬货币，造成西方金融市场剧烈动荡。

（3）经营离岸金融业务的银行所承担的风险加大

欧洲货币市场国际信贷的主要方式是银行借短贷长。欧洲货币存款的资金来源主要是短期的。然而自20世纪70年代以来，国际金融市场上对长期资金的需求增长很快，欧洲货币市场也随之增加了对长期资金的贷放。这样，金融市场的脆弱性就显而易见了。若经济发生动荡，储户提存，银行将陷入困境。此外，欧洲货币市场上长期巨额信贷牵扯到众多的辛迪加成员银行，而银行之间的借贷关系又遍布全球各个主要的金融中心，银行危机极易产生“多米诺骨牌效应”连锁反应，这样使得经营离岸金融业务的银行面临巨大的风险。

（4）加剧了西方国家的通货膨胀

随着欧洲货币市场交易规模的扩大，巨额欧洲美元流入西方国家被兑换成当地货币，或存入银行，以信用工具的形式投入到该国市场参与流通，从而会加剧该国本已存在的通货膨胀问题。在欧洲货币市场，大量资金冲击金价、汇价和商品市场，不可避免地影响各国的物价水平。

§8.2　欧洲债券市场

8.2.1　欧洲债券市场概况

欧洲债券是一国政府、金融机构、工商企业或国际组织在国外债券市场上以第三国货币为面值发行的债券。例如，法国一家机构在英国债券市场上发行的以美元为面值的债券即是欧洲债券。欧洲债券的发行人、发行地以及面值货币分别属于三个不同的国家。

欧洲债券产生于20世纪60年代，是随着欧洲货币市场的形成而兴起的一种国际债券。20世纪60年代以后，由于美国资金不断外流，美国政府被迫采取一系列限制性措施。1963年7月，美国政府开始征收“利息平衡税”；1965年，美国政府又颁布条例，要求银行和其他金融机构限制对国外借款人的贷款数额。这两项措施使外国借款者很难在美国发行美元债券或获得美元贷款。与此同时，许多国家又持有大量美元，需要投入借贷市场获取利息，于是，一些欧洲国家开始在美国境外发行美元债券，欧洲债券就这样产生了。

欧洲债券最初主要以美元为计值货币，发行地以欧洲为主。20世纪70年代后，随着美元汇率波动幅度增大，以德国马克、瑞士法郎和日元为计值货币的欧洲债券的比重逐渐增加。同时，发行地开始突破欧洲地域限制，在亚太、美洲等地发行的欧洲债券日渐增多。欧洲债券自产生以来发展十分迅速，1992年债券发行量为2 761亿美元，1996年的发行量增至5 916亿美元，在国际债券市场上，欧洲债券所占比重远远超过了外国债券。

8.2.2 欧洲债券市场业务

1.欧洲债券的种类

（1）按期限长短，欧洲债券可以分为短期债券（一般是2年）、中期债券（2~5年）和长期债券（5年以上）。

（2）按利率规定情况，欧洲债券可以分为固定利率债券、浮动利率债券和混合利率债券。

（3）按出售方式，欧洲债券可分为公募债券和私募债券。公募债券公开发行并在证券交易所挂牌交易，可自由买卖或转让。私募债券只向一些投资机构出售，并不可转让。

（4）按面值货币划分，欧洲债券可分为欧洲美元、欧洲欧元（之前为欧洲马克、欧洲法国法郎等）、欧洲英镑和欧洲瑞士法郎债券等多种形式，其中欧洲美元债券市场比重最大。20世纪80年代以后，欧洲马克（现为欧洲欧元）、欧洲日元市场份额有所增加。

欧洲债券种类繁多，以下就几种典型的欧洲债券进行介绍：

（1）固定利率债券（straight bonds），也称普通债券。这种债券的利率在债券发行时确定就不再变更，利息按固定的利率每年支付一次。固定利率债券是传统形式的债券，它在欧洲债券市场上占的比重最大。在1991—1995年欧洲债券的发行总额中，固定利率债券发行额几乎都占到了70%以上。它的优点在于预先确定投资者的收益，在利率不稳定时期较受投资者的欢迎。

（2）浮动利率债券（floating-rate notes）。这是一种定期根据市场状况调整利率的债券，最早出现于1970年。这种债券的期限通常为5~15年，利率是在市场基准利率的基础上加上一定的利差。美国浮动利率债券的利率水平主要参照3个月期限的国债利率，欧洲浮动利率债券则主要参照伦敦银行同业拆借利率。如1984年4月底，苏联设在英国伦敦的莫斯科国民银行发行了5 000万美元的7年期浮动利率债券，利率为伦敦同业拆借利率加0.185%。利率适当调整，能使投资者免受利率波动带来的损失，在利率大幅波动的时期特别有吸引力，浮动利率债券具有将风险平均分配于借款方和贷款方的作用，为双方提供了公平规避利率变动风险的条件。自1970年问世以来，发行量年增长率在20%以上，大大超过了辛迪加银团贷款的年均增长率。从市场表现来看，浮动利率债券的市场价格较为平稳，其买卖差价较小，债券发行人所负担的利息与LIBOR的差额不大，该券种的流动性也较高，这充分体现了此种创新性金融工具的作用。自20世纪80年代以来，浮动利率债券的发行也进行了大量革新，比如有的约定当市场利率水平下降到某一特定水平时，浮动利率债券就变成固定利率债券，也有的浮动利率债券可以由持有人随时选择变动成固定利率债券，直到期满。这类浮动零利率债券也被称为利率下降锁定债券。20世纪80年代以来浮动利率债券得到了长足的发展，成为国际资本市场上重要的金融创新产品。

（3）可转换债券（convertible bonds）。它是公司债券的一种，实际上应称为可转换股票的债券。其特点是持有者可以在一定时期内把持有的债券转换成公司的股票。发行可转换债券的公司在发行可转换债券时，一般都要将可转换债券的转换期限和转换价格预先确定下来。这种债券可以转换成公司的股票，所以它的价格随着股票价格的变化而变化。如果公司业务发展很快，其股价会因此上涨，那么债券的价格也会因此上涨。可转换债券的优点是：对投资者来说，既有固定的利息收益，又有权利分享公司发展的成果。对发行公司来说，首先是这种债券的换股权利对投资者有吸引力，有助于利息、费用的降低；其次是有利于解除公司的债务，当债券转换成公司的股票时，公司在只增加公司的股份而不发生支出的情况下解除了公司的债务。可转换债券的主要缺点是对公司老股东不公平，因为债券转换成公司的股票后，公司的股份数增加，稀释了原有股东的权利和收益。

（4）选择权债券（option bonds）。这种债券在欧洲债券市场很流行，债券的持有人有权按自己的意愿．在指定的时间内，以事先约定的汇率将债券的面值货币转换成其他货币，但是仍按照原货币的利率收取利息。这种债券大大降低了债券持有人的汇率风险。

（5）零息债券（zero coupon bonds）。这是欧洲债券市场20世纪80年代的创新。这种债券没有票面利率，而是以折价方式出售，到期一次还本。它是长期债券，出售时要打很大的折扣，到期有很大的增值，因此对投资者有较强的吸引力。另外，这种债券的收益不是来自于利息，而是来自于债券的增值，并且是到期后实现，所以可能给把资本增值不作为收入纳税的国家的投资者带来抵税或逃税的机会。

（6）双重货币债券（dual currency bonds）。这种债券于1983年下半年起在瑞士货币市场上推行，是欧洲债券市场上日趋活跃的一种新形式，其特点是购买债券以及付息时使用的是同一种货币，而在到期归还本金时使用的又是另外一种货币。由于双重货币债券的两种货币折算的汇率早已确定，所以可以降低汇率变动带来的风险。

（7）认购权证债券（bond with warrants）。这种债券是指认购权证与债券同时发行，即债券由债券本身以及金融资产认购权两部分组成。对于投资者，在一定期间内，可以凭认购权证，按协议价格购买债券发行人的某种资产。对于债券发行人来说，这种债券利率较低，发行者可借以降低筹资成本。此外，金融资产认购权可以和债券分离．在市场上单独出售，其价格以市场利率水平或股票价格行情决定。认购权证债券具有普通债券的特点，只是息票利率较低，这表明了认购权证的价值。

2.欧洲债券的发行

欧洲债券的发行者多为具有一定国际信誉的跨国公司、跨国银行、国家政府和国际机构。发行一只欧洲债券需要三个集团的共同努力和协作：管理集团、承销辛迪加、销售集团。整个发行过程可分为三个步骤：首先由一个牵头银行代表客户即借款人负责发行，若涉及的募集金额巨大，也可任命其他管理银行作为联合管理者。牵头银行作为主要管理者和联合管理者一同构成管理集团。借款人和牵头银行会一同对发行债券的货币种类、数额、期限等进行商讨。其次就是指定承销辛迪加，一般由10~200家银行或证券公司承销发行，从而保证发行人募集到资金。最后由管理集团和承销辛迪加组成的销售集团向欧洲债券的投资者进行销售。

8.2.3 欧洲债券市场的特点

1.债券的发行者、债券面值货币和债券发行地点分属于不同的国家

例如，A国的机构在B国和C国的债券市场上以D国货币为面值发行的债券，即欧洲债券。

2.债券发行方式以辛迪加为主

债券的发行方式一般是由一家大型专业银行或大型商人银行或投资银行牵头，联合十几家或数十家不同国家的大银行代为发行，大部分债券是由这些银行买进，然后转到销售证券的二级市场或本国市场卖出。

3.高度自由

债券发行一般不需经过有关国家政府的批准，不受各国金融法规的约束，所以比较自由灵活。

4.货币选择性强

发行欧洲债券，既可在世界范围内筹资，同时也可安排在许多国家出售，而且还可以任意选择发行市场和债券面值货币，筹资潜力很大。如借款人可以根据各种货币的汇率、利率和其他需要选择发行欧洲美元、英镑、欧元、日元等任何一种或几种货币的债券，投资者亦可选择购买任何一种债券。

5.债券的发行条件比较优惠

欧洲债券利息通常免除所得税或者不预先扣除借款国家的税款。此外，它的不记名的发行方式还可使投资者逃避国内所得税。因此，欧洲债券对投资者极具吸引力，也使筹资者以较低的利息成本筹到资金。

6.安全性较高，流动性强

欧洲债券市场的主要借款人是跨国公司、各国政府和国际组织。这些借款机构资信较高，故对投资者来说比较安全。同时，该市场是一个有效的和极富有活力的二级市场，持券人可转让债券取得现金。

7.市场反应灵敏，交易成本低

欧洲债券市场拥有欧洲清算系统（Euroclear）和塞德尔（Cedel）两大清算系统，从而使该市场能够准确、迅速、及时地提供国际资本市场现时的资金供求和利

率、汇率的动向，缩小债券交割时间，减少交割手续。世界各地的交易者可据此快速进行交易，极大地降低了交易成本。

8.金融创新持续不断

欧洲债券市场是最具有活力的市场之一，它可以根据供求情况，不断推出新的产品或组合产品，并以此把国际股票市场、票据市场、外汇市场和黄金市场紧密地联系在一起，有力地推动了国际金融一体化与世界经济一体化。

专栏8-1

国际金融市场的货币互换交易

互换（swap）是交易双方（或两个以上的交易者）根据市场行情通过契约，在一定时期内相互交换货币或利率的金融交易。互换被公认为20世纪80年代以来最重大的金融创新之一，是国际组织、跨国公司、各国银行积极创造运用的新型金融工具。

金融互换包括货币互换（currency swap）、利率互换（interest rate swap）和信用违约互换CDS。这里以货币互换为例介绍互换的基本原理。

货币互换（currency swap）是指双方按照固定汇率在期初交换两种不同货币的本金，然后按预先规定的日期进行利息和本金的分期互换。在某些情况下，期初可以不交换本金，也可以到期日不交换本金。国际上公认的第一笔正式的货币互换是1981年8月IBM和世界银行进行的世界银行以2.9亿欧洲美元债券与IBM等值德国马克、瑞士法郎债券进行的互换。

假定，2003年1月1日，A公司和B公司签订一份货币互换协议。A公司拥有5年期欧洲美元贷款，本金为1 000万美元，年利率为11%；B公司拥有5年期的欧洲英镑贷款，本金600万英镑，年利率8%。双方议定汇率为1英镑=1.4500美元，2008年1月到期支付利息和本金。交易者A在获得美元贷款时具有优势，成本较低，但实际上需要货币为英镑；交易者B正好相反，其获得英镑贷款利率比较低，但其需要的货币为美元。这是交易者进行货币互换的基础。

第一步，A公司和B公司交换本金，B公司支付给A公司600万英镑，A公司支付给B公司870万美元（1.4500×600），A公司剩余了130万美元不能进行交换，那么就剩余这部分贷款需要承担汇率风险。

第二步，A公司和B公司相互支付利息，约定每年1月支付利息，A公司需要支付英镑利息，利息为48万英镑（600×8%），B公司需要支付美元利息，95.7万美元（870×11%）。

第三步，2009年1月两笔不同货币的贷款到期，双方的交易按照协议汇率交换本金。A公司需要向B公司支付600万英镑，B公司需要支付给A公司870万美元。货币互换交易完成。

从上面货币互换的交易中，可以看到货币交易互换的好处，交易者可以避免汇率变动造成的损失，互换交易前后交易者的资产负债没有变化，前后金额相等。

这个互换交易也可以明确地说明，互换交易的基本原理是：交易双方利用各自的优势取得债权债务关系，进行以套期或套利为目的的互换，以降低、规避国际金融风险，增强金融资产的流动性。

§8.3 其他国家和地区的离岸金融市场

8.3.1 伦敦离岸金融市场

伦敦离岸金融市场是一体型金融市场，银行的离岸金融业务与在岸金融业务没有严格区别，可以同时经营。离岸资金可以随时转换为在岸资金和国内资金，而在岸资金可随时转换为离岸资金。美国经历了二战带来的20世纪50年到20世纪60年代的经济繁荣时期。20世纪60年代后半期，为了保持收支平衡，美国加强了对资本市场的控制，这一举措使得伦敦较纽约更具吸引力。外资银行大规模快速进驻伦敦。从1962年到1970年，外资银行的分支机构或子公司从51家增加到129家，到1979年增加到214家。

目前在伦敦金融城内，外资银行、外国金融公司或者国际投资银行工作的人员一半以上是外国人。伦敦的外汇交易市场份额遥遥领先于其他外汇交易中心；伦敦也是国际跨境银行业务最大的交易中心；伦敦发行的国际债券未清偿总额也是全球第一。伦敦股票交易市场是欧洲最大的股票交易市场。由伦敦金银市场协会（LBMA）管理的伦敦金银市场也是全球最大的黄金和白银批发市场。

8.3.2 美国离岸金融市场

美国联邦储备银行在1981年批准设立纽约离岸金融市场，称为国际银行设施，并于同年12月开始营业。到1983年8月，全美已有5个州设立国际银行设施共471个，总资产额为1 966亿美元。纽约州共有205个，资产额为1 439亿美元，所占比重为44%和73%。到1993年末，由美国各类金融机构设立的国际银行设施共524个，其中过半数的国际银行设施都在纽约州，其余大部分分布在加利福尼亚州和佛罗里达州。外资银行大量进入美国市场，推动了美国离岸金融市场的发展和扩张。在纽约离岸金融市场成立之前，美国银行的离岸分行主要集中在巴哈马、开曼群岛、中国香港、巴拿马等国家和地区。国际银行设施的设立，使流入这部分国家和地区的资金又被重新吸引到美国市场上来。

纽约的离岸金融市场，即国际银行设施，是专为进行居民交易而设立的一种内外分离型的离岸金融市场。管理当局对该市场的交易免除存款准备金、利率上限限制和存款保险。交易者还可以豁免利息预扣税和地方税，所有获准吸收存款的美国银行、外国银行均可申请加入国际银行设施，成为其会员银行。国际银行设施的交易严格限于会员机构与非居民之间，非居民交易与国内账户必须严格分离，禁止非居民经营在岸业务和国内业务；存放在国际银行设施账户上的美元视同境外美元，与国内账户严格分开。可见，美国离岸金融市场的业务范围包括市场所在国货币的境外业务，而在管理上把境外美元与本国美元严格分离。

国际银行设施不是一个独立于银行之外的组织机构，它既可以吸收外国居民、银行和其他国际银行设施的存款，也可以向其他外国居民和国际银行设施提供贷款，但是这种国际存贷业务只能用来协助上述存款户在美国境外从事业务活动。因此，国际银行设施只是各金融机构为记载其在美国开展国际银行业务以及与此有关的收支状况而设立的一套资产负债账户。

8.3.3　东京离岸金融市场

东京离岸金融市场（JOM）是日本于1986年12月新开设的境外金融市场。东京离岸金融市场与纽约离岸金融市场的性质基本相同，是一个内外分离型的离岸金融市场，市场上的离岸业务是经日本大藏省批准后设立的“特别国际金融离岸账户”进行的。离岸账户的设立主体为在日本获得许可的经营外汇业务的银行。这些银行必须设立专门的离岸账户与已存在的国内账户分开，交易种类可以分为欧洲日元交易和外汇交易两大类。

在东京离岸金融市场形成之前，欧洲日元是在日本境外吸收的日元存款，以及以日元进行放贷的资金，主要在伦敦、纽约市场进行交易。在日本离岸金融市场设立之后，欧洲日元交易大部分转移到日本。欧洲日元交易的方式是“离岸账户对离岸账户”的交易和“离岸账户对外国居民”的交易。东京离岸金融市场交易的资金清算必须通过日本银行清算网络或通过日本的代理行在日本进行清算。在东京离岸金融市场进行的交易分为通过经纪人交易及银行间交易两种，交易规则与外汇交易一样。不同的是，资金贷出方在决定交易之前要了解一下资金借入方的信用等级，以便确认可以进行多大程度的交易。从参加交易的借贷双方来看，城市银行一般都以资金借入方的身份出现，而地方银行、外国银行、信用金库等一般以资金贷出方的名义参加交易，长期信用银行和信托银行则根据交易的情况，有时作为资金的借入方，有时作为资金的贷出方。

日本离岸市场自开设后发展迅速，截至1988年年底，余额已达到4 142亿美元。此后，虽然受到国际清算银行（BIS）有关规定的影响，但到1994年年底，余额已达到了7 262亿美元（日本《外汇年鉴》1994）。

日本离岸市场初创时期，交易中的外币部分占到了总数的近80%。而由于离岸市场账户中欧洲的日元交易蓬勃发展，日元比重迅速上升，外币部分（主要为美元）占比降到1/3，而日元部分却占了2/3。

8.3.4　新加坡离岸金融市场

20世纪60年代，跨国公司投资重点向东南亚转移，美国银行为了消除美国政府限制资金外流紧缩措施的影响，策划在亚太地区设立离岸金融中心。新加坡政府审时度势，积极发展国际银行业。1968年10月1日，新加坡政府允许美洲银行新加坡分行在银行内部设立一个亚洲货币经营单位（Asian Currency Unit，ACU）[①]，以欧洲货币市场同样的方式接受非居民的外国货币存款，为非居民提供外汇交易以及资金借贷等各项业务。这标志着新加坡离岸金融市场的诞生。新加坡离岸金融市场的发展大致经历以下三个阶段：

1.初始阶段（1968—1975年）

在此阶段，亚洲美元市场产生并逐步发展。亚洲美元市场是新加坡政府当局精心策划、以人为方式推动的离岸金融中心，其发展提升了新加坡的国际地位，对新加坡的国际收支改善与经济增长做出了重要的贡献。亚洲美元市场资金主要来自亚太地区的跨国公司、各国的中央银行和政府机构以及银行同业间的存款。为了建立亚洲美元市场，吸引银行加入ACU的经营，新加坡政府采取了一系列的财政奖励措施。除了财政上的奖励措施外，1968年，新加坡政府还取消了亚洲美元市场的外汇管制。此外，在亚洲美元市场上操作的ACU，原本必须对存款保持20%的流动性准备，自1972年开始，新加坡金融管理局为了赶上欧洲美元市场，同时为了奖励较小的国际参与者，尤其是欧洲银行到新加坡经营，取消了20%的流动性准备。在这些奖励措施下，亚洲美元市场得以茁壮成长。到1975年，新加坡境内从事ACU的金融机构增加到66家，存款总额高达125.97亿美元，年均递增85.5%，相当于1975年新加坡国民生产总值的2.5倍。同期，亚洲美元债券开始兴起，1972年还首次涉足国际银团贷款，以分散离岸资金流向的风险。至此，新加坡逐步形成了一个以经营美元为主，兼营马克、英镑、加元、法国法郎、日元等10多种硬通货的高效的国际货币市场和国际资本市场。

2.发展阶段（1976—1997年）

新加坡政府在这一时期加快了金融改革步伐，1976年6月放宽外汇管制，与东盟各国自由通汇，允许东盟各国在其境内发行证券，并给予更多的税收优惠；1977年ACU的利得税从40%下调到10%；1978年6月1日全面开放外汇市场，取消外汇管制，以吸引外资银行到新加坡设立ACU，从事离岸金融业务；1981年，允许ACU通过货币互换安排获得新加坡元（以下简称新元）；1984年，新加坡国际金融交易所（SIMEX）成立，这是亚洲第一家金融期货交易所，成立之初，SIMEX推出了亚洲第一个欧洲美元存款利率期货和欧洲日元期权交易；1990年6月，外国人持有新加坡本地银行股权限制由20%提高到40%；1992年8月放宽离岸银行的新元贷款额度限制，其上限由原来的5 000万新元提高到7 000万新元。这些措施刺激了新加坡离岸金融业务的发展。20世纪90年代末，作为亚洲美元交易中心的新加坡，其外资银行的资产已占银行业总资产比重的80%，ACU增加到100多家。

---

① 亚洲货币经营单位是东南亚国家联盟货币的加权指数。它的产生源自现已经被欧元所替代的欧洲货币单位。亚洲货币经营单位的目的是帮助稳定亚洲地区金融市场。这里的东南亚国家联盟指的是中国、韩国和日本。亚洲货币经营单位是一篮子货币而非真实货币。

3.转型阶段（1998年至今）

新加坡金融业突飞猛进的发展带动了该国整体经济的发展，金融服务业的产值、容纳的劳动力及其增幅成为新加坡经济的主要动力。新加坡在20世纪80年代中期以后取得的发展成果，促使东南亚其他国家推出更加优惠的金融政策，竞相向发展成为国际金融中心的目标努力，然而结果却由于过度借贷和非居民投机本国市场，引发了席卷东南亚的金融危机。由于新加坡把境外金融市场与国内金融市场严格加以区分，因此，1997年的东南亚金融危机并未对新加坡经济、金融带来致命打击。然而，在克服金融危机的过程中，东南亚一些国家纷纷选择了更为开放、更为自由的金融改革政策，从而影响新加坡离岸金融的进一步拓展。为应对上述挑战，新加坡金融管理局制定了详尽的政策规划，1999年5月17日，公布了10多年来最彻底的银行业改革计划：取消外资在本地银行不可拥有40%以上股权的上限，银行股双轨制被废除；放宽符合资格离岸银行的新元贷款额上限，由原来的3亿新元提高到10亿新元，使掉期交易的资金流动性大大提高，从而促进债券市场的发展；2000年1月起，外资机构为新加坡投资者处理的最低交易额从原先的500万新元下调至50万新元；从2000年1月起，逐步放松对交易佣金的管制，各证券经营机构可自行决定佣金水平；鼓励外国证券进入新加坡，积极吸引外国公司到新加坡发行股票、债券及其他证券，并在新加坡证券交易所上市，同时，积极开发和发展新的金融衍生产品，提高新加坡资本市场对东南亚及国际金融市场的影响力度。这些改革措施使新加坡金融体系从一个强调管制、注重风险防范的市场，演变成以信息披露为本、鼓励金融创新的金融中心，新加坡的离岸金融市场也从分离型市场向一体型市场过渡转型。

8.3.5　中国香港离岸金融市场

中国香港离岸金融市场是在20世纪70年代初出现的。作为离岸中心，香港和伦敦一样是随着经济的不断发展，采取自由放任的政策自然形成和发展起来的。不管是本地居民还是非本地居民，也不管是本地货币还是外国货币，都可以自由地进行金融和资本交易。1973年1月，香港取消外汇管制之后，港内和港外金融市场的界限就更加模糊，对离岸业务在法律上也没有特殊的优惠和监管，本地和外资金融机构地位平等、公平竞争，是一个典型的内外混合型的离岸金融市场。除了之前提到的取消外汇管制的规定，香港还推行了一系列措施来推动其离岸金融业务的发展，包括1974年实行港币汇率自由浮动政策[①]并开放黄金市场，1978年放宽自1965年以来一直实行的对外资来港设置机构的严格限制，1982年3月取消对外币存款征收利息预扣税等措施。由于人民币不可以自由兑换及资本项目管制的限制，目前阶段只能说是为了真正意义上的人民币离岸市场建立的准备阶段。从金融监管当

① 香港历史上曾实行过多种货币本位和汇率制度：1842—1935年为银本位制；1935—1972年为英镑汇兑本位制；1972年7月—1974年11月实行港元与美元挂钩的固定汇率制（1美元兑5.65港元）；1974年11月—1983年10月实行自由浮动汇率制；1983年10月开始实行联系汇率制度至今。

局近几年的一系列政策、措施来看，我国政府对人民币离岸业务在香港的发展给予了大力的支持。2003年6月29日，《内地与香港关于建立更紧密贸易关系的安排》（CEPA）正式在香港签署。2004年1月1日，CEPA正式实施。2003年11月，为了全面落实CEPA的各项条款，中国人民银行决定为在香港办理个人人民币存款、兑换、银行卡和汇款业务的有关银行提供清算安排，中银香港被选为清算银行，标志着全球第一个离岸人民币清算体系成立，初步建立了境外人民币的回流机制，为香港银行开办个人人民币业务提供充分的条件。从某种意义上来说，香港银行获得批准经营个人人民币业务，可以认为人民币离岸业务在香港有了开端。按照中国人民银行与香港金融管理局关于香港经营人民币业务《合作备忘录》的安排，香港银行业经营人民币业务的存款利率由银行自行决定。2004年2月24日，持牌银行开始提供人民币存款业务。2005年12月4日，中国人民银行发布《扩大内地与香港人民币业务补充规定》，将香港汇入内地银行的人民币上限由5万元提高到8万元；香港居民个人可以在每个账户每天8 000元人民币限额内，签发人民币支票用于支付在广东省的消费性支出等。2006年，中国人民银行推出全新的人民币交收系统。2007年1月10日，中国人民银行宣布，进一步扩大香港人民币业务，内地金融机构可以在香港发行人民币金融债券。并且拟定了《境内金融机构赴香港特别行政区发行人民币债券管理暂行办法》。2010年2月11日，香港金融管理局宣布"优化"人民币贸易结算安排。2010年3月4日，香港贸易及结算所有限公司宣布，香港交易及结算所结算系统已经准备就绪，可以为人民币产品的买卖进行结算。至此，香港的证券结算系统和银行同业结算系统已经全部完成人民币产品结算的准备工作。由于实施了一系列政策措施，人民币离岸业务在香港得到了大力的发展。2011年3月公布的《中华人民共和国国民经济和社会发展第十二个五年规划纲要》明确表示，中央政府支持香港发展成为离岸人民币业务中心。2014年11月17日，沪港通开通，2016年12月，深港通推出，这是内地资本账户开放的重要里程碑，亦为人民币跨境支付和使用开通了一条新渠道。2015年11月30日，人民币纳入特别提款权货币篮子，于2016年10月1日生效，这有助于人民币成为可自由兑换货币，并进一步增强了使用人民币进行全球交易的信心，香港作为国际金融中心，将受益于人民币国际化带来的商机。

香港离岸金融市场资金规模庞大，市场覆盖面广，至2017年12月29日，香港156家持牌银行中，其中134家的注册地在香港以外，占香港持牌银行数量的85.9%，外资银行机构在香港金融市场的迅速发展，带动了香港离岸金融市场规模的不断扩大。香港的离岸货币存款量逐年上升，截止到2016年年底已经达到了5.9万亿港元。同时，香港金融业务不断扩大和创新，金融品种多种多样。世界上各大国际金融中心银行业所经营的业务品种，香港的银行业几乎都有经营。

以上提到的东京、新加坡和香港离岸金融市场都属于亚洲离岸金融市场。

专栏8-2

避税天堂——开曼群岛

开曼群岛（Cayman Islands）是中美洲加勒比海西北部的英国直辖殖民地，是仅次于纽约、伦敦、东京和香港的第五大金融中心。

20世纪60年代初期，开曼群岛就已经出现一些国际银行。巴克莱银行于1953年入驻，10年后加拿大皇家银行以及加拿大帝国商业银行进入。60年代是开曼群岛奠定离岸金融业务政治与法律基础的时期。到1972年，有3 000多个注册公司及300多个信托公司入驻开曼群岛。加拿大丰业银行、美国第一国家银行（现在的花旗银行）以及另外3家私人银行也在岛上登记注册。开曼群岛因此成为离岸金融中心，最初主要是经营离岸公司与信托业务，不久离岸银行业务也快速发展起来。

如今开曼群岛作为加勒比海的离岸金融中心，已形成了一定的规模并开展了相对多元化的离岸金融业务。开曼群岛大约有2 500家注册公司，其中55%以上为离岸公司，大部分公司享有长达20年的税收豁免权。在532家注册银行中，80%以上并没有任何实际办公场所，一些公司被称作"壳公司"、"簿记中心"或"铜牌银行"，因为它们只有一张由铜或者塑料制作的铭牌挂在某办公楼的走廊上。同时岛上有40多家实体拥有信托业务的营业执照，大部分信托公司的股东是英国、美国、瑞士以及加拿大的银行。信托公司可以逃避特定的税收，还可以为外逃资本提供"避难所"，以及回避某些遗产法或简化遗产检验程序。信托公司具有法定的隐私保护权，因而颇有吸引力。

开曼群岛离岸金融中心地位的确立得益于多种有利条件。首先，开曼群岛区位优越，位于发达的北美与最大的发展中经济体拉美之间，并与全球最大金融中心之一的纽约及离岸金融中心之一的迈阿密位于同一时区。一些研究金融中心理论的学者甚至因此将"时区"因素作为金融中心发展的一个重要条件；其次，"避税乐园"的地位是发展离岸金融业的一个重要的竞争优势；第三，优美的岛屿风光、适宜居住的环境有利于吸引国际金融人才；第四，国际经济与金融环境的变化为开曼群岛离岸金融业的发展提供了重要契机。开曼群岛不失时机地把握了发展的机遇，包括及时出台、调整法律，强化交通、通讯基础设施建设，推动金融创新等。正如苏珊·罗伯特（Susan M.Roberts）指出的，开曼群岛离岸金融中心是全球政治、经济格局变动下资本的国际运动与特定环境相结合的产物，是各种因素综合作用的结果。

资料来源　李兵兵. 开曼群岛离岸金融中心的发展［J］. 商业时代，2009（36）.

★ 本章小结

离岸金融市场产生于20世纪50年代，是一种在货币发行国之外，从事该种货币借贷和交易的市场。由于最早的离岸金融业务发生在欧洲，所以离岸金融市场也被称作欧洲货币市场。在这个市场上所经营的货币就是欧洲货币。除此之外，欧洲货币还包括欧洲英镑、欧洲欧元等。

按照境内和境外金融市场是否融为一体，欧洲货币市场可以分为一体型、内外分离型和分离渗透型。同时还有一种类型的离岸金融市场，由于在这个市场上没有实际的业务发生，而仅仅是国际银行或跨国公司为了逃避税收和管制，进行资金交易的记账和划账，因而这种市场被称为走账型离岸金融市场。欧洲货币市场业务按照期限可划分为欧洲短期信贷业务、欧洲中长期信贷业务和欧洲债券市场业务。短期信贷业务是指期限不超过1年的借贷业务，银行间同业拆借业务是该市场的主体。中长期信贷业务和欧洲债券市场业务则是在短期借贷业务的基础上发展而来的。

欧洲货币市场有自身的特点。其特点主要是：首先，欧洲货币市场是一个高度自由的市场。这一点体现为欧洲货币市场几乎不受任何国家的管制，无须缴纳存款准备金，同时享受优惠的税收政策。其次，欧洲货币市场每笔交易金额都很大，因此是具有批发性质的市场。再次，欧洲货币市场具有其独特的利率结构，它以LIBOR为基础，存贷利差低于国内金融市场，这就使得欧洲货币市场对借贷双方都有着很强的吸引力。最后，与传统国际金融市场的资金借贷不同，欧洲货币市场是由非居民交易形成的借贷市场。

本章还对欧洲债券市场进行了较为详细的介绍。欧洲债券市场产生于20世纪60年代，最初是以美元为计价货币，并在欧洲发行。之后随着欧洲债券市场的发展，又产生了以德国马克、瑞士法郎等其他国家货币计价的欧洲债券。欧洲债券是一国政府、金融机构或工商企业在国外债券市场上以第三国货币为面值发行的债券，这就意味着：欧洲债券的发行人、发行地和面值货币分别属于三个不同的国家。欧洲债券市场上金融创新不断、债券类型繁多，如按利率规定方式划分：固定利率债券、浮动利率债券，此外，还有可转换债券、选择权债券、零息债券、双重货币债券、认购权证债券等。欧洲债券高度自由和灵活，它可以选择任意发行市场和债券计价货币，不受各国金融法规的限制，安全性高、流动性强，利息通常免税，并且还能以不记名的方式发行，因而受到投资者的热烈追捧。

★ 综合训练

8.1 单项选择题

1.欧洲货币市场是（　　）。

A.经营欧洲货币单位的国际金融市场

B.经营欧洲国家货币的国际金融市场

C.欧洲国家国际金融市场的总称

D.经营境外货币的国际金融市场

2.纽约的“国际银行设施”属于（　　）。

A.分离型功能中心　　　　B.一体型功能中心

C.基金中心　　　　D.避税中心

3.欧洲货币市场的存贷利差（　　）国内金融市场的存贷利差。

A.大于　　B.等于　　C.小于　　D.无法比较

4.历史最为悠久、规模最大、影响力最大的离岸货币市场是（　　）。

A.欧洲货币市场　　B.亚洲美元市场

C.香港离岸市场　　D.东京离岸市场

5.欧洲美元是指（　　）。

A.欧洲国家持有的美元储备　　B.流通于欧洲地区的美元

C.美国境外的美元　　D.欧洲银行收兑的美元

8.2　多项选择题

1.离岸金融市场可分为（　　）。

A.一体化中心　　B.隔离性中心　　C.名义中心　　D.记账中心

2.欧洲货币市场资金借贷的积极作用有（　　）。

A.减轻了各国通货膨胀的压力　　B.调节国际收支的平衡

C.加速了各国通货膨胀的推行　　D.促进了金融市场的全球化

3.新型国际金融市场就是第二次世界大战后形成的离岸金融市场，其主要构成有（　　）。

A.欧洲货币市场　　B.欧洲债券市场

C.欧洲股票市场　　D.亚洲美元市场

E.亚洲股票市场

4.下列离岸金融中心中，属于功能型中心的有（　　）。

A.巴哈马　　B.纽约　　C.开曼　　D.巴林

5.不属于欧洲货币市场的特点的有（　　）。

A.只提供短期融资服务　　B.条件灵活

C.存贷利差大　　D.受金融监管

8.3　问答题

1.什么是LIBOR？

2.什么是欧洲美元？

3.什么是欧洲债券？

4.欧洲货币市场的作用如何？

5.什么是离岸金融市场？它对一国经济和金融会产生哪些方面的影响？

6.什么是欧洲美元？欧洲美元和作为国际储备的美元有什么不同？欧洲美元市场在经济全球化中的作用是什么？

7.简述欧洲货币市场得以迅猛发展的原因。

★ 本章参考文献

［1］王勇．离岸金融中心的演进及其经济效应研究［M］．北京：经济科学出版社，2014.

［2］杜莉芬．香港人民币离岸市场发展研究［D］．北京：首都经贸大学，2010.

[3] 巴曙松，郭云钊．离岸金融市场发展研究——国际趋势与中国路径［M］．北京：北京大学出版社，2008.

[4] 麦卡恩．离岸金融［M］．李小牧，孙俊新，译．北京：中国金融出版社，2013.

[5] 刘冠洲．人民币国际化过程中的人民币离岸金融市场建设［D］．长春：吉林大学，2010.

[6] 郑璇．流入驱动型与流出驱动型国际资本流动突然中断的影响因素分析——以新兴市场国家为例［J］．国际金融研究，2014（1）：86-95.

[7] 王晓静．新加坡离岸金融市场发展状况及启示［D］．上海：上海水产大学，2007.

第9章

国际银行业和国际金融监管

★ 导读

银行是传统金融市场上最重要的金融中介，然而面对激烈的竞争，当今的银行已经不再是原来的形象了，除了传统业务以外，它的“触角”已经伸到了人们想象得到的任何金融服务领域。国际银行业不仅服务于国际贸易，而且在国际投资、外汇以及证券交易方面全面介入，使国际金融交易的规模空前膨胀。几乎所有的银行都通过各种方式参与国际业务，一些银行通过遍及海外的分支机构为全球的客户办理各种金融业务，日益成为融通资金、提供多种金融服务的综合性、多功能的“金融百货公司”。本章将对国际银行业以及国际金融监管进行介绍。

★ 关键概念

国际银行业　《巴塞尔协议》　国际金融监管

§9.1 国际银行业及其发展

9.1.1 国际银行业的产生

没有人知道银行业出现的确切时间。最早见于记载的银行职业或业务出自于《汉谟拉比法典》(The Code of Hammurabi)。巴比伦帝国的建立者汉谟拉比国王(公元前1728年—公元前1686年)主持编纂并批准了该法典，其中有150个段落涉及贷款、利息、抵押和担保的内容。

银行业的第二次大发展是货币产生以后。货币很可能是中国人首先发明的，但货币在较大范围使用是安纳托利亚(今土耳其)的吕底亚人首开先河。以经商为业的吕底亚人认识到一个标准化的商业价值单位将会大大简化交易过程，于是大约在公元前640年至公元前630年间，吕底亚人首次铸造货币——一种金银合金做成的硬币。货币的使用不久便传播开来，邻近的城邦国家纷纷效仿。

虽然这里所描述的银行业只是一个粗糙的雏形，但货币的产生和航海技术的改进使贸易在地中海沿岸甚至印度洋和远东的广大地区延伸开来。在古希腊和古罗马时期的银行业发展中，货币经销商、经营储蓄和汇兑的钱庄老板、银匠和货币收藏家、货币兑换人和官府负责货币的检查人员已经在很大程度上行使了国际银行家的职能。这些都和贸易紧密相连，大多数早期的“银行家”都把经营货币的资本盈余投入到贸易之中。

11世纪，商品交易集市的出现不仅推动了商业革命，而且创造了跨国界的信贷需求。1050年，第一条西起佛兰芒(今比利时)地区横穿欧洲大陆到达意大利北部的欧洲内部贸易通道发展起来了，商人们将佛兰芒生产的服装运到北意大利，再和拜占庭帝国以及伊斯兰国家进行交易。

商品交易集市对欧洲的国际贸易发展日益重要，它使意大利人在国际银行业的发展中保持了中心地位。热那亚、米兰、威尼斯和佛罗伦萨的商人建立了第一批现代意义上的银行，引进了复式簿记的做法，并建立了最初的国际银行网络。意大利人是早期的创新者，商业贷款就是由他们的汇兑银行创立的，他们还使用票据转账的方式来“清算”顾客的债务。这里用“清算”这个词，是想形象地说明银行如何用顾客的存款或支付购买货物的现金来清算顾客相反方向的债务。热那亚还是最早试图建立公共银行的城市之一。

到13世纪，票据交换成了地中海地区汇兑银行的主营业务之一。一直到14世纪，北部国家的货币兑换商才开始采用存款和转账技术，此时，银行业的发展才跨越了阿尔卑斯山。在这一相当长的时间里，先后出现了三种不同的银行：

(1)提供外汇兑换服务的机构，同时也接受存款并对当地商业机构发放贷款。

(2)涉足对外贸易的大型商业银行则将对外贸易和买卖汇票结合在一起，为国际商务提供融资。

（3）典当银行向消费者提供信贷，但以消费者的个人财产作抵押。

在公元1350年至公元1600年间，国际银行业向前跨出了一大步。意大利人最先引入了存款-转账业务和汇票业务，此后荷兰人、日耳曼人也仿效这一做法，国际银行业成了一项与贸易紧密相连的业务。随着印度新大陆的发现，大西洋沿岸的居民，先是葡萄牙人和西班牙人，然后是荷兰人和英国人，从中获取了大量的财富。此时，意大利城邦国家在欧洲商业中的统治地位渐渐降低。

16世纪初，大西洋的沿岸城市安特卫普成为欧洲的金融中心。其拥有16世纪全球仅有的两家股票交易所之一。在这里，来自王室的借款人可以得到资本和信用，但需要以稳定的税收收入和其他形式的付款承诺作为条件。由于宗教势力的相互争夺导致荷兰和比利时等国连绵不断的战争，安特卫普的黄金时代也落下了帷幕。

安特卫普没落以后，阿姆斯特丹崛起并成为全世界的金融中心。1609年，阿姆斯特丹汇兑银行成立，1611年阿姆斯特丹股票交易所开市。荷兰人借此发展了一个相当坚实的金融体制，这引起了全欧洲人特别是英国人的嫉妒。

9.1.2　现代银行国际化趋势

为了适应经济全球化的需要，满足客户对国际业务的需求，世界各国商业银行纷纷开始了国际化的进程。商业银行国际化是指商业银行从事国际金融业务，到海外建立分支机构并开展业务，其经营是从国内发展到国外，从封闭走向开放的一个过程。商业银行国际化有两个含义：一是单个银行的国际化，即一家商业银行从封闭走向开放的过程；另一个就是一国的商业银行业从封闭走向开放的过程，这不仅包括本国商业银行向国外发展，也包括外国商业银行向本国发展，本国商业银行的跨国经营与外国银行进入本国市场的结合，构成了银行业国际化的全景。当前的国际银行业呈现出银行机构的国际化、市场和业务的国际化和金融自由化等特征。

1.银行机构的国际化

银行机构的国际化是商业银行国际化的内容之一。虽然银行业早就开始开展国际业务，但是一直到20世纪70年代，银行开展的大部分国际业务都是通过代理行或联营机构办理的，而通过开设分支机构办理国际业务的很少，而且分支机构业务主要集中在一些发达的国际性中心城市。

到20世纪80年代，金融管制的放松、银行经营风险的加大、金融工具的不断创新、全能制银行的兴起以及跨国结算体系的发展，无一例外地导致了银行业国际化趋势的不断加快。世界主要银行除了在国内设立办理国际业务的机构外，还在国外开设分行、代表处，建立海外附属行以及附属金融机构，有的甚至建立非金融性分支机构，并与其他银行组成合资银行或国际银行集团。到了20世纪90年代，银行业海外机构的发展开始迅速加快，除了在国外广设分支机构，这一时期银行业的机构国际化得到了前所未有的发展，银行业变得全能化。例如，20世纪90年代，欧美银行在中东欧市场上蜂拥而至，就证明了为取得“先行者优势”，行业内竞争很激烈。其中，比较有代表性的是花旗银行，它是全球新兴市场上最大的银行。花旗银行目前在海外开设分支机构的数量已经达到了4 200余家。跨国银行设在发展中经济体的机构数量在逐渐增加，其在发展中经济体的海外机构数量也在不断增加。相反，在发达经济体的实体性机构却出现下降。以花旗（中国）为例，花旗是1902年5月首家在中国开业的美国银行，到2014年，花旗（中国）已经拥有14家分行、40家零售银行网点。2014年，花旗（中国）取得55.11亿元的营业收入，实现盈利15.98亿元，营业收入和盈利比2013年分别增长了27%和66%。中国的银行也一直积极将分支机构拓展到海外，以中国银行为例，其于1929年在伦敦设立第一家海外分行——伦敦分理处，截至2017年年底，在世界各地共设立81处分行。

2.市场和业务的国际化

随着国际经济关系的日趋紧密，越来越多的国家由双边关系发展成为多边关系。各国间的借贷关系也日益发展，从本国投资者与本国贷款者之间的借贷关系发展成为本国投资者或借款者与外国借款者或投资者的借贷关系，甚至外国投资者与外国借款者之间的借贷关系，这样，国际金融市场就逐渐形成。在这个市场上，资金的借贷通常都是通过国际商业银行和证券投资机构来完成的。由于大多数国际性银行都是能够从事全面金融业务的全能型银行，因此这有利于银行将国际市场作为自己全球市场战略的一个非常重要的组成部分。

随着金融的自由化，发达经济体为了减少竞争成本、降低与防范投资风险，不断开拓金融市场，寻求新的金融交易方式。在这样的背景下，许多发展中经济体也积极投入到更加开放和统一的金融市场的发展潮流中，与发达经济体的金融市场相互联结，构成国际化的金融市场运作体系。离岸金融市场的形成不但促进了各国之间多边信贷关系和货币信用制度的日益发展，使生产和资本的国际化趋势日益增强，而且还可以通过国际金融市场借贷资金的流入，增加本国国际收支中资本项目的盈余，提高本国国际金融业务的技术水平，不断适应金融市场国际化发展的客观需要。

商业银行的业务国际化是指商业银行在经营业务范围上要与国际金融接轨，尽量按照国际通行原则和国际惯例积极开展各项业务，如实行业务多元化、开发新业务和新的金融工具。新的金融工具可以为不同国家的投资者和借款人提供更便利的渠道。银行资本的集中与垄断，加剧了各银行之间的激烈竞争。为了能在这样激烈的竞争中生存，国际各大银行都不断创新金融产品，缩小金融业务之间的差异，金融运作技术的创新极大地改变了传统概念中的资金融通成本、收益对比状况，改变了传统金融服务的提供方式，这些都使得商业银行不断地朝着全能银行的方向发展，业务体系不断丰富、多样。特别是20世纪90年代后期，“客户中心主义”的经营模式受到推崇，银行更加重视以客户为中心，为其提供量身打造的高附加值型的产品和服务。这就使得商业银行的业务重心逐渐由传统的存、贷、汇业务向零售业务、中间业务和投资型金融服务转移；从以公司业务为主转向个人业务与公司业务并重，甚至突出个人业务；从作为存贷款人向作为投资理财顾问转变；从风险承担者向风险代理者转变。同时，各银行以市场为导向，纷纷推出新的金融创新工具来绕过监管，向客户提供过去所不能经营的业务和服务，或者通过收购、合并、成立附属机构等形式，渗入到其他机构的多种业务领域。这种商业银行经营的全能化趋势满足了客户多样化的需求，得到了许多客户的高度认同，因而商业银行自身也得到了快速的发展。

3.金融自由化

金融自由化实际上是融资的自由化。它是指国际资金在价格机制的作用下，自由地活跃于金融市场上，从而在全球范围内实现资源的合理配置，实现资源利用效率的最大化。其主要包括业务自由化、价格自由化、资本流动自由化和市场自由化。金融自由化是世界经济一体化的必然要求，因为国际贸易不断扩大势必要求资本要素也随之在世界范围内进行配置。

20世纪80年代发展起来的金融创新理论着重分析管制制度下存在的潜在利益及创新的必要性，提出全面放松对利率、汇率、业务范围及信贷规模的管制，推行金融自由化的政策主张。之后，大多数国家的金融监管当局越来越依靠如公开市场操作、央行再贴现和法定存款准备金率等间接的、有利于发挥市场作用的货币政策工具，而逐渐减少了利率管制、信贷总额控制和直接的贷款投放指导等直接的货币工具。进入21世纪，发达经济体和一些新兴市场经济体普遍出现了放松金融管制和金融创新的浪潮，纷纷开放资本账户，敞开本国金融市场的大门，大力推动金融证券化的发展，使得全球金融自由化的制度基础建立并完善起来。

金融自由化带来了银行业海外业务发展的狂潮，一些大银行纷纷通过跨国兼并来拓展国际市场，从而造就了一批全能的超级跨国银行。

9.1.3 国际银行业发展阶段和主要特征

随着世界经济国际化步伐明显加快，各国为适应经济一体化的新趋势，纷纷放宽金融管制，促使金融市场的全球化发展，形成了金融改革浪潮。这场改革变化迅速，影响广泛，涉及金融手段、金融方式、金融机构、金融市场、金融制度和金融政策等各个方面，对商业银行业务与经营产生了深刻的影响，而这场改革的浪潮也使得国际银行业的发展呈现新的特征。

1.投资银行业务与零售业务成为重要的利润来源

进入21世纪，各大跨国商业银行的企业贷款余额明显下降，而非存贷业务收入的比重持续上升。这其中除了中间业务的收入比重一直较大、衍生品利润和保险业务的收入有所增长以外，投资银行业务和零售业务收入日益成为商业银行的主要利润来源。

在金融系统由银行主导型向金融市场主导型转变的背景下，传统储户为寻求尽可能高的收益主动向投资者转化。因此，商业银行迫切需要打破长短期资金市场之间的壁垒，在经营上实现资本市场业务与传统银行业务的全面融合，为客户提供全方位集资本优势和信息优势于一体的综合服务。商业银行的盈利虽然比较稳定，但资本收益率其实并不高，而投资银行的资本收益率通常是商业银行资本收益率的2倍。20世纪90年代以来，跨国商业银行就一直在通过并购的方式大力发展自己的投资银行业务，并取得了不错的效果。商业银行发展投行业务可以改善商业银行的资本收益率，增强商业银行的资本实力。如2003年，汇丰控股的投行业务收入已占集团税前盈利的33%，花旗集团的全球投行收入为83亿美元，而摩根士丹利的投行业务收入则达到了110亿美元。2015年，花旗集团证券及投行业务净收入为348.8亿美元，摩根大通的投行业务净收入为570.8亿美元。

20世纪90年代中后期以来，国际银行业发展中另外一个重要的趋向是零售业务不断发展。在商业银行的收入来源中，零售业务的贡献率越来越大。根据欧洲中央银行的报告，2000—2003年，欧盟银行业在普遍的经济衰退、股票市场价格大幅度下挫、公司财务丑闻频传以及美国“9·11”恐怖袭击事件等众多逆向冲击下，仍然能保持比较稳定的收入增长与盈利水平，很大程度上得益于抵押贷款、消费者贷款等零售银行业务的稳步增长。美国银行业的突出业绩使其在《银行家》杂志每年公布的全球1 000家大银行中保持强劲的优势，而美国银行的收入和利润增长主要来源于零售银行业务。2002年，花旗集团、摩根大通、美洲银行、第一银行、威尔斯法格、华盛顿互助等大型银行集团零售业务收入对总收入的贡献率都在60%以上，华盛顿互助更是高达90%。2016年，摩根大通的零售业务净收入为443亿美元，占总净收入的46.31%，2017年，花旗银行的零售业务净收入为1 271.4亿美元占总净收入的67.3%。以美国的主要商业银行的零售业务为例，美国银行（AIG）2004年以480亿美元收购波士顿舰队（Fleet Boston）银行，使其转型为批发、零售业务并举的商业银行。收购后，该行新增2 100万零售客户，新增18万个支票账户，全美零售网点超过5 800个，ATM超过16.7万台。2006年年初，美国银行又宣布以342亿美元收购MBNA，新增2 000万个零售客户，成为最大的信用卡发卡机构。通过此次并购，美国银行向MBNA原持卡人提供一揽子的零售业务产品，实施零售业务的整体推进。与此同时，美国主要的各大银行包括摩根士坦利、花旗银行等都通过并购做大做强零售业务，实现商业银行质量和效益的和谐发展。由于零售业务收入和经济波动的关联性相对有限，因此，在“9·11”事件之后经济疲软的形势下，商业银行零售业务营利水平仍平稳增长，成为商业银行的“稳压器”。

综合不同国家和不同类型银行机构的情况，现今银行的零售产品主要分为以下几类：储蓄、保险、直接投资（股票、债券）、消费者贷款、信用卡、长期储蓄（人寿、养老、共同基金）和抵押贷款，基本覆盖了各金融领域的零售产品，体现了从20世纪80年代后期以来，国际银行逐步过渡到全能银行制度，以不同形式的综合金融集团开展全面金融业务。

2.金融业电子网络化成为银行业发展的重要方向

20世纪90年代以来，电子计算机和高科技通信技术在金融领域的应用有了突飞猛进的发展，网络银行的发展初露端倪。自1995年10月18日全球首家以网络银行冠名的金融组织——安全第一网络银行（Security First Network Bank，SFNB）打开了它的“虚拟之门”，从此一种新的银行模式诞生，并对300年来的传统金融业产生了前所未有的冲击。世界各国银行都积极发展网络银行业务，网络银行正在世界各地迅速发展起来，相应的，网络银行用户也迅速增长。

专栏9-1

次贷危机下的“华尔街海啸”

自2007年美国爆发次贷危机以来，负面影响不断扩大，美国金融市场出现剧烈动荡，美国投资银行逐步陷入危机。美国一些媒体以醒目的标题“流血的星期日”报道了华尔街正在经历的这场巨大的“海啸”。美国曾经的五大投行是：高盛、摩根士丹利、美林、雷曼兄弟、贝尔斯登。如今，贝尔斯登被摩根大通收购，雷曼兄弟申请破产保护，美林公司被美国银行收购，曾经风光的华尔街五大投行仅剩高盛和摩根士丹利。

2008年3月16日，摩根大通公司和贝尔斯登公司发表声明：摩根大通公司同意出价2.36亿美元收购贝尔斯登公司。该收购价不及贝尔斯登公司上个交易日市值的十分之一，同时也宣告贝尔斯登成为第一家葬送于次贷市场的著名投行。6月，走过85年风雨历程的美国第五大投资银行——贝尔斯登关门停业。

2008年9月15日凌晨，雷曼兄弟公司发表声明：公司将于当日递交破产保护申请。根据声明，递交破产保护申请的将是雷曼兄弟控股公司，而不包括旗下金融企业。雷曼兄弟控股公司的破产是继垃圾债券专门公司德崇证券商品公司1990年破产之后，美国金融界最大的一宗破产案。就在当天，美国银行发表声明，宣布以440亿美元总价，约合每股29美元收购美国第三大投资银行——美林公司。

2008年9月21日，美联储批准高盛和摩根士丹利转型为银行控股公司。根据美联储的决定，高盛和摩根士丹利以后将混业经营。变身后的高盛和摩根士丹利不仅可设立商业银行分支机构，以吸收储蓄存款，拓宽融资渠道；还可享受与其他商业银行同等的待遇，获得申请美联储紧急贷款的永久权利。但为符合商业银行标准，两家机构需要大幅降低杠杆比率以满足新的资本要求，同时还要面临美联储和美国联邦保险存款公司（FDIC）更严格的金融监管。

至此，华尔街五大投行全军覆没，宣告了主导世界金融业数十年之久的华尔街独立投行模式的终结。独立投行模式覆灭的原因有三：一是未对投资作充足损失准备情况下的高杠杆运行。从2004年美国投行自营放开之后，各大投行就不断提高杠杆比例来操纵资本。以往的比例是15倍，但在放开之后，杠杆比例迅速上升到30倍、40倍。如果投行的杠杆比例为30倍，在资产价格上涨情况下，只要赚1%就相当于赚到股本金的30%的收益，而一旦价格下跌导致亏损30%，即意味着破产。正是这种高杠杆经营模式，积累了巨大的风险敞口。在危机爆发后，迅速将投行吞噬。二是因为过度的金融创新。金融创新使美国独立投行走过了繁荣的几十年，并为美国金融市场在全球的领先地位做出了贡献。然而，无节制的产品创新没有与风险控制制度创新相结合，结果导致金融机构非理性的逐利本能高度膨胀。三是由于过度的高管薪酬激励。华尔街五大投行在上市之前都是合伙制企业，在上市之后，合伙制时候的薪酬制度保留了下来。2007年年底，多家投行已面临巨额亏损，可是他们在年终奖金的计算中仍然以盈利创纪录的2006年年终奖金为标准。摩根士丹利2007年全年薪水支出总额为165.5亿美元，高盛也为165.5亿美元。美林集团、雷曼兄弟、贝尔斯登的年终奖数额也与2006年相差无几。这些巨额奖金导致各投行的流动资金大大减少，随着2008年次贷风暴的升级，流动性陷入枯竭。

尽管五大投行全军覆没并不是此次危机的终局，但是，人们从中获得的教训却弥足珍贵。在金融创新频繁，全球经济一体化的时代，独立投行模式的覆灭以及两大机构经营模式转型，进一步凸显出现代金融市场中风险管理和监管体制的重要性。

资料来源　辛乔利. 次贷危机［M］. 北京：中国经济出版社，2008.

世界各大银行为了提高竞争力和盈利水平，都纷纷选择发展网上银行。因为网上银行业务最显著的特点是通过在网上建立无形的虚拟分支机构的方式突破了传统的新建网点、增添人手的经营方式，大大降低了成本，并为银行创造新的利润增长点；可以有效地提高银行的服务质量，将银行的多种品种和服务直接面向客户，使产品从宣传到销售都在网上进行，便于银行实行集约化经营管理，降低了银行的营销成本，同时，有利于银行接近顾客并与顾客建立起密切的联系。网络化经营将对银行的服务方式和经营理念产生深远的影响。

金融系统的电子网络化现在已经成为世界金融发展的基本趋势，而形成这一趋势的原因有：其一，全球金融竞争激烈，各国银行都以优良而便捷的电子化服务来争取客户，参与竞争，开拓业务。其二，现代科技的日新月异，使银行实现电子化、自动化、网络化服务成为可能。其三，电子计算机和通信技术已成为国际金融市场一体化的联结纽带，成为实现全球昼夜24小时进行金融活动的重要工具。这些因素的有力结合，使得全球金融一体化深深地依赖金融系统的电子网络化的发展，同时也深刻地反映了世界各国金融业电子网络化的时代特征。

3. 银行业并购浪潮

历史上发生过三次大规模的国际银行业并购浪潮。第一次银行业并购浪潮发生在资本主义向垄断过渡的阶段，始于19世纪60年代，到20世纪20年代达到高潮。这个时期的银行并购活动具有两方面的内涵：一是银行为维持自身生存发展而在更广的范围内展开激烈竞争的必然结果；二是充分反映出那一历史时期在垄断逐步形成的过程中，工业资本的相对集中对金融资本集中的内在要求。

第二次银行业的并购浪潮发生在第二次世界大战之后，其主要表现为商业银行之间的并购，这期间银行并购的频率较第一次并购浪潮要高出许多。与第一次国际银行业并购浪潮有明显区别的是，在这次并购浪潮中商业银行逐步开始对证券业和保险业进行大规模的渗透。由于各国的经济发展水平不一样，所以导致并购银行的混业经营程度参差不齐，其中主要工业化国家的银行混业经营程度较高，发展速度明显较快，成为这一时期国际大型银行发展的主流。

第三次并购浪潮始于20世纪90年代，到1998年达到高峰，而后进入相对冷清期。从2003年中期开始，又开始重新升温。新一轮并购浪潮中出现的大规模银行业并购多以强强联合为主，重组之后的银行资产规模巨大，超级银行不断出现。在这新一轮的并购风潮中还出现了跨行业并购，涉及证券、保险、信托、基金等多领域，实现金融各行业的相互参与，使得以往分业经营的银行开始向多功能的“金融集团”发展，以求扩大生存空间、拓展业务范围、挖掘潜在利润。最具代表性的应该是1998年美国花旗银行与旅行者集团的合并，这次合并属于商业银行与保险服务机构的合并，经营范围涵盖银行存贷、消费融资、信用卡、投资银行、证券经营、资产管理、地产保险和人寿保险等诸多业务领域，形成了一个名副其实的全能化金融集团。此次并购浪潮中，发达国家银行并购向跨国化方向发展。美国银行业把跨国并购的重点放在日本、韩国以及东南亚国家。欧洲抓住有利时机，向美国进军，例如，2004年5月，英格兰皇家银行宣布以105亿美元的价格收购美国第一宪章银行；2004年10月，西班牙最大的银行——桑坦德中央银行宣布以89亿英镑的价格收购英国的阿比国民银行，从而成为欧元区市值最大的银行；2004年12月，澳大利亚最大的银行——国民银行以9.67亿英镑的价格向丹麦银行出售了旗下的爱尔兰国民银行和北方银行；2005年1月10日，渣打银行宣布以33亿美元的价格收购韩国第一银行。2006年，再次掀起了银行业的并购热潮，9月28日，注重亚洲业务的英国渣打银行宣布，以12亿美元的价格收购中国台湾的新竹国际商业银行；同日，美国私人股本集团以505亿日元的价格收购了日本中型银行的全部股份，并承担其1 300亿日元的未清偿贷款，从而启动了市场期待已久的日本消费金融行业的整合。10月18日，美国花旗银行宣布以31亿美元的价格收购土耳其Akbank Tas银行20%的股份，来实施花旗银行向快速增长的国际金融市场推进的战略部署。2007年，以苏格兰皇家银行为首的三家欧洲财团成功完成对荷兰银行的收购，成交金额为1 000亿美元，成为世界银行业最大的并购案。

次贷危机后，全球银行业面临“大洗牌”，全球范围内的整合并购业务进入一个新的高潮，仅2008年9月全球就有12项超过10亿美元的并购案，总额达到1 255亿美元。在欧洲，比利时、荷兰、卢森堡三国政府将接管富通集团，分别向富通集团在三国的分支机构注资约46亿、40亿和26亿欧元资金，三国政府将分别持有富通集团在三国分支机构的49%的股份。西班牙国际银行以6.12亿英镑（约合11亿美元）收购英国抵押贷款银行布拉德福-宾利的零售存款业务和分支机构，进一步扩张了其在英国的零售存款业务；在英国，巴克莱银行火速收购了雷曼兄弟在美国的投行和资本市场业务，奠定了其在美国金融市场及全球投行中的前十的地位。

在这次金融危机下，受危机影响较小、资金相对充裕的金融机构利用这个千载难逢的扩张的机会，加速并购的步伐。数据显示，以2009年4月30日的市值计算，在欧洲前十位银行排行榜上，英国汇丰银行、西班牙国际银行、法国巴黎银行位列前三，而2008年还位列第二的荷兰银行则掉出了前十大银行的榜单。

银行并购可以增强银行资本实力，降低银行的经营成本，大幅提高银行的竞争力，使之能够最大限度地获取利润，增强抵御风险的能力。同时，银行并购带来的银行规模超大化使银行业进一步倾向于混业交叉发展，商业银行、证券公司、保险公司以及各类金融机构的并购和竞争，又导致更多的超大规模银行和金融机构出现，使得国际大银行规模效益由数量型向质量型转化，产生新的飞跃和巨变。

专栏9-2

荷兰银行收购案例

荷兰银行是一家拥有着183年悠久历史，集商业银行、投资银行和保险公司于一身且享誉世界的国际性金融集团，在全球53个国家和地区拥有超过4 500家分支机构，员工约10万名。巴克莱银行是英国最早的商业银行，拥有300多年历史，在50多个国家拥有2 700万客户，是汇丰银行和苏格兰银行之后的英国第三大银行。苏格兰皇家银行财团是由欧洲第二的苏格兰银行，西班牙国家银行和比利时富通银行共同组建，实力雄厚。

2007年3月至10月，巴克莱银行和苏格兰皇家银行财团就收购荷兰银行进行了旷日持久的激烈竞争。在初始阶段，巴克莱银行占据上风，于3月初与荷兰银行就收购事宜达成初步一致，并提出合并组建全球第五大银行的战略。苏格兰皇家银行财团不甘示弱，于当年4月提出了更为优厚的收购条件，采用了较高现金比例的支付方式，其出资由70%的现金和30%的苏格兰皇家银行股票组成，收购价达到了723亿欧元，比巴克莱此前670亿欧元的报价高出近8%。在双方激烈的竞购角逐后，苏格兰皇家银行财团和巴克莱银行都似乎志在必得，相继修改了收购要约。苏格兰皇家银行财团将其报价修改为711亿欧元，但现金比例由原来的70%提高至93%，同时对垂涎已久的拉塞尔银行也做出让步，不再将拉塞尔银行纳入收购范围。而面对竞购对手高报价及高现金支出的巨大压力，巴克莱银行不得不修改原有报价，并承诺支付部分现金。为此，陷入收购困境的巴克莱银行积极寻求外部支持，于2007年5月开始与中国国家开发银行（以下简称国开行）和新加坡淡马锡控股公司接触，并于7月23日达成协议，跟进股份认购协议，国开行将先投入30亿美元参加巴克莱银行，支持其正在进行的收购荷兰银行事宜：国开行在巴克莱银行持股比例约为3.1%，并向巴克莱银行派出董事。如果巴克莱银行收购荷兰成功，最终国开行在巴克莱银行的持股比例将达到8%，成为其第一大股东。在国开行和淡马锡注入资金的当天，巴克莱银行公布了对荷兰银行的修改要约，将现金支付比例提高到37%，总收购价格提高到675亿欧元。此后，由于受到美国次贷危机和全球金融市场动荡的冲击，巴克莱银行的股价不断下跌。由于其现金支付比例偏低，造成了其报价严重缩水，从675亿欧元减少至610亿欧元。荷兰银行股东对苏格兰皇家银行财团高报价、高现金比例的青睐使得巴克莱银行于同年10月5日宣布放弃对荷兰银行的收购计划。苏格兰皇家银行财团在这场全球银行业历史上规模最大的收购战中取得了最后胜利。

资料来源　佚名. 银行业并购与发展思考——基于荷兰银行收购案的分析［J］. 财会通讯，2010（11）.

专栏9-3

中国银行业的国际化发展

中国银行业紧跟国家全面开放新格局，稳步推进全球化业务发展。

截至2017年年末，中国银行海外机构覆盖53个国家和地区，海外机构数量达545家。海外机构资产总额达8 333亿美元，在集团资产总额中的占比达25.99%；税前利润达95亿美元，同比增长20.3%，对集团的贡献率达29.50%。近年来，以“一带一路”建设为重点，目前海外机构覆盖22个“一带一路”沿线国家和地区，累计跟进“一带一路”重大项目逾500个，提供授信支持约1 000亿美元。稳步推进中盟地区业务重组，充分利用中银香港的业务优势和服务能力，不断增强东南亚区域协同效应。跨境人民币业务优势进一步巩固，2017年集团实现跨境人民币结算量3.83万亿元，清算量349.68万亿元，市场份额稳居全球第一。

中国工商银行也在稳步推进国际化、综合化发展，截至2017年年末，在45个国家和地区建立了419家境外机构，其中在“一带一路”沿线国家和地区拥有129家分支机构，新支持“走出去”项目123个，承贷金额339亿美元。境外机构总资产3 586亿美元，同比增长17%，实现净利润31.5亿美元，同比增长23.5%。工银瑞信、工银租赁、工银安盛、工银国际、工银投资等综合化子公司实现净利润73亿元，同比增长19%.

中国建设银行海外布局也稳步推进。2017年，中国建设银行印度尼西亚股份有限公司（简称建行印尼）揭牌，建行欧洲华沙分行、建行马来西亚分行以及在澳大利亚的建行珀斯分行陆续开业。截至2017年末，建行海外机构覆盖中国香港、新加坡、德国、南非、韩国、日本、美国、英国、越南、澳大利亚、俄罗斯、迪拜、中国台湾、卢森堡、澳门、新西兰、加拿大、法国、荷兰、西班牙、意大利、瑞士、巴西、开曼、爱尔兰、智利、印尼、马来西亚、波兰等29个国家和地区；全资拥有建行亚洲、建行伦敦、建行俄罗斯、建行欧洲、建行新西兰、建行巴西、建行马来西亚等经营性子公司，并拥有建行印尼60%的股权。2017年，海外机构实现净利润71.96亿元，同比增幅69.46%。

资料来源　摘自《中国银行2017年度业绩报告》《中国工商银行2017年度业绩报告》《中国建设银行2017年度业绩报告》.

9.1.4　跨国银行海外的主要组织形式

1.从跨国银行母行与其海外分支机构的组织结构关系看

跨国银行母行与其海外分支机构的组织结构关系主要有以下三种形式：

（1）分支行制，指跨国银行母行通过在海外设立各种类型的分支机构，通过对这些分支机构的控制来开展跨国经营活动，这些分支机构之间又根据不同的级别构成一个金字塔形的网络结构。

（2）控股公司制，又称集团银行制，指银行通过“银行持股公司”建立海外分支机构网络，从事跨国界的金融服务。这种组织结构形式以美国最为典型。

（3）国际财团银行制，指由来自不同国家或地区的银行以参股合资或合作的方式组成一个机构或团体来从事特定国际银行业务的组织方式。国际财团银行是正式注册的法人。

2.从跨国银行海外分支机构的具体形式看

从跨国银行海外分支机构的具体形式来看，主要有以下几种形式：

（1）代表处。这是跨国银行最低层次的海外分支机构，并不直接经营银行业务，主要工作是代表母行与东道国政府进行接触，为母行招揽业务，因此它称不上是真正意义上的银行。

（2）办事处。这是介于代表处和分行之间的组织形式。同代表处相比，办事处的经营范围相对广泛，主要从事国际市场上的工商业贷款和贸易融资，但不能接受东道国的居民存款业务和信托业务，它的资金来源主要是东道国货币市场和欧洲货币市场上的银行同业拆借。

（3）分行。这是跨国银行根据东道国法律规定设立并经营的境外银行机构，是母行的一个组成部分，但不具备独立的法人地位。分行的主要活动是在境外发放贷款，同时可以对公司并购或投资活动提供咨询。

（4）附属行。这是由跨国银行对东道国银行拥有少数非控制性股权而形成的合资银行。由于这种银行实质上是东道国的银行，因而可以不受限制地经营一切银行业务，从而大大地方便了母行进入当地金融市场，有利于在当地建立稳固的客户网络。

（5）爱治发公司（Edge Act Corporation）。这是美国跨国银行根据1919年修订的《联邦储备法》（Federal Reserve Act）设立的最为重要的、经营国际银行业务的海外分支机构形式。爱治发公司有两种类型：银行爱治发公司及投资爱治发公司。前者是美国跨国银行经营国际业务及设立海外分行的主要机构，后者则主要通过国外金融机构为母行建立附属行等。

（6）财团银行。这是由两家以上银行共同出资组成的，在特定地区开展特定业务活动的银行，是在东道国注册和纳税的独立的法人实体。其主要业务是安排巨额贷款，此外还兼营证券发行、欧洲货币市场及企业兼并收购等业务。

9.1.5 跨国银行在国际投资中的作用

跨国银行是一种经营特殊对象的跨国公司，因此，跨国银行的发展首先表现为设立海外分支机构而进行的国际直接投资；在此过程中，跨国银行还通过对跨国公司的股权参与，间接地加入国际直接投资活动，从而形成银行资本与工业资本的融合，推动金融资本的国际化。但是，跨国银行经营对象的特殊性，使得其与一般的跨国公司的作用又有着显著的不同，这就是跨国银行主要是为国际投资活动提供金融支持和媒介服务，具体表现在以下几个方面：

1.跨国银行可以为国际投资者提供融资中介服务

国际投资活动是一个资金在跨越国境范围内的运营和配置过程，其间资金的供求不平衡是经常的现象，一方面国际投资者在投资时可能会出现巨大的投资缺口，另一方面国际上众多的短期信贷提供者可能会产生巨额的资金供给。这时跨国银行的出现，可以实现资金供求双方的对接，使资金得以有效配置。另外，即使这种资金供求在总量上是相等的，也可能会出现在期限、币种等方面的差异，这就需要跨国银行通过发挥自己的信用中介作用予以调整。

2.跨国银行可以为跨国界支付提供高效率的中介服务

跨国银行与国内银行在机构设置上的最大区别在于前者拥有分布广泛的海外分支机构和代理行网络，因而能为投资者的跨国界支付提供全球范围的转账清算和现金收付业务，缩短资金的在途时间，提高资金运用的效率。

3.跨国银行可以为国际投资者提供全方位的信息咨询服务

由于跨国银行拥有遍布全球的机构网络和广泛的客户群体，在其与同业及客户的业务活动中掌握着极为丰富的政治、经济信息，因而，它是一个极为重要的信息中心。加之跨国银行汇集了许多精通财务管理、投资分析方面的专家人才，因而可以向投资者提供多方面的咨询服务，帮助投资者拓展其海外业务。当然，跨国银行在提供这种服务的同时，也增加了自己的利润来源。

§9.2　国际金融监管

9.2.1　《巴塞尔协议》

金融监管是现代金融业稳健运行与发展的重要保障。20世纪七八十年代以来，世界性的金融自由化、金融国际化和各种各样的金融创新伴随着科学技术的进步迅速席卷全球。在国际上，跨国银行开始扮演越来越重要的角色，与此同时，金融业面临着前所未有的各类金融风险的挑战，为了避免银行危机的连锁反应，统一国际银行监管的建议被提上了议事日程。

1974年，德国赫斯塔特银行和美国富兰克林国民银行的倒闭，最终使银行监管的国际合作从理论认识上升到了实践层面。次年2月，来自比利时、加拿大、法国、德国、意大利、日本、卢森堡、荷兰、瑞典、瑞士、英国和美国的代表聚会瑞士巴塞尔，商讨成立了“巴塞尔银行监管委员会”（简称“巴塞尔委员会”）。

《巴塞尔协议》是由巴塞尔委员会成员方的中央银行在瑞士巴塞尔达成的若干重要协议的统称。其实质是为了完善与补充单个国家对商业银行监管体制的不足，减轻银行倒闭的风险与代价，是对国际商业银行进行联合监管的最主要形式，并且具有很强的约束力。

1.《巴塞尔协议》产生和发展的历史背景

1975年9月，即赫斯塔特银行和富兰克林国民银行倒闭的第二年，第一个《巴塞尔协议》出台。这个协议的核心是针对国际性银行监管主体缺位的现实，突出强调了两点内容：任何银行的国外机构都不能逃避监管；母国和东道国应共同承担的职责。

经过8年的酝酿和实践，1983年5月，巴塞尔委员会通过了《银行国外机构的监管原则》，它是1975年版本的修改版，也是前一个协议的具体化和明细化。该协议的两个基本思想是：任何海外银行都不能逃避监管；任何监管都应恰如其分。

上述两个协议的总体思路都是“股权原则为主，市场原则为辅；母国综合监督为主，东道国个别监督为辅”，两者对清偿能力等监管内容都只提出了抽象的监管原则和职责分配，并未提出具体可行的监管标准。各国对国际银行业的监管都是“各自为政、自成体系”，充分监管的原则实际上没有得到具体体现。

1988年7月，巴塞尔委员会在总结了几个方面的意见之后，通过了《关于统一国际银行的资本计算和资本标准的协议》（简称《1988年资本协议》）。此协议在之前协议的基础上做了大幅度的修改，取得了实质性进步。

随着金融领域的竞争尤其是跨国银行间的竞争日趋激烈，金融创新的日新月异，银行的业务日趋多样化和复杂化，银行规避管制的水平和能力也大为提高。这些新情况的出现又使得《1988年资本协议》难以解决银行实践中出现的诸多新情况、新问题。例如，该协议以资本充足率为核心，但是在资本要求中只包括了银行资产的信用风险，而相对忽视银行业的其他风险，如利率风险、汇率风险、法律风险和操作风险等，然而这些风险也会使银行变得资不抵债或倒闭。比如，巴林银行1993年的资本充足率远远高于8%，被认为是安全的，但到了1995年2月末，这家银行就破产了。

为了不断适应市场环境，巴塞尔委员会对该协议进行了多次修改与补充。特别是，巴林银行、大和银行等事件让人们看到，金融业存在的问题不仅仅是信用风险或市场风险等单一风险的问题，而是由信用风险、市场风险外加操作风险互相交织、共同作用造成的。1997年爆发的东南亚金融危机，波及全世界，而当时的巴塞尔协议机制却没有发挥出应有的作用，在这样的背景下，1997年9月，巴塞尔委员会推出的《有效银行监管的核心原则》表明巴塞尔委员会已经确立了全面风险管理的理念。该文件共提出涉及银行监管7个方面的25条核心原则。1999年6月，巴塞尔委员会推出了《新巴塞尔资本协议》第一个征求意见稿，提出了以三大支柱——资本充足率、监管部门监督检查和市场纪律为主要特点的新资本监管框架。此后，巴塞尔委员会对《新巴塞尔资本协议》的征求意见稿不断修改和补充，2004年6月，10国集团的央行行长一致通过《资本计量和资本标准的国际协议：修订框架》的最终稿，并决定于2006年年底在10国集团开始实施。此后，25个欧盟成员方、澳大利亚、新加坡和中国香港等发达经济体表示将利用新协议对商业银行进行监管，部分发展中经济体如南非、印度、俄罗斯等也表示将采取积极措施克服困难实施新协议。2008年金融危机的巨大冲击使国际监管机构认识到，必须进行全方位金融监管改革，才能解决危机暴露出的制度缺陷。本轮金融监管改革涵盖了微观、中观和宏观三个层面。2009年以来，巴塞尔委员会对资本监管制度进行了改革，并发表了一系列国际银行业监管的新标准，被业界称为《巴塞尔协议Ⅲ》。

2.《巴塞尔协议Ⅰ》的主要内容

1988年7月，巴塞尔委员会通过了《关于统一国际银行的资本计算和资本标准的协议》（简称《1988年资本协议》，即《巴塞尔协议Ⅰ》），并要求10国集团国家于1992年前实施。

《1988年资本协议》主要有四部分内容：一是确定了资本的构成，即商业银行的资本分为核心资本和附属资本两大类。核心资本包括实收股本和留存权益，附属资本包括一定比例的普通准备金、可转债、长期次级债券、资产重估准备。二是根据资产的风险大小，粗线条地将资产分为0、20%、50%和100%四个风险档次，又称风险权重。其中，对经合组织成员政府和商业银行的债权规定了优惠的风险权重。三是通过设定一些转换系数，将表外授信业务也纳入资本监管。四是协议规定商业银行的资本与风险资产之比不得低于8%，其中核心资本对风险资产之比不得低于4%。

《1988年资本协议》已被全世界100多个国家和地区所采用，并已写入《有效银行监管的核心原则》，成为资本监管的国际标准。国际货币基金组织和世界银行在检查各国银行体系稳健性时，主要根据《1988年资本协议》的规定来判断银行资本的充足性。

3.《巴塞尔协议Ⅱ》的主要内容

《新巴塞尔资本协议》（《巴塞尔协议Ⅱ》）包括互为补充的三大支柱——最低资本标准、监管部门监督检查和市场纪律，试图通过三大支柱来强化银行风险管理，进一步促进金融体系的安全性和稳健性，维持金融体系目前的资本总体水平，提供更全面的处理风险的方案，促进银行公平竞争。

（1）最低资本标准

第一个支柱是最低资本标准。《新巴塞尔资本协议》保留了《1988年资本协议》有关资本的定义和4%及8%的最低标准，但做了如下充实：

①修改了信用风险的计算方法。《新巴塞尔资本协议》对信用风险的计算考虑了两种方法。对业务相对简单和尚未建立内部风险模型的银行可以使用经过改革的标准化方法。在标准化方法中，借款人的风险权重根据外部评级机构的评级确定，而不是按照借款人所在的国家或所有权的归属确定。对于业务复杂和管理水平高的银行，在符合严格的监管规定的条件下，可以采用内部评级法，也就是根据银行自己的模型来计算损失。内部评级法又分为初级法和高级法，二者的差别在于有关参数的选择上。

②将市场风险纳入到资本协议框架内实行资本监管。《1988年资本协议》仅考虑了信用风险，巴塞尔委员会于1996年对该资本协议进行了补充，发布了市场风险修正案。

马塞尔委员会将市场风险定义为由于市场价格变动引发银行表内外资产减值或负债增加，从而导致损失的风险。为了更准确地计量市场风险，划分出交易账户和银行账户，界定了要求计量并为之计提资本的市场风险范围，即交易账户的利率风险、股票风险以及所有账户的外汇风险和商品风险。交易账户利率风险和股票风险被分解为一般市场风险和特定风险，采用标准法和内部模型法两种备选方法计量市场风险和相应的资本。同时，用于覆盖市场风险的资本构成除了《1988年资本协议》规定的第一类和第二类资本之外，增加了短期次级债为第三类资本。

③增加了操作风险。除信用风险和市场风险外，新协议对银行其他风险的资本要求主要集中于对操作风险的分析。这是在1999年6月框架征求意见后增加的内容。对于操作性风险，巴塞尔委员会提出了几种方法，包括基本指数法、标准方法和内部测试方法。根据大多数大型银行的实际经验，它们一般保留经济资本的20%用于应对操作风险。在基本指数法中，巴塞尔委员会提出以某种单一指数作为银行总体风险的替代物。例如，如果将银行总收入界定为这一指标，则每家银行根据总收入的某一固定比率确定银行应对操作风险持有的资本量。在标准方法中，也按照最低资本的20%确定操作风险所必备资本量。

在标准方法中，将银行营业活动根据业务（如公司融资和零售银行）进行划分，对每一种业务而言，资本要求是以固定比率乘以操作风险指数计算的。操作风险总的资本要求等于所有业务所需监管资本之和。内部测试方法允许各家银行依据内部数据确定资本量。对每一种业务和风险类别，银行需要有三方面数据：操作风险指数、引起损失的事件发生的概率和事件发生后的损失。将这些数据乘以巴塞尔委员会确定的比率即可确定银行应有的监管资本量。新协议提出，在银行获取更多的数据后，就可以开发更为高级的方法，如根据行业确定操作风险时，可以根据不同的行业采取标准方法或内部测度法。

（2）监管部门监督检查

监管部门监督检查是《新巴塞尔资本协议》的第二大支柱。监管检查不仅是为了保证银行有足够的资本来覆盖业务中的风险，也是为了鼓励银行建立和使用更好的风险管理技术。监管当局要能够评估银行的风险与资本需要。增加资本不是应对风险增加的唯一选择，其他方法包括加强风险管理、改善内部控制等。《新巴塞尔资本协议》提出了监管部门监督检查的四个原则：一是银行应该有评价其风险和资本充足状况的程序，并有保持资本水平的战略；二是监管当局应审核和评价银行的资本充足状况和是否符合监管资本标准，而且应在必要时采取适当的行动；三是监管当局应有能力要求银行持有超过最低标准的资本；四是监管当局应实行早期干预的政策。除这四大原则外，巴塞尔委员会要求监管评估过程要与最低资本标准保持一致。为了确保某些内部方法、降低信用风险的方法和资产证券化满足监管资本量的要求，银行要确立风险管理标准和信息披露制度，银行尤其要披露计算信用风险和操作风险的最低资本要求时所使用的内部方法。监管机构对银行的评估可采取现场检查、场外评估和与管理层讨论沟通等方式。为了提高监管评估的效率，要提高银行透明度和会计标准。

《新巴塞尔资本协议》向各国监管当局提出了挑战，监管不再是依据简单规则判断银行的资本充足状况，而是首先要分析银行的风险管理方法和内部风险模型，监管当局必须具备合格的审核和判断能力。

（3）市场纪律

《新巴塞尔资本协议》的第三个支柱是市场纪律。市场纪律是希望市场投资者参与对银行的监管，通过对银行股票和各种债权、债务工具的买卖来监管银行的管理。这一支柱的核心内容是要求银行进行信息披露，由现在或潜在投资人或债权人来评价银行的风险。披露的信息应该包括银行的资本构成、风险的种类、风险暴露数额、风险管理技术、资本充足率状况等。

新协议在应用范围、资本构成、风险评估和管理过程及资本充足性方面提出了定性和定量的信息披露要求。新协议强调了有关风险和资本关系的综合信息披露，监管机构要对银行的披露体系进行评估。而巴塞尔委员会则致力于推出具有统一标准的披露框架。信息披露包括核心信息和附加信息的披露两种情况。那些活跃的大型银行，每季度要进行一次信息披露，而对于市场风险，在每次重大事件发生后都要进行披露。对于一般银行，要求每半年进行一次信息披露。

专栏9-4

巴林银行破产事件

巴林银行成立于1762年，在世界30多个国家和地区设有机构，从事多种银行业务，尤其擅长公司理财和投资管理，历来在伦敦金融中心位居前列，以其根基牢固、资金雄厚享誉世界。然而，1995年2月，由于巴林银行集团在新加坡的分支机构的总经理兼首席交易员里森在未经授权的情况下，擅自从事巨额的金融期货交易，结果因投资失败造成10亿美元的亏损，导致巴林银行破产。

里森于1989年7月10日正式到巴林银行工作，因工作出色，他被视为期货与期权结算方面的专家，伦敦总部对里森的工作相当满意。1992年，他被派到新加坡分行成立期货与期权交易部门，并出任总经理。1992年7月17日，一名新手交易员犯了一个损失2万英镑的错误，里森通过“新加坡巴林期货公司误差账户88888”，掩盖了这个失误，总部没有发现。后来，在他的朋友犯了一个损失几百万英镑的错误时，他又使用了同样的方法。尽管暂时掩盖了这些失误，但是问题仍然存在：一是如何弥补这些错误；二是将错误记入“88888”账号后如何躲过伦敦总部月底的内部审计；三是每天都要追加保证金，总部会计算出新加坡分行每天赔进多少。然而，总部对此毫无察觉。为了掩饰错误，他用从事大量交易赚取的期权权利金弥补错误账户的亏损。到1993年7月，他已将“88888”号账户亏损的600万英镑转为略有盈余。

但在1993年下半年，接连几天，每天市场价格破纪录地飞涨1 000多点。由于用于清算记录的电脑故障频繁，无数笔的交易入账工作都被积压起来。因为系统无法正常工作，交易记录都靠人力，等到发现各种错误时，里森在一天之内的损失便已高达将近170万美元。在无路可走的情况下，里森决定继续隐藏这些错误。自1994年下半年起，他预测日经指数将会上涨，擅自违反巴林银行的管理规定，大量买入了日经225指数期货。然而1995年1月17日，日本发生关西大地震，股市持续下跌，使得里森的投资损失惨重。为弥补其亏损，里森继续违反规定孤注一掷，并认为日经指数在地震后必然会回升，从1995年1月20日起又大量卖出看跌期权。但由于日本经济的持续衰退，股市再次于1月23日急剧下跌1 175点，使得里森在一天里就亏损了1亿英镑。后来在一次短暂的反弹之后，日经指数继续大幅下跌，里森终于意识到自己已回天无力了。1995年2月24日，巴林银行因被通知需追交保证金，才发现里森个人期货交易已造成超过4亿英镑的账面损失，接近巴林银行集团的净资产数额。由于里森持仓合约大部分是在1995年3月10日到期，在随后的日子里，日本股市的持续下跌又令巴林银行的损失数额不断增加。至1995年3月2日，巴林银行的亏损额已达9.16亿英镑。1995年3月5日，荷兰国际集团与巴林银行达成协议，象征性支付了1英镑对巴林银行进行收购，并接管其全部资产与负债，更名为“巴林银行有限公司”。1995年3月9日，该收购方案获得英格兰银行及法院的正式批准，标志着具有233年历史的巴林银行最终完结，从此退出国际金融舞台。尤其具有讽刺意味的是，在巴林银行破产前两个月的一个巴林金融成果会议上，250名世界各地的巴林银行工作者，还将里森当成英雄，对其报以长时间热烈的掌声。里森自传中描述：“我为自己变成这样一个骗子感到羞愧，一开始是比较小的错误，但现已整个包围着我，像是癌症一样。”

资料来源　丁彦．金融产品给审计工作带来的挑战分析——从巴林银行安全谈起［J］．财经界，2007（2）．

4.《巴塞尔协议Ⅲ》的提出与改革

（1）《巴塞尔协议Ⅲ》的提出。

2010年9月15日，巴塞尔委员会在西班牙首都马德里召开的第三次桑坦德国际银行会议上正式提出了《巴塞尔协议Ⅲ》，它是对当时银行资本与流动性标准的一次全面且综合的修正。此次修正是源于2007开始的金融危机，它暴露出《新巴塞尔资本协议》的诸多不足，例如在危机爆发时全球银行的整体资本质量不佳；监管体系尚未对杠杆率进行一致的监管；金融监管体系中存在亲周期效应未引起足够重视；以及强化对单个金融机构的风险管理，对系统性风险考虑不足等。这些都促使巴塞尔委员会对《新巴塞尔资本协议》进行进一步的补充和完善。各国央行和监管部门希望这些改革能促使银行减少高风险业务，同时确保银行持有足够准备金，能够不依靠政府救助独自应对今后可能发生的金融危机。

经过多年的反复修订，2017年12月7日，巴塞尔银行委员会发表声明称，《巴塞尔协议Ⅲ》的修订已完成，将从2022年1月1日起逐步实施。2017年的最新修订版本致力于提升风险计量框架的可信度，加强各家银行使用内部模型法测算出的加权风险资产的可比性，同时设定了风险加权资产的最低测算值（outputfloor），以减少银行通过使用内部模型降低资本计提的行为。此外，最新修订版本对全球系统重要性银行提出了更高的杠杆率监管要求。

（2）《巴塞尔协议Ⅲ》主要内容。

《巴塞尔协议Ⅲ》的主要内容包括：提出新的全球资本标准及过渡期安排，并从六个具体方面对《新巴塞尔资本协议》进行了补充和完善：

①加强资本框架并明确资本定义。在危机爆发时，全球银行系统的资本质量差强人意，而在危机升级时，资本基础水平及质量都遭到严重侵蚀。因此，为了提高资本质量，增强银行资本工具吸收损失的能力，巴塞尔委员会修改了监管资本定义、提出了更加严格的资本标准，主要体现在各级资本构成的变化及监管资本调整项的统一。《巴塞尔协议Ⅲ》对于一级资本的定义更加严格化，同时简化了二级资本并取消了三级资本。

②扩大风险覆盖范围并加强交易对手信用风险管理。面对金融危机暴露的监管失灵，巴塞尔委员会采取了一系列扩大资本框架的风险覆盖的措施。2009年7月，巴塞尔委员会发布了提高交易账户风险暴露和资产证券化的改革措施，2009年12月，巴塞尔委员会又提出加强交易对手信用风险的资本监管要求，旨在囊括被现有规定低估的表内和表外重大风险和衍生品风险。巴塞尔委员会在2010年7月召开的巴塞尔委员会决策委员会会议上公布了对交易对手信用风险的部分具体措施和比例的修订，例如，通过调整债券度量方式来体现对冲风险、捕捉风险、有效到期日以及重复计算等问题；再如，仍保持大型金融机构资产相关系数为25%，但将门槛从250亿美元提升至1 000亿美元。2014年12月，巴塞尔委员会修订了资产证券化监管框架，并于2016年7月再度修订。2016年4月，巴塞尔委员会发布了《银行账户利率市场风险监管规则》。

③引入并更新整体杠杆比率。为建立一个简易、透明且不受风险因素影响的计量方法来作为风险资本计量的可靠补充，给银行体系杠杆率累计确定底线，巴塞尔委员会提议引入以计量为基础的杠杆比率（未经风险调整），在第一支柱的资本充足率框架下完善以风险为基础的最低资本要求。杠杆率的计算方法较为简单，为总暴露和资本的比值。资本应是高质量的，并且是在扣减无形资产和经过其他调整之后的，一般采用普通股或一级资本。总暴露应覆盖表内外所有风险暴露。巴塞尔委员会在2009年12月的征求意见稿中明确了计算资本及总暴露的关键要素。之后在2010年7月，巴塞尔委员会对部分关键要素进行了调整，2014年1月，发布杠杆率监管框架和风险披露标准。

④提出前瞻性的拨备、资本留存及反周期超额资本。风险监管框架的亲周期效应可以通过影响银行体系的信贷行为而放大宏观经济周期。2004年正式颁行的新资本协议在亲周期方面并没有根本性改进，2009年12月出台的新框架根据此次金融危机中暴露的问题对新资本协议做出了相应调整，提出了资本转换规则，以确保银行在经济景气时增加缓冲资本，这些资本可以用来补充经济下行时可能发生的亏损。关于反周期资本监管框架，巴塞尔委员会从以下四点提出了要求：最低资本要求的周期性；推动采用更具前瞻性的拨备；资本留存；信贷过快增长是需要反周期超额资本的。

⑤提出超额资本、应急资本以降低系统性风险。系统性风险在新资本协议中并未提及，在此次金融危机中，很多大银行和其他金融机构的系统关联性使某个金融

机构的危机演变成了整个金融系统的危机。在2010年7月达成的协议中，巴塞尔委员会开始考虑通过引入应急资本和系统性附加资本的要求来应对系统性风险。2013年3月，巴塞尔委员会颁布了大额风险暴露监管框架。2013年7月，巴塞尔委员会发布了对全球系统重要性银行更新后的评估方法和对其更高的损失吸收要求。

⑥提出全球流动性标准。2008金融危机的关键特征之一是流动性风险管理的粗放和低效，为满足银行改进流动性风险管理和控制流动性风险暴露的要求，巴塞尔委员会于2008年9月发布了《流动性风险管理和监管稳健的原则》，从五个方面提出了流动性风险管理的原则，包括基本原则、流动性风险治理结构、流动性风险度量和管理、信息披露和监管者的角色。巴塞尔委员会于2013年1月提供了流动性覆盖率（LCR）指标和流动性风险监管要求。2014年10月，巴塞尔委员会提出了净稳定资金比率（NSFR）及审慎监管要求。

9.2.2 世界主要国家的金融监管

1.美国的金融监管

20世纪30年代以前，美国的金融机构业务基本上不受限制，银行、保险、证券等可以混业经营，商业银行既可以办理信贷业务，又可以进行证券投资和保险信托业务。1929—1933年大危机以后，美国国会出台了格拉斯-斯蒂格尔法案（Glass-Steagall Act），之后一直采取分业经营的金融监管模式，我国的经济学家称之为"双层多头金融监管模式"。所谓"双层"是指联邦和州均各设有金融监管机构，"多头"则是指联邦设立多种监管机构。联邦一级的管理机构有货币监理署（OCC）、联邦储备体系（FRS）、联邦存款保险公司（FDIC）、证券交易委员会（SEC）等，50个州也分别设立了相对独立的金融管理机构。1999年11月，美国《金融服务现代化法案》正式实施，允许金融控股公司实现银行、证券、保险三大业务的相互交叉渗透，标志着美国彻底告别了分业经营时代和混业模式的正式启动。

美国金融监管机构主要有联邦储备体系、货币监理署、联邦住宅贷款银行理事会、国家信用合作社管理局、联邦存款保险公司、联邦储蓄贷款保险银行、国家信贷股份保险基金等。前四个机构的主要任务是进行金融检查与监督，以维持金融体系的稳定；后三个机构是以保护存款利益以及提供完善的金融环境为目的。这些监管机构在监管职能上既有分工也有重叠，但金融监管的大多数措施都是非强制性的。例如，州银行可以申请加入联邦存款保险公司和联邦储备体系。实际上，由于竞争和存款安全的需求，目前美国的州立商业银行基本上都是联邦存款保险公司的成员。这样，州立银行要接受联邦和各州金融监管机关的共同监管，而且要接受一个以上的金融监管机构的现场检查和管理条例、法规的约束。

美国的中央银行是美国联邦储备体系。它分为联邦储备理事会和公开市场委员会。前者是制定货币政策的，并对银行进行监督；后者则通过公开市场业务执行联邦储备体系的货币政策。货币监理署是美国财政部下设的金融监督机构，负责监督联邦注册银行、核准新联邦注册银行的设立，审批兼并或设立分支机构的申请等。联邦存款保险公司以银行保险基金的方式为所有参加在联邦或州注册的银行提供存款保险，而且它不仅可以保护存款人的权益，更重要的是它拥有监督权，一旦发现银行逾期贷款比例过高，可以中止保险关系。联邦住宅贷款银行理事会又称为财政部储蓄监督局，它主要负责联邦信贷协会和联邦储蓄银行的执照发放，制定该类机构运作规则，监督与检查这些机构的运作，保证它们的稳健经营与活力。国家信用合作社管理局负责联邦信用社的注册、资格审查和监督工作，并建立国家信贷股份保险基金为所有的联邦和州注册的信用社提供保险。另外，美国还有州银行保险管理机构及证券监管委员会等金融监督机构。

专栏9-5

美国近年来的金融监管与改革

美联储于1997年修改了《银行持股公司法》中的个别条例，建立了更加有效的银行兼并和开展非银行业务的申请和审批程序，取消了许多银行从事非银行业务的限制，使商业银行能更加自由地从事非银行业务。1999年11月12日，克林顿总统签署了《金融服务现代化法案》，美国正式宣告实行金融业的混合经营制度。这一法案促进了金融产品的创新，降低了成本，提升了美国金融市场的竞争力，分散银行业的风险，给市场注入了新的活力。但是同时也为之后的金融危机埋下了隐患。

1999年，《金融服务现代化法案》的颁布，实现了混合经营，但是分业监管体制却没有进行相应的调整，造成监管的错位和监管的真空。美国式联邦制国家，不论在金融监管立法还是金融监管实施层面，联邦和州都有权利，概括地说美国实行的金融监管是"双规分业多头制"。美国实行银行业、证券业、保险业分业监管，因此造成美国的监管体系机构众多，权力过于分散，监管职能相互重叠。随着混合型金融产品的出现和一系列金融集团的建立，金融机构监管很快落后于金融发展，多头监管的局限性逐渐暴露出来。

美国金融业实行混业经营，金融机构多种业务交叉，金融产品的创新往往同时涉及银行业、证券业、保险业等多个业务领域，在监管重叠的同时会出现很多的监管盲区，例如CDO（债务担保证券）、CDS（信用违约掉期）等金融衍生产品，没有明确的监管机构对其进行监管。单一领域的监管容易使交叉领域出现监管真空，导致监管缺失和效率低下。如雷曼兄弟控股公司基于房地产抵押贷款而设计出的金融衍生产品，没有监管机构进行监管。无论衍生产品、对冲基金还是信用评级机构，在国际化的大背景下，都是能够对金融系统的稳定造成根本性冲击的因素，对这些要素的监管真空直接诱发了美国的金融危机。金融监管未能跟上金融创新的步伐所导致的信用缺失和监管缺失是美国次贷危机产生的深层次原因。

2010年7月21日，美国总统奥巴马签署《金融监管改革法案》，使之成为法律，标志着历时近两年的美国金融监管改革立法完成，从此拉开大萧条以来美国最大规模金融监管改革的序幕，华尔街正式掀开新金融时代序幕。该法案最核心的内容有两项，一是将美联储打造成"超级监管者"，全面加强对大金融机构的监管；二是设立新的消费者金融保护署，赋予其超越目前监管机构的权力。这项方案的主要内容如下：第一，成立金融稳定监管委员会，负责监测和处理威胁国家金融稳定的系统性风险。该委员会共有10名成员，由财政部长牵头。委员会有权认定哪些金融机构可能对市场产生系统性冲击，从而在资本金和流动性方面对这些机构提出更加严格的监管要求。第二，在美国联邦储备委员会下设立新的消费者金融保护局，对提供信用卡、抵押贷款和其他贷款等消费者金融产品及服务的金融机构实施监管。第三，将之前缺乏监管的场外衍生品市场纳入监管范围。大部分衍生品须在交易所内通过第三方清算进行交易。第四，限制银行自营交易及高风险的衍生品交易。在自营交易方面，允许银行投资对冲基金和私募股权，但资金规模不得高于自身一级资本的3%。在衍生品交易方面，要求金融机构将农产品掉期、能源掉期、多数金属掉期等风险最大的衍生品交易业务拆分到附属公司，但自身可保留利率掉期、外汇掉期以及金银掉期等业务。第五，设立新的破产清算机制，由联邦储蓄保险公司负责，责令大型金融机构提前做出自己的风险拨备，以防止金融机构倒闭再度拖累纳税人救助。第六，美联储被赋予更大的监管职责，但其自身也将受到更严格的监督。美国国会下属政府问责局将对美联储向银行发放的紧急贷款、低息贷款以及为执行利率政策进行的公开市场交易等行为进行审计和监督。第七，美联储将对企业高管薪酬进行监督，确保高管薪酬制度不会导致对风险的过度追求。美联储将提供纲领性指导而非制定具体规则，一旦发现薪酬制度导致企业过度追求高风险业务，美联储有权加以干预和阻止。

资料来源　董裕平. 多德-弗兰克华尔街改革与消费者保护法案［M］. 北京：中国金融出版社，2010.

2.英国的金融监管

英国的金融监管长期以来都是实行政府监管和自律相结合的分业监管体制。在分业监管时期，监管机构分别行使对银行业、保险业、证券投资业、房地产业协会等的监管职能。其中，英格兰银行负责银行业的审慎监管；证券与投资管理局负责证券业的监管，但自律组织也发挥了较大作用，三个证券业自律组织分别负责证券公司、基金管理公司和投资咨询机构的执业行为监管和审慎监管；住房合作委员会负责住房基金的审慎监管；贸易工业部负责保险业的监管。

为了适应金融全球化和混业经营的趋势，并有效解决竞争性监管松弛问题，提高金融业的竞争力，1997年，英国政府发布了两项决议：一是决定英格兰银行负责物价稳定，并取得独立于政府的地位；二是决定其银行监管的职责将合并转移到一个统一的监管机构。根据改革决定，10家机构进行合并，组成单一的金融监管机构。从此，英国的金融监管走入了一个统一监管的时代。合并的10家机构包括证券与投资管理局（SIB）、证券期货协会（SFA）、私人投资监管局（PIA）、投资监管组织（IMRO）、英格兰银行的审慎监管司（SSBE）、注册互助委员会（RFC）、住房合作委员会（BSC）、互助合作委员会（FSC）、由贸易工业部划转到财政部的保险监管司以及伦敦交易所的英国发行上市监管部（UKLA）。1997年10月，证券与投资管理局更名为金融监管局（Financial Services Authority，FSA）。1998年起，英格兰银行的银行监管职责移交给FSA，FSA依法行使监管权力。

FSA成立以后，采用了一种新的、与原先监管机构采用的不同的监管方法——基于风险的监管方法。这种方法的目标在于确保金融市场的高效、有序和公正，帮助消费者获得公平的交易，保护消费者的利益。FSA还监管交易所、清算所和结算所以及其他市场基础设施服务机构，承担市场监督和交易行为监控、公司上市评审和批准等职责，从而在保持金融体系总体信心的基础上，使所有的金融从业机构获得审慎监管带来的利益。

3.德国的金融监管

德国银行业以全能型银行而著称，在这种银行模式之下，银行可以全面经营存贷款、证券买卖、保险销售等业务。德国银行业以稳健经营而闻名。影响银行安全运营的关键不仅仅在于运用哪种运营模式，还在于银行自身健全的内控机制及政府部门对银行业严格而有效的监管。

德国银行监管采取货币政策执行机构与银行监管机构相分离的模式，其监管主要是由联邦信贷监督局来组织实施，并协同德国联邦银行协作执行。根据德国《银行法》的规定，联邦信贷监督局直接对德国联邦财政部负责，并定期向其上报监管情况。联邦信贷监督局与德国联邦银行职能范围上也有一个明确的界定：一是主管权属于联邦信贷监督局；二是在制定有关条规之前，联邦信贷监督局要与联邦银行进行协商；三是联邦银行要对信用机构进行经常性的定期监督，并对信用机构的年报及其他报告进行分析。联邦信贷监督局的主要任务是采取法律赋予的手段，消除对委托给银行的财产安全造成危险的、对银行各种经营业务造成危害的、对国民经济有负面作用的各种不良现象。德国联邦银行的主要任务是以稳定货币为目标，调节货币流通量和经济的资金融通量，并办理国内外支付业务。

德国在对银行实施监管时遵循两大基本准则，准则一涉及资本管理，准则二主要涉及流动性管理。从大的框架上来看，德国银行监管主要包括市场准入监管、资本充足性监管、流动性监管、贷款集中程度监管、信息披露监管、市场退出监管等六个方面的内容。

由于德国非常重视中央银行的独立性和银行监管部门的信誉，所以选择了货币政策执行与银行监管相分离的体制。从长期来看，这种分离体制的更加稳定和更有纪律性的监管政策对于银行体系的稳健运行非常有利。

4.日本的金融监管

1997年以前，日本的主要金融监管机构是大藏省，其长期集财政和金融大权于一身。随着日本泡沫经济的崩溃，一些问题逐渐暴露出来，金融机构破产接连不断，给日本宏观经济的恢复造成严重的负面影响。因此，日本进行了一系列新的面向市场的新型金融监管体系改革：1998年6月，把民间金融机构检查和监督的职能从大藏省分离出来，设立金融监督厅；2000年7月，又将金融行政的计划和立案权限从大藏省分离出来，更名为金融厅。至此，日本才有了摆脱大藏省行政干预和影响、真正独立行使金融监管权力的监管机构。

金融厅的主要职能是对民间金融机构进行严格检查和有效监管；根据法律直接参与处理金融机构破产案件；准确把握金融实情和动向，维护信用秩序，以及金融制度的建立和金融的行政计划和立案等工作。同时，金融厅还负责与农林水产省、劳动省等其他省厅协调，共同做好对农协系统金融机构、劳动金库和非银行金融机构的检查和监管。

从2000年开始，日本金融厅对金融监管推出了一系列新措施，主要有以下几个方面：

（1）加强财务分析，及时掌握银行经营风险。为了加强对银行经营方面的监督检查，金融厅将金融监管工作由过去的“事后型”变为“预防型”，要求银行每周或每月向金融厅提供有关数据，以便随时了解银行的经营状况，发现问题可以及时解决。财务分析的内容主要是指对银行利率或股份的变化、资金周转、信用等各种风险等方面的分析。

（2）实行同步检查，加大金融集团监管力度。金融厅对国内大银行及证券公司等金融集团采取同步现场检查的方法，加强对金融机构的稽核力度，还对其关联公司和海外网点等同时进行现场检查。检查的项目主要有集团的风险管理情况、各项法律规定的执行情况以及资产和国内外业务关系等。

（3）严格规章制度，加强对非银行金融机构的监督。随着金融改革的不断深化，一些并非从事金融业务的企业集团正逐步向银行和保险业务领域渗透，成立金融子公司或以参与收购金融机构的方法经营银行和保险业务。为此，金融厅又提出了“防止金融机构企业化”的措施。这项措施一是对收购金融机构的企业进行限制；二是对金融机构加入企业集团后与总公司的业务交易进行限制。

（4）积极采取措施，加速解决银行不良债权问题。在此之前，日本在处理不良债权问题上一直采取间接方式，但由于股市低迷、地价和楼价疲软等原因使得以间接方式处理不良债权问题的弊端越来越突出。为此，金融厅提出将过去的间接处理方式改为直接处理，就是把将来有可能出现损失的债权从银行的不良债权中剥离出来。采用分开管理的办法将企业分成优良和不良两部分，对优良企业继续给予融资，而对后者则采取核销或依据法律来进行变卖处理。

9.2.3 我国的金融监管

1.我国金融监管概况

改革开放以前，我国实行的是高度集中的计划经济体制，在金融领域基本上是单一国家银行体系，中国人民银行既行使管理职能，又从事储蓄、信贷、结算、外汇等业务。在这种体制下，客观上没有金融监管的必要。1983年9月，中国人民银行开始单独行使中央银行职能，逐步重视金融监管职能的发挥，并从设立机构和补充人员入手，开始建立我国中央银行金融监管体制。1986年以后，中国人民银行通过注册登记、报表分析、稽核、计划管理、限制经营活动、制裁等方法，对各类金融机构的组织机构、资产负债、利率、汇率、准备金及业务经营范围等进行监督管理。1986年颁布的《银行管理暂行条例》及1995年颁布的《中国人民银行法》均明确规定了中国人民银行履行金融监管职能的法律地位。

1993—1997年，我国金融业的分业经营体制逐步确定，与此相应也初步形成了分业监管体制。1992年，国务院决定成立国务院证券委员会（简称证券委）和中国证券监督管理委员会（简称证监会），将证券业的监管职能从中国人民银行分离出去，中国人民银行主要负责对银行、保险、信托业的监管。随后，我国相继颁布了若干金融法律法规，比如有关金融监管的《外资金融机构管理条例》《金融机构管理规定》，还有《中国人民银行法》《中华人民共和国商业银行法》《中华人民共和国票据法》《中华人民共和国保险法》《中华人民共和国担保法》等金融法律。以此为标志，我国金融监管开始走上依法监管的道路。

1998年，国务院决定撤销证券委，其工作改由证监会承担，进一步明确中国证券会是全国证券期货市场的主管机关；同年，中国保险监督管理委员会（简称保监会）成立，保险监管从中国人民银行金融监管体系中独立出来，中国人民银行主要负责对银行、信托业的监管。

2003年3月10日，第十届全国人民代表大会第一次会议通过了国务院机构改革方案，成立中国银行业监督管理委员会（简称“银监会”），并于2003年4月28日起正式组成。中国人民银行从此实现了货币政策与银行监管职能的分离，专注于货币政策的制定和执行，不再承担有关金融监管的职能。

银监会成立以后，中国人民银行、银监会、证监会和保监会分工明确、互相协调。银监会主要负责银行业的监管；证监会主要负责证券业的监管；保监会负责保险业的监管；中国人民银行主要负责制定和执行货币政策。2003年9月，银监会、证监会、保监会召开了第一次监管联席会议；2004年6月，这三家监管机构依据“分业监管、规则透明、讲求实效”的指导原则签署了《三大金融监管机构金融监管分工合作备忘录》，在明确各自职责分工的基础上，建立了定期信息交流制度、经常联系机制及联席会议机制。

2018年3月13日，国务院发布机构改革方案，将银监会和保监会合并，组建中国银行保险监督管理委员会，作为国务院直属事业单位，统一监管银行业和保险业，同时将银监会和保监会拟定银行业、保险业重要法律法规草案和审慎监管基本制度的职责划入央行。至此中国金融监管“一委一行两会”新框架正式成型，包括国务院金融稳定发展委员会、中国人民银行、中国银行保险监督管理委员会和证监会。

2.《巴塞尔资本协议》在我国的执行

自从2007年2月中国银监会发布《中国银行业实施新资本协议指导意见》以来，已经陆续制定了一系列关于实施巴塞尔资本协议的指引性意见，这些指引性文件基本上覆盖了《巴塞尔资本协议》的所有核心要求，同时结合国内大型银行的实践经验对协议各项原则进行了扩展和细化。中国银行业实施《巴塞尔资本协议》的监管框架已经基本形成。

2007年银监会发布的《中国银行业实施新资本协议指导意见》（以下简称《指导意见》）为中国银行业指出了“借鉴先进风险管理理念和方法，全面提升风险管理能力”的目标，并且提出了“分类实施、分层推进、分步达标”的原则。考虑到各银行准备工作的差异性，银监会允许各家银行实施《巴塞尔新资本协议》时间前后有别。《指导意见》明确了中国商业银行实施《统一资本计量和资本标准的国际协议：修订框架》的时间表，银监会将于2008年年底之前，陆续发布有关新资本协议实施的监管法规，修订现行资本监管规定，在业内征求意见。在2009年进行定量影响测算，评估新资本协议实施对商业银行资本充足率的影响，要求新资本协议银行从2010年年底起开始实施新资本协议，如果届时不能达到银监会的最低要求，经批准可暂缓实施，但不得迟于2013年年底。其他商业银行可以从2011年起提出实施新资本协议的申请，申请和批准程序与新资本协议银行相同。

在监管规则的指导下，各家新资本协议银行已经取得了一些进展，多数银行都表示有望按期达到三大支柱的核心要求。此前各家银行实施新协议的主要精力都集中在第一支柱上，目前第二支柱下的项目也已经开始陆续启动。

在第一支柱下，目前新资本协议银行正在依据监管指引的标准对整个公司信用风险评级体系进行优化，并按照指引的标准展开验证，部分新资本协议银行将对信用风险的计量和管理采用内部评级法；在三大风险中，市场风险的管理技术最为成熟，部分协议银行明确表示对市场风险采用内部模型法，VAR值已经成为计量市场风险的主要指标；我国银行对于操作风险进行系统化管理的基础较为薄弱，在操作风险计量方法选择上都是以标准法为主。大多数银行对于第二和第三支柱的合规达到准备工作启动的比较晚，管理经验和技术能力相对都比较欠缺。关于第二支柱下的风险类型如银行账户利率风险管理和流动性风险管理的各项工作都在推进过程中，其中包括研究第二支柱下新增实质性风险的偏好水平和研究整合性压力测试的相关研究工作等。

3.我国银行业提高资本充足率的途径

提高资本充足率有两个途径。一种途径是增加分子，通过各种方法补充资本。另一种途径压缩分母，即减少风险资产。

（1）提高盈利能力，增加内部积累能力。银行将自身利润积累转作资本金，也是增加资本金的有效途径之一。但是这种增加资本金的能力有限，融资的规模小，但是内部融资可以降低融资的成本，节省了上市融资等所花费的各项成本费用，同时这种方法也可以防止股东权益被稀释。

（2）国家注资。国家通过财政主次的方式，可以补充商业银行资本金，提高商业银行的资本充足率。2003年12月，为了支持国有银行的股份制改造，国家成立中央汇金投资有限责任公司，动用450亿美元外汇储备以该公司的名义分别向中国银行、建设银行注资225亿美元，此次注资使两家银行都达到了8%的资本充足率的要求标准。

（3）银行上市、增发、配股等股权融资。在成熟的市场经济国家，上市融资是商业银行扩大资本规模，特别是筹集长期、稳定资本的基本途径之一。2010年，我国银行业进行了有史以来规模最大的融资，16家上市银行中的14家募集资金超过3 400亿元，从而使资本金得到有效的补充。2011年2月，银监会公布的统计数据显示，2010年，我国商业银行资本充足率大幅提升，四季度末商业银行整体加权平均资本充足率为12.2%。以2010年上市的中国农业银行为例，2010年8月16日，中国农业银行“A+H”同时上市，共募集221亿美元，农业银行成功上市后的资本充足率和核心资本充足率分别为11.59%和9.75%，较上年分别提高了1.52个百分点和2.01个百分点。

（4）发行中长期金融债券和可转换债券。发行债券补充资金是一种相对低成本的途径，特别是低利率时期。可转换债券为投资者提供潜在的获利机会，因而发行可转换债券筹集资本的有利之处就是票面利率可以抵御普通的不可转换债券。由于债券的稳定性和安全性对投资者和投资机构有很强的吸引力。

（5）减少风险加权资产、提高资产质量。银行所持有的风险资产的数量，是影响资本充足率高低的一个重要因素，根据资本充足率的计算公式，减少风险加权资产，提高资产质量是商业银行提高资本充足率的有效内在途径。商业银行可以通过压缩风险加权资产规模或优化资产结构减少表内资产的风险暴露。

4.我国银行业资本充足率现状

历史上我国商业银行的资本充足率非常低，后来经过股票上市、战略投资者投资、国家注册、不良资产剥离、发行次级债、发行混合资本债券和利润转增大大提高了资本充足率，缓解了资本制约和业务扩张需要之间的矛盾。近年来，各大商业银行资本充足率比较乐观，基本上已经符合监管的要求。

我国银监会于2012年发布了《商业银行资本管理办法（试行）》，其中给出了新的资本充足率计量办法，截止到现在，绝大部分商业银行已经采用新的计量方法计算资本充足率，我国各大上市银行2016年年底资本充足率详见表9-1。

由表9-1可以看出，我国各大商业银行无论是资本充足率、一级资本充足率还是核心一级资本充足率都高于监管要求的10.5%、8.5%和7.5%（系统性重要银行的监管要求分别是11.5%、9.5%和8.5%）。截至2017年末，我国商业银行核心一级资本充足率为10.75%，一级资本充足率为11.35%，资本充足率为13.65%，较2016年年底均略有上升。目前，商业银行的资本充足率整体水平高出监管最低标准2～3个百分点。虽然大多数银行资本达标压力不大，但随着表外资本回流表内，不少

表9-1　　　　我国上市银行2016年资本充足率

银行	资本充足率	一级资本充足率	核心一级资本充足
中国银行	14.28%	12.28%	11.37%
农业银行	13.04%	11.06%	10.38%
工商银行	14.61%	13.42%	12.87%
建设银行	14.94%	13.15%	12.98%
交通银行	14%	12.07%	10.86%
招商银行	13.33%	11.54%	11.54%
浦发银行	11.37%	9.02%	8.23%
平安银行	11.53%	9.34%	8.36%
华夏银行	11.36%	9.70%	8.43%
光大银行	10.77%	9.31%	8.17%
民生银行	11.73%	9.22%	8.95%
中信银行	11.98%	9.65%	8.64%

数据来源　各大商业银行2016年资本充足率报告.

银行也纷纷使用各种工具开始补充资本，无论是哪一种资本补充方式，从资源、操作上都会更倾向于具有稳健的经营能力和规范治理的银行。

9.2.4　世界金融监管发展的新趋势

20世纪90年代以来，金融创新不断涌现，金融机构日益转向多元化经营，金融业的新发展给经济发展和国际合作带来新机遇的同时，也加大了金融危机发生的潜在可能性和影响范围，这对金融监管提出了新的问题和更高的要求，以致各国监管当局都在积极探索有效的监管途径，从而使国际金融监管呈现出新的特点和新的趋势。

1.金融监管方式由合规性监管向风险导向型监管转变

当前，世界金融监管重心出现战略性转移，从传统的合规性监管向全面有效的风险导向型监管转变。合规性监管是指监管当局对金融机构执行有关政策、法律和法规所实施的监管。风险导向型监管的实质是对银行实施的内部风险管理进行监督，对信用风险、市场风险、流动性风险和操作风险等各类风险进行监管，并对信息披露提出要求。

传统的金融业监管主要依靠行政管理的手段，并以是否实现计划，符合政策操作规程作为衡量金融机构业绩和经营者素质的标准。这种合规性监管的方法侧重于事后的补偿和处罚，是一种静态的、事后的监管方法。随着国际金融市场的蓬勃发展、金融全球化趋势的日益增强，只监管信用风险已很难保证整个金融业的稳健运行，从而促使风险导向型监管的发展和运用。所谓风险导向型监管是指通过资本充足率、资产质量和资产负债比率等相关重要数据，对银行面临的信用风险、市场风险和流动性风险等各类风险进行审慎监管，它侧重于事前的风险防范。其主要内容包括：放宽已经过时的管制，在加快金融制度创新的同时，加强并扩大金融风险方面的监管措施，尤其是强化对金融机构稳健经营方面的事先预防措施。譬如，强化资产负债比例管理，加强经营质量管理考核，增强事后措施等。

实践中，在汇率风险监管方面，面对国际金融市场的日益动荡，巴塞尔委员会认为，应该对各种外汇风险进行全面而充分的监管，监管范围不仅应包括外汇资产负债业务，还需要包括银行表外的代理和自营外汇业务，特别是国际金融衍生市场交易，应重点加以监管。关于交付清算方面，为防范国际支付清算体系中存在的系统风险，国际银行业和许多国家的监管当局均采取了各种不同的应对措施，例如，有些国家积极发挥中央银行在支付体系中的作用，有些国家建立了不同程度的存款保险体系等。关于改善内部风险管理方面，有关国际监管组织提出了一些基本要求，例如，明确管理风险和经营衍生业务的权力和责任，重视报告资料的可靠性和及时性，进行风险测试，包括对不利事件的识别和潜在风险的检验，以及对银行抵御最不利事件能力的评估等。这些以风险监管为基础的审慎规则，使得银行在遵循风险监管审慎原则的基础上，改进其内部模式，从而降低了监管成本，并增大了金融监管的灵活性和有效性。

2.金融监管的国际合作与协调增强

由于国际贸易的发展，世界经济一体化的趋势越来越明显，银行业的跨国经营也日趋普遍。跨国银行的大规模发展，给金融监管带来了许多新的问题，并且跨国银行的金融创新更加大了各国金融监管的难度。金融危机与金融风险的防范已经成为世界经济发展首先需要关注的问题。近15年以来，国际上频频爆发金融风险事件，使越来越多的国家认识到加强国际金融监管合作的紧迫性和重要性。在这样的情况下，金融监管的国际协调与合作已成为新的趋势。

越来越多的国家达成了这样一个共识：在加强国内金融监管的前提下，强化国际金融监管合作。许多国家意识到，金融业的健康发展和稳健运行是国民经济持续增长的重要条件。在经济全球一体化趋势日益增强的今天，对金融风险的有效防范，如果仅局限于某一个国家或某一地区的话，已经很不充分了，客观上需要进行充分的国际合作。20世纪90年代以来，一次次国际金融危机的惨痛教训一再警示着人们：一国金融与经济安全与其国家安全紧密相关；金融监管水平与其经济全球化进程互为条件。有效监管水平的高低，直接影响经济尤其是金融全球化的进程。

以国际货币基金组织、巴塞尔银行监管委员会、国际证券委员会、国际证券市场协会、国际金融协会等为代表的国际性金融组织，在世界金融监管和国际监管合作方面发挥着越来越重要的作用。

3.金融监管模式由分业监管向统一监管转变

由于各个历史背景有所不同，导致各个国家的监管模式也是截然不同的，一般而言有四种类型：分业经营、分业监管；分业经营、统一监管；混业经营、分业监管；混业经营、统一监管。

在分业监管模式下，由于一个金融机构同时受几个监管机构的“混合监管”，不仅会造成成本增加，效率降低，监管者与被监管者间容易产生争议，而且还会造成某些被监管者可以钻多个监管者之间信息较少沟通的漏洞，利用不同业务类别间转移资金、转移风险，人为地抬高或降低盈利，以达到逃税、内部交易甚至洗黑钱等目的。近年来，为了顺应金融混业经营发展的趋势，许多国家的金融监管体系正由分散的、多层次的管理体系向统一的、综合性的管理体系过渡，监管模式呈统一化监管趋势。其中，英国的单一监管模式最为典型，它是世界金融中心中第一个采用单一机构进行监管的国家。

若金融市场本身处于初级发展阶段，银行、证券和保险等各类金融业务相互独立，采取分业监管模式可以保持较高的效率，但随着金融经营范围的不断扩大，金融衍生产品层出不穷，以及跨国金融集团的快速发展，金融监管日益困难。在金融控股集团下，因其同时拥有银行、证券和保险子公司，有动机且更容易将不良资产在不同金融子公司之间转移而隐藏；或者利用金融产品创新以最有利于自己的角度包装上市或在二级市场流通，以进行监管套利。因此，为达到监管的目标，应强调按照功能监管，而不是按照行业类别监管，逐步由分业监管向统一监管过渡。

4.激励相容的理念融入金融监管中

所谓激励相容的金融监管，强调的是金融监管不能仅仅从监管的目标出发设置监管措施，而应当参照金融机构的经营目标，将金融机构的内部管理和市场约束纳入监管的范畴，引导这两种力量来支持监管目标的实现。在激励不相容的监管制度下，监管机构仅仅根据监管目标而不考虑金融机构的利益和发展，导致其不能及时地对金融市场的需求变化做出反应，从而抑制了金融创新，使商业银行丧失开拓新市场的盈利机会，并且负向激励会诱发金融机构违法、违规行为。

当前，世界各国监管当局都开始采取多种形式鼓励金融机构针对自身状况建立完善的内部控制制度，并通过检查发现其内部控制的薄弱环节，提出改进工作的建议。2004年，巴塞尔委员会发布了《新巴塞尔资本协议》，通过将经济利益与银行监管挂钩，形成对银行内部控制行为的激励机制，促使银行主动承担监管责任，进一步提高银行监管效率。以内部评级法为例，其优点是：使资本的计量更具有风险敏感性，更能反映银行对风险控制的要求。同外部评级相比，银行内部评级体系能掌握更多的关于债项和债务人的信息，评级标准更为严格。由于新协议的最低资本规定，银行应用内部评级结果可以获得更有利的监管资本测算结果，根据预测，有效采用内部评级法的大银行能够减少约2%~3%的风险资本。而对于中小银行而言，由于标准法采用外部评级制，修改了风险权重，增加了风险敏感性，也将促使其更积极主动地对于贷款的质量进行把关，以减少风险资本要求。因此，降低风险资本要求的动力将促使银行主动加强内部控制。

当今的国际金融监管制度已经越来越注重激励相容，强调金融机构的商业目标与监管机构的监管目标的一致性和协调性，2010年出台的《巴塞尔协议Ⅲ》也引导商业银行建立内部风险模型。内部风险管理是银行自身经营的必要，也是确保监管有效实施的重要保障，外部监管与银行内部风险管理相结合，监管者与被监管者的关系协作发展，是银行监管的发展趋势。正如美联储前主席格林斯潘所说："激励相容监管应当是符合，而不是违背投资者和银行经理利润最大化目标的监管。"

★ 本章小结

为了应对经济全球一体化的发展，满足客户对国际业务的需求，世界各国的商业银行都开始了国际化进程。当前的国际银行业呈现出银行机构的国际化、市场和业务的国际化和金融自由化等状况。当金融改革浪潮形成时，投资银行业务与零售业务、金融业电子网络化和银行间的并购成为当今国际银行业发展的新趋势。

一国银行可与外国银行有往来关系，也可能在外国市场建立代表处或代理行等自己的分支机构，以便进行有限的银行服务。全面的银行业务则由海外分行、附属行或联属行来提供。

1988年签署通过的《巴塞尔资本协议》揭开了商业银行国际监管的新篇章。1988年的《巴塞尔资本协议》以资本充足率为核心，以信用风险控制为重点，突出强调国家风险的风险监管思路。1999年的《新巴塞尔资本协议》提出了银行资本的三大支柱：最低资本标准、监管部门监督检查和市场纪律。

随着经济全球化尤其是金融全球化的迅猛发展，加上金融的不断创新，金融机构日益转向多元化经营，既带来了经济发展和国际合作的新机遇，同时也提高了金融危机发生的可能性，加强和改善金融监管成为各国金融管理当局的重要任务之一，从而也使得国际金融监管朝着一些新的方向发展。

★ 综合训练

9.1　单项选择题

1.在欧洲金融市场上，最常用来作为银行利率基础的是（　　）。

A.LIMEAN　　B.LIBOR　　C.SINBOR　　D.HIBOR

2.根据《巴塞尔协议》的规定，商业银行的资本充足率不得低于（　　）。

A.4%　　B.6%　　C.8%　　D.10%

3.（　　）是市场判断资本充足率的基础，并与银行的盈利差别和竞争能力关系极大。

A.一级资本　B.二级资本　C.三级资本　D.自有资本

4.核心资本最低应为银行风险加权资产的（　）。

A.4%　B.5%　C.6%　D.7%

5.最初发行期限为2年以上的次级债券是（　）。

A.自有资本　B.运营资本　C.二级资本　D.三级资本

9.2　多项选择题

1.金融自由化主要包括（　）。

A.业务自由化　B.价格自由化

C.资本流动自由化　D.市场自由化

2.租赁业务根据设备租赁的来源方式不同，可划分为（　）。

A.直接租赁　B.间接租赁　C.转租租赁　D.回租租赁

3.国际银行的组织形式有（　）。

A.代表处　B.代理行　C.海外分行　D.合资银行

4.《巴塞尔协议》把银行资本划分为（　）。

A.自有资本　B.核心资本　C.附属资本　D.运营资本

5.《新巴塞尔资本协议》的三大支柱是（　）。

A.最低资本标准　B.风险加权制　C.监督检查　D.市场纪律

9.3　问答题

1.国际银行业的现状如何？发展趋势是什么？

2.国际银行的基本职能有哪些？

3.国际银行业有哪些组织形式？

4.简述《新巴塞尔资本协议》的内容。

5.世界金融监管有哪些新的发展趋势？

★ 本章参考文献

[1] 巴曙松，邢毓静，朱元倩．金融危机中的巴塞尔新资本协议：挑战与改进[M]．北京：中国金融出版社，2010.

[2] 休斯，麦克唐纳．国际银行管理：教程与案例[M]．刘群艺，李新新，译．北京：清华大学出版社，2003.

[3] 德勤全球金融服务行业咨询．解读Basel Ⅲ国际金融监管体系改革新动向[R]．2010.

[4] 袁鲲，饶素凡．银行资本、风险承担与杠杆率约束——基于中国上市银行的实证研究（2003—2012）[J]．国际金融研究，2014（8）：52-60.

[5] 朱新彤．新形势下我国商业银行资本充足率问题研究[D]．长春：吉林大学，2017.

[6] 中国银行保险监督委员会网站：http：//www.cbrc.gov.cn/chinese/.

第10章

国际金融机构

★ 导读

20世纪三、四十年代，第二次世界大战的爆发和经济大萧条给各国带来了巨大的灾难。第二次世界大战结束以后，为了协调各国的经济政策，重建国际经济体系，恢复世界经济的发展，1944年，共44个国家的代表参加了在布雷顿森林举行的国际货币金融会议，商讨成立国际货币基金组织、世界银行和关税与贸易总协定（General Agreement on Tariff and Trade，GATT），1999年起，正式改组为世界贸易组织（World Trade Organization，WTO），三者共同构成了第二次世界大战后国际经济秩序的三大支柱。

国际货币基金组织和世界银行两大全球性国际金融机构在建立至今的60多年里，为世界经济的发展起到了很大的推动作用。发展中经济体独立自主发展经济的决心，也推动了区域性金融合作的发展及区域性金融机构的出现，最典型的如亚洲开发银行、欧洲投资银行等。这些区域性国际金融机构为本地区各国的经济发展及金融合作提供了一个良好的场所。本章主要对这些国际金融机构的宗旨、业务活动和经营特点进行介绍。

★ 关键概念

世界银行　IMF　份额　汇率监督

§10.1 国际货币基金组织

10.1.1 国际货币基金组织建立的过程与宗旨

国际货币基金组织（IMF）成立于1945年12月27日，代表该基金初始份额80%的29个成员方政府，在华盛顿签署了《国际货币基金协定》。自此，国际货币基金组织宣告正式成立。国际货币基金组织的成立，为第二次世界大战后以美元为中心的国际货币体系的建立与发展奠定了组织基础。

1946年3月，IMF在美国佐治亚州萨凡纳召开理事会创立大会，选举了首届执行董事，并决定将总部设在华盛顿。同年9—10月间，IMF和世界银行理事会第一届年会在华盛顿召开。12月，IMF公布当时32个成员方的货币对黄金和美元的平价。1947年3月，IMF宣布开始办理外汇交易业务，同年11月15日，IMF成为联合国的一个专门机构。IMF成立之初有39个创始成员，到2016年为止，根据国际货币基金组织的网站公布，有189个成员方。其中180个是具有独立主权的国家，9个是地区，遍布世界各地。IMF现已成为名副其实的全球性国际金融组织。

IMF的宗旨是：

（1）通过一个常设机构来促进国际货币合作，为国际货币问题的磋商和协作提供方法。

（2）促进国际贸易的扩大与平衡发展，以促进和保持成员方的就业和收入。

（3）促进汇率的稳定，在成员方之间保持有秩序的汇率安排，避免竞争性的货币贬值。

（4）协助成员方建立经常性交易的多边支付制度，消除妨碍世界贸易发展的外汇管制。

（5）在有适当保证的条件下，向成员方提供临时性的资金融通，使其有信心且利用此机会纠正国际收支的失衡，而不采取危害本国或国际经济的措施。

（6）根据上述宗旨，缩短成员方国际收支不平衡的时间，减轻不平衡的程度。

专栏10-1

IMF与世界银行——区别何在

在1944年的布雷顿森林会议上，人们构想国际货币基金组织和世界银行是为了加强国家间经济合作和帮助建立更加稳定和繁荣的全球经济机构。虽然这些目标仍是两机构的核心，但它们的使命和职能不同，其工作任务根据新的经济发展情况和挑战而逐渐变化。

IMF促进国际货币合作并向成员方提供政策建议、临时贷款和技术援助，从而使成员方能够实现并保持金融稳定和生存能力。IMF提供的贷款，旨在为解决国际收支问题的政策规划提供支持。IMF在低收入国家工作中主要关注的是，宏观经济和金融政策怎样才能为可持续增长和减贫奠定基础。IMF的大多数专业工作人员是经济学家。

世界银行通过提供技术和资金支持（包括帮助各国改革特定部门或实施具体项目），促进各国长期经济发展和减负。世界银行的资金援助一般是长期的。与IMF工作人员相比，世界银行人员需要的技能涉及更广泛的学科。

IMF和世界银行在多个领域进行协作，特别是在支持低收入国家的政府实施减贫战略、向最贫穷国家提供债务减免以及评估各国的金融部门方面。两机构每年举行两次联合会议。

资料来源　樊韬. 国际货币基金组织（IMF）与世界银行（WB）[J]. 青海金融，1999（8）.

10.1.2　国际货币基金的组织结构

IMF的组织结构由理事会、执行董事会、总裁和常设职能部门等组成。

1.理事会

理事会（board of governors）是IMF的最高决策机构，由成员方各派一名理事、一名副理事组成，任期5年。理事通常由该成员方的财政部长或中央银行行长担任，有投票表决权（各国投票权的大小由其所缴基金份额的多少决定）。理事会的主要职权是：批准接纳新的成员方；批准IMF的份额规模与特别提款权的分配；批准成员方货币平价的普遍调查；决定成员方退出IMF；讨论有关国际货币制度的重大问题。理事会通常每年9月举行一次年会，一般同世界银行理事会年会联合举行。

2.执行董事会

执行董事会（executive board）是IMF负责处理日常业务工作的常设机构，由24名执行董事组成，任期2年。其中8名由美、英、法、德、日、俄、中、沙特阿拉伯指派，其余16名执行董事由其他成员方分别组成16个选区选举产生；中国为单独选区，亦有一席。执行董事每两年选举一次，选举方法包括指定与选派两种，其中选派董事由其他成员方按选区轮流选派。执行董事会的职权主要有：接受理事会委托定期处理各种政策和行政事务，向理事会提交年度报告，并随时对成员方经济方面的重大问题，特别是有关国际金融方面的问题进行全面研究。执行董事会每星期至少召开3次正式会议，履行《国际货币基金协定》指定的和理事会赋予它的职权。当董事会需要就有关问题进行投票表决时，执行董事按其所代表的国家或选区的投票权进行投票。

在执行董事会与理事会之间还有两个机构：一是国际货币基金组织理事会关于国际货币制度的临时委员会，简称"临时委员会"（Interim Committee）；二是世界银行和国际货币基金组织理事会关于世界资源向发展中经济体转移的联合部长级委员会，简称"发展委员会"（Development Committee）。两个委员会每年开会2~4次，讨论国际货币体系与开发援助等重大问题，其通过的决议最后往往就是理事会的决议。

3.总裁

总裁（managing director）是IMF的最高行政长官，其下设副总裁协助工作。总裁负责管理IMF的日常事务，由执行董事会推选，并兼任执行董事会主席，任期5年。总裁可以出席理事会和执行董事会，但平时没有投票权，只有在执行董事会表决双方票数相等时，才可以投决定性的一票。

4.常设职能部门

IMF有16个常设职能部门，负责各方面的业务活动。此外，IMF还有2个永久性的海外业务机构，即欧洲办事处（设在巴黎）和日内瓦办事处。

10.1.3 国际货币基金组织的资金来源

IMF的资金主要来源于成员方缴纳的份额、借款、捐款、出售黄金所得的信托基金以及有关项目的经营收入。

1.份额

份额（quota）是每个成员方向IMF认缴的一定数额的资金，从财务角度看相当于股本。成员方的份额由IMF的份额公式计算得出，它由成员方的国内生产总值、储备余额、平均进口额、出口变化额以及出口占国内生产总值的比例等因素决定。份额显示了成员方在IMF中的相对地位，与成员方的利益关系重大。首先，它决定了成员方投票权的大小。成员方在IMF的投票权基本上与其份额规模直接相关，IMF的一切活动都与成员方交纳的份额相联系，重大问题要有80%以上的票数通过，甚至要求85%以上的票数。IMF规定，每一成员方有250份基本票，这些基本票代表了国家的主权，然后按成员方所认缴份额的量，每10万特别提款权折合一票，成员方认缴的份额越多，所获票数也就越多，表决权也就越大。其次，份额决定了成员方可以获得贷款的最高限额。《国际货币基金协定》规定，每个成员方根据备用信贷和中期贷款安排向IMF的借款累计不得超过其份额的300%。最后，份额决定了一国可获得特别提款权分配的数量。IMF一般每隔5年进行一次份额总检查，其目的一是检查基金组织的流动性是否充足，从而决定是否需要增加份额（即增资），二是通过份额公式考察各成员方在世界经济中相对地位的变化，并通过新增份额的分配使一国的实际份额在一定程度上反映该国相对经济地位的变化。

第14次份额总检查于2010年12月15日结束，国际货币基金组织的资金规模从约2 385亿SDR增加一倍到4 770亿SDR；超过6%的份额从代表性过高的成员方转移到代表性不足的成员方；超过6%的份额转移到有活力的新兴市场和发展中经济体；份额比重显著调整。2010年11月5日，国际货币基金组织执行董事会通过了份额改革方案。份额改革完成后，中国的份额将从3.72%升至6.39%，投票权也将从目前的3.65%升至6.07%，超越德国、法国和英国，位居美国和日本之后，成为第三大股东，得到在这一国际组织中的更大话语权。中国成为国际货币基金组织第三大成员方，国际货币基金组织份额最大的十个成员方中将有四个新兴市场和发展中国家（巴西、中国、印度和俄罗斯）；最贫穷国家的份额和投票权比重予以维持。

2010年7月26日，朱民正式出任国际货币基金组织副总裁。

2016年1月26日，国际货币基金组织（IMF）宣布IMF2010年份额和治理改革方案已正式生效，这意味着中国正式成为IMF第三大股东。这次改革带来的总份额增加一倍及份额比重大幅调整，将更好地反映国际货币基金组织成员方在全球经济中的相对权重的变化，IMF执行董事会成员将首次全部由选举产生。尽管包括美国在内的发达经济体在IMF扩资后所认缴的份额有所下降，但其影响力并未削弱，如改革完成后美国的投票权微降至16.5%，保留其否决权。但是，该方案的生效标志着IMF治理向着更好体现新兴市场和发展中经济体话语权的方向迈出重要一步，并将加强IMF的信誉度、有效性和合法性。

2.借款

借款是IMF的另一个主要的资金来源。这种借款是在IMF与成员方协议前提下实现的，主要形式有：（1）借款总安排，1962年与“七国集团”签订总额60亿美元的借款合同，以应对成员方临时性困难；（2）补充资金贷款借款安排，1979年与13个成员方签订补充资金贷款借款安排；（3）扩大资金贷款借款安排，1981年5月与一些官方机构签订扩大资金贷款借款安排外，IMF还与成员方签订扩大资金贷款借款安排，以扩大资金来源。

3.出售黄金

1976年1月，IMF决定将其所持有的黄金的1／6，即2 500万盎司，分4年按市价出售，以所得的收益中的一部分，作为建立信托基金的一个资金来源，用以向最贫穷的成员方提供信贷。

10.1.4　国际货币基金组织的主要职能

1.监督职能

国际货币体系的两个关键组成部分是汇率和资本流动。为了保证有秩序的汇兑安排和汇率体系的稳定，取消不利于国际贸易的外汇管制，防止成员方操纵汇率或采取歧视性的汇率政策以谋求竞争利益，IMF最主要的两项监督职能就是对汇兑安排和对国际资本流动进行监督。这两项监督包含的内容、采用的形式随着国际经济格局和货币秩序的变迁而不断变化。根据《国际货币基金协定》第四条第三款，汇率监督有三个主要的指导原则：

（1）成员方应避免为了调整本国的国际收支，或为了取得对其他成员方的不公平的竞争优势而操纵汇率或国际货币体系；

（2）成员方在必要时应干预外汇市场，以应对乱局面，尤其是本国货币汇率出现的破坏性的短期波动；

（3）成员方在采取干预政策时，应考虑其他成员方的利益，包括其货币受到干预的国家的利益。

IMF监督的三种主要形式：

（1）国别（双边）监督。根据《国际货币基金协定》第四条规定，IMF定期与成员方就其经济政策举行磋商（通常每年一次），也称为“第四条”磋商。磋商的内容不仅涉及宏观经济政策，还涉及其他影响一国宏观经济的政策，包括劳动力市场化管理以及环境问题的政策。随着金融市场全球化进程的加快，IMF也正在考虑资本项目以及金融和银行部门的问题。通过以工作人员报告为基础的“第四条”磋商，IMF确定哪些政策是奏效的，哪些政策有缺陷，指出其潜在的脆弱性，并提出相关政策建议。此外，IMF还通过金融部门评估规划进行双边监督。

（2）全球（或“多边”）监督。其主要由IMF执行董事会根据工作人员撰写的《世界经济展望》（每年两期）和《全球金融稳定报告》（每年两期）定期对全球经济发展进行评估以及定期对国际资本市场的发展、前景和政策问题进行讨论。此外，执行董事会还对成熟和新兴的金融市场发展动态进行连续监测。

（3）区域监督。作为对国别监督的补充，IMF考察按地区安排执行的一些政策。它定期与“欧元区”、“西非经济与货币联盟”、“中非经济与货币联盟”及“东加勒比货币联盟”等地区性组织进行磋商，对其经济和金融政策实施监督。

近几年，尤其是墨西哥发生货币危机以来，IMF扩大了监管活动范围，关注成员方经济数据的质量和这些数据的适时公布情况，关注成员方金融制度的效率和能力以及私人资本的稳定性，并通过对可能出现的问题提出警告来防止金融和经济危机的发生。此外，IMF还参与“八国集团”“二十四国集团”“亚太经合组织论坛”以及其他一些地区性机构的活动，就世界经济和金融市场发展举行非正式讨论，作为对上述三种监督的补充。

2.基金贷款

基金贷款是IMF的一个主要业务活动，根据《国际货币基金协定》的规定，当成员方发生国际收支不平衡时，IMF首先与该国政府协商重新恢复宏观经济稳定的经济计划，为经济的持续均衡发展创造条件。然后，执行董事会根据该国统一实施的改革计划，决定是否给予贷款援助。IMF对成员方提供的短期信贷具有下列特点：①贷款对象限为成员方政府，IMF只同成员方的财政部、中央银行及类似的财政金融机构往来；②贷款用途只限于解决短期性的国际收支不平衡，用于贸易和非贸易的经常项目的支付；③贷款期限限于短期，属短期贷款；④贷款额度是按各成员方的份额及规定的各类贷款的最高可贷比例，确定其最高贷款总额；⑤贷款方式是根据经磋商同意的计划，由借款成员方使用本国货币向基金组织购买其他成员方的等值货币（或特别提款权），偿还时，用特别提款权或IMF指定的货币买回过去借用时使用的本国货币（一般称为购回）。

专栏10-2

IMF贷款的分类

基金组织不同的贷款工具适合不同的国际收支需要（实际、预期或潜在需要；短期或中期需要）以及不同成员方的具体情况。低收入成员方可以通过减贫与增长信托（PRGT）下的贷款机制获得优惠贷款（参见“基金组织对低收入国家的支持”）。2016年年底之前，优惠贷款的利率为零。

1.非优惠贷款

基金组织的非优惠贷款工具包括：备用安排（SBA）；灵活信贷额度（FCL）；预防性和流动性额度（PLL）；为满足中期融资需要的中期贷款（EFF）；向面临紧急国际收支需要的成员方提供紧急援助的快速融资工具（RFI）。基金组织的所有非优惠贷款均收取与市场挂钩的利率，称为“收费率”。对（超过一定贷款限额的）大额贷款，还收取附加费。收费率以特别提款权利率（根据主要国际货币市场的短期利率每周进行调整）为基础。成员方可向基金组织借款的最高数额称作“贷款限额”。贷款限额因贷款类型而异，但通常是成员方在基金组织份额的倍数。在特殊情况下，贷款可以超过限额。备用安排、灵活信贷额度和中期贷款没有事先确定的贷款限额。

（1）备用安排

从历史上看，基金组织的非优惠援助大多是通过备用安排提供的。备用安排的目的是帮助各国解决短期国际收支问题。规划的设计正是为帮助成员方解决这类问题。基金组织的拨款以成员方是否实现这些目标作为条件（所谓的“贷款条件”）。备用安排的期限通常为12～24个月，还款在拨款之后的3.25～5年期间进行。备用安排可以在预防基础上提供，即有关国家可以选择不提取批准的贷款，但保留在条件恶化时提款的选择。备用安排在分阶段提款和提供前期贷款方面具有灵活性。

（2）灵活信贷额度

灵活信贷额度主要针对那些经济基本面、政策及政策实施记录十分强劲的国家。灵活信贷额度安排（由成员方提出申请）若要得到批准，有关国家必须达到事先确定的资格标准。灵活信贷额度的期限为1年或2年，1年后对是否仍具有资格进行中期检查。贷款限额在个案基础上决定，不受贷款限额限制。灵活信贷额度拨款不是分阶段进行，而是一次性在前期支付。与备用安排不同，其贷款拨付也不以实施具体的政策谅解为条件，因为有资格获得灵活信贷额度的国家具有实施适当宏观经济政策的明确记录。成员方可以选择在批准之时提用额度，也可以将其作为预防性额度。灵活信贷额度的还款条件与备用安排相同。

（3）预防性和流动性额度

预防性和流动性信贷额度是针对那些具有稳健的经济基本面、政策及政策实施记录的国家。有资格获得预防性和流动性信贷额度的国家可能面临轻度脆弱性，不符合灵活信贷额度资格标准，但它们不需要实施备用安排通常要进行的重大政策调整。预防性和流动性额度将资格标准（类似于灵活信贷额度，但标准更低）与有针对性的条件结合起来，这些条件的目的是识别依然存在的脆弱性。预防性和流动性额度安排的期限可以是6个月或1～2年。1～2年的预防性和流动性额度每半年进行一次检查。6个月预防性和流动性额度安排的贷款限额在正常情况下为份额的125%，但在特殊情况下（国际收支需要来自于外生冲击，包括地区或全球压力加剧），贷款限额可提高到份额的250%。1～2年预防性和流动性额度安排的年度贷款限额为份额的250%。所有预防性和流动性额度安排的累计限额为份额的500%。

既可以提用信贷额度，也可以将其作为预防性额度。预防性和流动性额度的还款条件与备用安排相同。

中期贷款（EFF）。其目的是帮助成员方解决长期国际收支问题，而且这些问题由严重扭曲所致，要求成员方采取重大经济改革。在最近危机期间，中期贷款的使用显著增加，反映了一些成员方国际收支问题的结构性质。中期贷款安排的期限通常比备用安排长——在批准时通常不超过三年。然而，也允许最长期限为四年，前提是预计有超过三年的国际收支需要、恢复宏观经济稳定所需的调整过程将很漫长，并且能够确信成员方有能力和意愿实施深入和持续的结构改革。还款一般在拨款之后的4.5~10年之间进行。

（4）快速融资工具

设立快速融资工具的目的是取代之前的紧急援助政策并扩大其范围。快速融资工具向所有面临紧急国际收支需要的成员方提供附带条件有限的快速资金援助。快速融资工具的年度贷款限额为份额的37.5%，累计贷款限额为份额的75%。

2.优惠贷款

基金组织在减贫与增长信托（PRGT）下对低收入国家的优惠贷款机制于2010年进行了改革，这是更广泛的工作的一部分，目的是使基金组织的资金支持更加灵活，并更好地适应低收入国家的不同需要。优惠贷款机制的标准和限额于2015年扩大，以维持其相对于不断增长的生产、贸易和资本流动的水平。贷款条件更加优惠，每两年对利率进行一次检查（现在到2016年年底利率为零）。所有贷款都支持各国拥有的规划，这些规划旨在实现与强劲持久减贫和增长相一致的可持续的宏观经济状况。符合PRGT资格的国家如果情况较好，可以从基金组织获得非优惠与优惠资金相结合的“混合”资金支持。

（1）中期信贷（ECF）

它是基金组织向长期面临国际收支问题的低收入国家提供中期支持的主要工具。中期信贷下的贷款目前利率为零，宽限期为5.5年，最终期限为10年。

（2）备用信贷（SCF）

它向面临短期国际收支需要的低收入国家提供资金援助。备用信贷可在多种情况下使用，包括用于预防目的。备用信贷下的贷款目前利率为零，宽限期为4年，最终期限为8年。

（3）快速信贷（RCF）

它向面临紧急国际收支需要的低收入国家提供贷款条件有限的迅速的资金援助。快速贷款简化了基金组织对低收入国家的紧急援助，可在多种情况下灵活使用。快速信贷下的贷款目前利率为零，宽限期为5.5年，最终期限为10年。

资料来源　摘自IMF官网.

3.IMF贷款的条件及其评价

IMF贷款与其他商业性贷款有很多区别，具有较为苛刻的条件和鲜明的政策性。例如，东南亚金融危机爆发后，国际货币基金组织成为国际金融领域重要的协调者和仲裁者，对各国进行了经济援助和干预。但是，在IMF和各国达成的援助协议中，附加了以下条件：①整顿金融秩序，勒令部分金融机构破产，并对金融机构进行重组，使其尽快达到《巴塞尔协议》的资本金要求，但在此过程中必须保护存款者和债权人的利益；②开放金融市场，取消对外资参与本国金融机构的限制；③削减财政开支，紧缩经济，提出新年度的宏观经济预测指标（包括降低GDP增长率、遏制通货膨胀水平、改善国际收支）；④调整经济结构，进行市场化和私有化改革。

事实上，对于国际货币基金组织这样一个以稳定各国间汇率关系为行动宗旨的国际组织来说，它提出的调整方案或者说贷款的条件主要考虑的是危机国的外部经济均衡，同时从自由市场经济理论出发，鼓励各国经济开放和金融自由化。以韩国为例，国际货币基金组织提供紧急援助的条件是：采取停业破产等手段整顿金融机构，开放贸易和金融市场，将1998年GDP的增长率控制在3%以内，将经常项目赤字控制在GDP的1%以内，将通货膨胀率控制在5%以内，为稳定市场提高利率水平等。

专栏10-3

希腊债务危机，7 500亿欧元救助机制

2010年5月10日，经过10多个小时的漫长谈判，欧盟各成员方财政部长于10日凌晨达成一项总额7 500亿欧元的救助机制，以帮助可能陷入债务危机的欧元区成员方，防止希腊债务危机蔓延。

这套史上最庞大的救助机制由三部分资金组成，其中4 400亿欧元将由欧元区国家根据相互间协议提供，为期三年，600亿欧元将以欧盟《里斯本条约》相关条款为基础，由欧盟委员会从金融市场上筹集，此外国际货币基金组织将提供上限为2 500亿欧元的贷款。

为换取欧盟和国际货币基金组织的联合贷款，希腊政府于5月出台了大规模财政紧缩政策，具体措施包括提高增值税、削减公务员福利待遇和提高退休年龄等。希腊政府计划通过财政紧缩，在未来3年内削减财政预算300亿欧元，并将预算赤字占国内生产总值（GDP）的比重降低至11%，在2014年之前进一步降至欧盟规定的3%之下。截至2009财年，希腊政府预算赤字高达GDP的13.6%。

资料来源　摘自《欧盟达成7 500亿救助机制》（新华网）、《希腊或将超额实现今年减赤目标》（中国证券报）.

IMF认为，以上措施有助于危机国家实现长期稳定的发展。首先，整顿金融部门、保护存款人利益是恢复市场信心、提高金融体系抗风险能力的重要手段；其次，开放金融市场可以吸收国际先进的管理水平和先进技术、引进外资，同时可以在外国金融机构的竞争下，加速本国金融机构与国际接轨、加大改革步伐、提高经营效率；再次，削减财政开支、紧缩经济能够缩减有效需求、减少进口、改善国际收支状况、保持币值稳定；最后，调整经济结构能提高经济发展水平，从本质上增加产品附加值，增强产品的竞争力，而市场化和私有化改革、减少政府的干预则能使各国充分运用市场机制配置资源。从理论上讲，这些措施无可厚非。

但是，IMF也遭到了许多批评。例如，关于IMF对东南亚金融危机开出的“药方”，一些经济学家认为过于猛烈。一方面，亚洲各国经济状况普遍良好，财政收支甚至略有结余，IMF一贯采用的严格的经济紧缩政策在这里可能并不适用；另一方面，IMF的改革方案直接影响了平民百姓的切身利益。例如，削减公共开支、增税及撤销对生活必需品的财政补贴等，使低收入阶层的生活更加困难；另外，勒令经营不善的国有企业私有化，关闭资金周转不灵的银行或金融机构则会加剧金融市场的动荡，引起民众更大的恐慌。曾任世界银行首席经济学家的斯蒂格利茨对诸如经济私有化、资本市场自由化等这些贷款条件提出了严厉的批评，认为这些条件不仅没有使得这些国家，尤其是不发达国家的人民获得真正的福利，反而是将财富进一步集中在少数人手中。

10.1.5 20世纪90年代以来IMF的改革

20世纪90年代以前，IMF通过及时的资金援助和有效的政策建议，给予了成员方对IMF维持国际金融体系稳定的信心。可是，IMF在面对1997—1998年东南亚金融危机和1998—1999年巴西、俄罗斯金融危机时表现出的行动迟缓和措施的不得力，在世界范围内引起了广泛的批评和质疑。作为国际金融体系监管者，由于对发达经济体的金融监管过于宽松，IMF在次贷危机问题上有不可推卸的责任。正是在这样的背景下，IMF开始了通过改革来加强对金融危机的预测和在危机发生时的处理能力。改革主要集中在增加IMF的储备资产，扩大对金融危机国家的援助，放松贷款限制，增强收集信息的能力以利于对成员方金融方面的监管。

1.扩大IMF资金规模

随着世界经济一体化的发展，金融市场上的不稳定因素也相应增加。IMF资金实力的多寡直接关系到IMF的危机救援能力，因此IMF所拥有的资本基础理应得到增加。从绝对数字上看，IMF的资金规模已经从1978年的611亿SDR（第7次份额测评）增长到2010年的4 770亿SDR（第14次份额测评），但是与不断增长的世界经济规模、国际资本流动以及任何可比的全球流动性指标相比，IMF的资金实力是在不断下降的。2009年4月的伦敦峰会同意增发2 500亿美元的SDR，这是1978后SDR增发首次得到通过。然而，即便此次大规模的增发SDR，SDR在全球非黄金储备中仍仅占约5%，而1972年SDR完成第一阶段发行后，这一数字曾达到9.5%。因此，应通过一定手段来提高基金份额，扩大筹资渠道，完善筹资机制。

扩大IMF的资金规模一直是IMF改革建议中的重要内容，绝大多数建议是增加和调整IMF的成员份额，也有人建议从其他途径来增加IMF的资金规模。美国前财政部助理部长艾德温·杜鲁门曾提议，通过征收0.5%的国际投资收益税（国际投资的收益税收）为IMF筹集3 000亿美元的资金。2001年年底，国际金融投机家乔治·索罗斯也提出通过增发SDR为IMF援助发展中经济体筹措资金的计划。2011年12月2日，IMF表示，倘若欧债危机升级，该组织需要进一步扩大资金规模以抵御危机，新增资金可以来自欧元区成员方央行等渠道。目前增加基金组织份额的呼声仍然很高，但是由于主要发达经济体对此缺乏积极性，因此发展中经济体增加基金份额的问题没有得到切实的关注。

2.改革投票机制

IMF由于其资金大多来自传统经济大国，因此受其操纵严重，导致其现有的投票制度极不合理。

在IMF投票表决机制中，除按成员方所持份额的多少来分配投票权之外，还为每个国家分配了等额的基本投票权，以反映各国地位平等的原则。但是，从国际货币基金组织成立至今，基本投票权的总数增加了37倍，但基本票数却至今未变，导致基本投票权在总投票权中所占的比重从当年的11.3 %下降到2003年的2.1%。基本投票权的作用名存实亡，发展中经济体在IMF决策中的影响进一步下降。为保护自身在IMF中的合法权益，许多发展中经济体提出应增加基本票数量及其在总投票权中所占的比例，增加发展中经济体的相对比重，以矫正当前IMF内部发达经济体与发展中经济体之间权力的不平衡，要求在IMF内部加强民主，增强机构的合法性与参与度，至少应使基本票比例回归到1945年的水平。2008年IMF进行了投票机制改革，将基本票固定为占总投票的5.502%，每个成员方的基本票数将从250增加到677。随着有资格获得2008年改革批准的特别增资成员方缴纳增资款，基本票将继续增加，基金组织2008年的份额和发言权改革于2011年3月3日正式生效，基本票将几乎增加至原来的三倍。于2016年1月26日生效的IMF2010年份额和治理改革方案的基础就是2008年以来实行的、2011年3月3日生效的各项改革。在2010年改革中，超过6%的份额从代表性过高的成员方转移到代表性不足的成员方，超过6%的份额转移到有活力的新兴市场和发展中经济体。

3.改革IMF的决策机构

基金组织的总裁是由执行董事会推选产生的，但事实上，IMF和世界银行诞生60余年间，美欧在这两大机构的领导权问题上有一项不成文的“君子协定”，即欧洲人担任IMF总裁，美国人担任世界银行行长。虽然美国在IMF中拥有最多的份额，但欧盟成员方在IMF中拥有大约30 %的份额，高于美国和日本的总份额，因此确保了欧洲在IMF决策中的主导地位。但由于美国对重大决策拥有单国否决权，因此总裁一职的选举程序不透明和带有政治色彩，使其成为各种政治势力角逐的战场。同时，由于执行董事会成员构成的不合理，导致发展中经济体的意见得不到表达，利益得不到保障和维护，这使得发展中经济体对IMF的认同感下降，影响了IMF的长期决策效率，因此，国际货币基金组织的管理结构（主要是执行董事席位的数量）需要进行调整。

4.强化IMF反危机能力，增强IMF在全球发挥预警的作用

IMF一直鼓励其成员方充分公开其金融数据和信息，提高财务与货币政策的透明度，并为此制定了《特殊数据公布标准（Special Data Dissemination Standard）》加以规范。今后，IMF应进一步加强这一标准，并根据汇集的信息，向各成员方提

供更为合理的政策建议，提高对危险信号的敏感度。

5.健全国内金融体系

本国金融体系的不健全往往是引发危机的深层次原因，因此从1999年开始，IMF和世界银行就开始在成员方中推行“金融部门评估计划”（Financial Sector Assessment Program）以及“标准和准则的执行报告”（Report on the Observance of Standards and Codes）。通过2001年9月30日对57个成员方的金融部门标准和准则的审议，IMF在其中确定了12个重要的标准和准则作为成员方金融体系改革的尺度，并期望通过对这些尺度的监督、督促其标准化，在一定程度上增强成员方金融体系的抗风险能力和对资本流动的控制能力。

专栏10-4

中国金融部门评估

我国关于金融风险预警、金融稳定评估等方面一直在进行尝试，包括：

1.推进资产负债管理。从1994年起，中国人民银行规定对商业银行实行资产负债比例管理和资产风险控制，当时中国人民银行稽核局发布了一系列非现场稽核指标，从而使我国银行监管指标体系初具规模，此后很长一段时间，我国商业银行在进行预警管理时都采用该指标体系。

2.推出股份制商业银行风险评价体系。2004年，银监会推出《股份制商业银行风险评级体系（暂行）》，以全面动态评价银行风险，加强对股份制商业银行的监管。该评级体系主要是对银行经营要素的综合评价，包括资本充足状况评价、资产安全状况评价、管理状况评价、盈利状况评价、流动性状况评价和市场风险敏感性状况评价，以及在此基础上的加权汇总后的综合评价，综合评级分为良好、一般、关注、欠佳和差等五个层级。该评级体系的评定周期为1年。

3.参照FSAP框架开展金融稳定自评估。2003年7月，由中国人民银行牵头组织国家发展和改革委员会、财政部等8家部级单位成立了跨部门领导小组和工作组，首次参考FSAP评估框架对中国金融稳定领域开展自评估工作。在此次自评活动中，IMF积极为我国提供了技术援助。自评估工作开展历时一年多，2004年基本结束，并形成《中国金融业稳定性评估报告》。该报告运用IMF的FSAP框架和国际标准与准则，从宏观环境、金融基础设施和金融监管等层面全面分析了中国金融体系的稳定状况，提出加强金融稳定性的政策建议。

4.实施商业银行风险预警操作。银监会于2005年4月21日制定、下发了《商业银行风险预警操作指引（试行）》。根据该指引要求，从2005年开始，银监会内部按季对商业银行法人机构进行风险预警的试运行，风险预警对象包括国有商业银行、股份制商业银行、城市商业银行、在中国境内注册的外资独资及中外合资银行。

5.加强金融风险监测和评估，定期出版金融稳定报告。2005年11月，中国人民银行参考FSAP的分析框架首次对外发布《中国金融稳定报告》，尝试对我国金融体系稳定状况进行全面评估，进而分析我国金融稳定面临的问题，该报告与《中国人民银行年报》《中国货币政策执行报告》共同成为央行此后对外定期发布的三大重要报告。

2008年2月14日，温家宝总理在会见来访的IMF总裁多米尼克·斯特劳斯-卡恩时，正式宣布我国将于2008年加入FASP。2009—2011年，中国接受了首次FSAP评估。根据国际货币基金组织对系统重要性经济体每五年开展一次更新评估的要求，2015年10月起，我国接受了FSAP更新评估。在2017年12月7日，国际货币基金组织和世界银行公布了中国“金融部门评估规划”更新评估核心成果报告——《中国金融体系稳定评估报告》、《中国金融部门评估报告》、《关于中国遵守〈有效银行监管核心原则〉详细评估报告》、《关于中国遵守〈证券监管目标与原则〉详细评估报告》和《关于中国遵守〈保险核心原则〉详细评估报告》。在更新评估成果报告中，国际货币基金组织和世界银行充分肯定了我国近年来经济和金融体系改革发展的成果。

《中国金融稳定报告2017》参考FSAP的分析框架从国际经济金融环境、中国经济金融运行、银行业、证券期货业、保险业、金融市场、金融基础设施和宏观审慎管理等八个方面分析了我国的金融稳定性。报告指出，2016年，世界经济缓慢复苏，发达经济体面临一系列政治、经济挑战，新兴市场经济体有所企稳，但仍面临调整与转型压力。我国坚持稳中求进的工作总基调，国民经济运行缓中趋稳、稳中向好，金融业改革不断深化，金融市场平稳运行，金融机构整体稳健，金融基础设施建设取得新的进展，宏观审慎政策框架不断完善，实现了“十三五”良好开局。

资料来源　摘自《中国区域金融稳定评估：FSAP的研究与应用》（凌涛）、《中国金融稳定报告2017》.

6.建立汇率制度和汇率水平的监测机制

IMF应对其成员方实际汇率水平的高估或低估现象及时地给予建议，以避免因汇率变化过度或反复无常而给国际金融和世界贸易带来不必要的震荡，维护汇率机制的灵活性。

7.审慎对待资本账户的可兑换性

资本账户自由化的趋势是不可避免的，且资本自由流动所带来的收益也是不可否认的，但发展中经济体应谨慎、逐步地推进资本项目自由化，尤其应重视在期间保持宏观经济平衡，加强金融系统监管。各国自主决定其资本账户的开放与否和怎样开放，而不应通过修改IMF的章程，将资本账户列入IMF的管辖范围。

8.建立全方位的沟通与协调机制

这方面主要是加强IMF与世界银行、世界贸易组织等国际经济组织，以及欧盟、东盟等区域性经济联盟的沟通与协调，使其在国际货币体系中发挥更大作用。

专栏10-5

我国与IMF

中国是IMF的创始国之一，但在1980以前，中国在IMF的席位一直被中国台湾当局占据。1971年，我国恢复了在联合国的合法席位，在联合国各专门机构的合法席位也相继得到恢复。经积极交涉，1980年4月17日，IMF执行董事会通过决议，恢复了中国的合法席位，之后，我国在IMF的份额由原来的5.5亿特别提款权增加到1983年的23.9亿特别提款权。1992年在第9次份额测评中，我国的份额增至33.852亿特别提款权，占基金总份额的2.35%，位列第11位。2011年7月26日，在IMF新任女总裁拉加德的提名下，曾任中国人民银行副行长的朱民正式出任国际货币基金组织（IMF）第四任副总裁，从而成为有史以来首位进入该组织高层的中国人。2014年10月10—12日，国际货币基金组织和世界银行年会系列会议在美国华盛顿召开。中国人民银行行长周小川率中国政府代表团出席，并在第30届国际货币与金融委员会（IMFC）部长级会议上就中国经济形势作了发言。2015年10月1日，中国首次开始向国际货币基金组织申报其外汇储备，这是中国向外界披露一项重要经济数据的里程碑式事件。2015年11月30日，国际货币基金组织（IMF）执行董事会批准人民币加入特别提款权（SDR）货币篮子，新的货币篮子于2016年10月1日正式生效。新SDR货币篮子相应扩大至美元、欧元、人民币、日元、英镑五种货币，所占比重分别为41.73%、30.93%、10.92%、8.33%和8.09%。2016年1月26日，国际货币基金组织（IMF）宣布IMF2010年份额和治理改革方案已正式生效，中国的份额从3.72%升至6.39%，投票权也从3.65%升至6.07%，超越德国、法国和英国，位列美国和日本之后，得到在这一国际组织中的更大话语权。2016年3月4日，国际货币基金组织（IMF）宣布，自2016年10月1日开始，IMF将在其“官方外汇储备货币构成”（COFER）的季度调查中单独列出人民币，以反映IMF成员方人民币计价储备的持有情况。

§10.2 世界银行集团

世界银行集团（World Bank Group）是联合国系统下的多边发展机构，其宗旨是通过向发展中经济体提供中长期资金和智力（技术）的支持，来帮助发展中经济体实现长期、稳定的经济发展。它包括五个机构：国际复兴开发银行（International Bank for Reconstruction and Development，IBRD）、国际开发协会（International Development Association，IDA）、国际金融公司（International Finance Corporation，IFC）、多边投资担保机构（Multinational Investment Guarantee Agency，MIGA）和国际投资纠纷解决中心（International Center for Settlement of Investment Disputes，ICSID）。在开展业务活动时，世界银行集团内部关联机构互为补充，但它们在法律和财务上都是和世界银行相互独立的。

10.2.1　国际复兴开发银行（International Bank for Reconstruction and Development，IBRD）

1.成立的宗旨

国际复兴开发银行，后称世界银行（World Bank），成立于1944年，现有189个成员。世界银行的宗旨是：①通过对生产事业的投资，资助成员方的复兴和开发工作；②通过对贷款的保证或参与贷款及其他私人投资的方式促进外国私人投资，当成员方不能在合理的条件下获得私人资本时，则在适当条件下以世界银行本身资金或筹集的资金及其他资金给予成员方直接贷款，来补充私人投资的不足；③通过鼓励国际投资，开发成员方的生产资源，提供技术咨询和提高生产能力，以促进成员方国际贸易的均衡增长及国际收支状况的改善。该行的成员方必须是IMF的成员方，但IMF的成员方不一定都参加世界银行。

世界银行与国际货币基金组织两者起着相互配合的作用。国际货币基金组织主要负责国际货币事务方面的问题，其主要任务是向成员方提供解决国际收支暂时不平衡的短期外汇资金，以消除外汇管制，促进汇率稳定和国际贸易的扩大。世界银行则主要负责经济的复兴和发展，向各成员方提供发展经济的中长期贷款。

世界银行在成立之初，主要是资助西欧国家恢复被战争破坏了的经济，但在1948年后，欧洲各国开始主要依赖美国的"马歇尔计划"来恢复战后的经济，世界银行于是主要转向向发展中经济体提供中长期贷款与投资，促进发展中经济体经济和社会发展。

2.组织机构

世界银行是具有股份性质的一个金融机构，设有理事会、执行董事会、行长及具体办事机构。

世界银行的最高权力机构是理事会，由每一成员方选派理事和副理事各一人组成，任期5年，可以连任。副理事在理事缺席时才有投票权。理事会的主要职权包括：批准接纳新成员方；增加或减少银行资本；停止成员方资格；决定银行净收入的分配，以及其他重大问题。理事会每年举行一次会议，一般与IMF的理事会联合举行。同IMF相似，在世界银行内，每个成员方均有250票的基本投票权，另外每认缴10万美元的股金则增加一票。

世界银行执行董事会是负责组织日常业务的机构，行使由理事会授予的职权。按照世界银行章程规定，执行董事会由21名执行董事组成，其中5人由持有股金最多的美国、日本、英国、德国和法国委派，另外16人由其他成员方的理事按地区分组选举，我国和沙特阿拉伯由于拥有一定的投票权，均可自行单独选举一位执行董事。

世界银行行政管理机构由行长、若干副行长、局长、处长、工作人员组成。行长由执行董事会选举产生，是银行行政管理机构的首脑，他在执行董事会的有关方针政策指导下，负责世界银行的日常行政管理工作，任免世界银行高级职员和工作人员。行长同时兼任执行董事会主席，但没有投票权，只有在执行董事会表决中双方的票数相等时，可以投关键性的一票。

3.资金来源

世界银行的资金来源主要来自三个方面：

（1）成员方缴纳的股金。世界银行按股份公司的原则建立。成立初期，世界银行法定资本是100亿美元，全部资本为10万股，每股10万美元。1978年4月1日以后，每股按10特别提款权计算，后来经过几次增资，到1990年6月30日，世界银行的法定认缴股金已达1 253亿美元。凡是成员方均要认购银行的股份，一般来说，一国认购股份的多少根据该国的经济实力，同时参照该国在国际货币基金组织缴纳的份额大小而定。成员方认购股份的缴纳方法：成员方认购的股份先缴20%，其中2%要用黄金或美元缴纳，18%用成员方本国的货币缴纳，其余80%的股份当世界银行催交时，用黄金、美元或世界银行需要的货币缴付。

（2）世界银行的重要事项都需成员方投票决定，投票权的大小与成员方认购的股本成正比，与国际货币基金组织的有关投票权的规定相同。世界银行每一成员方拥有250票基本投票权，每认购10万美元的股本即增加一票。美国认购的股份最多，有投票权226 178票，占总投票数的17.37%，对世界银行事务与重要贷款项目起着决定性作用。到1990年6月30日，我国认缴世界银行的股金为42.19亿美元，实缴股金为2.99亿美元，投票权为35 221票，占总投票数的3.27%。2010年4月25日，世界银行发展委员会春季会议在美国华盛顿举行，这次会议通过了发达经济体向发展中经济体转移投票权的改革方案，使中国在世界银行的投票权从2.77%提高到4.42%，成为世界银行第三大股东国。美国依然是最大的单一股东，拥有15.85%的投票权，其次是日本（6.84.%）、德国（4.00%）、英国（3.75%）和法国（3.75%），印度（2.91%），其他成员方持有其余的股份。

（3）发行债券取得的借款。通过在国际债券市场发行债券来借款是世界银行资金的一个很重要的来源。世界银行贷款资金的很大部分是靠发行债券筹措的。由于世界银行信誉优良，其发行的债券一直被评为AAA级，因而在国际资本市场上获得了比较优惠的融资条件，并成为世界上最大的非居民借款人。在世界银行的贷款总额中，约有80%是依靠发行债券借入的。世界银行发行债券的方式主要有两种：一是直接向成员方政府、政府机构或中央银行出售中短期债券；二是通过投资银行、商业银行等中间包销商向私人投资市场出售债券。用后一种方式出售的债券的比重正在不断提高。

（4）留存的业务净收益和其他资金。世界银行从开始营业以来，除第一年有小额亏损外，每年都有盈余。世界银行将历年业务净收益大部分留作银行的储备金，小部分以赠款形式拨给国际开发协会作贷款资金。

（5）债权转让。20世纪80年代以来，世界银行常把一部分贷出款项的债权，有偿地转让给商业银行等私人投资者，以提前收回资金，并转为贷款的一个资金来源。

4.主要业务活动

世界银行的主要业务活动是对发展中成员方提供长期贷款，对成员方政府或经政府担保的私人企业提供贷款和技术援助，资助它们兴建某些建设周期长、利润率偏低但又为该国经济和社会发展所必需的建设项目。

（1）贷款条件

第二次世界大战后初期，世界银行把贷款重点放在欧洲，20世纪50年代以后，其重点转向亚、非、拉等发展中经济体，当前世界银行的贷款已成为发展中经济体发展经济的一条较为重要的资金渠道。然而，要获得世界银行贷款也绝非易事，需满足一定的条件和程序。

①世界银行只向成员方政府或经成员方政府、中央银行担保的公私机构提供贷款，但也曾向某些成员方管辖下的地区承诺贷款。例如，在1975年9月，巴布亚新几内亚独立之前，世界银行曾向它提供5笔贷款，但都由澳大利亚政府担保。

②贷款一般用于世界银行审定、批准的特定项目，重点是交通、公用工程、农业建设和教育建设等基础设施项目。只有在特殊情况下，世界银行才考虑发放非项目贷款（non-project loan）。

③成员方确实不能以合理的条件从其他方面取得资金来源时，世界银行才考虑提供贷款。

④贷款必须专款专用，并接受世界银行的监督。世界银行不仅在使用款项方面，而且在工程的进度、物资的保管、工程管理等方面都可进行监督。

⑤贷款的期限一般为数年，利率从1976年7月起实行浮动利率，随金融市场利率变化定期调整，基本按世界银行在金融市场借款的成本再加利息的0.5%计算。与一般国际贷款收取承担费相似，世界银行对已订立借款契约而未提取的部分，按年征收0.75%的手续费。世界银行对我国的还款期限是20年，含宽限期5年。

⑥对于不同的贷款对象，世界银行发放的贷款不同，对承担贷款项目的承包商或物资供应商，一般用该承包商、供应商所属国的货币支付，如由借款国承包商供应本地物资，即用借款国货币支付，本地供应商购买进口物资，即用出口国的货币进行支付。

（2）贷款种类

①项目贷款（project loan）。这是世界银行业务的主要组成部分，这类贷款占世界银行提供贷款的一半以上，通常用于发展中经济体经济和社会发展的基础设施，以及大型生产性投资。世界银行在农业和农村发展、教育、能源、工业、交通、城市发展和供水等方面的大部分贷款属于这一类，并由世界银行工作人员负责评估和监督完成。

②部门贷款，又称行业贷款，包括部门投资贷款、金融中介贷款和部门调整贷款三种。这三种贷款的使用重点各有侧重：A.部门投资贷款的使用重点是改善部门政策和投资重点，以及增强借款国制订和执行投资计划的能力，如交通运输部门贷款、教育部门贷款、农业部门贷款等。部门投资贷款在项目安排、资金使用等方

面比较灵活，贷款金额较大，支付速度较快，一般用款周期为3～5年。B.金融中介贷款的使用重点是面向开发金融公司和农业信贷机构的贷款，使用前提是双方必须就转贷对象的选择标准、转贷利率和加强组织机构的具体措施达成协议。世界银行十分强调金融机构在客户服务质量、转贷利率、机构建设等方面的竞争力。C.部门调整贷款的使用重点是专门为支持某一具体部门进行全面政策和体制改革，这类贷款涉及的范围较窄，当借款国总体经济管理和改革状况或经济规模不允许进行结构调整时，可选用这类贷款。与前两种贷款不同，部门调整贷款的主要目的是支持某一部门的政策改革，通常为特定部门的进口提供所需外汇，并预先确定受益人或按双方商定的标准选择受益人，一般用款周期为1～4年。

③结构调整贷款，又称纯政策性贷款，旨在支持和帮助借款国在宏观经济、部门经济和机构体制方面进行全面的调整和改革，以克服经济困难，特别是在国际收支不平衡时使用。这类贷款使用有严格、苛刻的条件，若借款国未能按预定的条件执行，第二批贷款就停止支付。这类贷款执行期短，一般为1～2年。

④技术援助贷款。这种方式的贷款旨在支持借款国有关制定和执行政策、参与经济发展战略规划的机构，或为大型投资项目准备实施和管理的机构用于咨询服务、研究课题和人员培训等方面的支出。这类贷款占世界银行贷款的3%左右，一般用款周期为2～5年。

⑤紧急重点贷款。这种贷款的目的是帮助借款国应对自然灾害或其他灾难，贷款用于灾后的重建工作，以恢复生产、安定人民生活。

⑥联合贷款（co-financing）。这是一种由世界银行牵头，联合其他贷款机构一起向借款国提供的项目融资。该贷款设立于20世纪70年代中期，主要有两种形式：一是世界银行与有关国家政府确定贷款项目后，即与其他贷款者签订联合贷款协议，而后它们各自按通常的贷款条件分别与借款国签订协议，各自提供融资；二是世界银行与其他贷款者按商定的比例出资，由前者按贷款程序和商品、劳务的采购原则与借款国签订协议提供融资。

⑦“第三窗口”贷款（the third window facility），亦称中间性贷款（intermediate financing facility），是指在世界银行和国际开发协会提供的两项贷款（世界银行的一般性贷款和国际开发协会的优惠贷款）之外的另一种贷款。该贷款的条件介于上述两种贷款之间，即比世界银行贷款条件宽松，但不如国际开发协会贷款条件优惠，期限可长达25年，主要贷放给低收入的发展中经济体，但它只开办了2年，到1977年年底结束。

专栏10-6

我国与世界银行

中国是世界银行的创始国之一，中华人民共和国成立后，中国在世界银行的席位长期被中国台湾当局所占据。1980年5月15日，中国在世界银行和所属国际开发协会及国际金融公司的合法席位得到恢复。1980年9月3日，该行理事会通过投票，同意将中国在该行的股份从原7 500股增加到12 000股，我国在世界银行有了投票权。2010年4月25日，世界银行发展委员会通过了发达经济体向发展中经济体转移投票权的改革方案，这次改革使中国在世界银行的投票权从2.77%提高到4.42%，成为世界银行第三大股东国。在世界银行的执行董事会中，我国单独派有一名董事。我国从1981年起开始向该行借款。世界银行目前主要为中国提供以下援助：

- 促进中国经济与世界经济的融合，深化中国对多边经济机构的参与，降低对内和对外贸易和投资壁垒，为中国的海外援助提供帮助；
- 减少贫困、不平等和社会排斥，推动城镇化均衡发展，保障农村生活，扩大基本社会服务和基础设施服务，尤其是在农村地区；
- 应对资源短缺和环境挑战，减少大气污染，节约水资源，优化能源利用（部分通过价格改革），改善土地行政管理，履行国际环境公约；
- 深化金融中介作用，扩大金融服务（尤其是中小企业），发展资本市场，应对系统性风险，维护金融稳定；
- 加强公共部门和市场制度，提升企业竞争力，改革公共部门，理顺政府间财政关系。

世界银行官网最新数据显示，截至2018年3月24日，世界银行对中国的贷款总承诺额累计超过624.7亿美元，共支持了526个发展项目，目前正在执行中的项目有100个。世界银行贷款项目涉及国民经济的各个部门，遍及中国的大多数省、直辖市、自治区，贷款项目主要集中在交通、城市发展、农村发展、能源、人类发展等领域。

资料来源　摘自世界银行网站《国别伙伴战略》“百度百科”.

10.2.2　国际开发协会（IDA）

国际开发协会是一个专门从事对欠发达的发展中经济体提供期限长和无息贷款的国际金融组织。它成立于1960年，有173个成员，累计贷款额2 380亿美元。世界银行的成员方均可成为国际开发协会的成员方。

1.国际开发协会的组织形式

国际开发协会是世界银行的附属机构，它的组织机构与管理方式和世界银行相同，甚至相应机构的管理和工作人员也是同一批人员兼任，而且也只有世界银行成员方才能参加协会，故有“第二世界银行”之称。但是，国际开发协会又是一个独立的实体，有自己的协定、法规和财务系统，其资产和负债都与世界银行分开，业务活动也互不相关。

国际开发协会的最高权力机构是理事会，下设执行董事会处理日常业务。协会成员方通过投票参与决策活动，成员方的投票权与其认缴的股本成正比。成立初期，每一成员方具有500票基本票，另外每认缴5 000美元股本增加一票。在1975年第四次补充资金时，每一成员方已有3 850票基本票。

2.国际开发协会的资金来源

（1）成员方认缴的股金。协会成立时的法定资本为10亿美元，协会的成员方分为两组：第一组为21个发达经济体，这些国家认缴的股金必须全部以黄金或可兑换货币缴纳；第二组为发展中经济体，其认缴资本的10%必须以可兑换货币缴纳，其余90%可用本国货币缴纳。协会要动用这些国家的货币发放贷款时，必须先征得各国的同意。

（2）成员方提供的补充资金（replenishments）。因成员方认缴的股金有限，远远不能满足贷款需求，同时，按规定该协会不得依靠在国际金融市场发行债券来募集资金，因此，协会不得不要求成员方政府不时地提供补充资金，以继续进行其业务活动。提供补充资金的国家，既有第一组国家，也有第二组的少数国家。在1991—1993年三个财政年度里，协会完成第9次补资，补充资金达116.8亿SDR（合155亿美元）。

（3）信贷偿还金。过去获得过国际开发协会援助，但已经从国际开发协会“毕业”了的国家偿还信贷的资金。

（4）世界银行的拨款。从1964年开始，世界银行每年将净收益的一部分以赠款形式转拨给协会，作为协会的资金来源。

（5）协会本身经营业务的盈余。协会从发放信贷中收取小比例的手续费，从投资收益中也可以得到业务收益。

3.国际开发协会的主要业务

国际开发协会的主要业务活动是向欠发达发展经济体的具有优先发展意义的公共工程和发展项目提供贷款，这些项目主要涉及农业、工业、电力、交通运输以及教育设施、计划生育等方面。

国际开发协会提供比世界银行贷款条件更优惠的长期贷款。这种贷款亦称开发信贷，有如下特点：

（1）期限长。最初可长达50年，宽限期10年。1987年协会执行董事会通过协议，将贷款划分为两类：一是联合国确定的最不发达的国家（地区），信贷期限为40年，含10年宽限期；二是经济状况稍好一些的国家，信贷期限为35年，含10年宽限期。

（2）免收利息，即对已拨付的贷款余额免收利息，只收取0.75%的手续费。

（3）信贷偿还压力小。第一类国家在宽限期过后的两个10年内每年还本2%，以后20年每年还本4%；第二类国家（地区）在第二个10年每年还本2.5%，其后15年每年还本5%。由于国际开发协会的贷款基本上都是免息的，故称为软贷款，而条件较为严格的世界银行贷款，则称为硬贷款。

国际开发协会贷款的条件包括：

（1）借款国人均国民生产总值须低于1 025美元（2007年）；

（2）借款国无法按借款信誉从传统渠道获得资金；

（3）所选定的贷款项目必须既能提高借款国的劳动生产率，又具有较高的投资收益率；

（4）贷款对象为成员方政府或私人企业（实际上都是贷给成员方政府）。

中国于1980年恢复了在国际开发协会的席位后，成为协会的第二类成员，即借款国。中国在协会里的投票权为411 541票，占总投票权的2.04%。1999年9月，协会共向中国提供了102亿美元无息贷款（软贷款），截止到1998年6月底，共执行69个项目，为中国的经济发展做出了一定贡献。从1999年7月起，国际开发协会停止对中国提供贷款。2007年12月，中国向国际开发协会捐款3 000万美元。2010年12月，我国承诺向国际开发协会第16次增资捐款5 000万美元和按照世界银行法律条款双倍加速偿还IDA借款，并在此基础之上自愿额外一次性提前偿还10亿美元借款。对于我国自愿额外一次性提前偿还的10亿美元，世界银行折合成约1.1亿美元计入我国向IDA16的直接捐款。[①]在国际开发协会第18次增资捐款IDA18中，中国总捐赠贡献份额为1.94%，合计为4.27亿SDR，折合人民币39.43亿元。

10.2.3　国际金融公司

国际金融公司成立于1956年，有184个成员方，在工作中与国际复兴开发银行和多边投资担保机构相互协调，但在法律和财务上保持独立。国际金融公司资本金来自成员方，并由成员方共同决定其各项政策。由于IMF和世界银行的贷款对象主要是成员方政府，而私人企业的贷款必须由政府机构担保才能得到，从而在一定程度上限制了世界银行业务活动的扩展，所以国际金融公司得以成立。

国际金融公司的宗旨是向发展中经济体尤其欠发达的成员方的生产性企业，提供无需政府担保的贷款与投资，鼓励国际私人资本流向这些国家，促进私人企业部门的发展，进而推动成员方经济的发展。

1.国际金融公司的组织机构

国际金融公司设有理事会、执行董事会和以总经理为首的办事机构，其管理方法与世界银行相同。公司总经理和执行董事会主席由世界银行行长兼任，但与协会不同的是，公司除了少数机构和工作人员由世界银行相关人员兼任外，设有自己独立的办事机构和工作人员，包括若干地区局、专业业务局和职能局。按公司规定，只有世界银行成员方才能成为公司的成员方。

2.国际金融公司的资金来源

国际金融公司的资金主要来源于成员方认缴的股金和外部借款，另有一部分是公司各项业务积累的收入。根据协定，国际金融公司成立时的法定资本为1亿美元，分为10万股，每股1 000美元，必须以黄金或可兑换货币缴付。50多年来，国际金融公司进行了多次增资，为了补充自有资本的不足，国际金融公司还从外部筹借资金，在国际资本市场上发行的国际债券约占借款总额的80%，是借款的主要方式。另外，国际金融公司还从世界银行及成员方政府处取得贷款。还有，由于国际金融公司对贷款和投资业务管理得力，基本上每年都有盈利，积累的净收益成为

---

① 资料来源　中华人民共和国外交部网站（http：//www.fmprc.gov.cn）.

公司的一部分资金来源。

3.国际金融公司的营运特点

国际金融公司是世界上为发展中经济体提供股本金和贷款最多的多边金融机构，它提供长期的商业融资。国际金融公司与发起公司和融资伙伴共同承担风险，但不参与项目的管理。在项目投资总额中，国际金融公司只承担部分融资。国际金融公司每投资1美元，便能带来其他投资者和债权人5美元的投资。国际金融公司的章程规定它按照商业规则运作，获取利润。从成立之日起，公司每年都有盈利。

国际金融公司的贷款对象是成员方的私人企业，贷款无需政府担保，但它有时也向公私合营企业以及为私人企业提供资金的国有金融机构发放贷款。公司除长期贷款外，还可以对私人企业投资直接入股，也可以既贷款又入股。

国际金融公司贷款期限较长，一般为7~15年，如果确实需要还可延长。从贷款到开始还本之前，有1~4年宽限期。贷款利率视资金投放风险、预期收益、国际金融市场的利率变化情况和每一项目的具体情况而定，但利率一般高于世界银行的贷款利率。对未提用部分的贷款每年征收1%的承担费，还款时需以原借入货币偿还。

专栏 10-7

我国与国际金融公司

1980年5月15日，中国在该公司的席位得到恢复，并同时成为国际金融公司（IFC）的成员方。截至2017年6月30日，中国认购的股份占IFC股本总额的2.41%，中国的投票权占IFC总投票权的2.30%。中国是国际金融公司第三大投资的国家。截至2018年3月25日，国际金融公司在中国的投资项目共有406个，待批准的有25个，项目包括金融、基础设施、农业和林业、健康和教育、制造业以及石油，天然气和采矿等领域，并开展了9个咨询项目。

国际金融公司在中国的投资重点是：

（1）鼓励中国本土私营部门的发展；

（2）投资金融行业，发展具有竞争力的金融机构，使其能达到国际通行的公司治理结构和运营标准；

（3）支持中国西部和内陆省份的发展；

（4）促进基础设施、社会服务和环境产业的私营投资。

中国也积极参与同国际金融公司一起推动增长。2016年，国际金融公司开始着手针对私营部门的“联合贷款组合管理计划”。该计划于2013年成功推出后，从中国政府筹集了30亿美元，用于投资发展中经济体的私营企业。

资料来源　摘自《IFC2016年年度报告》“百度百科”.

10.2.4 多边投资担保机构

多边投资担保机构是世界银行集团最新的成员，创建于1988年，有181个成员方，累计担保金额135亿美元（包括通过合作承担计划提供的杠杆担保额）。

多边投资担保机构通过向外国投资者提供担保，使其免受因非商业风险（如征税、货币不可兑换、转移限制以及战争和内乱）造成的损失，以此鼓励对发展中经济体的外国投资。此外，多边投资担保机构还提供技术援助，帮助有关国家（地区）传播关于其投资机会的信息。该机构还应要求提供投资纠纷调解。

多边投资担保机构政策与咨询服务的范围从研究和技术援助到与有关国家政府联合发起召开促进投资的会议。国际金融公司和多边投资担保机构合作开发这项服务，而这项服务主要是为发展中成员方制定投资法、政策和规划提供咨询和技术援助。

10.2.5　国际投资纠纷解决中心

国际投资纠纷解决中心成立于1966年，有153个成员方，登记案例总数227件。国际投资纠纷解决中心通过对投资纠纷提供国际调解和仲裁，鼓励外国投资，以此增进各国与外国投资者之间的相互信任。许多国际投资协议都援引该中心的仲裁条款。该中心还在仲裁法和外国投资法领域进行研究和出版活动。

国际投资纠纷解决中心的外国投资法出版物包括半年期法律刊物《解决投资纠纷国际中心评论——外国投资法刊物》以及世界投资法和投资条约多册汇编。

10.3　国际清算银行

10.3.1　国际清算银行建立的宗旨

国际清算银行（Bank for International Settlement，BIS）是英、法、德、意、比、日等国的中央银行与代表美国银行界利益的摩根银行、纽约和芝加哥的花旗银行组成的银团，根据海牙国际协定于1930年5月共同组建的。刚建立时只有7个成员方，现成员方已发展至60个，遍布世界五大洲。国际清算银行最初创办的目的是处理第一次世界大战后德国的赔偿支付及其有关的清算等业务问题，随着战争债务问题的解决，国际清算银行业务急剧下降。20世纪50年代以后，国际清算银行进行改革，调整其经营宗旨及经营策略，其作用才日益突出。

国际清算银行的宗旨是促进各国中央银行的合作，为国际金融活动提供更多的便利，在国际金融清算中充当受托人或代理人。从某种意义上，它履行着“中央银行的银行”的职能。

10.3.2　国际清算银行的组织机构

国际清算银行是股份制形式的金融组织，其组织机构由股东大会（年会）、董事会和办事机构组成。股东大会是其最高权力机构，每年6月在巴塞尔召开一次，由认缴该行股份的各国中央银行代表组成，股东投票权的多少由其持有的股份决定。董事会由13人组成，董事长（兼行长）由选举产生，董事会每月开一次例会，审查银行日常业务。它也是主要的政策制定者。国际清算银行下设4个办事机构，即银行部、货币经济部、秘书处和法律处。

10.3.3 国际清算银行的资金来源

国际清算银行的资金主要来源于三个方面：

（1）成员方缴纳的股金。该行建立时，法定资本为5亿金法郎，1969年增至15亿金法郎（gold francs），以后几度增资。该行股份80%为各国中央银行持有，其余20%为私人持有。

（2）借款。向各成员方中央银行借款，补充该行自有资金的不足。

（3）吸收存款。接受各国中央银行的黄金存款和商业银行的存款。

10.3.4 国际清算银行的主要业务

（1）处理国际清算事务。第二次世界大战后，国际清算银行先后成为欧洲经济合作组织、欧洲支付同盟、欧洲煤钢联营、黄金总库、欧洲货币合作基金等国际机构的金融业务代理人，承担着大量的国际结算业务。

（2）办理或代理有关银行业务。第二次世界大战后，国际清算银行业务不断拓展，目前可从事的业务主要有：接受成员方中央银行的黄金或货币存款，买卖黄金和货币，买卖可供上市的证券，向成员方中央银行贷款或存款，也可与商业银行和国际机构进行类似业务，但不得向政府提供贷款或以其名义开设往来账户。目前，世界上很多中央银行在国际清算银行存有黄金和硬通货，并获取相应的利息。

（3）定期举办中央银行行长会议。国际清算银行于每月的第一个周末在巴塞尔举行西方主要国家中央银行行长会议，商讨有关国际金融问题，协调有关国家的金融政策，促进各国中央银行的合作。

专栏10-8

我国与国际清算银行

中国人民银行自1986年11月起，就与国际清算银行建立了业务方面的关系，办理外汇与黄金业务。此后，每年都派代表团以客户身份参加国际清算银行股东大会。中国人民银行获邀列席并以观察员身份多次参加国际清算银行股东大会，这为中国广泛获取世界经济和国际金融信息，发展与各国中央银行之间的关系提供了一个新的场所。中国的外汇储备有一部分存放于国际清算银行，这对中国人民银行灵活、迅速、安全地调拨外汇、黄金储备非常有利。自1985年起，国际清算银行已开始向中国提供贷款。1996年9月9日，国际清算银行通过一项协议，接纳中国、巴西、印度、韩国、墨西哥、俄罗斯、沙特阿拉伯、新加坡和中国香港地区的中央银行或货币当局为该行的新成员。回归之后，中国在国际清算银行的地位保持不变，继续享有独立的股份与投票权，并于1996年11月认缴了3 000股的股本，实缴金额为3 879万美元，2005年6月1日，经追加购买，中国共有该行4 285股的股本。中国人民银行是该行亚洲顾问委员会的成员。2006年7月，中国人民银行周小川行长出任国际清算银行董事。中国中央银行加入国际清算银行，标志着中国的经济实力和金融成就得到了国际社会的认可，同时也有助于中国中央银行与国际清算银行及其他国家和地区的中央银行进一步增进了解、扩大合作、提高管理与监督水平。2016年12月11日，国际清算银行宣布中国正式加入国际银行业统计的本地银行业统计（Locational Banking Statistics，LBS），并在其官方网站上发布中国数据，这表明我国国际收支统计数据质量再次得到国际认可，数据透明度持续提高。

资料来源　摘自"百度百科".

§10.4　区域性国际金融机构

区域性国际金融机构的建立是第二次世界大战后国际政治经济形势发展的结果。20世纪60年代，许多原殖民地国家纷纷独立，迫切需要吸收国外资金，取得所需的技术与设备，以发展本国经济。与此同时，发达国家面临的如何扩大海外投资的问题。为了促进和提高发展中国家和发达国家的资金往来，建立国家间的区域性国际金融组织成为必要，由此导致了亚洲开发银行等区域性金融组织的产生。

10.4.1　亚洲开发银行

1.亚洲开发银行的宗旨

亚洲开发银行（Asian Development Bank，ADB，以下简称亚行）是面向亚太地区的区域性政府间金融开发机构。它成立于1966年11月，同年12月开始营业，总部设在菲律宾首都马尼拉。亚行初建时有34个成员，目前其成员不断增加，凡是亚洲及远东经济委员会的会员或准会员，亚太地区其他国家以及该地区以外的联合国及所属机构的成员，均可参加亚行。

建立亚行的宗旨是通过向亚太地区发展中国家（地区）提供项目贷款和技术援助，促进和加速本区域的经济合作。亚行对发展中成员方的援助主要采取四种形式：贷款、股本投资、技术援助、联合融资和担保。

2.亚洲开发银行的组织机构

亚行也是股份制企业性质的金融机构，凡是成员方均须认缴该行的股本。理事会是亚行的最高权力与决策机构，负责接纳新成员、变动股本、选举董事和行长、修改章程等。亚行行长是亚行合法代表及最高行政负责人。亚行总部是亚行的执行机构，负责亚行的业务经营，总部下设的主要职能部门有农业和乡村发展部、基本建设部、工业和开发银行部、预算部、人事管理部等。

3.亚洲开发银行的资金来源

（1）普通资金（ordinary capital）。普通资金用于亚洲开发银行的硬贷款业务。这是亚洲开发银行进行业务活动最主要的资金来源。普通资金来源于股本、借款、普通储备金、特别储备金、净收益和预交股本等。

①亚洲开发银行建立时法定股本为10亿美元，分为10万股，每股面值1万美元，每个会员都须认购股本。亚行的股本分为实缴股本和待缴股本。实缴部分股本分五次交纳，每次交20%，其中每次交纳金额的80%用黄金或可兑换货币支付，另外20%以本国货币支付。待缴部分只有当亚洲开发银行对外借款以增加其普通资本或为此类资本做担保而产生债务时才催交。成员支付催交股本可选择黄金、可兑换货币或亚洲开发银行偿债时所需的货币。亚洲开发银行的股本在必要时可以增加，日本和美国是最大的出资者，认缴股本分别占亚洲开发银行总股本的15%和14.8%。中国居第三位，占总股本的7.1%。

②借款。作为成员股本资金的补充，从1969年起，亚行开始在国际金融市场上借款。这些借款主要是通过发行债券或向有关国家政府、中央银行及其他金融机构借款取得。

（2）特别基金（special funds）。这部分资金由成员方认缴股本以外的捐赠及认缴股本中提取10%的资金组成，主要用于向成员方提供贷款或无偿技术援助。目前该行设立了三项特别基金：

①亚洲开发基金。该基金成立于1974年，用于向亚太地区贫困国家（地区）成员发放优惠贷款。

②技术援助特别基金。该基金成立于1967年，主要是为提高成员中的发展中国家（地区）的人力资源素质和加强执行机构的建设而设立。

③日本特别基金。该基金成立于1988年，由日本政府出资建立，主要用于技术援助与开发项目。

（3）联合融资

亚行除了用自己筹集到的资金从事贷款和技术援助以外，还通过联合融资这一形式为本地区的经济发展筹集更多的开发资金。亚行的联合融资是指一个或一个以上的外部经济实体与亚行共同为某一开发项目融资。亚行最大的融资伙伴是官方机构，官方融资总数为177.23亿美元，占联合融资总额的72.04%，另外商业融资24.88亿美元，占10.11%，出口信贷为43.9亿美元，占17.84%。

（4）日本扶贫基金

2000年5月23日，亚行决定建立“日本扶贫基金”，用以资助亚行的扶贫项目。

该项基金是根据日本大藏大臣宫泽喜一在亚行第33届年会上的提议建立的。日本计划向亚行捐款100亿日元，用于帮助亚行发展中成员的扶贫项目和其他社会发展项目。

基金的重点是支持那些直接向贫困人口提供经济和社会服务的项目，帮助贫困人口获得自我发展的能力，使亚行贫困成员的脱贫计划能持续进行。

4.亚洲开发银行的主要业务活动

成立亚行的构想是在20世纪60年代初战后恢复和重建时期提出的，当时的目的是建立一个亚洲特色的金融机构，以促进本地区的经济增长和合作。亚洲是当时全世界最贫穷的地区之一。20世纪70年代，亚行主要致力于帮助亚洲国家进行基础设施建设和能源开发。20世纪80年代，亚行在支持亚洲国家的基础设施和能源建设的同时，开始向私有部门提供资金支持。20世纪90年代，亚行致力于积极推动亚洲国家间的经济合作。

（1）提供贷款

亚行的贷款按贷款条件分为硬贷款、软贷款和赠款。硬贷款的利率为浮动利率，每半年调整一次，贷款期限为10～30年。软贷款仅提供给人均国民收入较低且还债能力有限的亚行成员，贷款期限为40年（包括10年宽限期），不收利息，仅收取1%的手续费。

按贷款方式划分，亚行的贷款可分为项目贷款、规划贷款、行业贷款、综合项目贷款及特别项目贷款等。其中，项目贷款是亚行传统的也是主要的贷款形式，一般贷款周期与世界银行相似。该贷款是为成员方发展规划的具体项目提供融资，要求项目经济效益良好，且有利于借款成员方的经济发展。

（2）技术援助

亚行也对成员方提供技术援助，此类援助一般属于捐赠性质。亚行的技术援助可分为：

①项目准备技术援助，用于帮助成员进行立项审核，以便亚行或其他金融机构对项目投资。

②项目执行援助，它是为了帮助项目执行机构提高金融管理能力而提供的。

③区域活动技术援助，用于重要项目的研究、开办培训班、举办涉及整个区域发展的研讨会等。

10.4.2　欧洲投资银行

1.欧洲投资银行建立的宗旨

欧洲投资银行（European Investment Bank，EIB）是欧洲经济共同体各国政府间的一个金融机构，成立于1958年1月，总行设在卢森堡。该行的宗旨是利用国际资本市场和共同体内部资金，促进共同体的平衡和稳定发展。为此，该行的主要贷款对象是成员方不发达地区的经济开发项目。从1964年起，贷款对象扩大到与欧洲经济共同体有较密切联系或有合作协定的共同体外的国家。

2.欧洲投资银行的组织机构

该行是股份制企业性质的金融机构。董事会是其最高权力机构，由成员方财政部长组成的董事会，负责制定银行总的方针政策，董事长由各成员方轮流担任；理事会负责主要业务的决策工作，如批准贷款、确定利率等；管理委员会负责日常业务的管理。此外，还有审计委员会。

3.欧洲投资银行的资金来源

（1）成员方认缴的股本金，初创时法定资本金为10亿欧洲记账单位。

（2）借款，通过发行债券在国际金融市场上筹资是该行主要的资金来源。

4.欧洲投资银行的业务活动

（1）对工业、能源和基础设施等促进地区平衡发展的投资项目，提供贷款或贷款担保。

（2）促进成员方或欧洲经济共同体感兴趣的事业的发展。

（3）促进企业现代化。其中，提供贷款是该行的主要业务，包括两种形式：一是普通贷款，即运用法定资本和借入资金办理的贷款，主要向共同体成员方政府及私人企业发放，贷款期限可达20年；二是特别贷款，即向共同体以外的国家和地区提供的优惠贷款，主要根据共同体的援助计划，向同欧洲保持较密切联系的非洲国家及其他发展中国家（地区）提供贷款，收取较低利息或不计利息。

区域性国际金融机构除上述外，还有泛美开发银行、非洲开发银行及加勒比开发银行等。

专栏10-9

我国与亚洲基础设施投资银行

亚洲基础设施投资银行（Asian Infrastructure Investment Bank，简称亚投行，AIIB）是一个政府间性质的亚洲区域多边开发机构，重点支持基础设施建设，成立宗旨是为了促进亚洲区域的建设互联互通化和经济一体化的进程，并且加强中国及其他亚洲国家和地区的合作，是首个由中国倡议设立的多边金融机构，总部设在北京，法定资本1 000亿美元。截至2017年5月13日，亚投行有77个正式成员方。

2013年10月2日，习近平主席提出筹建倡议，2014年10月24日，包括中国、印度、新加坡等在内21个首批意向创始成员方的财长和授权代表在北京签约，共同决定成立亚投行。2015年12月25日，亚洲基础设施投资银行正式成立。2016年1月16日至18日，亚投行开业仪式暨理事会和董事会成立大会在北京举行。

亚投行的治理结构分理事会、董事会、管理层三层。理事会是最高决策机构，每个成员在亚投行有正副理事各一名。董事会有12名董事，其中域内9名，域外3名。管理层由行长和5位副行长组成。

1.亚投行的主要宗旨

亚投行的主要宗旨是，通过在基础设施及其他生产性领域的投资，促进亚洲经济可持续发展、创造财富并改善基础设施互联互通；与其他多边和双边开发机构紧密合作，推进区域合作和伙伴关系，应对发展和挑战。

2.亚投行的主要职能

为履行其宗旨，亚投行的主要职能是：

（1）推动区域内发展领域的公共和私营资本投资，尤其是基础设施和其他生产性领域的发展；

（2）利用其可支配资金为本区域发展事业提供融资支持，包括能最有效支持本区域整体经济和谐发展的项目和规划，并特别关注本区域欠发达成员的需求；

（3）鼓励私营资本参与投资有利于区域经济发展，尤其是基础设施和其他生产性领域发展的项目、企业和活动，并在无法以合理条件获取私营资本融资时，对私营投资进行补充；

（4）为强化这些职能开展的其他活动和提供的其他服务。

中国提倡筹建亚洲基础设施投资银行，一方面能继续推动国际货币基金组织（IMF）和世界银行（WB）的进一步改革，另一方面也是补充当前亚洲开发银行（ADB）在亚太地区的投融资与国际援助职能。

资料来源　摘自“百度百科”，并有删减。

专栏10-10

我国与丝路基金

丝路基金是由中国外汇储备、中国投资有限责任公司（简称中投）、中国进出口银行、国家开发银行（简称国开行）共同出资，依照《中华人民共和国公司法》，按照市场化、国际化、专业化原则设立的中长期开发投资基金，重点是在“一带一路”发展进程中寻找投资机会并提供相应的投融资服务。

首期资本金100亿美元中，外汇储备通过其投资平台出资65亿美元，中投、中国进出口银行、国开行亦分别出资15亿美元、15亿美元和5亿美元。2014年12月29日，丝路基金有限责任公司在北京注册成立，并正式开始运行，金琦出任公司董事长。

2015年12月14日，丝路基金称，已与哈萨克斯坦出口投资署签署框架协议，并出资20亿美元，建立中国-哈萨克斯坦产能合作专项基金，这是丝路基金成立以来设立的首个专项基金。2017年5月14日，中国国家主席习近平在“一带一路”国际合作高峰论坛开幕式上宣布，中国将加大对“一带一路”建设资金支持，向丝路基金新增资金1 000亿元人民币。

丝路基金与亚投行之间的不同在于，亚投行是政府间的亚洲区域多边开发机构，在其框架下，各成员方都要出资，且以贷款业务为主。而丝路基金主要针对有资金且想投资的主体加入，且股权投资可能占更大比重。丝路基金投资期限比较长，但是追求效益和回报的，不含有外援性或捐赠性的资金来源。丝路基金投资方向为有战略意义的中长期项目，同时，股权投资基金也可以和别的融资模式相配合。在“一带一路”大发展的背景下，需要将一些可以做出中长期承诺的资金，用于“一带一路”有关的项目和能力建设，包括相关产业行业的发展，也包括通信、道路等基础设施建设。

丝路基金定位为中长期开发性投资基金，通过股权、债权、贷款、基金等多元化投融资方式，为“一带一路”建设和双边、多边互联互通提供投融资支持，运作中将遵循对接、效率、合作、开放四项原则。

★ 本章小结

1.国际货币基金组织和世界银行集团是第二次世界大战后建立的国际金融组织。国际货币基金组织主要负责国际货币事务方面的问题，其主要任务是向成员方提供解决国际收支暂时不平衡的短期外汇资金，以消除外汇管制，促进汇率稳定和国际贸易的扩大。

2.世界银行集团的宗旨是通过向发展中国家（地区）提供中长期资金和智力的支持，来帮助发展中国家（地区）实现长期、稳定的经济发展。它包括五个机构：国际复兴开发银行、国际开发协会、国际金融公司、多边投资担保机构和国际投资纠纷解决中心。

世界银行通过提供技术和资金支持（包括帮助各国改革特定部门或实施具体项目），促进长期经济发展和减负。世界银行的资金援助一般是长期的。国际复兴开发银行的主要职能是加快各国在第二次世界大战后经济的复兴及面向发展中国家（地区）提供资金援助。国际开发协会主要是对欠发达国家（地区）提供优惠贷款。国际金融公司主要是对发展中国家（地区）的重点生产性企业提供无需政府担保的贷款。

3.国际清算银行的宗旨是促进各国中央银行的合作，为国际金融活动提供更多的便利，在国际金融清算中充当受托人或代理人。从某种意义上说，它履行着“中央银行的银行”的职能。

亚洲开发银行主要通过向亚太地区发展中国家（地区）提供项目贷款和技术援助，促进和加速本区域的经济合作。

★ 综合训练

10.1 单项选择题

1.IMF信托基金贷款的来源是（　　）。

A.各成员方所缴纳的份额　　B.发达经济体的捐款

C.石油输出国组织的捐款　　D.IMF出售黄金的利润

2.“临时委员会”是（　　）。

A.IMF的机构　　B.世界银行的机构

C.联合国贸发会议的机构　　D.WTO的机构

3.德国是世界银行的第（　　）大股东。

A.1　　B.3　　C.2　　D.4

4.IBRD是（　　）的简称。

A.国际开发协会　　B.国际金融公司

C.国际投资纠纷解决中心　　D.国际复兴开发银行

5.（　　）是亚行的主要贷款形式。

A.规划贷款　　B.综合项目贷款

C.特别项目贷款　　D.项目贷款

10.2 多项选择题

1.IMF监督的主要形式有（　　）。

A.国别（双边）监督　　B.全球（或“多边”）监督

C.自我监督　　D.区域监督

2.世界银行集团的组成机构有（ ）。

A.国际复兴开发银行（IBRD） B.国际开发协会（IDA）

C.国际金融公司（IFC） D.国际投资纠纷解决中心（ICSID）

3.亚行的技术援助包括（ ）。

A.项目准备技术援助 B.项目执行援助

C.区域活动技术援助 D.项目推介援助

4.亚行目前的特别基金包括（ ）。

A.亚洲项目基金 B.亚洲开发基金

C.技术援助特别基金 D.日本特别基金

5.下列属于区域性金融组织的有（ ）。

A.泛美开发银行 B.非洲开发银行

C.加勒比开发银行 D.多边担保机构

10.3 问答题

1.国际货币基金组织的两大功能是什么？

2.国际货币基金组织提供的贷款种类有哪些？

3.世界银行的组成机构及主要业务活动是什么？

4.国际金融公司的主要职能是什么？

5.国际清算银行的组织机构及其职能是什么？

★ 本章参考文献

[1] 国际货币基金组织网站：http：//www.imf.org.

[2] 国际金融公司网站：www.ifc.org.

[3] 国际清算银行网站：www.bis.org.

[4] 世界银行网站：www.worldbank.org.cn.

[5] 亚洲开发银行网站：www.adb.org.

[6] 中华人民共和国财政部网站：http：//www.mof.gov.cn.

[7] 亚洲基础设施投资银行网站：https：//www.aⅡb.org/en/index.html.

[8] 丝路基金网站：http：//www.silkroadfund.com.cn.